독자의 1초를
아껴주는 정성을
만나보세요!

세상이 아무리 바쁘게 돌아가더라도 책까지 아무렇게나 빨리 만들 수는 없습니다.

인스턴트 식품 같은 책보다 오래 익힌 술이나 장맛이 밴 책을 만들고 싶습니다.

땀 흘리며 일하는 당신을 위해 한 권 한 권 마음을 다해 만들겠습니다.

마지막 페이지에서 만날 새로운 당신을 위해 더 나은 길을 준비하겠습니다.

KB072618

취업과 이직을 위한
프로그래머스 코딩 테스트 문제 풀이 전략: 자바 편
Programmers Coding Test with Java

초판 발행 · 2023년 2월 24일
초판 2쇄 발행 · 2024년 8월 19일

지은이 · 김현이
발행인 · 이종원
발행처 · (주)도서출판 길벗
출판사 등록일 · 1990년 12월 24일
주소 · 서울시 마포구 월드컵로10길 56(서교동)
대표 전화 · 02)332-0931 | **팩스** · 02)323-0586
홈페이지 · www.gilbut.co.kr | **이메일** · gilbut@gilbut.co.kr

기획 및 책임편집 · 안윤경(yk78@gilbut.co.kr) | **디자인** · 박상희 | **제작** · 이준호, 손일순, 이진혁
영업마케팅 · 임태호, 전선하, 차명환, 박민영, 지운집, 박성용 | **영업관리** · 김명자 | **독자지원** · 윤정아

교정교열 · 김윤지 | **전산편집** · 박진희 | **출력 및 인쇄** · 금강인쇄 | **제본** · 금강제본

ISBN 979-11-407-0291-6 93000

(길벗 도서번호 080337)

정가 40,000원

독자의 1초를 아껴주는 정성 길벗출판사

(주)도서출판 길벗 | IT교육서, IT단행본, 경제경영서, 어학&실용서, 인문교양서, 자녀교육서　www.gilbut.co.kr
길벗스쿨 | 국어학습, 수학학습, 어린이교양, 주니어 어학학습, 학습단행본　www.gilbutschool.co.kr

페이스북 · www.facebook.com/gbitbook
예제소스 · https://github.com/gilbutITbook/080337

PROGRAMMERS
CODING TEST
WITH JAVA

취업과 이직을 위한

프로그래머스 코딩 테스트 문제 풀이 전략 : 자바 편

김현이 지음

길벗

개발자 역량을 평가할 때 가장 광범위하게 쓰이는 기준이 코딩 테스트입니다. 가장 기본이 되는 역량이며 누구에게나 필요하기 때문입니다.

저는 종종 코딩 테스트의 필요성을 설명할 때 특수부대 선발 과정을 예로 드는데요. 뛰어난 특수부대원을 선발하는 과정에는 대부분 장거리 달리기를 통한 체력 평가가 들어갑니다. 물론 체력 외에도 다양한 군사적 기술과 리더십 등이 필요하지만 장거리를 뛸 수 없는 군인이라면 뛰어난 특수부대원이 될 수 없겠지요.

개발자도 마찬가지입니다. 개발자에게 요구되는 다양한 역량이 있지만 코딩 테스트를 통과할 수 있는 수준의 기본기가 없다면 뛰어난 개발자가 되기 어렵습니다.

여기에서 한 가지 주의할 점이 있는데요. 특수부대원의 선발 과정에 장거리 달리기가 있다고 해서 마라톤 선수가 가장 뛰어난 특수부대원이 될 수 있는 것이 아니듯이, 코딩 테스트를 잘한다고 해서 가장 뛰어난 개발자가 되는 것은 아니라는 점입니다.

〈취업과 이직을 위한 프로그래머스 코딩 테스트 문제 풀이 전략: 자바 편〉에는 너무 쉽지도, 불필요하게 어렵지도 않은 적절한 수준의 문제들이 포함되어 있습니다. 그리고 그 문제들을 해결하는 데 필요한 이론과 각 문제에 대한 올바른 접근 방법을 단계별로 잘 제시하고 있어 인상적입니다. 어떤 개념들은 글만으로 이해하기 어려운 경우가 있는데, 설명과 함께 나와 있는 친절한 그림을 함께 보면 더욱 쉽게 이해할 수 있을 것입니다.

코딩 테스트라는 개발자의 기초 체력을 키우려는 여러분에게 이 책이 학습의 좋은 동반자가 되기를 기대합니다.

정두식
Programmers ㈜그렙 CSO

필자가 프로그래밍을 처음 시작할 때는 갓 스마트폰이 나오던 시기였습니다. 고등학생이 된 필자는 안드로이드 애플리케이션을 만들고 싶다 생각했고, 자바와 안드로이드 책을 사서 공부했습니다. 당시에는 재미있어 취미 활동으로 시작한 프로그래밍이 직업이 되었고, 어느 순간 갑자기 개발자라는 직업이 주목받으면서 책까지 집필하게 되었네요. 단순히 흥미로 시작한 프로그래밍이 이렇게 많은 경험을 하게 할 줄은 상상도 못 했고, 그런 만큼 책 집필은 정말 의미 있는 경험이었던 것 같습니다. 프로그래밍은 분야가 아주 다양하고, 각 분야별로 깊이가 굉장히 깊습니다. 하지만 알고리즘과 자료 구조, 코드를 잘 작성하는 것은 분야를 막론하고 모든 것의 기틀이 되는 매우 중요한 기초 내용들입니다. 이 책으로 코딩 테스트에 대비할 수 있지만, 단순히 알고리즘과 자료 구조만 다루지는 않았습니다. 이 책을 보는 독자들이 자바를 더욱 잘 알게 되고, 더 나아가 프로그래밍하는 방향과 과정을 살펴볼 수 있도록 많은 부분을 신경 썼습니다.

프로그래밍을 시작하는 단계에서는 코딩 스타일, 로직, 역할 분리 등 여러 가지를 한 번에 신경 쓰기 힘듭니다. 그런 만큼 중요하게 생각하지 않는 부분은 쉽게 지나치는데, 이는 잘못된 습관으로 이어지는 경우가 많습니다. 이를 방지하고자 책에서 코드를 작성할 때 최대한 깔끔하고 가독성 있게 작성하려고 노력했습니다. 이 책을 코딩 테스트용으로만 생각하지 말고 프로그래밍을 제대로 시작할 수 있는 입문서로 읽으면 좋을 것 같습니다.

처음 책 집필에 대해 이야기를 나눈 것이 2022년 4월이고 원고를 완성한 것이 12월입니다. 장장 8개월 동안 책을 집필하면서 많은 일이 있었습니다. 첫 자취를 시작하고, 해외에 계신 아버지를 만나러 다녀오고, 회사 내 배드민턴 동아리를 창설하고, 배드민턴 대회에서 승급도 했습니다. 이런 일들이 있을 때마다 집필에 소홀해진 필자를 믿고 기다려 준 길벗의 안윤경 님께 감사의 말씀을 드립니다. 특히 프로그래머스와의 소통, 전반적인 프로세스 관리 등 책 집필이 처음이라 매우 서툴렀던 필자에게 친절히 설명해주고, 일정을 관리해준 덕에 무사히 집필을 마칠 수 있었습니다. 마지막으로 책을 집필하는 오랜 기간 동안 멀리 떨어진 해외에서도 계속 응원해주신 아버지, 집중해서 집필할 수 있도록 도와주신 어머니, 취직에 성공한 동생 주연이, 책에 관심을 가져 주고 응원해준 친구들과 회사 동료들에게도 감사를 드립니다.

2023년 1월

김현이

다음과 같이 코딩 테스트 학습 과정을 정리했습니다. 각자의 상황에 맞게 활용해주세요.

기초 단계 : 코딩 테스트가 처음이에요!

0단계 | 자바 언어 공부(언어에 익숙하지 않다면 먼저 공부부터!)

1단계 | 프로그래머스 기본 연습 100문제 풀어보기
https://school.programmers.co.kr/learn/challenges/beginner

2단계 | 코딩 테스트 개요 확인 및 주의사항 암기(1, 2장 참고)

초급 단계 : 기본은 알겠는데 아직 너무 어려워요!

3단계 | 7장까지 책을 정독하고, 문제 풀기(Level 3 이상은 넘어가기)

4단계 | 문제를 풀고 어디에서 많이 틀렸는지 확인하기

5단계 | 추가적으로 동일 유형의 문제를 찾아서 풀기(백준 등)

중급 단계 : 슬슬 감이 오는 것 같기도 하고...

6단계 | 12장까지 책을 정독하고, 문제 풀기(너무 어려운 문제는 넘어가기)

7단계 | 7장까지 풀었던 문제 중에서 못 푼 문제 다시 풀기

8단계 | 풀었던 내용을 정리하고, 자주 틀리는 원인을 분석하기

9단계 | 연습이 더 필요하다면 고득점 kit 문제 또는 유형별 문제 풀어보기
https://school.programmers.co.kr/learn/challenges?tab=algorithm_practice_kit

고급 단계 : 어떻게 해야 할지 알 것 같아요!

10단계 | 직접 시간을 측정하면서 14장까지 나온 모든 문제 풀기

11단계 | 오래 걸렸거나(문제당 2시간 이상 걸렸거나), 못 푼 문제들은 되짚어보고, 정리하기

12단계 | 실제로 시험을 본다는 느낌으로 카카오 문제 등 대회 문제를 풀어보기

스케줄 안내

코딩 테스트 학습이 처음이라면 1장부터 개념 학습과 문제 풀이를 순서대로 공부합니다. 7장까지 전부 완독했으면, 코딩 테스트에서 필요한 가장 기본적인 지식은 모두 습득할 수 있습니다. 이후 12장까지 나아가면서 유형들과 추가적인 자료 구조, 알고리즘을 학습하고, 반복 연습을 진행하게 될 것입니다.

13, 14장의 경우 개념 설명 없이 곧바로 시험 문제와 문제 풀이에 들어가므로 12장까지 모두 읽은 다음 한 번 정리하고 나서 학습하는 것을 권장합니다. 충분히 준비되었다고 생각된다면, 실제 시간을 측정하면서 문제 풀이에 얼마나 걸렸는지 직접 확인하면서 진행합니다. 시험 환경과 최대한 비슷하게 풀수록 실제 시험에 적응하기 쉬워집니다.

2장에서는 시간 복잡도를 다룹니다. 실제 시험에서는 최대한 시간을 아껴야 하는 만큼, 코드를 작성하기 전 구상한 알고리즘의 효율성을 필수적으로 점검해야 합니다. 연습 문제를 풀 때 처음에는 어렵고 시간이 더 걸리더라도 시간 복잡도를 계산하고 유효한 풀이인지 생각하는 연습을 해보는 것이 좋습니다.

시험 1주 전 학습 스케줄

코딩 테스트 기초는 알고 있고, 시험 1주일 전 빠르게 대비하고 싶다면 다음의 핵심 문제만 골라 풀어보세요. 문제 번호에 해당하는 문제와 풀이는 목차에서 확인할 수 있습니다.

02	03	10	16	17	19	20
22	25	30	31	32	33	37
39	40	41	45	46	47	49
51	52	53	54	55	59	60
61	64	13장 전체		14장 전체		

책에서 제공하는 예제 파일은 길벗출판사 웹 사이트에서 도서 이름으로 검색하여 내려받거나 깃허브에서 내려받을 수 있습니다.

- **길벗출판사 웹 사이트**: https://www.gilbut.co.kr
- **출판사 깃허브**: https://github.com/gilbutITbook/080337

1. 깃허브에 접속하면 다음과 같이 문제 목록이 보입니다. 풀고자 하는 문제 링크를 클릭하세요.

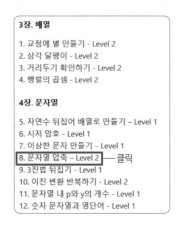

2. 다음과 같이 문제가 나오는데, 풀이한 코드를 제출하고 채점하려면 프로그래머스 웹 사이트에 로그인해야 합니다(회원가입은 구글 계정 등으로 쉽게 할 수 있습니다).

3. 로그인한 후 다시 해당 웹 페이지를 살펴보면 **초기화, 코드 실행, 제출 후 채점하기** 버튼이 활성화됩니다.

4. 사용할 언어가 'Java'인지 확인한 후 Solution.java에 풀이한 코드를 넣고, **제출 후 채점하기** 버튼을 누르세요.

5. 실행 결과와 실패/성공 여부, 점수를 보여 줍니다.

성공했을 경우

실패했을 경우

- 책에 실린 문제 외에도 많은 문제를 프로그래머스 웹 사이트(https://programmers.co.kr/)에서 언어와 레벨에 맞춰 풀어 볼 수 있습니다.

- 1,500개 이상의 기업이 참여하고, 20,000건 이상 실시한 기업 코딩 테스트를 기반으로 하여 프로그래머스에서 '프로그래머스 코딩역량인증시험'을 시작했고, 그중 '코딩전문역량인증시험(PCCP, Programmers Certified Coding Professional)'의 모의고사 2회분과 문제 풀이를 14장에 수록했습니다.

개발자는 끊임없이 공부해야 하는 직업이라고 생각합니다. 그중 알고리즘은 매우 중요한 요소 중 하나라고 생각하는데요. 이 책을 읽으면서 기본기를 다시 한 번 다지는 기회가 되었습니다. 특히 저도 코딩 테스트를 여러 번 봤는데, 시험에 나왔던 유형과 비슷한 문제들이 있어 다시금 풀어 보는 재미가 있었습니다. 코딩 테스트를 준비하면서 필요한 설명과 코드가 많이 들어 있어 취업을 준비하는 분들에게 많은 도움이 될 것 같습니다.

노승주 | 프런트엔드 개발자

코딩 테스트에서 출제되는 다양한 문제 유형을 다루며, 문제를 풀 수 있는 기본 개념을 먼저 설명해주는 책입니다. 다소 어려울 수 있는 내용도 기본 원리와 개념에 대해 이해하기 쉽게 설명하고 있습니다. 코딩 문제를 단순히 풀기만 하는 것이 아니라 다른 코딩 책에서 많이 놓치고 있는 최적의 시간 복잡도와 공간 복잡도까지 커버하기에 실전 코딩 테스트 준비에 가장 적합한 책이라고 생각됩니다. 코딩 테스트로 취업을 준비하는 학생, 이직을 준비하는 직장인에게 강력히 추천합니다.

이정우 | 구글 소프트웨어 엔지니어

코딩 테스트를 준비하고 있고 주로 자바를 사용한다면 추천하고 싶은 책입니다. 문제 풀이에는 다양한 해법들이 있습니다. 하지만 테스트와 대회에서 중요한 것은 그런 해법을 적용했을 때 문제를 풀 수 있는지를 빨리 깨닫는 것이라고 생각합니다. 풀이를 고민하지 않고 무작정 잘못된 방법으로 코딩하는 것은 해당 문제를 포기하는 것보다 더 안 좋은 결과를 가져다주기 때문입니다. 이 책을 읽고 나면 일단 코드 작성부터 하는 PS 초보에서, 문제를 머리로 해결한 후 코딩을 시작하는 고수가 되어 있는 자신을 발견하게 될 것입니다. 또 단순한 문제 풀이 책이 아니라 자바식으로 생각하는 법을 배울 수 있는 책이기 때문에 자바로 취직을 준비하고 있다면 꼭 한 번 읽어 보길 추천합니다.

최현경 | 카카오게임즈 백엔드 엔지니어

자바다운 풀이 방법이 궁금할 때 읽어 보면 좋은 책입니다. 문제 유형별로 활용 가능한 기본 라이브러리를 잘 설명하기 때문에 빠른 시간 내에 구현해야 하는 코딩 테스트에 많은 도움이 될 것입니다. 특히 찾아보지 않으면 놓치기 쉬운 기본 라이브러리의 시간 복잡도를 설명해주는 부분이 좋았습니다. 이를 통해 자신이 작성한 코드의 시간 복잡도를 좀 더 정교하게 계산하여 효율적인 알고리즘을 설계할 수 있을 것입니다.

채상욱 | 삼성전자 개발자

기존에 본 책들은 실제 코딩 테스트와 동떨어진 느낌이었습니다. 첫째, 내용은 좋으나 커버리지가 낮고 쉬운 문제로 구성되어 있었습니다. 둘째, competition에 맞추어 실제 코딩 테스트에서는 나오지 않는 문제를 다루는 경우가 대부분이었습니다. 또 백엔드 개발자의 경우 주 언어가 자바인데, 자바에 맞는 문제 풀이법이 없다는 점이 늘 아쉬웠습니다. 이 책은 실제 코딩 테스트에 나오는 많은 분량의 문제와 그에 맞는 자바식 문제 풀이 전략과 해결 기법을 다룹니다. 자바로 코딩 테스트를 준비하는 사람에게 좋은 이정표가 될 것이라고 생각합니다.

최범석 | 네이버 클라우드 소프트웨어 엔지니어

1장 **코딩 테스트** **023**

1.1 코딩 테스트란? 024

1.2 코딩 테스트를 보는 이유 026
　　1.2.1 문제 해결 과정을 보는 것 **027**
　　1.2.2 똑같은 결과를 빠르고, 효율적으로 **028**

1.3 코딩과 디버깅 028
　　1.3.1 잘 짠 코드란? **028**
　　1.3.2 코드를 짤 때 흔히 하는 실수들 **030**
　　1.3.3 디버깅과 시행착오 줄이기 **031**
　　1.3.4 직접 설계하며 코드 작성해보기 **031**

2장 **시간 복잡도** **043**

2.1 시간 복잡도란? 044
　　2.1.1 빅오 표기법 **044**
　　2.1.2 시간 복잡도 그래프 **045**
　　2.1.3 입력 데이터 개수별 사용 가능한 시간 복잡도 알고리즘 **047**

2.2 시간 복잡도 계산하기 049
　　2.2.1 어림짐작해보기 **049**
　　2.2.2 시간 복잡도를 줄이는 방법 **051**
　　2.2.3 여러 알고리즘을 사용할 때 시간 복잡도 생각해보기 **052**

3장 배열 **055**

3.1 **2차원 배열 이해하기** 056

3.1.1 1차원 배열 + 1차원 배열? **056**

3.1.2 2차원 배열 이해하기 **057**

3.2 **2차원 배열 다루어 보기** 060

3.2.1 2차원 배열 응용 **060**

문제 01 교점에 별 만들기 - Level 2 **060**

문제 02 삼각 달팽이 - Level 2 **072**

3.2.2 dx, dy로 방향을 정하는 방법 **079**

문제 03 거리두기 확인하기 - Level 2 **086**

3.2.3 연산 **097**

문제 04 행렬의 곱셈 - Level 2 **098**

4장 문자열 **101**

4.1 **문자열이란?** 102

4.1.1 문자열의 특징 **102**

4.1.2 문자열을 다른 방식으로 생각해보기 **106**

문제 05 자연수 뒤집어 배열로 만들기 - Level 1 **107**

문제 06 시저 암호 - Level 1 **110**

문제 07 이상한 문자 만들기 – Level 1 **114**

4.2 문자열 다루어 보기 119

4.2.1 문자열 응용하기 119

문제 08 문자열 압축 – Level 2 120

4.2.2 진법 바꾸기 126

문제 09 3진법 뒤집기 - Level 1 128

문제 10 이진 변환 반복하기 - Level 2 131

4.2.3 찾기와 바꾸기 135

문제 11 문자열 내 p와 y의 개수 - Level 1 137

문제 12 숫자 문자열과 영단어 - Level 1 141

4.2.4 정규표현식 144

문제 13 문자열 다루기 기본 - Level 1 147

문제 14 신규 아이디 추천 - Level 1 149

5장 재귀 155

5.1 재귀란? 156

5.1.1 for 문에서 벗어나기 156

5.1.2 재귀의 최대 범위와 한계점 기억하기 157

5.2 재귀 정의하기 158

5.2.1 상태 정의하기 158

5.2.2 종료 조건 158

5.2.3 점화식 159

5.3 코드 작성하기 160

5.3.1 코드 변환하기 160

5.3.2 다양한 문제 풀이 162

문제 15 쿼드압축 후 개수 세기 - Level 2 162

문제 16 하노이의 탑 - Level 3 172

문제 17 모음 사전 - Level 2 180

6장   완전 탐색   187

6.1 완전 탐색이란?   188

     6.1.1 상태와 상태 전이 진행   **188**

     6.1.2 완전 탐색의 종류   **189**

     6.1.3 방문 처리   **191**

6.2 다양한 문제 풀이   192

     문제 18   모의고사 – Level 1   **192**

     문제 19   카펫 – Level 2   **198**

     문제 20   수식 최대화 - Level 2   **202**

     문제 21   소수 찾기 – Level 2   **211**

     문제 22   불량 사용자 - Level 3   **224**

7장   정렬   231

7.1 정렬이란?   232

     7.1.1 정렬 기준 잡기   **232**

     7.1.2 정렬 효율 높이기   **233**

7.2 정렬하기   234

     7.2.1 기본 기준 사용하기   **235**

     문제 23   K번째 수 – Level 1   **237**

     문제 24   두 개 뽑아서 더하기 - Level 1   **240**

     문제 25   H-Index - Level 2   **243**

     7.2.2 직접 기준 정하기   **247**

     문제 26   문자열 내림차순으로 배치하기 – Level 1   **251**

     문제 27   문자열 내 마음대로 정렬하기 - Level 1   **254**

     문제 28   가장 큰 수 - Level 2   **257**

     문제 29   메뉴 리뉴얼 - Level 2   **260**

8장　이진 탐색　**273**

8.1 이진 탐색이란?　274
　8.1.1 이진 탐색이 갖는 이점　**275**
　8.1.2 이진 탐색을 사용할 수 있는 조건　**276**

8.2 탐색 효율 높이기　277
　8.2.1 분할 정복　**277**
　8.2.2 정렬 기준 정하기　**281**

8.3 자바의 이진 탐색 메서드　283

8.4 다양한 문제 풀이　285
　문제 30 순위 검색 - Level 2　285
　문제 31 입국심사 - Level 3　298
　문제 32 징검다리 - Level 4　303

9장　해시　**309**

9.1 해시란?　310
　9.1.1 해시 테이블　**315**
　9.1.2 해시의 시간 복잡도　**316**

9.2 다양한 문제 풀이　321
　문제 33 전화번호 목록 - Level 2　321
　문제 34 중복된 문자 제거 - Level 0　325
　문제 35 A로 B 만들기 - Level 0　328
　문제 36 없는 숫자 더하기 - Level 1　331
　문제 37 완주하지 못한 선수 - Level 1　333

10장 동적 프로그래밍 **337**

10.1 동적으로 연산 줄이기 338

10.1.1 완전 탐색의 문제점 338

10.1.2 '동적 프로그래밍'의 핵심, 메모이제이션 340

10.1.3 동적 프로그래밍의 조건 343

10.1.4 번외: 순차 누적으로 구현해보기 345

10.2 다양한 문제 풀이 347

문제 38 피보나치 수 - Level 2 348

문제 39 정수 삼각형 - Level 3 350

문제 40 등굣길 - Level 3 354

문제 41 사칙연산 - Level 4 359

11장 자주 등장하는 자료 구조 **371**

11.1 스택과 큐 372

11.1.1 스택 372

문제 42 올바른 괄호 - Level 2 376

문제 43 괄호 회전하기 - Level 2 380

문제 44 주식 가격 - Level 2 385

11.1.2 큐 388

문제 45 기능 개발 - Level 2 391

문제 46 다리를 지나는 트럭 - Level 2 395

11.1.3 덱 400

11.2 그래프와 트리 400

11.2.1 그래프 400

문제 47 순위 - Level 3 406

문제 48 방의 개수 - Level 5   412

11.2.2 트리와 이진 트리   421

문제 49 길 찾기 게임 - Level 3   430

11.3 잊을 만하면 나오는 자료 구조   438

11.3.1 우선순위 큐   439

문제 50 이중 우선순위 큐 - Level 3   441

문제 51 디스크 컨트롤러 - Level 3   447

11.3.2 투 포인터   453

문제 52 보석 쇼핑 - Level 3   453

11.3.3 유니온 파인드   458

문제 53 섬 연결하기 - Level 3   463

문제 54 호텔 방 배정 - Level 4   469

11.3.4 트라이   475

문제 55 가사 검색 - Level 4   476

12장   구현   485

12.1 주의해야 할 점   486

12.1.1 구현이 어려운 문제인 이유   486

12.1.2 문제 나누어서 생각하기: 모듈화   486

12.1.3 디버깅 빨리하기   487

12.2 문제에서 이야기하는 대로 만들기   488

12.2.1 규칙 찾아보기   488

12.2.2 다양한 문제 풀이   488

문제 56 스킬 트리 - Level 2   488

문제 57 키패드 누르기 - Level 1   492

12.3 완전 탐색 기반으로 풀기 499

12.3.1 깊이 우선 탐색(DFS) 499

12.3.2 DFS: 스택 502

문제 58 타겟 넘버 - Level 2 505

문제 59 네트워크 - Level 3 510

12.3.3 너비 우선 탐색(BFS) 514

12.3.4 BFS: 큐 515

문제 60 단어 변환 - Level 3 517

문제 61 게임 맵 최단거리 - Level 3 523

12.4 그리디 알고리즘 530

12.4.1 현재 상황에서 최선 530

12.4.2 결과적으로 최선인가? 531

12.4.3 다양한 문제 풀이 532

문제 62 체육복 - Level 1 533

문제 63 큰 수 만들기 - Level 2 538

문제 64 단속 카메라 - Level 3 543

13장 도전: 카카오 2022 블라인드 테스트 547

문제 65 신고 결과 받기 - Level 1 548

문제 66 k진수에서 소수 개수 구하기 - Level 2 554

문제 67 주차 요금 계산 - Level 2 558

문제 68 양궁 대회 - Level 2 572

문제 69 양과 늑대 - Level 3 583

문제 70 파괴되지 않은 건물 - Level 3 593

문제 71 사라지는 발판 - Level 3 605

14장 코딩전문역량인증시험, PCCP 모의고사 617

14.1 PCCP 모의고사 1회 618

문제 72 외톨이 알파벳 - Level 1 618

문제 73 체육대회 - Level 2 622

문제 74 유전 법칙 - Level 2 629

문제 75 운영체제 - Level 3 634

14.2 PCCP 모의고사 2회 640

문제 76 실습용 로봇 - Level 1 640

문제 77 신입사원 교육 - Level 2 644

문제 78 카페 확장 - Level 2 647

문제 79 보물 지도 - Level 3 653

찾아보기 662

코딩 테스트

SECTION 1   코딩 테스트란?

SECTION 2   코딩 테스트를 보는 이유

SECTION 3   코딩과 디버깅

소프트웨어 분야에 관심이 늘어나면서 개발자를 향한 인기 또한 높아졌습니다. 많은 사람이 원하는 시간에 일할 수 있는 자율 출퇴근과 재택 근무, 예쁘게 꾸민 사무실, 똑똑한 팀원들과 풍부한 복지 등을 기대하며 개발자가 되려고 노력합니다.

▼ 그림 1-1 카페에서 자유롭게 근무하는 개발자

하지만 그 수가 많은 만큼 실력 차이가 큰 직업 또한 개발자입니다. 실력을 인정받을 수 있다면 꿈꾸던 개발자의 삶을 누릴 수 있지만, 경쟁이 심하기 때문에 자신의 실력을 높이는 노력 또한 동반되어야 합니다. 이런 노력 중에서 반드시 포함해야 하는 것이 바로 이름 있는 IT 기업들이 실력 있는 개발자를 가려내려고 실시하는 코딩 테스트입니다.

이 장에서는 과연 코딩 테스트는 무엇이고, 왜 이를 여러 IT 기업이 중요하게 생각하는지 살펴봅니다.

1.1
SECTION 코딩 테스트란?

코딩 테스트는 지원자가 알고 있는 자료 구조와 알고리즘 등을 이용하여 문제를 해결해나가는 능력을 평가하는 시험입니다. 네카라쿠배로 통용되는 한국의 상위 IT 기업은 모두 코딩 테스트를 진행하며, 이 테스트를 통과한 지원자만 다음 단계인 면접 과정으로 넘어갈 수 있습니다.

▼ **그림 1-2** 일반적인 채용 프로세스

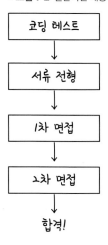

코딩 테스트에서는 제한 시간 내 기업에서 출제한 몇 개의 문제를 해결하는 코드를 작성해야 합니다. 이때 지원하는 직군에 따라 사용할 수 있는 언어가 제한될 수 있지만 대부분은 C/C++, 자바, 파이썬을 기본으로 제공합니다. 출제되는 문제 개수와 난이도는 기업별로 다르지만, 일반적으로 4~5문제를 3시간 정도 내 해결해야 하며, 문제 난이도는 프로그래머스 기준으로 2~4레벨 정도입니다. 물론 이것은 기업 재량이기에 7문제를 5시간에 해결해야 하는 코딩 테스트 등 문제 개수와 시간은 다를 수 있습니다.

▼ **표 1-1** 일반적인 코딩 테스트 구성

문제 개수	4~9개
시험 시간	3~5시간
난이도	프로그래머스 2~4레벨

제한 시간 내 푼 문제 개수와 시간을 바탕으로 기업은 다음 단계로 넘어갈 지원자를 선택합니다. 따라서 평소에 코딩 테스트 문제를 정확하고 빠르게 푸는 연습을 많이 하고, 코딩 테스트에서는 가능한 한 많은 문제를 풀도록 노력해야 합니다.

1.2 코딩 테스트를 보는 이유

기업은 왜 코딩 테스트를 시행할까요? 코딩 테스트가 과연 정말 개발자 실력을 판가름할 수 있을까요? 많은 사람이 실력 있는 개발자에게는 서비스가 요구하는 기능을 구현하는 능력이 중요하다고 생각합니다. 하지만 개발자 실력은 기능을 구현하기보다 어떻게 효율적으로 설계할 수 있는지로 판가름이 납니다.

요구 조건에서 제시한 기능을 그대로 구현하는 것은 개발자의 필수 요건입니다. 물론 구현을 빠르게 할 수 있다면 좋지만, 코드가 번잡하고 비효율적이라면 절대 실력 있는 개발자라고 할 수 없습니다. 서비스 규모가 작을 때 처음 몇 개의 기능은 별 문제없이 작동될 수 있어도, 서비스가 커지고 추가해야 하는 기능들이 늘어날수록 기존 코드가 발목을 붙잡는 일이 많아지게 될 것입니다. 능력 있는 개발자로 인정받기 위해서는 단순히 코드를 쓰는 것 이상을 해야 합니다.

▼ **그림 1-3** 빠르기만 한 개발자

개발자 능력은 기능을 빠르고 많이 만드는 것이 아니라 정확하고 효율적으로 만드는 것입니다. 물론 코딩 테스트만으로 이런 능력을 전부 확인할 수는 없습니다. 코딩 테스트를 통과하려면 코드 효율성을 고려하면서 코드를 작성해야 합니다. 따라서 코딩 테스트를 준비하는 과정에서 개발자에게 필요한 최소한의 역량이 갖추어지기에 코딩 테스트를 충분히 준비한 개발자를 선호하는 것이죠.

1.2.1 문제 해결 과정을 보는 것

코딩 테스트에서는 주어진 문제를 이미 알고 있는 알고리즘과 자료 구조를 응용해서 해결해야 합니다. 이 과정에서 개발자에게 필요한 문제 해결 과정을 엿볼 수 있습니다.

먼저 개발자는 주어진 문제를 정확하게 파악해야 합니다. 필요한 기능이 주어졌는데 이를 잘못 이해하고 개발을 진행한다면 아무것도 해결하지 못하고 시간만 날리는 셈입니다. 코딩 테스트에서는 시간 제한이 있기 때문에 정확하게 파악하지 못한다면 시간 내에 문제를 충분히 풀 수 없습니다. 따라서 끊임없이 문제에서 요구하는 방향으로 문제를 해결하고 있는지 생각해야 하며, 이는 개발자의 문제 파악 능력을 확인하는 데 많은 도움이 됩니다.

1.2.2 똑같은 결과를 빠르고, 효율적으로

아무리 문제에서 요구하는 정답을 구할 수 있는 코드라고 하더라도 정답을 구하는 과정이 효율적이지 못하면 좋은 코드라고 할 수 없습니다. 코딩 테스트에서는 문제를 푸는 시간도 제한되어 있지만 문제당 코드의 실행 시간에도 제한이 있습니다.

효율적으로 코드를 작성하지 못한다면 제한된 실행 시간 때문에 시간 초과로 판정되어 문제를 해결하지 못한 것으로 간주됩니다. 이처럼 효율적으로 코드를 작성하는 것은 실제 개발할 때는 물론, 코딩 테스트에서도 굉장히 중요합니다. 앞으로 효율적으로 코드를 작성할 수 있는 여러 알고리즘과 자료 구조를 살펴볼 것입니다.

1.3 / 코딩과 디버깅

SECTION

코딩 테스트도 결국은 코드를 작성하는 것입니다. 따라서 코드를 작성하는 능력이 좋을수록 유리합니다. 코드를 작성하는 능력이 좋을수록 문제 풀이를 더욱 빨리 구현할 수 있고 실수도 줄어들기 때문입니다.

1.3.1 잘 짠 코드란?

실수 없이 문제를 빠르게 풀려면 코드를 잘 작성하는 것도 중요합니다. 코드는 물론 가장 먼저 문제를 해결할 수 있어야 합니다. 그렇지 않으면 잘 짠 코드, 잘 못 짠 코드를 구분하기 이전에 이미 틀린 코드입니다.

잘 짠 코드를 논할 때 개인적으로 가장 중요한 것은 가독성과 효율성이라고 생각합니다. 읽기 쉬운 코드는 로직에만 집중할 수 있으므로 이해하기 쉽고, 실수가 있어도 쉽게 잡아낼 수 있기 때문입니다. 코드를 가독성 있게 작성하면 이후 면접 과정에서 코딩 테스트 관련 질의 응답에서도 좋은 인상을 심어 줄 수 있습니다. 또 아무리 읽기 쉬운 코드라고 하더라도 효율성이 떨어진다면 코드를 사용하는 데 어려움이 있을 것입니다.

가독성을 높이고 싶다면 코드 역할에 집중하여 작성해야 합니다. 하나의 코드가 너무 많은 역할을 하게 되면 코드가 복잡해지고 가독성이 떨어집니다. 따라서 코드가 길어지거나 중복되는 부분이 발생한다면 변수와 메서드, 클래스를 적극적으로 활용하여 읽기 쉬운 코드를 작성할 수 있도록 하고, 역할에 맞게 이름을 붙여 로직에 집중할 수 있도록 해야 합니다.

예를 들어 다음 코드를 봅시다.

```
private int function(int a, int b) {
    return a - b;
}
```

이 메서드만으로는 메서드 역할을 파악할 수 없습니다. 문제에서 오답이 나와 코드를 살펴볼 때 단순히 두 정수의 뺄셈을 구하는 연산이라고 생각할 수 있습니다. 다음과 같이 메서드와 변수에 역할에 맞는 이름을 붙인 코드를 살펴봅시다.

```
private int age(int currentYear, int birthYear) {
    return currentYear - birthYear;
}
```

이처럼 역할에 맞는 변수 이름과 메서드 이름을 붙여 주면 각각 어떤 변수와 메서드인지 쉽게 확인할 수 있습니다. 얼핏 보니 나이를 구하는 메서드인데 한국 나이를 계산하는 + 1을 하지 않았네요. 따라서 다음과 같이 수정해서 실수를 쉽게 잡아낼 수 있습니다.

```
private int age(int currentYear, int birthYear) {
    return currentYear - birthYear + 1;
}
```

또 자연수 n이 주어졌을 때 1부터 n까지 합을 구하는 다음 코드를 살펴봅시다.

```
private static int sum(int n) {
    int sum = 0;
    for (int i = 1; i <= n; i++) {
        sum += i;
    }
    return sum;
}
```

이는 반복문을 이용하여 1부터 n까지 순회하며 합을 구하는 매우 직관적인 코드입니다. 하지만 n이 자연수라는 조건을 이용하면 1부터 n까지 합은 다음과 같이 매우 빠르게 구할 수 있습니다.

```java
private static int sum(int n) {
    return n * (n + 1) / 2;
}
```

반복문을 이용한 코드는 n번의 순회가 필요한 반면, 수식을 이용한 코드는 몇 번의 단순한 사칙연산으로 정답을 구할 수 있습니다. 이처럼 코드를 작성할 때는 효율성도 고려하여 작성해야 잘 짠 코드가 탄생됩니다.

1.3.2 코드를 짤 때 흔히 하는 실수들

코딩 테스트 문제들은 여러 요구 조건이 있습니다. 이를 코드로 작성하다 보면 하나의 요구 조건을 처리하는 중에 다른 요구 조건을 신경 쓰게 되면서 원래 구현하려고 했던 내용은 잊게 되거나 중간에 구현이 달라 처음부터 다시 구현해야 하는 경우가 빈번히 발생합니다.

비단 코딩 테스트뿐만 아니라 프로젝트를 할 때도 막히는 경우가 있을 것입니다. 이때 흔히 "엎고 다시 하라."라고 이야기합니다. 실제로 모든 코드를 지우고 처음부터 다시 구현하면 정상적으로 동작할 때가 매우 많습니다. 이것은 단순히 처음 코드를 작성할 때 실수했기 때문만은 아닙니다.

처음 작성할 때 충분한 설계 없이 프로젝트를 시작하면 어떤 기능들이 구현되어야 하는지 정확한 이정표가 없는 채로 코드를 작성해야 합니다. 이 상태로 프로젝트를 진행하다 보면 미처 생각하지 못한 것이 발견되어 이를 해결하는 로직을 계속 추가하게 됩니다. 이때 역할과 가독성을 충분히 고려하지 못한 채로 이것이 누적되면 결국 읽기 어렵고 실수해도 찾기 어려운 코드가 되는 것입니다.

이후에 프로젝트를 엎고 다시 시작하면 이미 어떤 기능들에 어떤 데이터와 로직이 필요한지 경험했기에 상대적으로 실수가 적고 더욱 잘 설계된 코드를 작성할 수 있습니다. 개인적으로는 프로그래밍을 접한 지 얼마 되지 않았거나 설계에 약하다면 프로젝트를 자주 엎으면서 설계를 연습해보길 추천합니다.

코드를 작성할 때 가독성과 역할에 신경 쓰면 문제를 단계별로 나누어 해결할 수 있습니다. 이처럼 코드를 나누어 부분별로 작성하면 이런 실수를 크게 줄일 수 있습니다.

1.3.3 디버깅과 시행착오 줄이기

풀이를 제출한 후 정답이 뜨지 않으면 어디에서 오답이 나왔는지 디버깅해야 합니다. 이때도 가독성 있게 작성하는 것이 매우 큰 도움이 됩니다. 가독성 있게 작성된 코드는 문제를 단계별로 해결합니다. 이때 각 단계를 검증하는 것으로 디버깅 시간을 줄일 수 있습니다.

이렇게 단계별로 검증하는 과정은 전체 코드를 작성하기 전에도 가능합니다. 하나의 단계를 완성하고 예시 입출력으로 검증하며, 다음 단계를 완성하고 검증하는 방식을 사용합니다. 이 문제를 해결하기 전에 각 단계가 모두 검증되어 오답을 겪는 시행착오를 줄일 수 있습니다.

따라서 디버깅하여 시행착오를 줄이려면 다음 항목들만 신경 쓰면 됩니다.

1. 코드를 단계별로 작성하기
2. 하나의 단계를 작성한 후 로그를 찍어 보며 검증하기
3. 단계 검증이 실패하면 검증이 실패한 단계 내에서 더욱 자세히 로그 찍어 보기

1.3.4 직접 설계하며 코드 작성해보기

앞서 살펴본 내용들을 토대로 사용자가 입력한 전화번호를 가진 사람들을 전화번호부에서 검색하는 기능을 구현해봅시다. 처음에는 입력과 검색하는 모든 과정을 한 번에 생각하면서 코드를 작성하려고 할 것입니다. 그리고 바로 다음과 같이 입력받는 코드부터 작성하기 시작합니다.

```java
public static void main(String[] args) {
    Scanner in = new Scanner(System.in);
    String phoneNumber = in.nextLine();
}
```

하지만 이렇게 바로 작성하는 것은 가독성이 떨어지는 코드를 작성하는 시발점입니다.

전화번호를 검색하는 간단한 기능 하나도 다음 여러 단계를 걸쳐 설계할 수 있습니다.

1. 전화번호는 어떤 형식으로 나타낼 것인지
2. 전화번호부에 저장되어 있는 사람은 어떻게 나타낼 것인지
3. 사람과 전화번호는 어떻게 비교할 것인지
4. 전화번호부는 어떤 형식으로 나타낼 것인지

각 단계별로 클래스나 메서드를 역할별로 나누어 작성한다면 각자 역할에 집중할 수 있기 때문에 코딩 중 실수할 확률을 대폭 줄일 수 있고 짜임새 있는 코드를 작성할 수 있습니다.

1. 전화번호 나타내기

전화번호는 여러 형식으로 표기할 수 있습니다. 010-xxxx-xxxx, 010 xxxx xxxx, 010xxxxxxxx 등 사용자가 어떤 형식을 이용하여 입력할지 알 수 없습니다. 물론 특정한 형식으로 입력하라는 메시지를 보여 주고 입력 형식을 강제할 수 있지만, 입력받은 문자열에서 숫자만 남겨 일관된 형식으로 전화번호를 변환할 수 있습니다. 다음 코드는 문자열의 정규표현식을 이용하여 숫자가 아닌 문자들을 제거합니다. 정규표현식은 4장 문자열에서 다루니 지금은 숫자가 아닌 문자들만 제거한다고 이해하면 됩니다.

```
phoneNumber.replaceAll("[^0-9]", "");
```

이 결과의 형식은 문자열이지만 형식이 정해진 문자열입니다. 일반적으로 이 경우에는 별도의 클래스를 작성하여 단순 문자열이 아닌 전화번호를 나타내는 문자열이라는 것을 알려 줄 수 있습니다. 따라서 다음과 같이 전화번호를 나타내는 PhoneNumber 클래스를 작성하고, 입력받은 원본 문자열을 사용해서 객체를 생성할 수 있도록 합니다.

```
private static class PhoneNumber {
    public final String phoneNumber;

    public PhoneNumber(String rawPhoneNumber) {
        this.phoneNumber = rawPhoneNumber.replaceAll("[^0-9]", "");
    }
}
```

이렇게 전화번호를 나타내는 클래스를 생성했습니다. 작성한 정규표현식이 우리가 의도한 대로 동작하는지 판단하고자 임의의 데이터를 사용해서 테스트해볼 수 있습니다. 이를 위해 다음과 같이 PhoneNumber 클래스의 객체 상태를 알려 주는 toString() 메서드를 작성해봅시다.

```
@Override
public String toString() {
    return "PhoneNumber{" +
```

```
            "phoneNumber='" + phoneNumber + '\'' +
            '}';
    }
```

Intellij를 포함한 많은 IDE에서는 toString() 메서드를 자동으로 작성해주는 기능을 지원합니다. 이 기능을 이용하면 객체를 구성하는 멤버 변수들을 문자열로 구성하여 반환하는 toString() 메서드를 오버라이딩합니다.

이제 다음과 같이 PhoneNumber 객체들이 제대로 구성되었는지 검사합시다.

```
public static void main(String[] args) {
    System.out.println(new PhoneNumber("010-1234-5678"));
    System.out.println(new PhoneNumber("010 1234 5678"));
    System.out.println(new PhoneNumber("01012345678"));
}
```

이 코드를 실행해보면 다음과 같은 실행 결과가 출력됩니다.

```
PhoneNumber{phoneNumber='01012345678'}
PhoneNumber{phoneNumber='01012345678'}
PhoneNumber{phoneNumber='01012345678'}
```

모두 01012345678이라는 동일한 문자열을 가집니다. 따라서 정상적으로 입력을 처리한다는 것을 알 수 있습니다.

2. 전화번호부의 사람 나타내기

다음으로 전화번호부에 저장되는 사람을 표현해봅시다. 한 사람은 여러 개의 전화번호를 가질 수 있습니다. 따라서 다음과 같이 이름과 전화번호 리스트를 갖는 클래스인 Person을 작성할 수 있습니다.

```
private static class Person {
    public final String name;
    private final List<PhoneNumber> numbers;

    public Person(String name) {
        this.name = name;
```

```
        numbers = new ArrayList<>();
    }
}
```

이제 다음과 같이 전화번호를 추가할 수 있는 addPhoneNumber() 메서드를 작성해봅시다.

```
private static class Person {
    public final String name;
    public final List<PhoneNumber> numbers;

    public Person(String name) {
        this.name = name;
        numbers = new ArrayList<>();
    }

    public void addPhoneNumber(PhoneNumber number) {
        numbers.add(number);
    }
}
```

전화번호를 PhoneNumber 클래스로 나타내는 대신 String으로 표현했다면 addPhoneNumber()
메서드는 어떤 형식의 문자열이든 가리지 않고 입력받을 수 있을 것입니다. 이를 방지할 수 있
는 여러 조건을 다음과 같이 addPhoneNumber() 메서드에 추가하면 메서드가 전화번호를 추가
하는 것뿐만 아니라 전화번호 형식까지 검사하여 여러 역할을 담당하게 됩니다.

```
// number가 전화번호 형식이면 추가하고 true 반환
// 전화번호 형식이 아니면 추가하지 않고 false 반환
public boolean addPhoneNumber(String number) {
    for (char c : number.toCharArray()) {
        if (!Character.isDigit(c)) return false;
    }
```

```
        numbers.add(number);
        return true;
    }
```

이후에 전화번호 형식이 바뀌거나 전화번호에 국가 코드처럼 별도의 데이터가 필요할 때는 이 코드처럼 직접 형식을 검사하는 코드를 모두 찾아 수정해야 합니다. 이처럼 하나의 메서드나 클래스가 여러 개의 역할을 하면 코드 복잡도가 올라가면서 좋지 않은 코드가 됩니다.

이제 이 Person 클래스를 테스트하기 위해 다음과 같이 toString() 메서드를 오버라이딩합니다.

```java
@Override
public String toString() {
    return "Person{" +
            "name='" + name + '\'' +
            ", numbers=" + numbers +
            '}';
}
```

다음과 같이 Person 객체에 PhoneNumber 객체를 추가한 후 출력해보겠습니다.

```java
public static void main(String[] args) {
    Person person = new Person("홍길동");
    person.addPhoneNumber(new PhoneNumber("010-1234-5678"));
    person.addPhoneNumber(new PhoneNumber("010 1234 5678"));
    person.addPhoneNumber(new PhoneNumber("01012345678"));
    System.out.println(person);
}
```

실행하면 다음 결과가 출력됩니다.

```
Person{
  name='홍길동',
  numbers=[
    PhoneNumber{phoneNumber='01012345678'},
    PhoneNumber{phoneNumber='01012345678'},
    PhoneNumber{phoneNumber='01012345678'}
  ]
}
```

이처럼 Person 객체가 정상적으로 생성되고, 전화번호 또한 정상적으로 추가됨을 알 수 있습니다.

3. 사람과 전화번호 비교하기

사람은 Person 클래스로 나타내며, 전화번호는 PhoneNumber 클래스로 나타냅니다. Person이 PhoneNumber를 가지고 있는지 검사하기 위해 다음 hasPhoneNumber() 메서드를 Person 클래스에 추가해봅시다.

```java
public boolean hasPhoneNumber(PhoneNumber number) {
    return numbers.contains(number);
}
```

이제 같은 전화번호를 사용하여 검색하면 true가 반환되는지 확인해봅시다.

```java
public static void main(String[] args) {
    Person person = new Person("홍길동");
    person.addPhoneNumber(new PhoneNumber("010-1234-5678"));

    System.out.println(person.hasPhoneNumber(new PhoneNumber("01012345678")));
}
```

이 코드의 실행 결과는 기대와 다르게 false가 출력됩니다.

```
false
```

이제 왜 결과가 의도한 대로 출력되지 않는지 디버깅해야 합니다.

우선 테스트에 사용하는 두 PhoneNumber를 생성하는 문자열이 "010-1234-5678"과 "01012345678"로 다르다는 것을 알 수 있습니다. 이것이 원인일까요? PhoneNumber 클래스를 작성할 때 다른 형식의 문자열이라고 하더라도 전화번호가 같으면 같은 문자열로 변환되는 것을 검증했습니다. 따라서 이 부분은 원인이라고 생각하기 힘듭니다.

여기에서 검증해야 할 것은 이번에 새로 추가된 로직인 **사람과 전화번호의 비교**입니다. 그 이전의 로직들도 물론 원인일 수 있지만, 단계별로 검증했으므로 가장 의심되는 것은 이번에 새롭게 추가된 로직이 됩니다.

이번에 추가한 내용은 numbers에 PhoneNumber가 있는지 contains() 메서드로 비교하는 것입니다. 바로 이 부분이 이번 문제의 원인이 됩니다. contains() 메서드는 equals() 메서드를 사용해서 객체를 비교합니다. equals() 메서드는 별도의 오버라이딩이 없으면 객체가 같을 때만 true를 반환합니다. 테스트 코드에서는 서로 다른 두 객체를 이용하여 진행했으므로 equals() 메서드에서는 false가 반환되고, contains() 메서드도 같은 객체로 인식하지 못한 것입니다.

따라서 다음과 같이 PhoneNumber 클래스에 equals() 메서드를 오버라이딩합니다.

```java
@Override
public boolean equals(Object o) {
    if (!(o instanceof PhoneNumber)) return false;
    return phoneNumber.equals(((PhoneNumber) o).phoneNumber);
}
```

이제 같은 테스트 코드를 다시 실행해보면 true가 출력됨을 확인할 수 있습니다.

```
true
```

이처럼 단계별로 코드를 작성할 때는 문제를 발견한 단계 위주로 디버깅하여 쉽고 빠르게 해결할 수 있습니다.

4. 전화번호부 나타내기

전화번호부는 단순히 여러 사람을 담는 용도이므로 여러 개의 Person 객체를 가지고 있을 수 있습니다. 따라서 다음과 같이 전화번호부를 나타내는 PhoneBook 클래스를 작성해주고, Person 객체를 리스트로 관리합시다. 또 사람을 추가할 수 있도록 addPerson() 메서드를 작성합니다.

```java
private static class PhoneBook {
    private final List<Person> people;

    private PhoneBook() {
        people = new ArrayList<>();
```

```
        }

    public void addPerson(Person person) {
        people.add(person);
    }
}
```

이제 테스트를 위해 toString() 메서드를 추가합니다.

```
@Override
public String toString() {
    return "PhoneBook{" +
            "people=" + people +
            '}';
}
```

다음과 같이 여러 Person 객체를 추가하여 테스트해봅시다.

```
public static void main(String[] args) {
    Person person1 = new Person("홍길동");
    person1.addPhoneNumber(new PhoneNumber("010-1234-5678"));
    person1.addPhoneNumber(new PhoneNumber("010-2345-6789"));

    Person person2 = new Person("김철수");
    person2.addPhoneNumber(new PhoneNumber("010-2468-0246"));

    Person person3 = new Person("이영희");
    person3.addPhoneNumber(new PhoneNumber("010-1357-9135"));

    PhoneBook phoneBook = new PhoneBook();
    phoneBook.addPerson(person1);
    phoneBook.addPerson(person2);
    phoneBook.addPerson(person3);

    System.out.println(phoneBook);
}
```

코드를 실행하니 의도한 대로 결과가 출력됩니다.

```
PhoneBook{people=[
  Person{
    name='홍길동',
  numbers=[
    PhoneNumber{phoneNumber='01012345678'},
     PhoneNumber{phoneNumber='01023456789'}]
  },
    Person{name='김철수', numbers=[PhoneNumber{phoneNumber='01024680246'}]},
    Person{name='이영희', numbers=[PhoneNumber{phoneNumber='01013579135'}]}
  ]
}
```

하지만 다음 테스트 코드를 살펴봅시다.

```java
public static void main(String[] args) {
    Person person = new Person("홍길동");
    person.addPhoneNumber(new PhoneNumber("010-1234-5678"));

    PhoneBook phoneBook = new PhoneBook();
    phoneBook.addPerson(person);
    phoneBook.addPerson(person);

    System.out.println(phoneBook);
}
```

이 코드를 실행하니 다음과 같이 출력됩니다.

```
PhoneBook{people=[
    Person{name='홍길동', numbers=[PhoneNumber{phoneNumber='01012345678'}]},
    Person{name='홍길동', numbers=[PhoneNumber{phoneNumber='01012345678'}]}
  ]
}
```

이처럼 같은 객체를 여러 번 추가하면 모두 등록됨을 알 수 있습니다. 이를 해결하기 위해 같은 객체는 여러 번 등록하지 못하게 중복을 제거해야 합니다. 이처럼 중복을 제거할 때는 Set 클래스를 사용하면 쉽게 할 수 있습니다. 따라서 PhoneBook 클래스의 people을 Set<Person>으로 변경해줍니다.

```java
private static class PhoneBook {
    private final Set<Person> people;

    private PhoneBook() {
        people = new HashSet<>();
    }

    public void addPerson(Person person) {
        people.add(person);
    }

    @Override
    public String toString() {
        return "PhoneBook{" +
                "people=" + people +
                '}';
    }
}
```

이제 다시 테스트 코드를 실행해보면 다음과 같이 출력됩니다.

```
PhoneBook{people=[
    Person{name='홍길동', numbers=[PhoneNumber{phoneNumber='01012345678'}]}
  ]
}
```

이처럼 Set을 이용해서 중복을 없앴습니다.

> **잠깐만요**
>
> 이 책에서는 Set, Map 등을 자주 활용합니다. 이 두 인터페이스는 중복을 제거하거나 key-value 쌍을 관리하는
> 데 매우 효율적인 자료 구조입니다. 자바에서 굉장히 많이 사용되는 자료 구조라서 인터페이스에 포함된 메서드는
> 별도의 설명 없이 사용하지만, 이 두 인터페이스를 구현하는 HashSet과 HashMap 클래스는 9장에서 설명합니다.

이제 Person 객체가 정상적으로 추가되는 것을 확인했습니다.

다음으로 전화번호를 이용해서 Person을 찾는 search() 메서드를 구현해봅시다. search()에 서는 people에 포함된 Person 객체 중 hasPhoneNumber() 메서드를 사용하여 전화번호를 포 함하고 있는 Person 객체를 반환하면 됩니다. 이는 다음과 같이 구현할 수 있습니다.

```
public Person search(PhoneNumber number) {
    return people.stream()
            .filter(p -> p.hasPhoneNumber(number))
            .findFirst()
            .orElse(null);
}
```

우선 people.stream()을 사용해서 Set<Person>을 Stream<Person>으로 변환합니다. 그다음으로 filter()를 사용해서 number를 가지는 Person 객체들을 찾습니다. findFirst() 메서드를 호출하여 number를 갖는 Person 객체가 있는지 검사하고, orElse() 메서드가 없다면 null을 반환하도록 합니다.

> **잠깐만요**
>
> 이 책에서는 Stream을 자주 활용합니다. Stream은 코딩 테스트를 진행하는 데 필수는 아니지만 여러 반복문을 이용해서 구현해야 할 코드를 매우 간단하게 작성할 수 있도록 해줍니다. 이는 코딩할 때 시간을 단축해주고 실수할 확률도 낮추어 줍니다. Stream을 사용하는 부분은 자세하게 설명하므로 반복문으로 진행해도 무방합니다. 예를 들어 앞의 Stream은 다음과 같이 반복문으로 작성할 수 있습니다.
>
> ```
> public Person search(PhoneNumber number) {
>     for (Person p : people) {
>         if (p.hasPhoneNumber(number)) {
>             return p;
>         }
>     }
>     return null;
> }
> ```

이제 다음과 같이 전화번호를 PhoneBook 클래스의 검색 메서드 search()로 테스트해봅시다.

```
public static void main(String[] args) {
    Person person1 = new Person("홍길동");
    person1.addPhoneNumber(new PhoneNumber("010-1234-5678"));
    person1.addPhoneNumber(new PhoneNumber("010-2345-6789"));

    Person person2 = new Person("김철수");
    person2.addPhoneNumber(new PhoneNumber("010-2468-0246"));

    Person person3 = new Person("이영희");
    person3.addPhoneNumber(new PhoneNumber("010-1357-9135"));
```

```
PhoneBook phoneBook = new PhoneBook();
phoneBook.addPerson(person1);
phoneBook.addPerson(person2);
phoneBook.addPerson(person3);

System.out.println(phoneBook.search(new PhoneNumber("01023456789")));
System.out.println(phoneBook.search(new PhoneNumber("01024680246")));
System.out.println(phoneBook.search(new PhoneNumber("01013579135")));
System.out.println(phoneBook.search(new PhoneNumber("01000000000")));
}
```

이는 다음과 같이 모든 전화번호가 올바른 사람을 찾고 없는 경우 null을 반환함을 알 수 있습니다.

```
Person{
  name='홍길동',
  numbers=[
    PhoneNumber{phoneNumber='01012345678'},
    PhoneNumber{phoneNumber='01023456789'}
  ]
}
Person{name='김철수', numbers=[PhoneNumber{phoneNumber='01024680246'}]}
Person{name='이영희', numbers=[PhoneNumber{phoneNumber='01013579135'}]}
null
```

이처럼 단계별로 코드를 작성하니 검증과 디버깅 또한 단계별로 진행하여 큰 어려움 없이 코드를 완성할 수 있었습니다.

코딩 테스트는 개발자의 최소 조건을 판별하는 중요한 시험입니다. 코딩 테스트는 알고리즘과 자료 구조 위주이지만 그 안에서도 코드를 작성하는 단계를 나눌 수 있습니다. 단계별로 문제를 나누어 작성하는 연습을 하여 불필요한 시행착오를 줄이고 문제를 빠르게 해결해봅시다.

시간 복잡도

SECTION 1	시간 복잡도란?
SECTION 2	시간 복잡도 계산하기

코딩 테스트 문제 중에는 프로그램 실행 시간이 특정 시간 미만이어야 한다는 조건이 있는 경우가 있습니다. 일반적으로 이 시간은 1초를 기준으로 하며, 문제에서 주어지는 모든 형태의 입력을 처리하는 데 프로그램이 1초 이상 걸리면 안 된다는 의미입니다. 시간 제한이 있는 문제에서 실행 시간이 해당 제한 시간을 넘어간다면 시간 초과(TimeOut, TO)가 발생하여 오답으로 처리됩니다.

우리가 작성하는 코드가 문제에서 요구하는 만큼 효율적인지 알려면 어떻게 해야 할까요? 코드의 실행 시간을 측정하는 가장 쉬운 방법은 직접 예시 입력을 넣어 프로그램을 실행해보는 것입니다. 하지만 효율성을 측정하는 문제의 경우 대부분 입력 크기가 매우 큽니다. 1만 개의 입력을 받는 문제를 풀 때 코드가 효율적인지 측정하기 위해 모든 입력을 직접 넣을 수는 없습니다.

이때는 우리가 작성하는 코드의 실행 시간이 입력 데이터의 크기와 어떤 상관관계가 있는지 파악해서 그 효율성을 계산합니다. 이렇게 코드 혹은 알고리즘의 실행 시간과 데이터의 상관관계를 시간 복잡도라고 합니다.

시간 복잡도는 코딩 테스트에서 매우 중요한 개념으로, 이를 모르면 코딩 테스트에서 요구하는 효율적인 코드를 작성할 수 없습니다. 이 장에서는 시간 복잡도와 그 계산법을 알아봅니다.

2.1 시간 복잡도란?
SECTION

시간 복잡도(time complexity)는 코드의 실행 시간이 어떤 요인으로 결정되는지 나타내는 시간과 입력 데이터의 함수 관계입니다. 코딩 테스트에서는 자신이 짠 코드의 시간 복잡도를 계산하여 문제에서 요구하는 입력을 제한 시간 내에 해결할 수 있는지 파악해야 합니다.

2.1.1 빅오 표기법

코딩 테스트에서 효율성을 검사하는 데 사용하는 시간 복잡도는 **빅오(Big-O) 표기법**을 사용합니다. 빅오 표기법은 알고리즘이 겪을 수 있는 최악의 경우에 걸리는 시간과 입력 간의 상관관계를 표기합니다. 입력 크기가 N이고, 이에 비례하는 시간이 걸린다면 O(N)으로 표기합니다.

길이가 N인 배열에서 하나의 원소를 찾는 다음 코드를 살펴봅시다.

```java
private int search(int[] array, int target) {
    for (int i = 0; i < array.length; i++) {
        if (array[i] == target) {
            return i;
        }
    }
    return -1;
}
```

이 코드는 평균적으로 배열 중간쯤에서 원소를 찾게 될 것입니다. 하지만 최악의 경우에는 모든 원소를 순회한 후 원소를 찾게 됩니다. 즉, 전체 배열을 순회하므로 $O(N)$ 시간 복잡도를 갖게 됩니다.

코딩 테스트에서 효율성을 묻는 문제는 문제 제한 사항에 명시되어 있는 조건을 극한으로 맞추는 입력 데이터를 사용해서 코드를 평가합니다. 따라서 입력될 수 있는 최악의 상황을 상정하여 시간 복잡도를 계산할 수 있도록 빅오 표기법을 사용합니다.

2.1.2 시간 복잡도 그래프

시간 복잡도는 입력 크기와 실행 시간의 상관관계입니다. 입력 크기가 작다면 연산이 적기 때문에 시간 복잡도가 의미 있는 차이를 만들어 내지 않습니다. 하지만 입력 크기가 커진다면 실행 시간의 차이는 어마어마해집니다.

앞으로 여러 장에 걸쳐 다양한 알고리즘을 살펴볼 것입니다. 알고리즘은 코드가 실행되는 로직이므로 시간 복잡도를 계산할 수 있습니다. 몇 가지 알고리즘의 시간 복잡도를 다음 표에서 살펴봅시다.

▼ 표 2-1 알고리즘과 시간 복잡도

알고리즘	시간 복잡도
이진 탐색	$O(\log N)$
선형 탐색	$O(N)$
정렬	$O(N \log N)$
조합	$O(2^N)$
순열	$O(N!)$

이와 별개로 특별한 로직 없이 실행되는 사칙 연산과 같은 단순 연산의 시간 복잡도는 상수 시간이라고 하며 O(1)로 표기합니다. 앞서 살펴본 O(1), O(logN), O(N), O(N logN), O(N²), O(2ⁿ), O(N!) 등이 있습니다. 각 시간 복잡도별로 계산되는 값을 N 값에 따라 살펴봅시다.

▼ 표 2-2 시간 복잡도별 N 크기에 따른 계산 결과(정수로 반올림)

	10	20	100	10,000	1,000,000	100,000,000
O(1)	1	1	1	1	1	1
O(logN)	3	4	7	13	20	27
O(N)	10	20	100	10,000	1,000,000	100,000,000
O(N logN)	33	86	664	132,877	-	-
O(2^N)	1,024	1,048,576	-	-	-	-
O(N!)	3,628,800	-	-	-	-	-

┤ 잠깐만요 ├

O(logN) 표기는 $\log_2 N$을 나타낼 때가 많습니다. 따라서 표 2-2에서 계산 값도 $\log_2 N$의 값을 계산한 결과입니다. $\log_2 N$을 왜 O(logN)으로 표기하는지는 '2.2절 시간 복잡도 계산하기'에서 다룹니다.

표 2-2에서 확인할 수 있듯이, N이 커질수록 시간 복잡도의 결괏값 차이는 굉장히 커집니다. 이는 그래프로도 확연히 드러납니다. 다음 그림은 자주 등장하는 시간 복잡도인 O(1), O(logN), O(N), O(N logN), O(N²), O(2ⁿ), O(N!)의 비교 그래프입니다.

▼ 그림 2-1 시간 복잡도에 따른 입력과 실행 시간의 상관관계 그래프

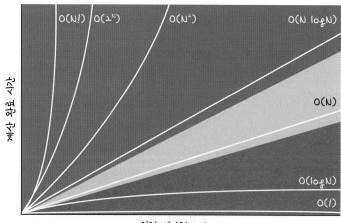

그림 2-1에서 알 수 있듯이, 입력 크기가 커지면 커질수록 시간 복잡도에 따른 실행 시간 차이는 굉장히 커집니다. 규모가 큰 서비스일수록 효율적인 코드가 중요한 이유입니다.

2.1.3 입력 데이터 개수별 사용 가능한 시간 복잡도 알고리즘

이처럼 시간 복잡도는 프로그램 실행 시간을 결정짓는 중요한 요소이기에 코딩 테스트에서 코드를 작성할 때는 자신이 생각한 풀이의 시간 복잡도를 따져 보아야 합니다. 컴퓨터의 연산 속도는 굉장히 빠릅니다. 프로그램 실행 시간 1초라는 제한이 있을 때, 어느 정도 시간 복잡도이어야 시간 제한을 만족할 수 있을까요?

1초를 만족하는 정해진 시간 복잡도는 문제별로 다릅니다. 문제별로 주어지는 입력 데이터의 종류와 그 개수가 다르기 때문에 정해진 시간 복잡도는 있을 수 없습니다. 하지만 입력 조건에서 명시되어 있는 최악의 경우를 시간 복잡도에 대입해보았을 때 1억이 넘지 않는다면 실행 시간이 1초보다 빠른 충분히 효율적인 코드일 가능성이 높습니다.

예를 들어 문제에서 주어진 조건에 따라 N 값이 최대 1만이라고 가정한다면, 시간 복잡도 $O(N \log N)$을 갖는 코드는 N을 대입했을 때 그 값이 약 13만으로 계산되기 때문에 충분히 효율적인 코드라고 할 수 있습니다. 하지만 작성한 코드가 시간 복잡도 $O(N^2)$을 갖는다면 N을 대입했을 때 1억이 되기 때문에 시간 제한을 맞추지 못할 가능성이 매우 큽니다.

따라서 자신의 시간 복잡도에 문제의 제한 사항에 표기된 가장 큰 입력을 대입하여 계산했을 때 아무리 커도 1억을 넘기지 않아야 시간 제한에서 안전한 코드입니다.

| 잠깐만요 |

여기에서 이야기하는 1억은 절대적인 기준이 아닙니다. 시간 복잡도를 나타내는 빅오 표기법은 실행 시간이 어떤 요인으로 결정된다는 것을 나타낼 뿐, 정확한 실행 시간을 나타내는 것이 아닙니다. 따라서 실제 계산한 수치가 1억보다 작더라도 시간 제한에 걸릴 수 있습니다.

하지만 일반적으로 코딩 테스트 문제는 시간 복잡도를 이용하여 이와 같은 방법으로 계산하면 애매하게 1억 근처에서 계산되는 경우는 거의 없을 것입니다. 대부분 1억보다 한참 아래 값으로 계산되거나 풀이가 잘못되어도 1억을 훨씬 넘는 값으로 계산되기 때문에 1억을 일종의 커트라인으로 생각할 수 있습니다.

또 1억은 시간 제한이 1초인 문제일 때의 기준입니다. 시간 제한이 다른 문제에서는 해당 배수만큼 시간 복잡도를 곱하여 생각할 수 있습니다. 예를 들어 시간 제한이 3초로 나와 있는 문제는 3억 번으로 생각할 수 있습니다.

시간 제한이 걸려 있지 않은 문제라고 하더라도 대부분의 코드는 10초 이내에 실행 완료되어야 합니다. 따라서 시간 복잡도를 계산한 결과가 10억이 넘어간다면 반드시 다른 풀이를 생각해야 합니다.

풀이를 고안한 후 문제의 입력 조건을 시간 복잡도에 대입한 결과가 1억보다 큰 경우는 생각보다 매우 빈번히 발생합니다. 이 경우에는 풀이법이 문제를 충분히 효율적으로 해결하지 못하므로 다른 풀이를 찾아보아야 합니다.

풀이를 고안하는 정도가 아닌 코드까지 작성한 후 시간 초과를 발견한다면 코드마저 새로 작성해야 하는 상황이 발생합니다. 따라서 코드를 작성하기 전에 풀이를 먼저 생각하고, 시간 복잡도를 이용하여 효율성이 검증되면 그 이후에 코드를 작성해야 합니다. 다음 그림에서는 비효율적인 방식으로 문제를 푸는 과정과 풀이를 작성하기 전에 효율성을 검증하여 문제를 효율적으로 푸는 과정을 비교합니다.

▼ **그림 2-2** 비효율적인 문제 풀이 과정과 효율적인 문제 풀이 과정

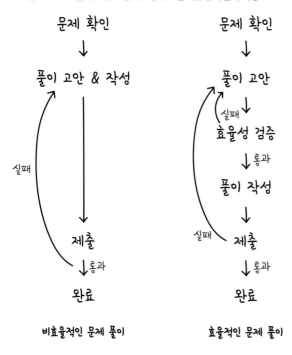

예를 들어 길이가 N이고 정수로 이루어진 배열에서 M개의 숫자 유무를 확인해야 한다고 가정해봅시다. 문제 조건에서 N은 최대 10,000, M은 최대 100,000으로 주어졌다고 합시다. 하나의 숫자를 검사할 때마다 배열을 전부 순회한다면 M개의 숫자에서 각각 N번의 검사를 해야 하므로 시간 복잡도는 O(NM)이 됩니다.

문제 조건에 따라 N과 M의 최댓값을 대입하면 10억이라는 결과가 나옵니다. 이는 1억이 훨씬 넘는 수치이므로 코드를 작성하기 전에 더 효율적인 방법을 찾아야 한다는 것을 알 수 있습니다. 이처럼 시간 복잡도를 활용하면 코드를 작성하기 전에 해당 풀이를 검증할 수 있습니다.

> **잠깐만요**
>
> 이 문제는 '8장 이진 탐색'을 이용하면 O((N+M)logN)의 시간 복잡도로 해결할 수 있으며, HashSet 자료 구조를 이용하면 O(N+M)의 시간 복잡도로 해결할 수 있습니다.

2.2 / 시간 복잡도 계산하기
SECTION

그렇다면 시간 복잡도는 어떻게 계산할 수 있을까요? 가장 기본이 되는 방법은 반복 횟수를 세어 보는 것입니다. 일반적으로 입력되는 값들을 순회하면서 처리하는 데 반복문이 사용됩니다. 이렇게 사용되는 반복문이 어떤 값에 비례해서 반복하는지 따져 보면 시간 복잡도를 계산할 수 있습니다.

2.2.1 어림짐작해보기

시간 복잡도는 정확한 실행 시간을 계산하는 용도가 아닙니다. 단지 실행 시간이 어떤 요인으로 결정되는지 나타내는 수식일 뿐입니다. 따라서 시간 복잡도에서는 곱하거나 더해지는 상수 부분은 나타내지 않습니다.

▼ **그림 2-3** O(N) 시간 복잡도로 표기되는 여러 실행 시간 함수

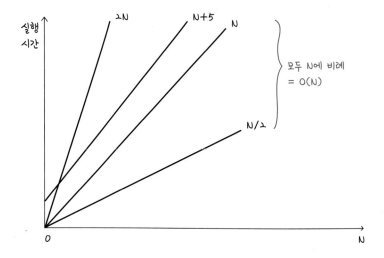

예를 들어 길이가 N인 배열의 반만 사용하는 알고리즘이 있다고 합시다. 이때 반복 횟수는 N/2일 것입니다. 이는 빅오 표기법으로 O(N/2)로 나타낼 수 있지만 상수 부분을 제외하고 O(N)으로만 표기합니다. N에 비례한다는 것을 나타내기 위해서입니다. 이와 비슷하게 길이가 N인 배열을 두 번 반복하는 경우 또한 O(2N)이 아니라 O(N)으로 표기합니다. 즉, O(N) = O(2N) = O(N/2)가 성립합니다.

반면 배열을 M번 반복해야 한다면 M은 무시해서는 안 됩니다. 이 경우에는 길이가 N인 배열을 M번 반복해야 하므로 O(NM)이 되며, 문제 조건에 따라 N뿐만 아니라 M의 최댓값 또한 구하여 시간 복잡도에 대입해야 합니다.

또 다른 경우는 길이 N짜리 배열을 순회하고 그다음에 길이 M짜리 배열을 순회하는 것입니다. 이 경우에는 N번 반복한 후 M번 반복하므로 O(N+M)으로 표기합니다. 이때도 N과 M의 최댓값을 구하여 시간 복잡도에 대입해서 효율성을 판단해야 합니다.

이렇게 계산한 시간 복잡도에 문제 제한 사항에 명시된 가장 큰 입력을 대입하여 충분히 효율적인 코드인지 판별해봅시다.

2.2.2 시간 복잡도를 줄이는 방법

시간 복잡도 수식에 가장 큰 입력을 대입하여 계산한 결과가 1억 이상이라면 풀이가 충분히 효율적이지 않은 것입니다. 따라서 더욱 효율적인 풀이를 생각해 내어 시간 복잡도를 줄여야 합니다. 앞으로 살펴볼 많은 알고리즘과 자료 구조는 시간 복잡도를 줄여 더욱 효율적인 코드를 작성하기 위한 것입니다.

예를 들어 정렬된 배열 arr에서 특정 원소의 위치를 찾는 문제를 생각해봅시다. 배열의 모든 원소를 순회한다면 이는 $O(N)$의 시간 복잡도가 소요됩니다. 하지만 정렬되어 있다는 조건에 주목하면 이후에 살펴볼 이진 탐색을 적용할 수 있다는 것을 알 수 있습니다. 이진 탐색의 시간 복잡도는 $O(\log N)$이므로 훨씬 효율적으로 탐색할 수 있습니다.

또 배열에서 중복을 제거한 원소들을 찾고 싶을 때 원소별로 배열 전체를 순회하면 $O(N^2)$의 시간 복잡도가 소요됩니다. 이때는 자료 구조 Set을 이용하면 $O(N)$으로 해결할 수 있습니다. $O(N^2)$과 $O(N)$은 N의 크기가 커질수록 엄청난 효율성 차이를 보입니다.

따라서 문제 조건에 맞는 적절한 알고리즘과 자료 구조를 이용하는 것이 코딩 테스트의 핵심입니다.

문제를 보고 효율적인 풀이를 바로 떠올리기 어렵다면 문제에서 주어진 입력 조건을 이용하여 풀이의 시간 복잡도를 먼저 유추해보는 것도 풀이를 생각해내기에 좋은 힌트가 될 수 있습니다. 시간 제한이 1초일 경우에 유추 가능한 시간 복잡도를 살펴봅시다.

▼ 표 2-3 제한 시간이 1초일 때 유추 가능한 시간 복잡도와 알고리즘

N	유추 가능한 시간 복잡도	유추 가능한 알고리즘
10	$O(N!)$	순열
20	$O(2^N)$	조합
1,000~	$O(N^3)$, $O(N^3 \log N)$	완전 탐색, 이진 탐색
10,000~	$O(N \log N)$	정렬, 이진 탐색

이처럼 시간 복잡도를 이용하면 문제에서 주어진 조건으로 풀이에 대한 힌트를 얻을 수 있습니다. 하지만 시간 복잡도와 상관없이 작은 입력 제한을 주는 문제도 나올 수 있으므로 유추 가능한 알고리즘은 어디까지나 힌트로 사용해야 합니다. 무조건 해당 알고리즘을 사용하여 문제를 해결해야 한다는 의미가 아니라는 점을 기억합니다.

2.2.3 여러 알고리즘을 사용할 때 시간 복잡도 생각해보기

하나의 풀이에 여러 개의 알고리즘을 사용한다면 시간 복잡도는 어떻게 계산될까요? 예를 들어 다음 코드처럼 길이가 N인 배열을 이중 반복문으로 순회하는 것은 $O(N^2)$의 시간 복잡도로 나타낼 수 있습니다.

```java
int[] arr = ... // 길이가 N인 배열

for (int a : arr) {
    for (int b : arr) {
        System.out.println(a + " + " + b + " = " + (a + b));
    }
}
```

순회와 별개로 다음과 같이 배열을 다시 한 번 순회한다면 추가적으로 $O(N)$의 시간 복잡도가 발생합니다. 이때 총 시간 복잡도는 $O(N^2+N)$이 될 것입니다.

```java
int[] arr = ... // 길이가 N인 배열

for (int v : arr) {
    System.out.println(v);
}

for (int a : arr) {
    for (int b : arr) {
        System.out.println(a + " + " + b + " = " + (a + b));
    }
}
```

하지만 빅오 표기법에서는 실행 시간에 가장 큰 영향을 미치는 항만 표기합니다. 앞의 예시에서 N이 커지면 커질수록 N^2의 영향력은 N의 영향력보다 훨씬 커지게 됩니다. 이에 따라 N은 실행 시간에 무시할 수 있는 영향만 미칩니다. 따라서 빅오 표기법에서는 가장 영향력이 큰 항만 남겨 $O(N^2+N)$은 $O(N^2)$으로 표기합니다.

그렇다면 다음 코드의 시간 복잡도는 어떻게 될까요?

```java
int[] arr = ... // 길이가 N인 배열

for (int i = 0; i < arr.length; i++) {
```

```
    for (int j = i + 1; j < arr.length; j++) {
        int a = arr[i];
        int b = arr[j];
        System.out.println(a + " + " + b + " = " + (a + b));
    }
}
```

이 코드에서 안쪽 for 문은 배열 전체를 돌지 않고 i 값에 따라 순회하는 범위가 정해집니다. i = 0일 때는 배열 전체를 순회하지만, i = arr.length - 1일 때는 전혀 순회하지 않습니다. 반복하는 횟수를 따져 보면 i = 0일 때 N − 1번, i = 1일 때 N − 2번, i = 3일 때 N − 3번 반복합니다. 즉, 전체 반복 횟수는 1부터 N − 1까지 합이 됩니다. 이를 계산하면 $(N - 1) \times (N) / 2$가 되며, 이를 풀어서 나타내면 $\frac{1}{2}N^2 + \frac{3}{2}N + 1$이 됩니다.

이제 $O(\frac{1}{2}N^2 + \frac{3}{2}N + 1)$을 빅오 표기법에 맞게 수정해봅시다. 가장 영향력이 큰 항은 차수가 가장 높은 $\frac{1}{2}N^2$이므로 $O(\frac{1}{2}N^2 + \frac{3}{2}N + 1) = O(\frac{1}{2}N^2)$이 됩니다. 또 2.2.1절에서 살펴보았듯이 곱해지는 상수는 표기하지 않습니다. 따라서 $O(\frac{1}{2}N^2) = O(N^2)$이 됩니다. 즉, 안쪽 for 문이 배열 전체를 순회하지 않았다고 하더라도 O(N²)으로 표기됨을 알 수 있습니다.

시간 복잡도는 코드를 작성하기 전 자신의 풀이가 충분히 효율적인지 판단할 수 있는 굉장히 중요한 요소입니다. 시간 복잡도를 생각하지 않고 코드를 작성하다 시간 초과를 띄우게 되면 처음부터 다른 풀이를 다시 생각해야 하므로 시간적 손해가 매우 큽니다.

또 시간 복잡도는 이후 면접 과정에서도 자주 언급되는 만큼 아주 중요한 지식이므로 풀이를 고안한 후에는 항상 시간 복잡도를 따지고, 효율성이 검증되면 그때 코드를 작성하도록 합시다.

배열

SECTION 1   2차원 배열 이해하기

SECTION 2   2차원 배열 다루어 보기

배열은 가장 기본적인 자료 구조로 그 활용법이 무궁무진합니다. 코딩 테스트에서는 단순한 1차원 배열을 넘어 2차원 배열을 다루는 문제들이 자주 출제되며, 다른 알고리즘에서도 상위 차원의 배열을 활용하는 경우가 빈번합니다.

이런 상황을 만났을 때 배열을 자유자재로 다룰 수 있어야 알고리즘을 제대로 활용할 수 있고 문제를 푸는 속도도 빨라질 수 있습니다.

3.1
SECTION

2차원 배열 이해하기

우선 1차원 배열보다 한 단계 상위 차원인 2차원 배열을 제대로 이해해봅시다.

3.1.1 1차원 배열 + 1차원 배열?

배열에는 int, double, String 등 다양한 데이터를 담을 수 있습니다. 2차원 배열도 마찬가지입니다. 2차원 배열은 담는 원소의 자료형이 1차원 배열인 또 다른 배열일 뿐입니다.

▼ **그림 3-1** 1차원 배열과 2차원 배열

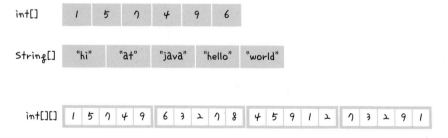

이는 2차원 배열의 특정 인덱스에 접근하면 그 원소는 1차원 배열이 된다는 의미입니다.

▼ **그림 3-2** 배열에서 원소 접근

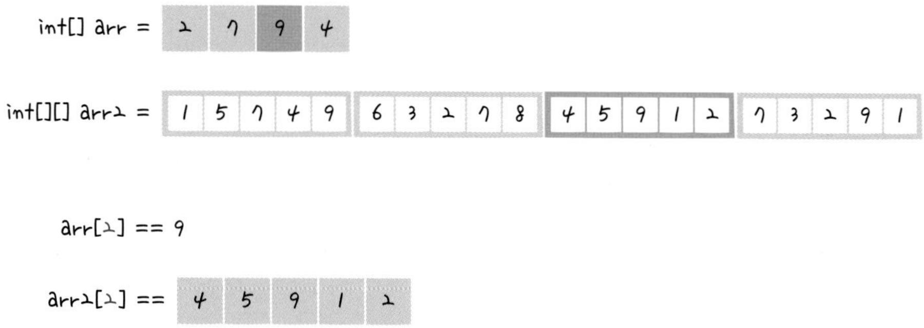

int[] arr = | 2 | 7 | 9 | 4 |

int[][] arr2 = | 1 5 7 4 9 | 6 3 2 7 8 | 4 5 9 1 2 | 7 3 2 9 1 |

arr[2] == 9

arr2[2] == | 4 5 9 1 2 |

따라서 2차원 배열의 원소에 접근하려면 먼저 1차원 배열에 접근한 후 다시 한 번 1차원 배열의 원소에 접근합니다.

▼ **그림 3-3** 2차원 배열의 원소 접근

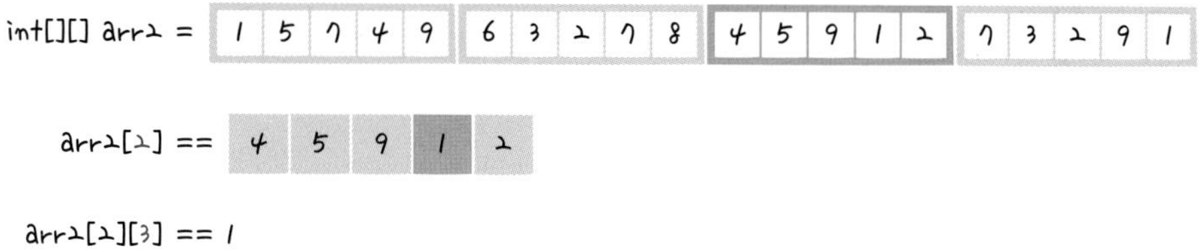

int[][] arr2 = | 1 5 7 4 9 | 6 3 2 7 8 | 4 5 9 1 2 | 7 3 2 9 1 |

arr2[2] == | 4 5 9 1 2 |

arr2[2][3] == 1

3.1.2 2차원 배열 이해하기

2차원 배열은 주로 다음 그림과 같이 행과 열로 구성된 사각형으로 표현합니다.

▼ **그림 3-4** 행과 열로 표현한 2차원 배열

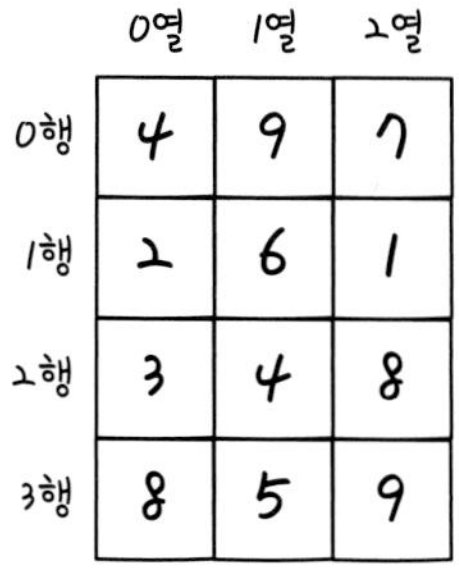

	0열	1열	2열
0행	4	9	7
1행	2	6	1
2행	3	4	8
3행	8	5	9

그림 3-4에서 알 수 있듯이 2차원 배열은 세로축과 가로축으로 구성되어 있고, 각 축은 배열의 차원을 나타냅니다.

x축과 y축

앞으로 많은 문제에서 2차원 배열은 이렇게 사각형의 형태로 다룰 것입니다. 2차원 배열을 이렇게 사각형의 형태로 다룰 때는 행과 열을 이용해서 표현하는 대신 x, y 좌표를 이용해서 나타내겠습니다.

▼ **그림 3-5** 2차원 배열에서의 x축과 y축

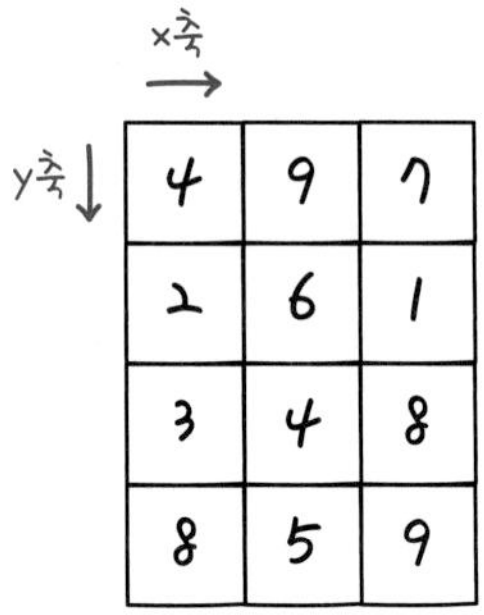

예를 들어 크기가 3×4인 2차원 배열에 x = 2인 줄과 y = 3인 줄[1]은 다음 그림과 같습니다.

▼ **그림 3-6** x 값과 y 값으로 표현되는 열과 행

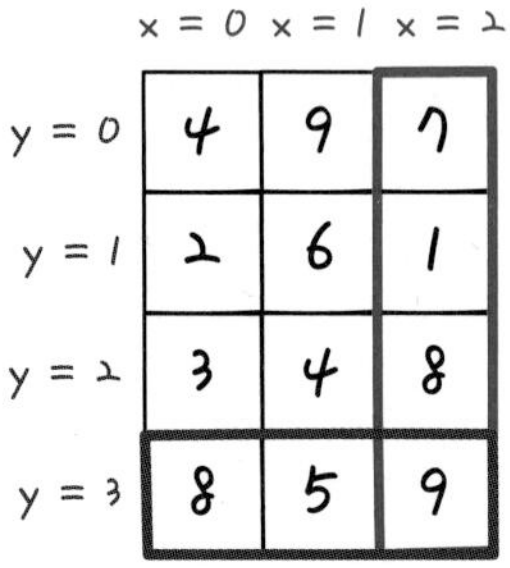

---

1 행, 열과 같은 용어는 처음 접하면 헷갈릴 수 있어 일부러 x줄, y줄로 표현했습니다.

또 원소는 좌표로 나타낼 수도 있습니다. x = 2, y = 3인 좌표의 원소는 x = 2 줄과 y = 3 줄이 교차하는 지점이 됩니다. 이렇듯 원소는 좌표로 나타낼 수 있기 때문에 앞으로는 (2, 3)과 같은 (x, y) 형식으로 표기하겠습니다.

▼ **그림 3-7** x, y 좌표로 표현되는 2차원 배열의 원소

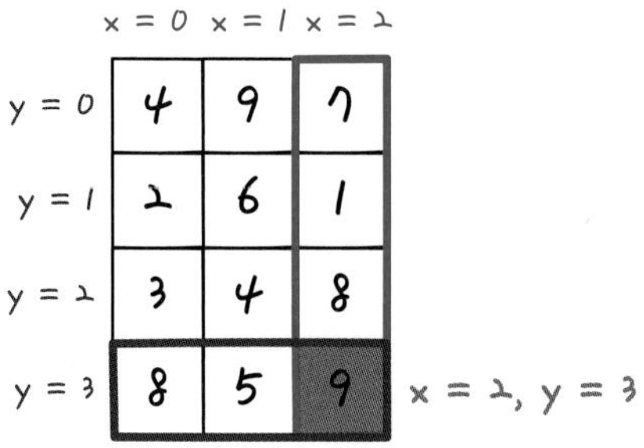

원소 접근하기

이렇게 x축과 y축을 사용해서 2차원 배열을 쉽게 이해할 수 있습니다. 한 가지 주의할 점은 2차원 배열에 y 좌표로 먼저 접근한 후 x 좌표로 접근해야 올바르게 원소에 접근이 가능하다는 것입니다.

예를 들어 그림 3-7의 x = 2, y = 3 좌표에 접근하려면 다음과 같이 해야 합니다.

```
int[][] arr2 = {
        {4, 9, 7},
        {2, 6, 1},
        {3, 4, 8},
        {8, 5, 9},
};

// y 좌표인 3에 먼저 접근한 후 x 좌표인 2에 접근
int element = arr2[3][2];
```

3.2 / 2차원 배열 다루어 보기
SECTION

2차원 배열을 이해했으니 이를 활용하여 문제를 풀어 봅시다.

3.2.1 2차원 배열 응용

 문제 ❶

교점에 별 만들기 - Level 2
URL https://programmers.co.kr/learn/courses/30/lessons/87377

$Ax + By + C = 0$으로 표현할 수 있는 n개의 직선이 주어질 때, 이 직선의 교점 중 정수 좌표에 별을 그리려 합니다.

예를 들어 다음과 같은 직선 5개를

- $2x - y + 4 = 0$
- $-2x - y + 4 = 0$
- $-y + 1 = 0$
- $5x - 8y - 12 = 0$
- $5x + 8y + 12 = 0$

좌표 평면 위에 그리면 아래 그림과 같습니다.

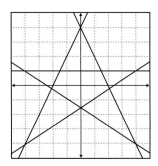

이때 모든 교점의 좌표는 (4, 1), (4, -4), (-4, -4), (-4, 1), (0, 4), (1.5, 1.0), (2.1, -0.19), (0, -1.5), (-2.1, -0.19), (-1.5, 1.0)입니다. 이 중 정수로만 표현되는 좌표는 (4, 1), (4, -4), (-4, -4), (-4, 1), (0, 4)입니다.
만약 정수로 표현되는 교점에 별을 그리면 다음과 같습니다.

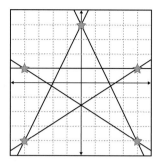

위의 그림을 문자열로 나타낼 때, 별이 그려진 부분은 *, 빈 공간(격자선이 교차하는 지점)은 .으로 표현하면 다음과 같습니다.

```
"............"
".....*....."
"..........."
"..........."
".*.......*."
"..........."
"..........."
"..........."
"..........."
".*.......*."
"..........."
```

이때 격자판은 무한히 넓으니 모든 별을 포함하는 최소한의 크기만 나타내면 됩니다.

따라서 정답은

```
"....*...."
"........."
"........."
"*.......*"
"........."
"........."
"........."
"........."
"*.......*"
```

입니다.

직선 A, B, C에 대한 정보가 담긴 배열 line이 매개변수로 주어집니다. 이때 모든 별을 포함하는 최소 사각형을 return하도록 solution 함수를 완성해주세요.

제한 사항

- line의 세로(행) 길이는 2 이상 1,000 이하인 자연수입니다.
  - line의 가로(열) 길이는 3입니다.
  - line의 각 원소는 [A, B, C] 형태입니다.
  - A, B, C는 -100,000 이상 100,000 이하인 정수입니다.
  - 무수히 많은 교점이 생기는 직선 쌍은 주어지지 않습니다.
  - A = 0이면서 B = 0인 경우는 주어지지 않습니다.
- 정답은 1,000 * 1,000 크기 이내에서 표현됩니다.
- 별이 한 개 이상 그려지는 입력만 주어집니다.

입출력 예

line	result
[[2, -1, 4], [-2, -1, 4], [0, -1, 1], [5, -8, -12], [5, 8, 12]]	["....*....", ".........", ".........", "*.......*", ".........", ".........", ".........", ".........", "*.......*"]
[[0, 1, -1], [1, 0, -1], [1, 0, 1]]	["*.*"]
[[1, -1, 0], [2, -1, 0]]	["*"]
[[1, -1, 0], [2, -1, 0], [4, -1, 0]]	["*"]

입출력 예 설명

입출력 예 #1

문제 예와 같습니다.

입출력 예 #2

직선 y = 1, x = 1, x = -1은 다음과 같습니다.

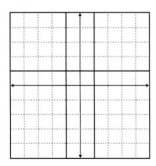

(-1, 1), (1, 1)에서 교점이 발생합니다.

따라서 정답은

"*.*"

입니다.

입출력 예 #3

직선 y = x, y = 2x는 다음과 같습니다.

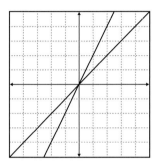

(0, 0)에서 교점이 발생합니다.

따라서 정답은

"*"

입니다.

입출력 예 #4

직선 y = x, y = 2x, y = 4x는 다음과 같습니다.

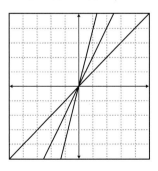

(0, 0)에서 교점이 발생합니다.

따라서 정답은

"*"

입니다.

참고 사항

$Ax + By + E = 0$

$Cx + Dy + F = 0$

두 직선의 교점이 유일하게 존재할 경우, 그 교점은 다음과 같습니다.

$$x = \frac{BF - ED}{AD - BC} \qquad y = \frac{EC - AF}{AD - BC}$$

또, $AD - BC = 0$인 경우 두 직선은 평행 또는 일치합니다.

문제 풀이

이 문제에서는 직선들이 주어지고, 주어진 직선들의 교점 중 좌표 값이 정수인 좌표들을 2차원 배열에 표현해야 합니다. 이를 흐름으로 나타내면 다음과 같이 작성할 수 있습니다.

문제 풀이 흐름

1. 모든 직선 쌍에 대해 반복

    A. 교점 좌표 구하기

    B. 정수 좌표만 저장

2. 저장된 정수들에 대해 x, y 좌표의 최댓값, 최솟값 구하기

3. 구한 최댓값, 최솟값을 이용하여 2차원 배열의 크기 결정

4. 2차원 배열에 별 표시

5. 문자열 배열로 변환 후 반환

코드 작성

이제 흐름에 따라 차근차근 코드를 작성해봅시다. 우선 좌표를 표현해야 하니 좌표를 나타내는 클래스를 다음과 같이 만들어 줍니다.

```
private static class Point {
    public final long x, y;
    private Point(long x, long y) {
        this.x = x;
        this.y = y;
    }
}
```

데이터를 나타내는 클래스이므로 final 키워드를 사용하여 불변성을 갖게 하고, 생성자로 초기화할 수 있게 해줍니다. 문제에서 좌표 범위가 주어지지 않았기 때문에 x, y는 long으로 표현합니다. 문제 조건 중 1000×1000 크기 이내에서 표현된다는 조건은 찍히는 별들 사이의 거리가 멀지 않다는 조건일 뿐, 실제 좌표 값이 작다는 의미가 아니므로 long으로 좌표를 다루어야 오버플로가 발생하지 않습니다.

앞서 살펴본 흐름에 따라 하나씩 알아보겠습니다.

1. 모든 직선 쌍에 대해 반복

모든 직선 쌍에 대해 반복해야 하는데, 이는 이중 반복문으로 간단히 구현할 수 있습니다.

```
for (int i = 0; i < line.length; i++) {
    for (int j = i + 1; j < line.length; j++) {
        // line[i], line[j]를 이용하여 1-A, 1-B 수행
    }
}
```

1-A. 교점 좌표 구하기

두 직선의 교점을 구해야 하는데 이는 별도의 메서드로 분리하여 구현해봅시다.

```
private Point intersection(long a1, long b1, long c1, long a2, long b2, long c2) {
    // 교점 구해서 반환하기
    return null;
}
```

이처럼 두 직선의 정보를 매개변수로 받아, 그 교점이 정수이면 Point 객체를 반환하는 메서드를 선언했습니다. 이 메서드를 어떻게 구현할 수 있을까요? 다음과 같이 두 직선이 있다고 합시다.

- $a_1x + b_1y + c_1 = 0$
- $a_2x + b_2y + c_2 = 0$

이 두 직선의 교점은 다음과 같이 계산됩니다.

$$x = \frac{b_1c_2 - b_2c_1}{a_1b_2 - a_2b_1} \,, \quad y = \frac{a_2c_1 - a_1c_2}{a_1b_2 - a_2b_1}$$

이를 이용하여 교점을 구하고, 정수일 때만 반환하도록 메서드를 구현해봅시다.

```
double x = (double) (b1 * c2 - b2 * c1) / (a1 * b2 - a2 * b1);
double y = (double) (a2 * c1 - a1 * c2) / (a1 * b2 - a2 * b1);

if (x % 1 != 0 || y % 1 != 0) return null;

return new Point((long) x, (long) y);
```

1-B. 정수 좌표만 저장

이 메서드를 사용하면 정수 좌표일 때 Point 객체가 반환되므로 좌표를 저장할 리스트를 만들고, 객체가 반환되었을 때만 리스트에 저장해주면 됩니다.

```
List<Point> points = new ArrayList<>();
for (int i = 0; i < line.length; i++) {
    for (int j = i + 1; j < line.length; j++) {
        Point intersection = intersection(line[i][0], line[i][1], line[i][2],
                                           line[j][0], line[j][1], line[j][2]);
        if (intersection != null) {
            points.add(intersection);
        }
    }
}
```

2. 저장된 정수들에 대해 x, y 좌표의 최댓값, 최솟값 구하기

별을 표시할 2차원 배열은 정확히 별을 표시할 수 있을 정도로 작게 잡아야 합니다. 이를 위해 각 좌표의 최댓값과 최솟값을 구해야 합니다. 가장 작은 x, y 좌표를 포함하는 Point 객체와 가장 큰 x, y 좌표를 갖는 Point 객체를 반환하는 두 함수를 선언해봅시다.

```java
private Point getMinimumPoint(List<Point> points) {
    // 가장 작은 좌표 찾기
    return null;
}

private Point getMaximumPoint(List<Point> points) {
    // 가장 큰 좌표 찾기
    return null;
}
```

우선 getMinimumPoint() 메서드부터 구현해봅시다. 구현은 간단합니다. points 리스트 안의 모든 Point 객체를 순회하면서 가장 작은 x, y 값을 찾고, 이를 사용하여 Point 객체를 만들어 반환하면 됩니다.

```java
private Point getMinimumPoint(List<Point> points) {
    long x = Long.MAX_VALUE;
    long y = Long.MAX_VALUE;

    for (Point p : points) {
        if (p.x < x) x = p.x;
        if (p.y < y) y = p.y;
    }

    return new Point(x, y);
}
```

getMaximumPoint() 메서드도 마찬가지로 구현해줍니다. x, y 변수의 초깃값과 for 문 안에서 비교 연산자의 방향이 바뀌었음에 유의해주세요.

```java
private Point getMaximumPoint(List<Point> points) {
    long x = Long.MIN_VALUE;
    long y = Long.MIN_VALUE;
```

```
    for (Point p : points) {
        if (p.x > x) x = p.x;
        if (p.y > y) y = p.y;
    }

    return new Point(x, y);
}
```

3. 구한 최댓값, 최솟값을 이용하여 2차원 배열의 크기 결정

이 두 메서드를 사용해서 다음과 같이 2차원 배열 크기를 알 수 있습니다. 배열 크기를 구해야 하므로 minimum과 maximum을 사용하여 구한 값에 1을 더해야 함에 유의하세요.

```
Point minimum = getMinimumPoint(points);
Point maximum = getMaximumPoint(points);

int width = (int) (maximum.x - minimum.x + 1);
int height = (int) (maximum.y - minimum.y + 1);
```

이 값을 사용하여 다음과 같이 2차원 배열을 선언하고 초기화할 수 있습니다. 문자를 이용하여 각 좌표를 표시하기 때문에 char 자료형의 2차원 배열로 선언해줍니다. 또 3.1.2절에서 언급한 대로 2차원 배열은 y축의 성분으로 먼저 접근하기 때문에 높이 성분을 명시해주어야 합니다.

```
char[][] arr = new char[height][width];
for (char[] row : arr) {
    Arrays.fill(row, '.');
}
```

4. 2차원 배열에 별 표시

배열이 준비되었으니 별을 찍을 차례입니다. 별을 찍을 위치인 교점 정보는 points 변수에 있으니 이를 순회하면서 별을 찍어 주면 됩니다.

```
for (Point p : points) {
    // 2차원 배열에 별 찍기
}
```

단 여기에서 주의해야 할 점이 있습니다. 2차원 배열에서 (0, 0)은 실제 교점의 (0, 0)이 아닙니다. 교점을 표현할 수 있는 가장 작은 크기로 2차원 배열을 선언했기 때문에 별을 제대로 표시하려면 좌표를 변환시켜 주어야 합니다.

▼ **그림 3-8** 일반 좌표와 2차원 배열의 좌표

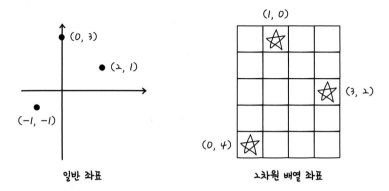

2차원 배열의 좌표는 일반 좌표와 비교했을 때 y축 방향이 반대고, minimum과 maximum으로 그 크기가 결정되었습니다. 이런 좌표 변환과 변환된 좌표를 이용해서 별을 찍어 봅시다. y 좌표로 먼저 접근한 후 x 좌표로 접근하는 것에 유의해주세요.

```
int x = (int) (p.x - minimum.x);
int y = (int) (maximum.y - p.y);
arr[y][x] = '*';
```

5. 문자열 배열로 변환 후 반환

마지막으로 이를 String의 배열로 변환하여 반환해야 합니다. 이는 String 배열을 선언한 후 2차원 배열을 구성하는 1차원 배열들은 String으로 변환해주면 됩니다.

```
String[] result = new String[arr.length];
for (int i = 0; i < result.length; i++) {
    result[i] = new String(arr[i]);
}
return result;
```

이렇게 문제의 정답 코드가 완성되었습니다. 전체 코드는 다음과 같습니다.

```java
import java.util.ArrayList;
import java.util.Arrays;
import java.util.List;

public class Solution {
    private static class Point {
        public final long x, y;

        private Point(long x, long y) {
            this.x = x;
            this.y = y;
        }
    }

    private Point intersection(long a1, long b1, long c1, long a2, long b2, long c2) {
        double x = (double) (b1 * c2 - b2 * c1) / (a1 * b2 - a2 * b1);
        double y = (double) (a2 * c1 - a1 * c2) / (a1 * b2 - a2 * b1);

        if (x % 1 != 0 || y % 1 != 0) return null;

        return new Point((long) x, (long) y);
    }

    private Point getMinimumPoint(List<Point> points) {
        long x = Long.MAX_VALUE;
        long y = Long.MAX_VALUE;

        for (Point p : points) {
            if (p.x < x) x = p.x;
            if (p.y < y) y = p.y;
        }

        return new Point(x, y);
    }

    private Point getMaximumPoint(List<Point> points) {
        long x = Long.MIN_VALUE;
        long y = Long.MIN_VALUE;

        for (Point p : points) {
            if (p.x > x) x = p.x;
            if (p.y > y) y = p.y;
        }
```

```
            return new Point(x, y);
    }

    public String[] solution(int[][] line) {
        List<Point> points = new ArrayList<>();
        for (int i = 0; i < line.length; i++) {
            for (int j = i + 1; j < line.length; j++) {
                Point intersection = intersection(line[i][0], line[i][1], line[i][2],
                                                  line[j][0], line[j][1], line[j][2]);
                if (intersection != null) {
                    points.add(intersection);
                }
            }
        }

        Point minimum = getMinimumPoint(points);
        Point maximum = getMaximumPoint(points);

        int width = (int) (maximum.x - minimum.x + 1);
        int height = (int) (maximum.y - minimum.y + 1);

        char[][] arr = new char[height][width];
        for (char[] row : arr) {
            Arrays.fill(row, '.');
        }

        for (Point p : points) {
            int x = (int) (p.x - minimum.x);
            int y = (int) (maximum.y - p.y);
            arr[y][x] = '*';
        }

        String[] result = new String[arr.length];
        for (int i = 0; i < result.length; i++) {
            result[i] = new String(arr[i]);
        }
        return result;
    }
}
```

삼각 달팽이 - Level 2

URL https://programmers.co.kr/learn/courses/30/lessons/68645

정수 n이 매개변수로 주어집니다. 다음 그림과 같이 밑변의 길이와 높이가 n인 삼각형에서 맨 위 꼭짓점부터 반시계 방향으로 달팽이 채우기를 진행한 후, 첫 행부터 마지막 행까지 모두 순서대로 합친 새로운 배열을 return하도록 solution 함수를 완성해주세요.

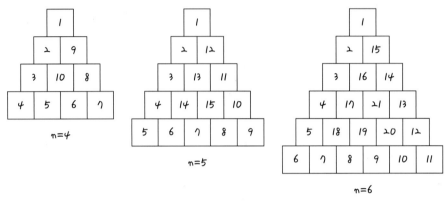

제한 사항

• n은 1 이상 1,000 이하입니다.

입출력 예

n	result
4	[1,2,9,3,10,8,4,5,6,7]
5	[1,2,12,3,13,11,4,14,15,10,5,6,7,8,9]
6	[1,2,15,3,16,14,4,17,21,13,5,18,19,20,12,6,7,8,9,10,11]

입출력 예 설명

입출력 예 #1

문제 예시와 같습니다.

입출력 예 #2

문제 예시와 같습니다.

입출력 예 #3

문제 예시와 같습니다.

이 문제에서는 삼각형을 표현해야 합니다. 사각형인 2차원 배열을 어떻게 이용해야 문제에서 보여 주는 삼각형을 표현할 수 있을까요? 굳이 문제의 그림을 그대로 담으려고 하지 말고 2차원 배열에서 다루기 쉽게 다음 그림과 같이 저장하면 됩니다.

▼ **그림 3-9** 2차원 배열로 표현된 삼각형

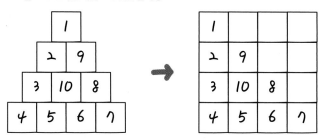

문제 조건인 반시계 방향으로 '달팽이 채우기'를 진행하는 것은 2차원 배열에서 반시계 방향인 아래 → 오른쪽 → 왼쪽 위로 진행하는 것이 됩니다.

▼ **그림 3-10** 달팽이 채우기 과정

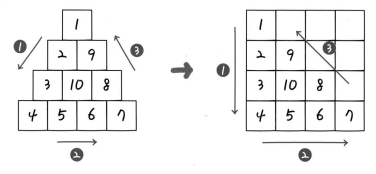

이를 이용하면 다음과 같이 문제 풀이 흐름을 작성할 수 있습니다.

문제 풀이 흐름

1. n×n 2차원 배열 선언

2. 숫자를 채울 현재 위치를 (0, 0)으로 설정

3. 방향에 따라 이동할 수 없을 때까지 반복하면서 숫자 채우기

A. 아래로 이동하면서 숫자 채우기

B. 오른쪽으로 이동하면서 숫자 채우기

C. 왼쪽 위로 이동하면서 숫자 채우기

4. 채워진 숫자를 차례대로 1차원 배열에 옮겨서 반환

코드 작성

문제 흐름에 따라 코드를 작성해봅시다.

1. n×n 2차원 배열 선언

가장 먼저 삼각형을 표현할 2차원 배열과 채워 넣을 숫자를 선언합니다.

```
int[][] triangle = new int[n][n];
int v = 1;
```

triangle 변수는 2차원 배열로 가로 n, 세로 n의 삼각형을 표현하기 위해 n×n 2차원 배열로 선언해주었습니다. v 변수는 채워 넣을 숫자로, 숫자를 triangle에 기록할 때마다 1씩 증가합니다.

2. 숫자를 채운 현재 위치를 (0, 0)으로 설정

이 배열에 숫자를 넣을 위치를 변수로 선언하고 (0, 0)으로 초기화합니다. 이는 배열의 (0, 0) 위치부터 숫자를 넣어 주기 위함입니다.

```
int x = 0;
int y = 0;
```

x, y는 위치 변수로 숫자를 기록할 때마다 아래, 오른쪽, 왼쪽 위 중 하나의 방향으로 이동합니다.

3. 방향에 따라 이동할 수 없을 때까지 반복하면서 숫자 채우기

이제 숫자를 triangle에 채워 넣어야 합니다. 아래, 오른쪽, 왼쪽 위로 이동하면서 숫자를 계속해서 채워 넣어야 하기 때문에 무한 루프로 작성해줍시다.

```
while (true) {
    // 아래로 이동

    // 오른쪽으로 이동

    // 왼쪽 위로 이동
}
```

3-A. 아래로 이동하면서 숫자 채우기

아래로 이동하는 상황을 생각해봅시다. 숫자를 채워 넣은 후 아래로 이동할 수 있으면 반복해서 아래로 진행해야 합니다. 아래로 진행하는 것은 y 값이 증가하는 것이기 때문에 다음과 같이 작성할 수 있습니다.

```
while (true) {
    triangle[y][x] = v++;
    if (y + 1 == n || triangle[y + 1][x] != 0) break;
    y += 1;
}
```

이 반복문에서 빠져나왔다는 것은 더 이상 아래로 진행할 수 없다는 의미입니다. 아래로 진행할 수 없다면 오른쪽으로 진행해야 하지만, 오른쪽으로도 진행할 수 없는 경우가 있습니다. 아래로 진행하는 것이 삼각형을 채우는 마지막 진행 방향이면 여기에서 숫자를 채우는 것을 멈추어야 합니다.

▼ **그림 3-11** 마지막 방향이 아래로 향하는 경우

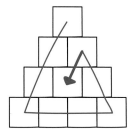

따라서 다음과 같이 오른쪽으로 이동할 수 없는 경우에는 반복문을 탈출하도록 작성해서 오른쪽으로 이동할 수 있을 때만 진행하도록 해야 합니다.

```
if (x + 1 == n || triangle[y][x + 1] != 0) break;
x += 1;
```

결과적으로 아래로 이동하는 코드는 다음과 같이 작성됩니다.

```
// 아래로 이동
while (true) {
    triangle[y][x] = v++;
    if (y + 1 == n || triangle[y + 1][x] != 0) break;
    y += 1;
}
if (x + 1 == n || triangle[y][x + 1] != 0) break;
x += 1;
```

3-B. 오른쪽으로 이동하면서 숫자 채우기

아래로 이동하는 코드를 작성했다면 나머지 두 방향은 어렵지 않습니다. 같은 원리로 작성하면서 x, y 값만 바꾸어 주면 됩니다. 앞서 작성한 코드를 응용하면 오른쪽으로 이동하는 코드는 다음과 같이 완성됩니다.

```
// 오른쪽으로 이동
while (true) {
    triangle[y][x] = v++;
    if (x + 1 == n || triangle[y][x + 1] != 0) break;
    x += 1;
}
if (triangle[y - 1][x - 1] != 0) break;
x -= 1;
y -= 1;
```

3-C. 왼쪽 위로 이동하면서 숫자 채우기

마찬가지로 왼쪽 위로 이동하는 코드는 다음과 같이 작성됩니다.

```
// 왼쪽 위로 이동
while (true) {
    triangle[y][x] = v++;
    if (triangle[y - 1][x - 1] != 0) break;
    x -= 1;
```

```
        y -= 1;
    }
    if (y + 1 == n || triangle[y + 1][x] != 0) break;
    y += 1;
```

잠깐만요

코드가 마음에 들지 않나요? 맞습니다. 이 코드처럼 일부만 바뀌고 전체적인 틀이 같을 때는 복사—붙여넣기를 이
용하여 틀은 유지하고 일부만 수정하는 경우가 많습니다. 이렇게 하면 실수를 잡아내기 힘들고 전체 흐름 단위에서
수정이 필요할 때 복사—붙여넣기를 한 모든 곳에서 같은 수정을 해야 합니다. 이후 살펴볼 dx, dy로 방향을 정하
는 방법에서 이 코드를 어떻게 개량할 수 있을지 살펴볼 것입니다.

4. 채워진 숫자를 차례대로 1차원 배열에 옮겨서 반환

triangle에 모든 숫자가 채워졌습니다. 이제 채운 숫자들을 1차원 배열로 구성하여 반환하
면 됩니다. v 변수에는 채워 넣은 마지막 숫자 + 1이 들어 있으므로 v - 1이 채워 넣은 숫자
개수가 됩니다. 따라서 1차원 배열은 v - 1의 크기로 선언해줄 수 있습니다.

```
int[] result = new int[v - 1];
```

2차원 배열에서는 삼각형이 왼쪽으로 몰려 있는 직각 삼각형 모양으로 들어 있다는 것을 이
용하면 다음과 같이 이중 반복문으로 1차원 배열에 숫자를 넣어 줄 수 있습니다.

```
int index = 0;
for (int i = 0; i < n; i++) {
    for (int j = 0; j <= i; j++) {
        result[index++] = triangle[i][j];
    }
}
```

최종적으로 완성된 전체 코드는 다음과 같습니다.

전체 코드   3장/삼각_달팽이.java

```
public class Solution {
    public int[] solution(int n) {
        int[][] triangle = new int[n][n];
        int v = 1;
        int x = 0;
        int y = 0;
```

```java
        while (true) {
            // 아래로 이동
            while (true) {
                triangle[y][x] = v++;
                if (y + 1 == n || triangle[y + 1][x] != 0) break;
                y += 1;
            }
            if (x + 1 == n || triangle[y][x + 1] != 0) break;
            x += 1;

            // 오른쪽으로 이동
            while (true) {
                triangle[y][x] = v++;
                if (x + 1 == n || triangle[y][x + 1] != 0) break;
                x += 1;
            }
            if (triangle[y - 1][x - 1] != 0) break;
            x -= 1;
            y -= 1;

            // 왼쪽 위로 이동
            while (true) {
                triangle[y][x] = v++;
                if (triangle[y - 1][x - 1] != 0) break;
                x -= 1;
                y -= 1;
            }
            if (y + 1 == n || triangle[y + 1][x] != 0) break;
            y += 1;
        }

        int[] result = new int[v - 1];
        int index = 0;
        for (int i = 0; i < n; i++) {
            for (int j = 0; j <= i; j++) {
                result[index++] = triangle[i][j];
            }
        }

        return result;
    }
}
```

3.2.2 dx, dy로 방향을 정하는 방법

앞서 살펴보았듯이, 2차원 배열에서는 방향을 이용하는 문제가 많이 등장합니다. 이런 문제는 대부분 방향만 다를 뿐 각 방향에서 수행하는 동작은 같습니다. 그런데 각 방향마다 구현을 다 다르게 한다면 실수했을 때 디버깅하기 힘들 뿐만 아니라, 구현 방법을 바꾸어야 할 때 모든 방향의 코드를 수정해야 합니다. 이런 불편함을 최소화하고자 dx, dy를 알아보고 이를 어떻게 적용할 수 있는지 살펴봅시다.

dx, dy는 각각 'x의 변화량'과 'y의 변화량'이라는 의미입니다. 여기에서 '변화량'이라는 것은 **특정 방향으로 이동할 때 해당 좌표 값이 어떻게 변화하는지** 의미합니다. 다음 그림과 같이 어떤 좌표 (x, y)가 있다고 합시다.

▼ **그림 3-12** 2차원 배열상의 한 좌표 (x, y)

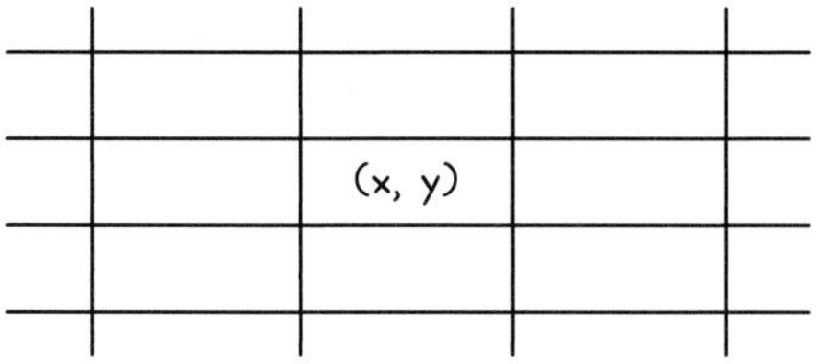

이 좌표의 상하좌우에 있는 좌표 값을 살펴보면 다음 그림과 같습니다.

▼ **그림 3-13** (x, y)의 상하좌우에 있는 좌표들

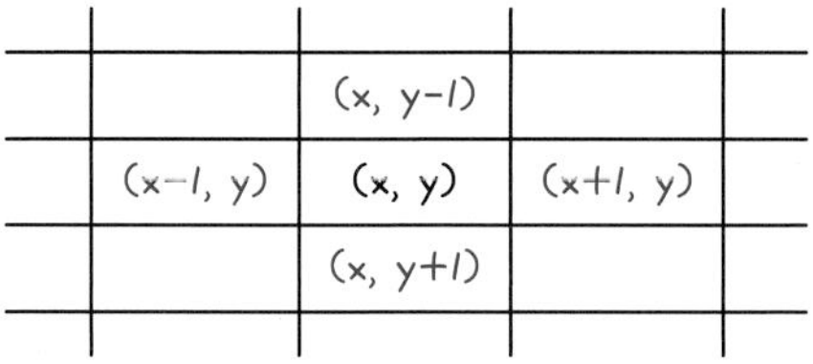

좌표 값들의 변화량도 함께 살펴봅시다.

▼ **그림 3-14** (x, y)의 상하좌우로의 좌표 변화량

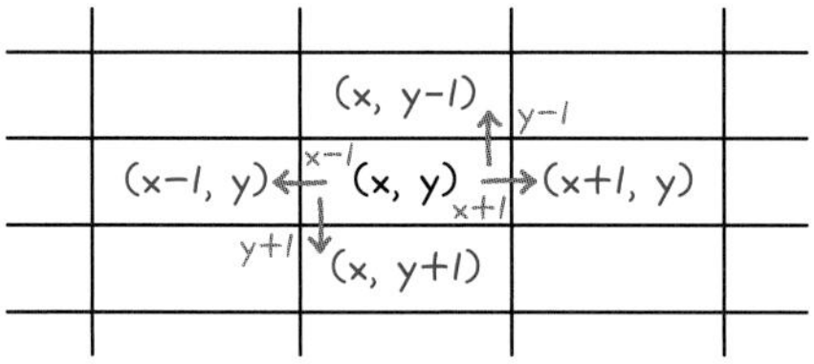

dx, dy는 x, y 좌표의 변화량이므로 상하좌우 네 방향에 대해서는 다음 값을 가집니다.

▼ **표 3-1** 상하좌우 방향에 따른 dx, dy 값

	상	하	좌	우
dx	0	0	-1	1
dy	-1	1	0	0

여러 개의 방향을 다루기 위해 이 값을 배열에 담으면 비로소 우리가 앞으로 다룰 dx, dy 변수가 됩니다.

```
private static final int[] dx = {0, 0, -1, 1};
private static final int[] dy = {-1, 1, 0, 0};
```

표 3-1을 그대로 배열로 옮겼으니 배열의 인덱스가 방향이 됩니다. 이 경우 인덱스 0은 상, 인덱스 3은 우 방향을 나타냅니다. 이 배열을 이용하면 위치 (x, y)를 쉽게 원하는 방향으로 이동시킬 수 있습니다. 예를 들어 다음은 (x, y)를 위쪽으로 한 칸 이동시키는 코드입니다.

```
x += dx[0];
y += dy[0];
```

이를 응용하면 여러 방향에 대한 처리를 간단하게 표현할 수 있습니다. 앞서 살펴본 삼각 달팽이 문제를 살펴봅시다.

더 나은 문제 풀이

바로 앞의 풀이에서는 다음과 같이 서로 다른 세 방향에 대한 처리를 각각 했습니다.

```
while (true) {
    // 아래로 이동
    while (true) {
        triangle[y][x] = v++;
        if (y + 1 == n || triangle[y + 1][x] != 0) break;
        y += 1;
    }
```

```
        if (x + 1 == n || triangle[y][x + 1] != 0) break;
        x += 1;

        // 오른쪽으로 이동
        while (true) {
            triangle[y][x] = v++;
            if (x + 1 == n || triangle[y][x + 1] != 0) break;
            x += 1;
        }
        if (triangle[y - 1][x - 1] != 0) break;
        x -= 1;
        y -= 1;

        // 왼쪽 위로 이동
        while (true) {
            triangle[y][x] = v++;
            if (triangle[y - 1][x - 1] != 0) break;
            x -= 1;
            y -= 1;
        }
        if (y + 1 == n || triangle[y + 1][x] != 0) break;
        y += 1;
    }
```

이는 복사-붙여넣기로 같은 흐름을 세 번 만들어 준 후 방향만 수정한 것으로 좋은 코드라고 하기 어렵습니다. 이를 dx, dy를 이용하여 어떻게 수정할 수 있을지 살펴봅시다.

우선 이 문제는 3개의 방향을 사용합니다. 각 방향과 그에 따른 dx, dy 값은 다음과 같습니다.

▼ 표 3-2 삼각 달팽이 문제에서 사용되는 dx, dy

	아래	오른쪽	왼쪽 위
dx	0	1	-1
dy	1	0	-1

이를 코드로 구현하면 다음과 같습니다.

```
private static final int[] dx = {0, 1, -1};
private static final int[] dy = {1, 0, -1};
```

이 배열은 변하지 않는 상수이므로 static final 키워드가 붙었습니다. 다음과 같이 클래스 이름 선언 바로 다음에 작성해주세요.

```
public class Solution {
    private static final int[] dx = {0, 1, -1};
    private static final int[] dy = {1, 0, -1};
    ...
```

배열 dx, dy의 인덱스는 방향을 나타냅니다. 이 방향은 숫자를 채워 나감에 따라 변하므로 위치 변수와 함께 방향 변수를 추가합니다.

```
...
int x = 0;
int y = 0;
int d = 0;
...
```

이제 숫자를 채워 넣을 차례입니다. 조건을 만족하는 한 계속 숫자를 채워 넣어야 하므로 이전과 마찬가지로 무한 루프로 구성합니다.

```
while (true) {

}
```

전에 작성한 코드는 서로 다른 방향별로 진행하는 것을 구현해야 했기 때문에 각 방향별로 추가 반복문이 있었습니다. dx, dy를 사용하면 모든 방향에 동일한 로직을 적용시킬 수 있으므로 추가 반복문이 필요하지 않습니다.

무한 루프 안에서 다음과 같이 triangle에 숫자를 채워 줍니다.

```
triangle[y][x] = v++;
```

숫자를 채웠으니 진행 방향으로 이동해야 합니다. 진행 방향은 d 변수에 저장되어 있으므로 다음 위치는 코드처럼 계산할 수 있습니다.

```
int nx = x + dx[d];
int ny = y + dy[d];
```

여기에서 잊지 말아야 할 점은 더 이상 진행할 수 없을 때의 처리를 해야 한다는 것입니다. dx, dy를 이용하여 모든 방향에 적용할 수 있는 로직을 작성하고 있으므로 더 이상 진행할 수 없다는 것은 다음 코드로 검사할 수 있습니다.

```
if (nx == n || ny == n || nx == -1 || ny == -1 || triangle[ny][nx] != 0) {
}
```

아래 방향이나 오른쪽으로 진행할 때를 위한 nx == n || ny == n 조건이 있고, 왼쪽 위로 진행할 때를 위한 nx == -1 || ny == -1 조건이 있습니다. 또 이미 숫자가 써 있는 칸에 도달했음을 검사하는 triangle[ny][nx] != 0 조건이 있습니다.

이 조건에 걸리면 현재 진행 방향으로는 더 이상 진행할 수 없다는 의미입니다. 진행 방향을 바꾸어 주어야 합니다. 현재 dx, dy를 구성하는 방향은 **아래 → 오른쪽 → 왼쪽 위** 순서로 문제의 진행 방향과 같게 구성했습니다. 따라서 방향 변수 d의 값을 1 증가시키는 것으로 방향을 바꿀 수 있습니다. 또 방향 개수가 3개이므로 나머지 연산을 이용하여 왼쪽 위 방향에서 아래 방향으로 전환될 수 있게 합니다.

▼ **그림 3-15** 방향 변수 d의 전환 과정

그림 3-15와 같이 2를 넘어가면 다시 0으로 돌아오게 하는 것은 나머지 연산자를 이용하여 다음과 같이 작성할 수 있습니다.

```
d = (d + 1) % 3;
```

이제 전환된 방향을 이용하여 다음 위치를 계산할 수 있습니다.

```
nx = x + dx[d];
ny = y + dy[d];
```

전환된 방향으로도 진행을 못하는 경우가 있습니다. 바로 모든 숫자가 다 채워졌을 때입니다. 이 경우에는 break를 이용하여 숫자 채우기를 종료합니다.

```
if (nx == n || ny == n || nx == -1 || ny == -1 || triangle[ny][nx] != 0) break;
```

if 문이 종료되고 나면 nx, ny에는 진행할 수 있는 방향 위치가 들어 있습니다. if 문 이후에 다음과 같이 현재 위치를 업데이트합니다.

```
x = nx;
y = ny;
```

이렇게 숫자 채우기가 완료되었습니다. 이후 1차원 배열을 구성하고 반환하는 것은 동일합니다.

개량된 전체 코드는 다음과 같습니다.

전체 코드   3장/삼각_달팽이_개량.java

```java
public class Solution {
    private static final int[] dx = {0, 1, -1};
    private static final int[] dy = {1, 0, -1};

    public int[] solution(int n) {
        int[][] triangle = new int[n][n];
        int v = 1;
        int x = 0;
        int y = 0;
        int d = 0;

        while (true) {
            triangle[y][x] = v++;
            int nx = x + dx[d];
            int ny = y + dy[d];
            if (nx == n || ny == n || nx == -1 || ny == -1 || triangle[ny][nx] != 0) {
                d = (d + 1) % 3;
                nx = x + dx[d];
                ny = y + dy[d];
                if (nx == n || ny == n || nx == -1 || ny == -1 || triangle[ny][nx]
```

```
                != 0) break;
            }
            x = nx;
            y = ny;
        }

        int[] result = new int[v - 1];
        int index = 0;
        for (int i = 0; i < n; i++) {
            for (int j = 0; j <= i; j++) {
                result[index++] = triangle[i][j];
            }
        }

        return result;
    }
}
```

코드가 훨씬 깔끔해지고 중복되는 코드가 줄어들었음을 알 수 있습니다.

문제 ③

거리두기 확인하기 - Level 2

URL https://programmers.co.kr/learn/courses/30/lessons/81302

개발자를 희망하는 죠르디가 카카오에 면접을 보러 왔습니다. 코로나 바이러스 감염 예방을 위해 응시자들은 거리를 둬서 대기를 해야하는데 개발 직군 면접인 만큼 아래와 같은 규칙으로 대기실에 거리를 두고 앉도록 안내하고 있습니다.

1. 대기실은 5개이며, 각 대기실은 5×5 크기입니다.
2. 거리두기를 위하여 응시자들끼리는 맨해튼 거리[2]가 2 이하로 앉지 말아 주세요.
3. 단 응시자가 앉아 있는 자리 사이가 파티션으로 막혀 있을 경우에는 허용합니다.

예를 들어

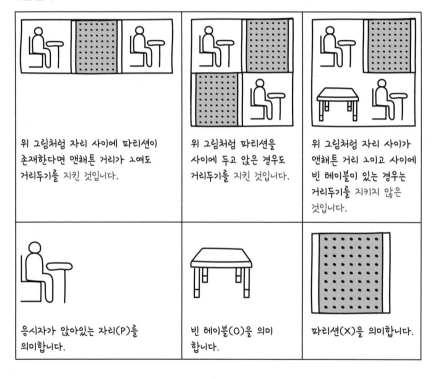

위 그림처럼 자리 사이에 파티션이 존재한다면 맨해튼 거리가 2여도 거리두기를 지킨 것입니다.

위 그림처럼 파티션을 사이에 두고 앉은 경우도 거리두기를 지킨 것입니다.

위 그림처럼 자리 사이가 맨해튼 거리 2이고 사이에 빈 테이블이 있는 경우는 거리두기를 지키지 않은 것입니다.

응시자가 앉아있는 자리(P)를 의미합니다.

빈 테이블(O)을 의미합니다.

파티션(X)을 의미합니다.

---

2 두 테이블 T1, T2가 행렬 (r1, c1), (r2, c2)에 각각 위치하고 있다면 T1과 T2 사이의 맨해튼 거리는 |r1 - r2| + |c1 - c2|입니다.

5개의 대기실을 본 죠르디는 각 대기실에서 응시자들이 거리두기를 잘 지키고 있는지 알고 싶어졌습니다. 자리에 앉아 있는 응시자들의 정보와 대기실 구조를 대기실별로 담은 2차원 문자열 배열 places가 매개변수로 주어집니다. 각 대기실별로 거리두기를 지키고 있으면 1을, 한 명이라도 지키지 않고 있으면 0을 배열에 담아 return하도록 solution 함수를 완성해주세요.

제한 사항

- places의 행 길이(대기실 개수) = 5
  - places의 각 행은 하나의 대기실 구조를 나타냅니다.
- places의 열 길이(대기실 세로 길이) = 5
- places의 원소는 P, O, X로 이루어진 문자열입니다.
  - places 원소의 길이(대기실 가로 길이) = 5
  - P는 응시자가 앉아 있는 자리를 의미합니다.
  - O는 빈 테이블을 의미합니다.
  - X는 파티션을 의미합니다.
- 입력으로 주어지는 5개 대기실의 크기는 모두 5×5입니다.
- return 값 형식
  - 1차원 정수 배열에 5개의 원소를 담아서 return합니다.
  - places에 담겨 있는 5개 대기실의 순서대로, 거리두기 준수 여부를 차례대로 배열에 담습니다.
  - 각 대기실 별로 모든 응시자가 거리두기를 지키고 있으면 1을, 한 명이라도 지키지 않고 있으면 0을 담습니다.

입출력 예

places	result
[["P00OP", "0XX0X", "0PXPX", "00X0X", "P0XXP"], ["P00PX", "0XPXP", "PXXX0", "0XXX0", "000PP"], ["PX0PX", "0X0XP", "0XP0X", "0XX0P", "PXP0X"], ["000XX", "X000X", "000XX", "0X00X", "00000"], ["PXPXP", "XPXPX", "PXPXP", "XPXPX", "PXPXP"]]	[1, 0, 1, 1, 1]

입출력 예 설명

입출력 예 #1

첫 번째 대기실

No.	0	1	2	3	4
0	P	O	O	O	P
1	O	X	X	O	X
2	O	P	X	P	X
3	O	O	X	O	X
4	P	O	X	X	P

- 모든 응시자가 거리두기를 지키고 있습니다.

두 번째 대기실

No.	0	1	2	3	4
0	P	O	O	P	X
1	O	X	P	X	P
2	P	X	X	X	O
3	O	X	X	X	O
4	O	O	O	P	P

- (0, 0) 자리의 응시자와 (2, 0) 자리의 응시자가 거리두기를 지키고 있지 않습니다.
- (1, 2) 자리의 응시자와 (0, 3) 자리의 응시자가 거리두기를 지키고 있지 않습니다.
- (4, 3) 자리의 응시자와 (4, 4) 자리의 응시자가 거리두기를 지키고 있지 않습니다.

세 번째 대기실

No.	0	1	2	3	4
0	P	X	O	P	X
1	O	X	O	X	P
2	O	X	P	O	X
3	O	X	X	O	P
4	P	X	P	O	X

- 모든 응시자가 거리두기를 지키고 있습니다.

네 번째 대기실

No.	0	1	2	3	4
0	O	O	O	X	X
1	X	O	O	O	X
2	O	O	O	X	X
3	O	X	O	O	X
4	O	O	O	O	O

- 대기실에 응시자가 없으므로 거리두기를 지키고 있습니다.

다섯 번째 대기실

No.	0	1	2	3	4
0	P	X	P	X	P
1	X	P	X	P	X
2	P	X	P	X	P
3	X	P	X	P	X
4	P	X	P	X	P

• 모든 응시자가 거리두기를 지키고 있습니다.

두 번째 대기실을 제외한 모든 대기실에서 거리두기가 지켜지고 있으므로, 배열 [1, 0, 1, 1, 1]을 return합니다.

제한 시간 안내

• 정확성 테스트: 10초

문제 풀이

이 문제에서는 단순히 상하좌우를 확인하는 것이 아니라 맨해튼 거리가 2인 모든 위치를 확인해야 합니다. 하지만 걱정하지 마세요. 앞서 배운 dx, dy를 잘 응용하면 맨해튼 거리가 2인 모든 위치도 무리 없이 표현해낼 수 있습니다.

우선 거리두기를 어떻게 검사할 것인지 생각해봅시다. 맨해튼 거리 2 내에 파티션이 사이에 있지 않은 다른 응시자가 있는지 검사해야 합니다. 우리가 주목할 점은 맨해튼 거리 2에 도달하려면 먼저 맨해튼 거리 1을 거쳐야 한다는 것입니다. 그리고 맨해튼 거리 1은 바로 상하좌우죠.

▼ **그림 3-16** 맨해튼 거리 1과 맨해튼 거리 2

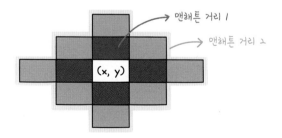

즉, 맨해튼 거리 2인 위치에 도달하려면 맨해튼 거리 1인 위치를 거쳐야 하고, 맨해튼 거리 1의 위치들이 파티션으로 막혀 있다면 맨해튼 거리 2에는 다른 응시자가 있어도 파티션에 가로막히기 때문에 거리두기가 인정됩니다.

위쪽 방향의 위치를 거쳐 가는 맨해튼 거리 2의 위치들을 살펴봅시다.

▼ **그림 3-17** 위쪽 방향을 거치는 맨해튼 거리 2 위치들

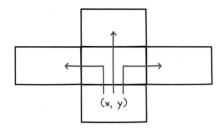

이와 같이 위쪽 방향을 거치면 총 3개의 맨해튼 거리 2 위치에 도달할 수 있습니다. 주의해야할 것은 위쪽 방향에 파티션이 있다고 하더라도 이 세 위치에 모두 도달할 수 없는 것은 아니라는 점입니다. (x, y) 위치에서 대각선에 있는 위치들은 왼쪽이나 오른쪽 방향을 거치고도 도달할수 있습니다.

따라서 우리는 어떤 방향이 막혀 있다면 그 방향을 통하는 위치들을 배제하는 것이 아니라, 어떤 방향이 뚫려 있다면 그 방향을 검사하도록 해야 합니다. 다음 그림을 살펴봅시다.

▼ **그림 3-18** 맨해튼 거리 2 검사 과정

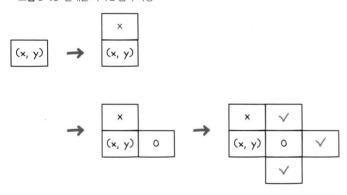

검사 위치 (x, y)에서 위쪽으로 진행했을 때 파티션이 가로막고 있습니다. 이 파티션을 통과해서도달하는 맨해튼 거리 2 위치들은 의미가 없기 때문에 추가 검사를 하지 않고 다음 방향으로 넘어갑니다. 다음 방향인 오른쪽으로 진행했을 때는 빈 테이블이 있습니다. 빈 테이블을 통해 다른 응시자에게 도달하면 거리두기를 지키지 않은 것이므로 빈 테이블과 연결된 맨해튼 거리 2위치들을 검사해야 합니다.

문제 풀이 흐름

문제에서는 여러 대기실이 입력으로 주어지지만 하나의 대기실에 대한 문제 풀이 흐름을 정의하면 이를 각 대기실에 적용할 수 있습니다.

1. 대기실의 모든 응시자 위치에 대해 반복

    A. 상하좌우 중 빈 테이블이 있는 방향에 대해 1-B로 진행

    B. 빈 테이블과 인접한 위치 중 응시자가 있다면 거리두기를 지키지 않은 것

2. 모든 응시자의 위치를 검사했으나 거리두기를 지키지 않은 경우를 발견하지 못했으면 거리두기를 지킨 것

코드 작성

이를 어떻게 구현할 수 있는지 살펴봅시다. 앞서 세운 문제 풀이 흐름은 하나의 대기실에 적용할 수 있습니다. 이를 적용하기 위해서는 입력되는 데이터를 우리의 문제 풀이 흐름에 맞게 가공해야 합니다.

우선 입력이 String[][] 형식으로 들어오고, 대기실 하나는 String[] 형식이 됩니다. 우리는 원소 하나하나에 관심이 있고 각 대기실이 거리두기를 지키는지 검사할 것이므로 대기실을 char[][] 형식으로 만들어 주고, 거리두기 결과를 저장할 배열을 선언합니다.

```java
int[] answer = new int[places.length];
for (int i = 0; i < answer.length; i++) {
    String[] place = places[i];
    char[][] room = new char[place.length][];
    for (int j = 0; j < room.length; j++) {
        room[j] = place[j].toCharArray();
    }
    // 거리두기 검사 후 answer에 기록
}
return answer;
```

이제 하나의 대기실은 char[][]로 표현되었습니다. 이 대기실이 거리두기를 지키고 있는지 검사하는 isDistanced() 메서드를 다음과 같이 선언합시다. isDistanced() 메서드 안에서 문제 풀이 흐름을 구현할 수 있습니다.

```java
private boolean isDistanced(char[][] room) {
    // 거리두기 검사
    return true;
}
```

1. 대기실의 모든 응시자 위치에 대해 반복

대기실에서 응시자가 앉아 있는 모든 위치에 대해 거리두기 검사를 진행해야 합니다. 다음과
같이 응시자가 앉아 있지 않은 위치들은 continue; 키워드로 검사를 건너뛰도록 합니다.

```java
for (int y = 0; y < room.length; y++) {
    for (int x = 0; x < room[y].length; x++) {
        if (room[y][x] != 'P') continue;
        // 거리두기 검사
    }
}
```

다음으로 해당 대기실에서 응시자의 위치 (x, y)가 거리두기를 지키는지 검사하는 메서드를
선언합니다.

```java
private boolean isDistanced(char[][] room, int x, int y) {
    // room[y][x]가 거리두기를 지키는지 검사
    return true;
}
```

┤ 잠깐만요 ├

메서드 이름이 똑같은 것을 눈치챘나요? 이 두 메서드는 자바의 오버로딩을 이용하여 선언하는 것입니다. 오버로
딩은 이름은 같으나 매개변수 개수나 데이터 형식 등 시그니처가 다른 메서드를 정의하는 것입니다.

코드를 작성할 때는 그 의미를 생각하고 가독성을 고려하는 것이 매우 중요합니다. 주석을 마구 달지 않아도 코드
를 읽는 것만으로 그 역할을 파악할 수 있게 작성하면 좋습니다. isDistanced() 메서드는 거리두기를 지켰는지
확인하는 메서드입니다.

isDistanced(room)과 isDistanced(room, x, y)를 비교해보면 대기실 정보인 room만 넘겨주었을 때는
해당 대기실이 거리두기를 지키고 있는지 검사하는 것이고, 대기실과 위치 정보를 넘겨주었을 때는 해당 대기실에
서 (x, y) 위치의 응시자가 거리두기를 지키고 있는지 검사하는 것이라는 것을 쉽게 파악할 수 있습니다.

1-A. 상하좌우 중 빈 테이블이 있는 방향에 대해 1-B로 진행

(x, y) 위치에 있는 응시자가 거리두기를 지키고 있는지 검사하려면 먼저 상하좌우를 검사해야 합니다. 상하좌우를 검색하고자 다음과 같이 dx, dy를 선언해줍니다.

```java
private static final int dx[] = {0, 0, -1, 1};
private static final int dy[] = {-1, 1, 0, 0};
```

이제 dx, dy를 이용하여 상하좌우를 살펴볼 수 있습니다. 다음과 같이 상하좌우 위치를 가져오고, 해당 위치가 범위를 벗어나지 않는지 검사합니다.

```java
for (int d = 0; d < 4; d++) {
    int nx = x + dx[d];
    int ny = y + dy[d];
    if (ny < 0 || ny >= room.length || nx < 0 || nx >= room[ny].length) continue;
    // room[ny][nx]를 통해 다른 응시자에게 도달할 수 있는지 검사
}
```

> **잠깐만요**
>
> 2차원 배열의 length 필드를 이용하여 범위 검사를 할 때는 y 속성을 x 속성보다 먼저 검사해야 안전합니다. 자바의 or(||) 연산은 앞선 조건이 true이면 뒤 조건을 연산하지 않습니다. 다음과 같이 x 검사를 먼저 하는 코드가 있다고 합시다.
>
> ```java
> nx < 0 || nx >= room[ny].length || ny < 0 || ny >= room.length
> ```
>
> 이 경우 ny가 배열 범위를 벗어난 값이 들어 있다면 nx >= room[ny].length를 연산힐 때 IndexOutOfBounds Exception이 발생합니다. 반면 해설의 코드처럼 ny에 대한 검사를 먼저 한다면 room[ny].length를 연산하는 시점에는 이미 ny에 대한 범위 검사를 통과한 이후이므로 안전하게 참조할 수 있습니다.

room[ny][nx]는 세 가지 중 하나의 값을 가지고 있습니다.

- X: 파티션일 경우, 이 위치를 이용하여 다른 응시자에게 도달할 수 없으므로 별도의 처리가 필요하지 않습니다.

- P: 응시자일 경우, 맨해튼 거리 1에 다른 응시자가 있는 것이므로 거리두기가 지켜지지 않은 것입니다.

- O: 빈 테이블일 경우, 인접한 곳에 다른 응시자가 있다면 거리두기가 지켜지지 않은 것입니다.

이는 다음과 같이 switch 문으로 구현할 수 있습니다.

```
switch (room[ny][nx]) {
    case 'P': return false;
    case '0':
        // 인접한 곳에 다른 응시자가 있는지 검사
        break;
}
```

1-B. 빈 테이블과 인접한 위치 중 응시자가 있다면 거리두기를 지키지 않은 것

여기에서 인접한 곳이라 함은 다시 상하좌우를 의미합니다. 하지만 원래 검사를 시작했던 응시자는 제외해야 하기 때문에 해당 방향으로는 검사를 시행하지 않아야 합니다.

▼ **그림 3-19** 맨해튼 거리 1 위치에서 검사 방향

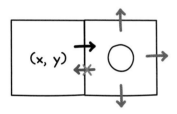

따라서 검사를 제외할 방향도 함께 넘겨주어야 합니다. exclude 방향을 제외한 네 방향에 다른 응시자가 있는지 검사하는 isNextToVolunteer() 메서드를 다음과 같이 정의합니다.

```
private boolean isNextToVolunteer(char[][] room, int x, int y, int exclude) {
    for (int d = 0; d < 4; d++) {
        if (d == exclude) continue;

        int nx = x + dx[d];
        int ny = y + dy[d];
        if (ny < 0 || ny >= room.length || nx < 0 || nx >= room[ny].length) continue;
        if (room[ny][nx] == 'P') return true;
    }
    return false;
}
```

isNextToVolunteer() 메서드가 준비되었으니 isDistanced(room, x, y) 메서드를 완성할 수 있습니다. 하지만 이 메서드에서 알고 있는 정보는 (x, y)에서의 진행 방향 정보입니다.

우리가 제외해야 할 것은 그 반대 방향이므로 방향 d를 이용하여 반대 방향 exclude를 계산해야 합니다.

이 문제에서는 방향에 순서가 없습니다. 앞서 살펴본 삼각 달팽이 문제는 '아래 → 오른쪽 → 왼쪽 위'라는 순서가 있었습니다. 이 문제는 상하좌우를 모두 검사하기만 하면 되므로 검사하는 순서는 상관없습니다. 따라서 상하좌우 대신 다음과 같이 **상좌우하** 방향으로 dx, dy를 수정합니다.

```
private static final int dx[] = {0, -1, 1, 0};
private static final int dy[] = {-1, 0, 0, 1};
```

이렇게 하면 방향 인덱스가 상-0, 하-3, 좌-1, 우-2가 됩니다. 반대 방향 인덱스끼리 더하면 3이 됨을 알 수 있습니다. 이를 이용하여 다음과 같이 isDistanced(room, x, y) 메서드의 switch 문을 완성합니다.

```
switch (room[ny][nx]) {
    case 'P': return false;
    case 'O':
        if (isNextToVolunteer(room, nx, ny, 3-d)) return false;
        break;
}
```

특정 위치의 응시자가 거리두기를 지키는지 검사할 수 있게 되었으니 대기실 전체가 거리두기를 지키는지 검사하는 isDistanced(room) 메서드도 다음과 같이 완성할 수 있습니다.

```
private boolean isDistanced(char[][] room) {
    for (int y = 0; y < room.length; y++) {
        for (int x = 0; x < room[y].length; x++) {
            if (room[y][x] != 'P') continue;
            if (!isDistanced(room, x, y)) return false;
        }
    }
    return true;
}
```

이를 solution() 메서드에서 구해 놓은 room에 적용시키면 다음과 같이 solution() 메서드도 완성됩니다.

```
public int[] solution(String[][] places) {
    int[] answer = new int[places.length];
    for (int i = 0; i < answer.length; i++) {
        String[] place = places[i];
        char[][] room = new char[place.length][];
        for (int j = 0; j < room.length; j++) {
            room[j] = place[j].toCharArray();
        }
        if (isDistanced(room)) {
            answer[i] = 1;
        } else {
            answer[i] = 0;
        }
    }
    return answer;
}
```

전체 코드는 다음과 같습니다.

전체 코드

```
public class Solution {
    private static final int dx[] = {0, -1, 1, 0};
    private static final int dy[] = {-1, 0, 0, 1};

    private boolean isNextToVolunteer(char[][] room, int x, int y, int exclude) {
        for (int d = 0; d < 4; d++) {
            if (d == exclude) continue;

            int nx = x + dx[d];
            int ny = y + dy[d];
            if (ny < 0 || ny >= room.length || nx < 0 || nx >= room[ny].length)
                continue;
            if (room[ny][nx] == 'P') return true;
        }
        return false;
    }

    private boolean isDistanced(char[][] room, int x, int y) {
        for (int d = 0; d < 4; d++) {
            int nx = x + dx[d];
            int ny = y + dy[d];
            if (ny < 0 || ny >= room.length || nx < 0 || nx >= room[ny].length)
                continue;
```

```
            switch (room[ny][nx]) {
                case 'P': return false;
                case 'O':
                    if (isNextToVolunteer(room, nx, ny, 3 - d)) return false;
                    break;
            }
        }
        return true;
    }

    private boolean isDistanced(char[][] room) {
        for (int y = 0; y < room.length; y++) {
            for (int x = 0; x < room[y].length; x++) {
                if (room[y][x] != 'P') continue;
                if (!isDistanced(room, x, y)) return false;
            }
        }
        return true;
    }

    public int[] solution(String[][] places) {
        int[] answer = new int[places.length];
        for (int i = 0; i < answer.length; i++) {
            String[] place = places[i];
            char[][] room = new char[place.length][];
            for (int j = 0; j < room.length; j++) {
                room[j] = place[j].toCharArray();
            }
            if (isDistanced(room)) {
                answer[i] = 1;
            } else {
                answer[i] = 0;
            }
        }
        return answer;
    }
}
```

3.2.3 연산

2차원 배열은 평면뿐만 아니라 중첩된 데이터나 행렬을 표현하는 데도 많이 사용됩니다. 다음 행렬 문제로 2차원 배열이 어떻게 사용되는지 살펴봅시다.

행렬의 곱셈 - Level 2

URL https://programmers.co.kr/learn/courses/30/lessons/12949

2차원 행렬 arr1과 arr2를 입력받아, arr1에 arr2를 곱한 결과를 반환하는 함수, solution을 완성해주세요.

제한 조건

- 행렬 arr1, arr2의 행과 열의 길이는 2 이상 100 이하입니다.
- 헹렬 arr1, arr2의 원소는 -10 이상 20 이하인 자연수입니다.
- 곱할 수 있는 배열만 주어집니다.

입출력 예

arr1	arr2	return
[[1, 4], [3, 2], [4, 1]]	[[3, 3], [3, 3]]	[[15, 15], [15, 15], [15, 15]]
[[2, 3, 2], [4, 2, 4], [3, 1, 4]]	[[5, 4, 3], [2, 4, 1], [3, 1, 1]]	[[22, 22, 11], [36, 28, 18], [29, 20, 14]]

문제 풀이

이 문제를 풀려면 행렬의 곱셈이 어떻게 구성되어 있는지 살펴보아야 합니다. 행렬의 곱셈은 다음 그림과 같이 왼쪽 행렬의 행과 오른쪽 행렬의 열이 짝을 이루어 수행합니다.

▼ **그림 3-20** 행렬이 곱해지는 과정

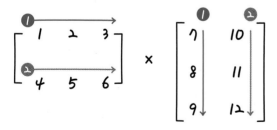

왼쪽 행렬은 행 단위로, 오른쪽 행렬은 열 단위로 계산되며 같은 순서에 있는 숫자끼리 곱해서 모두 더하면 됩니다. 이 행렬은 다음과 같이 계산됩니다.

$$\begin{bmatrix} 1 & 2 & 3 \\ 4 & 5 & 6 \end{bmatrix} \times \begin{bmatrix} 7 & 10 \\ 8 & 11 \\ 9 & 12 \end{bmatrix}$$

$$= \begin{bmatrix} 1 \times 7 + 2 \times 8 + 3 \times 9 & 1 \times 10 + 2 \times 11 + 3 \times 12 \\ 4 \times 7 + 5 \times 8 + 6 \times 9 & 4 \times 10 + 5 \times 11 + 6 \times 12 \end{bmatrix}$$

$$= \begin{bmatrix} 50 & 68 \\ 122 & 167 \end{bmatrix}$$

행렬의 곱셈 결과는 또 다른 행렬이 됩니다. 이 결과 행렬은 왼쪽 행렬의 행 개수와 오른쪽 행렬의 열 개수를 갖게 되므로 결과 행렬은 다음과 같이 선언할 수 있습니다.

```
int[][] arr = new int[arr1.length][arr2[0].length];
// 행렬 곱셈
return arr;
```

반복문을 돌며 각 원소에 알맞은 값을 찾아봅시다.

```
for (int i = 0; i < arr.length; i++) {
    for (int j = 0; j < arr[i].length; j++) {
        // arr[i][j]의 값 구하기
    }
}
```

그림 3-20과 행렬 연산 과정에서 알 수 있듯이, 행렬의 곱셈 결과는 곱해지는 두 행렬의 행과 열을 순회하면서 곱한 값들을 모두 더해주어야 합니다. 다음과 같이 구현할 수 있습니다.

```
arr[i][j] = 0;
for (int k = 0; k < arr1[i].length; k++) {
    arr[i][j] += arr1[i][k] * arr2[k][j];
}
```

이렇게 행렬의 곱셈을 구현해보았습니다.

전체 코드

```java
public class Solution {
    public int[][] solution(int[][] arr1, int[][] arr2) {
        int[][] arr = new int[arr1.length][arr2[0].length];
        for (int i = 0; i < arr.length; i++) {
            for (int j = 0; j < arr[i].length; j++) {
                arr[i][j] = 0;
                for (int k = 0; k < arr1[i].length; k++) {
                    arr[i][j] += arr1[i][k] * arr2[k][j];
                }
            }
        }
        return arr;
    }
}
```

이 장에서는 자바에서 배열을 다루는 방법을 살펴보았습니다. 코딩 테스트에서 배열만 사용하는 문제는 굉장히 드뭅니다. 대부분 배열을 활용하여 복잡하게 구현해야 하거나 이후에 살펴볼 다른 알고리즘들을 적용하는 문제에 활용됩니다. 그만큼 배열을 자유자재로 다룰 수 없으면 코딩 테스트의 문제를 해결하는 것은 물론 다른 알고리즘들을 학습하는 데도 지장이 있을 수 있습니다. 여러 배열 문제를 살펴보면서 배열에 익숙해질 때까지 연습하도록 합시다.

문자열

SECTION 1   문자열이란?

SECTION 2   문자열 다루어 보기

이 장에서는 문자열을 알아봅니다. 우리가 일상생활에서 사용하는 이름이나 대화 등 아주 많은 부분이 문자열로 표현되는 만큼 문자열은 코딩 테스트뿐만 아니라 현업에서도 빠질 수 없는 아주 중요한 데이터 형식입니다.

4.1 문자열이란?
SECTION

문자열은 '문자의 배열'로, 여러 개의 문자가 배열을 이룬 것이 문자열이 됩니다. 자바에서는 문자는 작은따옴표('), 문자열은 큰따옴표(")를 사용하여 나타낼 수 있습니다.

```
char character = 'H';
String string = "Hello";
```

4.1.1 문자열의 특징

문자열은 언어마다 표현 방식이 조금씩 다릅니다. 자바에서 문자열을 나타낼 때 보이는 특징과 문자열을 다루는 방법을 알아봅시다.

문자의 배열

자바에서 String 클래스로 표현되는 문자열은 내부적으로 문자의 배열을 이용해서 표현합니다. 이 문자열 내 문자를 가져오는 방법은 다음 두 가지입니다.

- String.charAt(int index)
- String.toCharArray()

String.charAt() 메서드는 주어진 인덱스에 있는 문자를 char 형식으로 반환합니다. 반면 String.toCharArray() 메서드는 모든 문자가 들어 있는 char[] 형식의 데이터를 반환합니다. 각 메서드는 장단점이 있으니 필요한 문자가 어떤 것인지에 따라 알맞은 메서드를 선택해야 합니다.

▼ 표 4-1 charAt( )과 toCharArray( ) 메서드

구분	String.charAt(int index)	String.toCharArray( )
장점	문자 하나를 쉽게 가져올 수 있다.	모든 문자를 한 번에 가져올 수 있다.
단점	메서드 호출에 따른 오버헤드가 있다.	문자열 길이에 해당하는 메모리를 사용한다.
사용처	특정 몇 개의 문자만 필요할 때 사용한다.	문자열의 모든 문자 정보가 필요할 때 사용한다.

아스키 코드

문자열을 구성하고 char형으로 표현되는 문자는 사실 정수형 int의 축소판입니다. 즉, 문자는 내부적으로 정수로 취급되고 연산됩니다. 그렇다면 문자를 정수로, 또 정수를 문자로 바꾸는 규칙은 무엇일까요?

우리는 이 규칙으로 아스키 코드(ascii code)를 사용합니다. 아스키 코드는 기본적인 128개의 문자가 가지는 정수 코드입니다. 이 128개의 문자와 정수 코드를 표로 정리한 것이 아스키 코드표입니다. 관련 있는 문자는 아스키 코드표에서 연속해서 등장하기 때문에 아스키 코드를 이용하면 문자를 정수로 바꾸거나, 소문자를 대문자로 바꾸는 등 작업을 할 수 있습니다.

자바는 문자열과 관련된 아주 크고 유용한 내장 라이브러리가 있기 때문에 우리가 직접 아스키 코드를 다룰 일은 많지 않다고 생각할 수 있습니다. 하지만 내장 라이브러리를 이용하기보다 직접 아스키 코드로 구현하는 것이 간단할 때도 굉장히 많습니다. 따라서 자신이 편하다고 생각하는 방식대로 구현하면 됩니다.

우선 문자를 정수로 바꾸는 방법을 살펴봅시다. 아스키 코드표에 따르면 숫자를 표현하는 문자 '0', '1', '2', …, '9'는 연속해서 등장합니다. 다음 표를 보면 문자가 표현하는 숫자 값이 증가할수록 아스키 코드 또한 증가함을 알 수 있습니다.

▼ 표 4-2 숫자를 표현하는 문자의 아스키 코드

문자	'0'	'1'	'2'	'3'	'4'	'5'	'6'	'7'	'8'	'9'
아스키 코드	48	49	50	51	52	53	54	55	56	57

또 숫자를 표현하는 문자에서 '0'의 아스키 코드를 빼면 해당 문자가 표현하는 정수 값이 나옵니다. 예를 들어 '5'가 표현하는 정수 값을 알아내기 위해 '5' − '0' = 53 − 48 = 5처럼 계산합니다. 이를 코드로 작성하면 다음과 같습니다.

```java
char digit = '9';
int digitToInt = digit - '0';
```

내장 라이브러리를 이용하면 다음과 같이 구현할 수 있습니다.

```java
char digit = '9';
int digitToInt = Character.getNumericValue(digit);
```

다음으로 영문 소문자를 대문자로 바꾸어 봅시다. 아스키 코드표에서는 소문자는 소문자끼리, 대문자는 대문자끼리 연속해서 등장합니다. 대문자 'A'~'Z'는 65~90의 값, 소문자 'a'~'z'는 97~122의 값을 갖습니다.

잠깐만요

아스키 코드는 굉장히 많이 활용되는 값입니다. 하지만 이 값들을 모두 외울 필요는 없습니다. 중요한 것은 아스키 코드표에서 숫자끼리, 영문 대문자끼리, 영문 소문자끼리 인접해 있다는 사실입니다. 이 사실을 이용하면 얼마든지 아스키 코드로 문자를 다룰 수 있습니다.

이 값들을 살펴보면 소문자와 대문자 사이에는 'a' – 'A'만큼 차이가 있음을 알 수 있습니다. 이를 이용하면 다음과 같이 변환할 수 있습니다.

```java
char lower = 'e';
char upper = (char) (lower - ('a' - 'A'));
```

char끼리 연산하면 정수형으로 취급되어 int형으로 형 변환이 일어납니다. 따라서 다시 문자로 취급하기 위해서는 char형으로 강제 형 변환을 시켜 주어야 합니다.

내장 라이브러리를 이용하면 다음과 같이 작성할 수 있습니다.

```java
char lower = 'e';
char upper = Character.toUpperCase(lower);
```

반대로 대문자를 소문자로 변환하는 코드도 다음과 같이 작성할 수 있습니다.

```java
char upper = 'G';
char lower = (char) (upper + ('a' - 'A'));
```

내장 라이브러리를 이용하면 다음과 같습니다.

```
char upper = 'G';
char lower = Character.toLowerCase(upper);
```

StringBuilder

자바에서는 문자열을 쉽고 효율적으로 구성하고자 StringBuilder 클래스를 제공합니다. 반복
문을 이용하여 String을 구성하는 다음 예시를 살펴봅시다.

```
String az = "";
for (char c = 'a'; c <= 'z'; c++) {
    az += c;
}
System.out.println(az);  // "abcd..xyz"
```

이 코드는 정상적으로 'a'부터 'z'까지 문자를 이어 붙인 문자열을 구성합니다. 하지만 이렇게 코
드를 작성하면 매 반복마다 새로운 문자열 객체가 생성되고, 새로운 문자의 배열을 복사합니다.
즉, 가장 처음 만든 빈 문자열 " "부터 'a'가 추가된 "a", 'b'가 추가된 "ab", 'c'가 추가된 "abc", ⋯,
'z'가 추가된 "abc⋯xyz"까지 모든 문자열 객체가 생성됩니다.

배열을 복사하는 데 배열의 모든 원소를 참조해야 하므로, 배열 길이 N에 대해 O(N)의 시간이
소요됩니다. 문자열도 내부적으로 배열을 사용하므로 길이가 N인 새로운 문자열을 만드는 데
O(N)이 소요됩니다. 이 과정을 빈 문자열부터 길이를 하나씩 늘려가며 반복하므로 (길이가 1인
문자열을 만드는 데 필요한 시간) + (길이가 2인 문자열을 만드는 데 필요한 시간) + ⋯ + (길
이가 n인 문자열을 만드는 데 필요한 시간) = O(N²)의 시간이 걸립니다. 단순히 "abc⋯xyz"를
만드는 데 제곱의 시간 복잡도가 소요되는 것입니다.

이를 해결하는 데 StringBuilder 클래스가 등장합니다. StringBuilder 클래스는 문자를 이어
붙이거나 빼는 등 수정할 때마다 새로운 문자열을 만들지 않고 내부 배열에서 직접 수정합니다.
문자를 이어 붙이는 것은 배열 뒤에 원소 하나를 집어넣는 것이니 상수 시간 O(1)이 기대 시간
복잡도가 됩니다.

왜 시간 복잡도가 O(1)이 아니라 기대 시간 복잡도가 O(1)이 될까요? 내부적으로 배열을 사용하는 StringBuilder 는 저장하는 문자열 길이가 너무 길어지면 배열 크기를 늘려 주어야 합니다. 이 과정에서 새로운 배열을 할당하고, 기존 배열 내용을 새로운 배열로 옮겨야 하기 때문에 O(N)의 시간이 소요됩니다. 하지만 이 작업은 매번 발생하지 않고 가끔 발생하므로 기대 시간 복잡도는 O(1)이 됩니다.

StringBuilder 클래스에서 자주 사용하는 메서드를 살펴봅시다.

▼ **표 4-3** 자주 사용되는 StringBuilder의 메서드

메서드	역할	시간 복잡도
StringBuilder.toString()	지금까지 구성한 문자열을 String 형식으로 반환한다.	O(N)
StringBuilder.append(char c)	문자 c를 문자열 끝에 이어 붙인다.	O(1)
StringBuilder.length()	지금까지 구성한 문자열 길이를 반환한다.	O(1)
StringBuilder.reverse()	지금까지 구성한 문자열을 뒤집는다.	O(N)

'a'부터 'z'까지 이어 붙이는 앞의 예제를 StringBuilder를 이용하여 구현해봅시다.

```
StringBuilder azBuilder = new StringBuilder();
for (char c = 'a'; c <= 'z'; c++) {
    azBuilder.append(c);
}
String az = azBuilder.toString();
System.out.println(az);  // "abcd..xyz"
```

StringBuilder 클래스의 append()와 toString() 메서드를 사용하여 문자열을 구성했습니다. 이렇게 수정한 코드는 각 반복문에서 O(1)의 시간 복잡도를 갖기 때문에 전체적으로 O(N) 만에 전체 문자열을 구성할 수 있습니다.

4.1.2 문자열을 다른 방식으로 생각해보기

문자열은 배열이라는 특징 때문에 배열을 다루는 데 유리한 메서드를 제공하는 경우가 많습니다. 다음 문제들을 살펴봅시다.

문제 ❺ # 자연수 뒤집어 배열로 만들기 - Level 1
URL https://programmers.co.kr/learn/courses/30/lessons/12932

자연수 n을 뒤집어 각 자리 숫자를 원소로 가지는 배열 형태로 리턴해주세요. 예를 들어 n이 12345면 [5,4,3,2,1]을 리턴합니다.

제한 조건

n은 10,000,000,000 이하인 자연수입니다.

입출력 예

n	return
12345	[5,4,3,2,1]

문제 풀이

언뜻 보면 정수를 뒤집거나 배열로 구성한 후 배열을 뒤집는 문제 같습니다. 물론 틀린 방법이 아니며 오히려 이 문제의 출제 의도에 가깝습니다. 하지만 우리는 문자열을 다룰 수 있으므로 다음 문제 풀이 흐름에 따라 더 쉽고 간단하게 구현해봅시다.

문제 풀이 흐름

1. 입력받은 숫자를 문자열로 변환합니다.

2. 문자열을 뒤집습니다.

3. 뒤집힌 문자열을 문자의 배열로 변환합니다.

4. 배열의 각 문자를 정수로 변환합니다.

코드 작성

1. 입력받은 숫자를 문자열로 변환합니다.

이 흐름에 따라 차근차근 구현해봅시다. 먼저 입력받은 숫자를 문자열로 변환해야 합니다. 이는 입력받은 정수 long형의 wrapper class인 Long의 static 메서드인 toString()을 사용하면 됩니다.

```
String str = Long.toString(n);
```

2. 문자열을 뒤집습니다.

다음 작업인 문자열을 뒤집는 작업은 앞서 살펴본 StringBuilder 클래스를 사용하여 쉽게 구현할 수 있습니다.

```
String reversed = new StringBuilder(str).reverse().toString();
```

3. 뒤집힌 문자열을 문자의 배열로 변환합니다.

다음으로 뒤집힌 문자열은 String 클래스의 toCharArray() 메서드를 사용하여 문자 배열로 변환할 수 있습니다.

```
char[] arr = reversed.toCharArray();
```

4. 배열의 각 문자를 정수로 변환합니다.

마지막으로 이를 정수로 변환하여 int 배열을 만들어 줄 수 있습니다. 이때 앞서 살펴본 문자를 정수로 변환하는 내용을 사용합니다.

```
int[] result = new int[arr.length];
for (int i = 0; i < result.length; i++) {
    result[i] = arr[i] - '0';
}
return result;
```

이렇게 정수를 사용하여 배열을 구성하고, 배열을 뒤집는 과정을 직접 구현하지 않아도 문자열로 간단하게 구현할 수 있습니다.

이렇게 문제의 정답 코드가 완성되었습니다. 전체 코드는 다음과 같습니다.

```java
public class Solution {
    public int[] solution(long n) {
        String str = Long.toString(n);
        String reversed = new StringBuilder(str).reverse().toString();
        char[] arr = reversed.toCharArray();

        int[] result = new int[arr.length];
        for (int i = 0; i < result.length; i++) {
            result[i] = arr[i] - '0';
        }
        return result;
    }
}
```

문제 6

시저 암호 - Level 1

URL https://programmers.co.kr/learn/courses/30/lessons/12926

어떤 문장의 각 알파벳을 일정한 거리만큼 밀어서 다른 알파벳으로 바꾸는 암호화 방식을 시저 암호라고 합니다. 예를 들어 "AB"는 1만큼 밀면 "BC"가 되고, 3만큼 밀면 "DE"가 됩니다. "z"는 1만큼 밀면 "a"가 됩니다. 문자열 s와 거리 n을 입력받아 s를 n만큼 민 암호문을 만드는 solution 함수를 완성해 보세요.

제한 조건

- 공백은 아무리 밀어도 공백입니다.
- s는 알파벳 소문자, 대문자, 공백으로만 구성되어 있습니다.
- s의 길이는 8000 이하입니다.
- n은 1 이상, 25 이하인 자연수입니다.

입출력 예

s	n	result
"AB"	1	"BC"
"z"	1	"a"
"a B z"	4	"e F d"

문제 풀이

이 문제에서는 알파벳을 n만큼 밀어야 합니다. 이것은 아스키 코드 값을 n만큼 증가시키는 것과 같습니다. 한 가지 주의할 점은 알파벳의 마지막 아스키 코드 값을 가지는 'Z'나 'z'에서 아스키 코드 값을 더 증가시키면 알파벳 범위 밖으로 나가 버린다는 것입니다. 따라서 알파벳의 마지막에 도달하면 다시 처음부터 시작하도록 설정해야 합니다. 이를 고려하면서 문제 풀이 흐름을 세워 봅시다.

문제 풀이 흐름

1. 입력 문자열의 모든 문자에 대해 반복

   A. 알파벳이 아닌 경우 문자를 그대로 이어 붙이기

   B. 알파벳인 경우 n만큼 밀어 이어 붙이기

코드 작성

1. 입력 문자열의 모든 문자에 대해 반복

입력받은 문자열을 순회하며 문자를 하나씩 이어 붙여야 하므로 StringBuilder를 사용하여
다음과 같이 구성합니다.

```
StringBuilder builder = new StringBuilder();
for (char c : s.toCharArray()) {
    // c를 n만큼 민 문자를 builder에 이어 붙이기
}
return builder.toString();
```

문자 c를 n만큼 민 새로운 문자를 계산하기 위해 메서드를 분리해줍시다. 다음과 같이 입력
문자를 n만큼 민 문자를 반환하는 push() 메서드를 선언합니다.

```
private char push(char c, int n) {
    // c를 n만큼 밀어 반환
}
```

1-A. 알파벳이 아닌 경우 문자를 그대로 이어 붙이기

알파벳이 아닌 문자는 시저 암호에 영향을 받지 않기 때문에 Character 클래스의
isAlphabetic() 메서드를 사용하여 알파벳이 아닌 문자는 그대로 반환될 수 있게 합니다.

```
private char push(char c, int n) {
    if (!Character.isAlphabetic(c)) return c;

    // c를 n만큼 밀어 반환
}
```

잠깐만요

아스키 코드를 이용해서 알파벳인지 여부를 검사할 수도 있습니다. 알파벳은 'a'~'z'가 연속되고, 'A'~'Z'가 연속되
므로 다음과 같이 작성해도 됩니다.

```
if (!(c >= 'A' && c <='Z') && !(c >= 'a' && c <='z')) return c;
```

이 조건은 'c가 대문자가 아니고, 소문자도 아닐 때'를 검사하는 조건으로 이 조건이 true가 되면 c는 알파벳이 아
닙니다.

1-B. 알파벳인 경우 n만큼 밀어 이어 붙이기

이제 알파벳을 n만큼 밀어 주어야 합니다. 대·소문자를 무시하고 생각해보면 알파벳은 a부터 z까지 있으며 a를 0, b를 1이라고 했을 때 z는 25가 됩니다. 그리고 z에서 1을 밀면 26이 되는 것이 아니라 0으로 되돌아와야 하죠. 이는 알파벳이 대문자이든 소문자이든 상관없이 공통으로 적용되는 사실입니다. 즉, 알파벳을 0~25로 변환할 수 있으면 n만큼 미는 것은 같은 로직을 적용시킬 수 있습니다.

알파벳을 0~25로 변환하는 것은 숫자를 표현하는 문자를 정수로 변환하는 것과 같습니다. 대문자는 'A', 소문자는 'a'부터 시작하므로 이를 offset 변수에 저장하고, 이 변수를 사용하여 알파벳의 변환된 값 position을 다음과 같이 계산할 수 있습니다.

```
int offset = Character.isUpperCase(c) ? 'A' : 'a';
int position = c - offset;
```

이제 이 position을 n만큼 밀어 주면 됩니다. 이때 기억해야 할 점은 마지막 위치에 도달하면 0부터 다시 시작해야 한다는 것입니다. 알파벳은 a부터 z까지 있으므로 가능한 position은 0부터 ('Z' – 'A')까지입니다. 이 범위를 벗어날 때 0부터 시작되게 하는 것은 나머지 연산자로 다음과 같이 간단하게 구현할 수 있습니다.

```
position = (position + n) % ('Z' - 'A' + 1);
```

이제 처음에 구해 두었던 offset과 방금 계산한 position을 이용하여 n만큼 밀린 문자를 만들어 반환합니다.

```
return (char) (offset + position);
```

완성된 push( ) 메서드를 사용하여 solution( ) 메서드의 반복문을 완성시켜 줍니다.

```
for (char c : s.toCharArray()) {
    builder.append(push(c, n));
}
```

이렇게 자바 내장 라이브러리의 메서드와 아스키 코드를 이용하여 문제를 풀 수 있습니다.

4장/시저_암호.java

```java
public class Solution {
    private char push(char c, int n) {
        if (!Character.isAlphabetic(c)) return c;

        int offset = Character.isUpperCase(c) ? 'A' : 'a';
        int position = c - offset;
        position = (position + n) % ('Z' - 'A' + 1);
        return (char) (offset + position);
    }

    public String solution(String s, int n) {
        StringBuilder builder = new StringBuilder();
        for (char c : s.toCharArray()) {
            builder.append(push(c, n));
        }
        return builder.toString();
    }
}
```

이상한 문자 만들기 - Level 1

URL https://programmers.co.kr/learn/courses/30/lessons/12930

문자열 s는 한 개 이상의 단어로 구성되어 있습니다. 각 단어는 하나 이상의 공백 문자로 구분되어 있습니다. 각 단어의 짝수 번째 알파벳은 대문자로, 홀수 번째 알파벳은 소문자로 바꾼 문자열을 return하는 함수, solution을 완성하세요.

제한 사항

- 문자열 전체의 짝/홀수 인덱스가 아니라, 단어(공백을 기준)별로 짝/홀수 인덱스를 판단해야 합니다.
- 첫 번째 글자는 0번째 인덱스로 보아 짝수 번째 알파벳으로 처리해야 합니다.

입출력 예

s	Return
"try hello world"	"TrY HeLlO WoRlD"

입출력 예 설명

"try hello world"는 세 단어 "try", "hello", "world"로 구성되어 있습니다. 각 단어의 짝수 번째 문자를 대문자로, 홀수 번째 문자를 소문자로 바꾸면 "TrY", "HeLlO", "WoRlD"입니다. 따라서 "TrY HeLlO WoRlD"를 리턴합니다.

문제 풀이

이 문제에서는 문자열을 공백 문자로 구분하고, 각 단어마다 대·소문자로 변환해야 합니다. 다음과 같이 문제 풀이 흐름을 세울 수 있습니다.

문제 풀이 흐름

1. 문자열의 모든 문자에 대해 반복

   A. 문자가 공백 문자일 경우

      i. 그대로 이어 붙이기

      ii. 다음 등장하는 알파벳은 대문자

B. 공백 문자가 아닌 경우

   i. 대·소문자 변환하여 이어 붙이기

   ii. 다음 등장하는 알파벳의 대·소문자는 현재 변환하는 문자와 반대

2. 구성한 문자열 반환

코드 작성

문자열의 각 문자가 공백인지 알파벳인지 구분하고, 각 단어의 몇 번째 문자인지에 따라 대문자 혹은 소문자로 변환해야 합니다.

1. 문자열의 모든 문자에 대해 반복

다음과 같이 문자열 구성을 위한 StringBuilder 클래스와 문자 순회 루프를 작성합니다.

```
StringBuilder builder = new StringBuilder();

for (char c : s.toCharArray()) {
    // c를 적절히 변환하여 builder에 추가
}

return builder.toString();
```

1-A. 문자가 공백 문자일 경우

검사하는 문자가 공백 문자일 경우를 검사해봅시다. 자바의 Character 클래스에는 문자가 알파벳인지를 검사하는 isAlphabetic() 메서드가 있습니다. 이를 사용하여 다음과 같이 검사합니다.

```
for (char c : s.toCharArray()) {
    if (!Character.isAlphabetic(c)) {
        // 공백 처리
    } else {
        // 알파벳 변환
    }
}
```

문제 조건에 따라 입력은 알파벳 또는 공백 문자입니다. 즉, 알파벳이 아닌 문자는 무조건 공백 문자가 됩니다. 따라서 다음과 같이 **알파벳이 아닐 때** 대신 **공백 문자일 때**를 검사해도 좋습니다.

```
if (Character.isSpaceChar(c)) {
    builder.append(c);
} else {
...
```

1-A-i. 그대로 이어 붙이기

공백 문자는 별도의 변환 과정 없이 그대로 이어 붙여야 합니다. 다음과 같이 알파벳 검사를 통과하지 못한 문자들은 builder에 그대로 이어 붙입니다.

```
for (char c : s.toCharArray()) {
    if (!Character.isAlphabetic(c)) {
        builder.append(c);
    } else {
        // 알파벳 변환
    }
}
```

1-A-ii. 다음 등장하는 알파벳은 대문자

공백 문자가 등장했다면 다음에 등장하는 알파벳은 단어의 시작이므로 무조건 대문자로 변환되어야 합니다. 알파벳이 대문자로 변환되어야 하는지, 소문자로 변환되어야 하는지 나타내는 toUpper 변수를 선언하여 대·소문자 상태를 가지고 있겠습니다.

```
StringBuilder builder = new StringBuilder();
boolean toUpper = true;

for (char c : s.toCharArray()) {
...
```

이제 공백 문자를 만나면 toUpper 변수를 true로 설정해서 다음 만나는 알파벳이 대문자로 변환될 수 있도록 합니다.

```
if (!Character.isAlphabetic(c)) {
    builder.append(c);
    toUpper = true;
} else {
...
```

1-B. 공백 문자가 아닌 경우

else 문으로 진입한 c는 알파벳이라는 보장이 있으므로 대문자 혹은 소문자로 변환해야 합니다.

1-B-i. 대·소문자 변환하여 이어 붙이기

다음과 같이 else 문에 toUpper를 사용하여 문자의 대·소문자를 변환하고, StringBuilder 객체에 이어 붙입니다. 그리고 다음 문자의 대·소문자 여부를 변경합니다.

```
    if (!Character.isAlphabetic(c)) {
        builder.append(c);
    } else {
        if (toUpper) {
            builder.append(Character.toUpperCase(c));
        } else {
            builder.append(Character.toLowerCase(c));
        }
    }
```

1-B-ii. 다음 등장하는 알파벳의 대·소문자는 현재 변환하는 문자와 반대

현재 문자를 대문자 혹은 소문자로 변환했으므로, 단어의 다음 문자는 그 반대로 변환되어야 합니다. 따라서 다음과 같이 toUpper 변수 값을 반전시켜 줍니다.

```
    if (!Character.isAlphabetic(c)) {
        builder.append(c);
    } else {
        if (toUpper) {
            builder.append(Character.toUpperCase(c));
        } else {
            builder.append(Character.toLowerCase(c));
        }
```

```
            toUpper = !toUpper;
        }
```

2. 구성한 문자열 반환

마지막으로 이렇게 구성된 문자열을 반환하면 됩니다.

```
return builder.toString();
```

전체 코드 4장/이상한_문자_만들기.java

```java
public class Solution {
    public String solution(String s) {
        StringBuilder builder = new StringBuilder();
        boolean toUpper = true;

        for (char c : s.toCharArray()) {
            if (!Character.isAlphabetic(c)) {
                builder.append(c);
                toUpper = true;
            } else {
                if (toUpper) {
                    builder.append(Character.toUpperCase(c));
                } else {
                    builder.append(Character.toLowerCase(c));
                }
                toUpper = !toUpper;
            }
        }

        return builder.toString();
    }
}
```

문자열 다루어 보기

자바는 아주 큰 내장 라이브러리를 보유하고 있고, 문자열 관련 라이브러리도 예외는 아닙니다.
이번에는 자바의 문자열 관련 라이브러리를 이용하여 문제를 풀어 봅시다.

4.2.1 문자열 응용하기

String 클래스에서 많이 사용되는 메서드를 살펴봅시다.

▼ **표 4-4** String 클래스에서 많이 사용되는 메서드

메서드	반환형	내용
equals(String other)	boolean	문자열이 other와 같은 문자열을 담고 있는지 반환
length()	int	문자열 길이를 반환
substring(int beginIndex, int endIndex)	String	문자열의 beginIndex부터 endIndex까지 잘라서 반환
toUpperCase()	String	모든 알파벳이 대문자로 변환된 문자열을 반환
toLowerCase()	String	모든 알파벳이 소문자로 변환된 문자열을 반환

> **잠깐만요**
>
> 문자열은 객체이기 때문에 비교 연산자 ==으로 비교할 수 없습니다. 문자열 비교는 꼭 equals() 메서드를 사용해야 한다는 것을 기억하세요.

문제 8

문자열 압축 – Level 2

URL https://programmers.co.kr/learn/courses/30/lessons/60057

데이터 처리 전문가가 되고 싶은 '어피치'는 문자열을 압축하는 방법에 대해 공부하고 있습니다. 최근에 대량의 데이터 처리를 위한 간단한 비손실 압축 방법에 대해 공부하고 있는데, 문자열에서 같은 값이 연속해서 나타나는 것을 그 문자의 개수와 반복되는 값으로 표현하여 더 짧은 문자열로 줄여서 표현하는 알고리즘을 공부하고 있습니다.

간단한 예로 "aabbaccc"의 경우 "2a2ba3c"(문자가 반복되지 않아 한 번만 나타난 경우 1은 생략함)와 같이 표현할 수 있는데, 이러한 방식은 반복되는 문자가 적은 경우 압축률이 낮다는 단점이 있습니다. 예를 들면, "abcabcdede"와 같은 문자열은 전혀 압축되지 않습니다. "어피치"는 이러한 단점을 해결하기 위해 문자열을 1개 이상의 단위로 잘라서 압축하여 더 짧은 문자열로 표현할 수 있는지 방법을 찾아보려고 합니다.

예를 들어 "ababcdcdababcdcd"의 경우 문자를 1개 단위로 자르면 전혀 압축되지 않지만, 2개 단위로 잘라서 압축한다면 "2ab2cd2ab2cd"로 표현할 수 있습니다. 다른 방법으로 8개 단위로 잘라서 압축한다면 "2ababcdcd"로 표현할 수 있으며, 이때가 가장 짧게 압축하여 표현할 수 있는 방법입니다.

다른 예로, "abcabcdede"와 같은 경우, 문자를 2개 단위로 잘라서 압축하면 "abcabc2de"가 되지만, 3개 단위로 자른다면 "2abcdede"가 되어 3개 단위가 가장 짧은 압축 방법이 됩니다. 이때 3개 단위로 자르고 마지막에 남는 문자열은 그대로 붙여주면 됩니다.

압축할 문자열 s가 매개변수로 주어질 때, 위에 설명한 방법으로 1개 이상 단위로 문자열을 잘라 압축하여 표현한 문자열 중 가장 짧은 것의 길이를 return 하도록 solution 함수를 완성해주세요.

제한 사항

- s의 길이는 1 이상 1,000 이하입니다.
- s는 알파벳 소문자로만 이루어져 있습니다.

입출력 예

s	result
"aabbaccc"	7
"ababcdcdababcdcd"	9
"abcabcdede"	8
"abcabcabcabcdededededede"	14
"xababcdcdababcdcd"	17

입출력 예 설명

입출력 예 #1

문자열을 1개 단위로 잘라 압축했을 때 가장 짧습니다.

입출력 예 #2

문자열을 8개 단위로 잘라 압축했을 때 가장 짧습니다.

입출력 예 #3

문자열을 3개 단위로 잘라 압축했을 때 가장 짧습니다.

입출력 예 #4

문자열을 2개 단위로 자르면 "abcabcabcabc6de"가 됩니다.

문자열을 3개 단위로 자르면 "4abcdedededede"가 됩니다.

문자열을 4개 단위로 자르면 "abcabcabcabc3dede"가 됩니다.

문자열을 6개 단위로 자를 경우 "2abcabc2dedede"가 되며, 이때의 길이가 14로 가장 짧습니다.

입출력 예 #5

문자열은 제일 앞부터 정해진 길이만큼 잘라야 합니다.

따라서 주어진 문자열을 x / ababcdcd / ababcdcd로 자르는 것은 불가능합니다.

이 경우 어떻게 문자열을 잘라도 압축되지 않으므로 가장 짧은 길이는 17이 됩니다.

문제 풀이

이 문제의 핵심은 문자열을 정해진 길이만큼 잘라 내는 것입니다. 자바에서는 이것을 substring() 메서드를 사용하여 쉽게 구현할 수 있습니다. 압축했을 때 가장 짧은 문자열의 길이를 구해야 하는데, 이는 모든 길이에 대해 압축을 시도한 후 그중 가장 짧은 길이를 선택하면 됩니다. 이를 바탕으로 다음과 같이 문제 풀이 흐름을 세울 수 있습니다.

문제 풀이 흐름

1. 1부터 입력 문자열 s의 길이만큼 자를 문자열의 길이를 설정하며 반복

2. 설정된 길이만큼 문자열을 잘라 낸 token의 배열 생성

3. 문자열을 비교하며 token의 배열을 하나의 문자열로 압축

4. 1~3 과정으로 압축된 문자열 중 가장 짧은 길이 반환

코드 작성

1. 1부터 입력 문자열 s의 길이만큼 자를 문자열의 길이를 설정하며 반복

먼저 자를 문자열의 길이를 반복문을 이용하여 설정하고, 가장 짧은 압축 문자열의 길이를 담을 min 변수를 선언하고 반환합니다. 자를 문자열의 길이는 최소 1부터 시작하여 문자열 전체 길이를 포함하도록 반복합니다.

```
int min = Integer.MAX_VALUE;
for (int length = 1; length <- s.length(); length++) {
    // 문자열 압축 후 가장 짧은 길이 선택
}
return min;
```

이제 문자열을 압축하고, 압축된 문자열의 길이를 반환하는 compress() 메서드를 선언합니다.

```
private int compress(String source, int length) {
    // 압축한 문자열의 길이 반환
}
```

2. 설정된 길이만큼 문자열을 잘라 낸 token의 배열 생성

그런데 압축하려면 우선 length 길이씩 문자열을 잘라야 합니다. 다음과 같이 문자열을 length 길이씩 잘라 리스트에 담아 주는 split() 메서드를 선언합니다.

```
private List<String> split(String source, int length) {
    List<String> tokens = new ArrayList<>();
    // source를 length만큼씩 잘라 tokens 리스트에 추가
    return tokens;
}
```

문자열을 자르는 시작 인덱스는 0부터 시작하여 length만큼씩 증가합니다. 따라서 다음 반복문으로 모든 startIndex를 순회할 수 있습니다.

```
for (int startIndex = 0; startIndex < source.length(); startIndex += length) {
    // 문자열을 startIndex부터 잘라 tokens 리스트에 추가
}
```

이때 endIndex는 startIndex + length이지만, 이것이 문자열 범위 밖이라면 문자열의 끝까지 정상적으로 잘릴 수 있도록 다음과 같이 작성합니다.

```
for (int startIndex = 0; startIndex < source.length(); startIndex += length) {
    int endIndex = startIndex + length;
    if (endIndex > source.length()) endIndex = source.length();
    // 문자열을 startIndex부터 endIndex까지 잘라 tokens 리스트에 추가
}
```

이제 실제로 문자열을 잘라 tokens 리스트에 추가합니다.

```
for (int startIndex = 0; startIndex < source.length(); startIndex += length) {
    int endIndex = startIndex + length;
    if (endIndex > source.length()) endIndex = source.length();
    tokens.add(source.substring(startIndex, endIndex));
}
```

이렇게 완성된 split() 메서드를 사용하여 compress() 메서드에서는 tokens 리스트를 만들고, 문자열을 구성할 StringBuilder 객체를 생성합니다.

```
private int compress(String source, int length) {
    StringBuilder builder = new StringBuilder();

    for (String token : split(source, length)) {
        // 압축 문자열 구성
    }

    return builder.length();
}
```

3. 문자열을 비교하며 token의 배열을 하나의 문자열로 압축

연속으로 중복된 문자열을 검사해야 하므로 직전에 등장한 문자열을 담는 last 변수와 그 등장 횟수를 담는 count 변수를 선언합니다.

```
String last = "";
int count = 0;
for (String token : split(source, length)) {
    ...
```

현재 검사하는 문자열 token이 직전에 등장한 문자열과 같다면 등장 횟수만 증가해주면 됩니다.

```
for (String token : split(source, length)) {
    if (token.equals(last)) {
        count++;
    } else {
        // 새로운 토큰 등장 처리
    }
}
```

새로운 토큰이 등장했다면 직전까지 등장한 문자열을 이용하여 압축 문자열을 구성해줍니다. 이때 등장 횟수 count는 2 이상일 때만 압축 문자열에 포함되고, 압축 문자열을 구성한 후에는 현재 검사한 token부터 다시 셀 수 있도록 last와 count를 업데이트해야 한다는 것을 잊지 마세요.

```
for (String token : split(source, length)) {
    if (token.equals(last)) {
        count++;
    } else {
        if (count > 1) builder.append(count);
        builder.append(last);
        last = token;
        count = 1;
    }
}
```

이렇게 for 문을 나오면 아직 마지막 토큰은 last에 담긴 채로 압축 문자열에 포함되지 않은 상태입니다. 따라서 압축 문자열을 구성하는 로직을 for 문 이후에 1회 더 추가해야 합니다.

```
for (String token : split(source, length)) {
    if (token.equals(last)) {
        count++;
    } else {
        if (count > 1) builder.append(count);
        builder.append(last);
        last = token;
        count = 1;
    }
```

```
    }
    if (count > 1) builder.append(count);
    builder.append(last);
```

이렇게 compress() 메서드가 완성되었습니다.

4. 1~3 과정으로 압축된 문자열 중 가장 짧은 길이 반환

solution() 메서드에서는 이를 사용하여 각 토큰 길이별로 압축 문자열의 길이를 구하고, 가장 짧은 길이를 반환하면 됩니다.

```
int min = Integer.MAX_VALUE;
for (int length = 1; length <= s.length(); length++) {
    int compressed = compress(s, length);
    if (compressed < min) {
        min = compressed;
    }
}
return min;
```

전체 코드

```java
import java.util.ArrayList;
import java.util.List;

public class Solution {
    private List<String> split(String source, int length) {
        List<String> tokens = new ArrayList<>();
        for (int startIndex = 0; startIndex < source.length(); startIndex += length) {
            int endIndex = startIndex + length;
            if (endIndex > source.length()) endIndex = source.length();
            tokens.add(source.substring(startIndex, endIndex));
        }
        return tokens;
    }

    private int compress(String source, int length) {
        StringBuilder builder = new StringBuilder();

        String last = "";
        int count = 0;
        for (String token : split(source, length)) {
            if (token.equals(last)) {
```

```
                    count++;
                } else {
                    if (count > 1) builder.append(count);
                    builder.append(last);
                    last = token;
                    count = 1;
                }
            }
            if (count > 1) builder.append(count);
            builder.append(last);

            return builder.length();
        }

    public int solution(String s) {
        int min = Integer.MAX_VALUE;
        for (int length = 1; length <= s.length(); length++) {
            int compressed = compress(s, length);
            if (compressed < min) {
                min = compressed;
            }
        }
        return min;
    }
}
```

4.2.2 진법 바꾸기

문자열을 이용하면 특정 진법으로 숫자를 나타낼 수 있습니다. 또 각 진법별로 아주 쉽게 변환할 수 있습니다. 그런데 진법은 숫자를 표현하는 방법인데 문자열이랑 어떤 관련이 있을까요?

숫자 데이터는 그 자체로는 진법과 관련 없습니다. 10진수로 표현된 10이나, 2진수로 표현된 1010이나, 16진수로 표현된 A나 모두 똑같은 수입니다. 진수는 숫자를 문자열로 표현하는 방법입니다. 같은 방법이라도 문자열로 표현하는 방식이 다르기 때문에 특정 진법으로 표현된 수는 문자열 형식이 됩니다.

우리는 기본적으로 정수 클래스 Integer와 Long의 다음 메서드를 알고 있습니다.

▼ **표 4-5** 문자열과 정수를 변환하는 메서드

메서드	반환형	내용
Integer.parseInt(String s)	int	숫자를 표현하는 문자열 s를 정수로 변환
Integer.toString(int v)	String	정수 v를 문자열로 변환
Long.parseLong(String s)	long	숫자를 표현하는 문자열 s를 정수로 변환
Long.toString(long v)	String	정수 v를 문자열로 변환

이 메서드들은 모두 10진수를 기준으로 합니다. parseInt()나 parseLong() 메서드는 전달받는 문자열이 10진수로 표현되었을 때 정상적으로 동작하며, toString() 메서드는 해당 정수를 10진수로 표현된 문자열로 구성하여 반환합니다.

그런데 여기에서 하나의 매개변수만 추가하면 아주 쉽게 진법을 변환할 수 있습니다. 다음 메서드들을 살펴봅시다.

▼ **표 4-6** 문자열과 정수를 진법에 따라 변환하는 메서드

메서드	반환형	내용
Integer.parseInt(String s, int radix)	int	radix 진법으로 숫자를 표현하는 문자열 s를 정수로 변환
Integer.toString(int v, int radix)	String	정수 v를 radix 진법의 문자열로 변환
Long.parseLong(String s, int radix)	long	radix 진법으로 숫자를 표현하는 문자열 s를 정수로 변환
Long.toString(long v, int radix)	String	정수 v를 radix 진법의 문자열로 변환

예를 들어 2진수로 표현된 문자열을 16진수로 변경하는 코드는 다음과 같습니다.

```
String binary = "1010";
int value = Integer.parseInt(binary, 2);
String hex = Integer.toString(value, 16);
```

2진법 문자열 "1010"이 파싱되어 value 변수에는 정수 10이 들어갑니다. hex 변수에는 이 값을 16진수로 변환한 문자열 "a"가 들어갑니다. 대문자로 표현된 16진수를 얻고 싶다면 String.toUpperCase()를 사용합니다.

```
String hex = Integer.toString(value, 16).toUpperCase();
```

문제 ❾

3진법 뒤집기 - Level 1

URL https://programmers.co.kr/learn/courses/30/lessons/68935

자연수 n이 매개변수로 주어집니다. n을 3진법 상에서 앞뒤로 뒤집은 후, 이를 다시 10진법으로 표현한 수를 return하도록 solution 함수를 완성해주세요.

제한 사항

• n은 1 이상 100,000,000 이하인 자연수입니다.

입출력 예

n	result
45	7
125	229

입출력 예 설명

입출력 예 #1

• 답을 도출하는 과정은 다음과 같습니다.

n (10진법)	n (3진법)	앞뒤 반전(3진법)	10진법으로 표현
45	1200	0021	7

• 따라서 7을 return 해야 합니다.

입출력 예 #2

• 답을 도출하는 과정은 다음과 같습니다.

n (10진법)	n (3진법)	앞뒤 반전(3진법)	10진법으로 표현
125	11122	22111	229

• 따라서 229를 return해야 합니다.

문제 풀이

이 문제는 다음과 같이 문제 풀이 흐름이 직관적입니다.

문제 풀이 흐름

1. 정수를 3진법으로 변환

2. 변환된 문자열 뒤집기

3. 뒤집은 문자열을 정수로 변환

코드 작성

1. 정수를 3진법으로 변환

우리는 진법 변환과 문자열을 뒤집는 방법을 모두 알고 있습니다. 먼저 다음과 같이 숫자를 3진법으로 변환합니다.

```
String str = Integer.toString(n, 3);
```

2. 변환된 문자열 뒤집기

다음으로 StringBuilder를 이용하여 문자열을 뒤집어 줍니다.

```
String reversed = new StringBuilder(str).reverse().toString();
```

> **잠깐만요**
>
> new StringBuilder(str)은 StringBuilder의 생성자 중 문자열을 전달받는 생성자를 이용한 것입니다. 생성자에 문자열을 넘겨주면 해당 문자열을 미리 가지고 있는 StringBuilder 객체를 생성합니다. 따라서 다음 코드와 동일합니다.
>
> ```
> String reversed = new StringBuilder().append(str).reverse().toString();
> ```

3. 뒤집은 문자열을 정수로 변환

마지막으로 뒤집은 문자열을 다시 3진법에서 정수로 변환하여 반환합니다.

```
return Integer.valueOf(reversed, 3);
```

```java
public class Solution {
    public int solution(int n) {
        String str = Integer.toString(n, 3);
        String reversed = new StringBuilder(str).reverse().toString();
        return Integer.valueOf(reversed, 3);
    }
}
```

문제 ⑩

이진 변환 반복하기 - Level 2

URL https://programmers.co.kr/learn/courses/30/lessons/70129

0과 1로 이루어진 어떤 문자열 x에 대한 이진 변환을 다음과 같이 정의합니다.

- x의 모든 0을 제거합니다.
- x의 길이를 c라고 하면, x를 'c를 2진법으로 표현한 문자열'로 바꿉니다.

예를 들어 x = "0111010"이라면, x에 이진 변환을 가하면 x = "0111010" → "1111" → "100"이 됩니다.

0과 1로 이루어진 문자열 s가 매개변수로 주어집니다. s가 "1"이 될 때까지 계속해서 s에 이진 변환을 가했을 때, 이진 변환의 횟수와 변환 과정에서 제거된 모든 0의 개수를 각각 배열에 담아 return하도록 solution 함수를 완성해주세요.

제한 사항

- s의 길이는 1 이상 150,000 이하입니다.
- s에는 '1'이 최소 하나 이상 포함되어 있습니다.

입출력 예

s	result
"110010101001"	[3,8]
"01110"	[3,3]
"1111111"	[4,1]

입출력 예 설명

입출력 예 #1

- "110010101001"이 "1"이 될 때까지 이진 변환을 가하는 과정은 다음과 같습니다.

회차	이진 변환 이전	제거할 0의 개수	0 제거 후 길이	이진 변환 결과
1	"110010101001"	6	6	"110"
2	"110"	1	2	"10"
3	"10"	1	1	"1"

3번의 이진 변환을 하는 동안 8개의 0을 제거했으므로, [3,8]을 return해야 합니다.

- "01110"이 "1"이 될 때까지 이진 변환을 가하는 과정은 다음과 같습니다.

회차	이진 변환 이전	제거할 0의 개수	0 제거 후 길이	이진 변환 결과
1	"01110"	2	3	"11"
2	"11"	0	2	"10"
3	"10"	1	1	"1"

3번의 이진 변환을 하는 동안 3개의 0을 제거했으므로, [3,3]을 return해야 합니다.

입출력 예 #3

- "1111111"이 "1"이 될 때까지 이진 변환을 가하는 과정은 다음과 같습니다.

회차	이진 변환 이전	제거할 0의 개수	0 제거 후 길이	이진 변환 결과
1	"1111111"	0	7	"111"
2	"111"	0	3	"11"
3	"11"	0	2	"10"
4	"10"	1	1	"1"

- 4번의 이진 변환을 하는 동안 1개의 0을 제거했으므로, [4,1]을 return해야 합니다.

문제 풀이

이 문제는 다음 문제 풀이 흐름을 가집니다.

문제 풀이 흐름

1. 검사하는 문자열이 "1"이 될 때까지 반복

   A. 문자열에 포함된 0의 개수 세기

      i. 0의 개수와 제거 횟수 누적

   B. 나머지 1의 개수를 사용해서 2진법으로 변환하여 1부터 반복

2. 누적된 제거 횟수와 0의 개수를 배열로 반환

코드 작성

가장 먼저 반환해야 하는 값인 변환 횟수와 제거된 0의 개수를 담는 변수를 선언하고, 배열의
형태로 반환합니다.

```java
public int[] solution(String s) {
    int loop = 0;
    int removed = 0;

    // s가 "1"이 될 때까지 반복하며 loop, removed 누적

    return new int[] {loop, removed};
}
```

1. 검사하는 문자열이 "1"이 될 때까지 반복

s가 "1"이 될 때까지 반복하는 것은 문자열 비교 메서드 equals()를 사용하여 다음과 같이
작성할 수 있습니다.

```java
public int[] solution(String s) {
    int loop = 0;
    int removed = 0;

    while (!s.equals("1")) {
        // s 변환하며 loop, removed 누적
    }

    return new int[] {loop, removed};
}
```

1-A. 문자열에 포함된 0의 개수 세기

문자열 변환의 첫 번째 단계는 문자열에 포함된 0의 개수를 세는 것입니다. 0의 개수를 세기
위해 문자열을 전달받아 0의 개수를 세는 countZeros() 메서드를 정의합니다.

```java
private int countZeros(String s) {
    int zeros = 0;
    for (char c : s.toCharArray()) {
        if (c == '0') zeros++;
    }
```

```
    return zeros;
}
```

잠깐만요

숫자가 아닌 문자의 비교임에 주의하세요. 문자열을 구성하는 단위는 숫자가 아닌 문자입니다. 따라서 문자 c가 0인지 비교하기 위해서는 정수 0이 아니라 문자 '0'과 비교해야 합니다.

1-A-i. 0의 개수와 제거 횟수 누적

이 메서드를 사용하여 변환할 때 변환 횟수와 제거된 0의 개수를 누적해줄 수 있습니다.

```
while (!s.equals("1")) {
    int zeros = countZeros(s);
    loop += 1;
    removed += zeros;

    // 문자열 s 변환
}
```

1-B. 나머지 1의 개수를 사용해서 2진법으로 변환하여 1부터 반복

0의 개수를 알고 있으므로 1의 개수도 구할 수 있습니다. 또 구한 1의 개수를 2진법으로 변환하여 s를 변환할 수 있습니다.

```
while (!s.equals("1")) {
    int zeros = countZeros(s);
    loop += 1;
    removed += zeros;

    int ones = s.length() - zeros;
    s = Integer.toString(ones, 2);
}
```

---

2. 누적된 제거 횟수와 0의 개수를 배열로 반환

앞서 작성한 solution( ) 메서드에서 배열을 반환합니다.

이렇게 자바의 진법 변환 메서드를 사용해서 문제를 풀 수 있습니다.

전체 코드

```java
public class Solution {
    private int countZeros(String s) {
        int zeros = 0;
        for (char c : s.toCharArray()) {
            if (c == '0') zeros++;
        }
        return zeros;
    }

    public int[] solution(String s) {
        int loop = 0;
        int removed = 0;

        while (!s.equals("1")) {
            int zeros = countZeros(s);
            loop += 1;
            removed += zeros;

            int ones = s.length() - zeros;
            s = Integer.toString(ones, 2);
        }

        return new int[] {loop, removed};
    }
}
```

4.2.3 찾기와 바꾸기

문자열 문제를 풀다 보면 문자열에서 어떤 특정한 부분을 찾거나 다른 문자열로 치환해야 할 때가 많습니다. 자바는 이런 작업도 내장 라이브러리에서 지원합니다. 앞서 살펴본 대문자나 소문자로 변환하는 toUpperCase()와 toLowerCase()도 이렇게 원본 문자열을 특정 규칙에 따라 변환하는 메서드입니다. 이번에는 이렇게 문자열 내에서 특정 부분을 찾는 메서드와 바꾸는 메서드를 알아봅시다.

▼ **표 4-7** 포함 여부를 검사하는 메서드

메서드	반환형	내용
contains(CharSequence s)	boolean	전달받은 문자열이 원본 문자열에 있는지 검사
startsWith(String prefix)	boolean	원본 문자열이 전달받은 문자열로 시작하는지 검사
endsWith(String suffix)	boolean	원본 문자열이 전달받은 문자열로 끝나는지 검사
indexOf(String str)	int	전달받은 문자열이 원본 문자열에서 몇 번째 인덱스에 있는지 검사

▼ **표 4-8** 문자열 치환 메서드

메서드	반환형	내용
replace(char oldChar, char newChar)	String	원본 문자열의 oldChar 문자들을 newChar 문자로 치환한 문자열을 반환
replace(CharSequence target, CharSequence replacement)	String	원본 문자열에서 등장하는 target 문자열을 replacement 문자열로 치환해서 반환하는 메서드

| 잠깐만요 |

CharSequence는 문자열을 나타내는 인터페이스입니다. String 클래스도 CharSequence 인터페이스를 구현하고 있기 때문에 일반적인 문자열과 같다고 생각해도 무방합니다.

문제 ⑪

문자열 내 p와 y의 개수 - Level 1

URL https://programmers.co.kr/learn/courses/30/lessons/12916

대문자와 소문자가 섞여 있는 문자열 s가 주어집니다. s에 'p'의 개수와 'y'의 개수를 비교하여 같으면 true, 다르면 false를 return하는 solution 함수를 완성해주세요. 'p', 'y' 모두 하나도 없을 때는 항상 true를 리턴합니다. 단 개수를 비교할 때 대문자와 소문자는 구별하지 않습니다.

예를 들어 s가 "pPoooyY"면 true를 return하고 "Pyy"라면 false를 return합니다.

제한 사항

- 문자열 s의 길이: 50 이하의 자연수
- 문자열 s는 알파벳으로만 구성되어 있습니다.

입출력 예

s	answer
"pPoooyY"	true
"Pyy"	false

입출력 예 설명

입출력 예 #1

'p'의 개수와 'y'의 개수는 두 개로 같으므로 true를 return합니다.

입출력 예 #2

'p'의 개수는 한 개, 'y'의 개수는 2개로 다르므로 false를 return합니다.

문제 풀이

이 문제를 보자마자 가장 먼저 드는 생각은 문자열을 문자의 배열로 변환한 후 대·소문자를 고려하며 p와 y의 개수를 세고, 센 두 값을 비교하는 것입니다. 물론 아주 좋은 풀이지만 자바의 내장 라이브러리를 이용하면 직접 모든 문자를 순회하지 않고도 쉽게 구현할 수 있습니다.

문제 풀이 흐름

1. 문자열을 모두 소문자로 변환

2. "p"의 개수 세기

    A. 문자열에 등장하는 모든 "p"를 빈 문자열 " "로 치환

    B. 원본 문자열과 변환된 문자열의 길이 차이가 p의 개수

3. 2와 같은 방식으로 y의 개수 세기

4. 구한 p의 개수와 y의 개수 비교

코드 작성

1. 문자열을 모두 소문자로 변환

p와 y의 개수를 세어 주어야 합니다. 대 · 소문자와 상관없이 문자를 비교하기 위해 문자열의 문자를 모두 소문자로 변환합니다. 이렇게 하면 소문자 p와 y만 고려해서 코드를 작성할 수 있습니다. 문자열을 소문자로 변환하는 것은 toLowerCase( ) 메서드를 사용하면 됩니다.

```
s = s.toLowerCase();
```

2. p의 개수 세기

문자열에서 p의 개수를 세기 위해 문자열에서 p를 모두 제거합니다. 이때 제거된 개수, 즉 원본 문자열과 p를 제거한 문자열의 길이 차이가 p의 개수가 됩니다.

2-A. 문자열에 등장하는 모든 "p"를 빈 문자열 " "로 치환

문자열 s에서 "p"를 빈 문자열로 치환하는 코드는 다음과 같이 작성할 수 있습니다.

```
s.replace("p", "")
```

2-B. 원본 문자열과 변환된 문자열의 길이 차이가 p의 개수

앞서 구한 문자열의 길이를 원본 문자열의 길이에서 빼면 p의 개수를 구할 수 있습니다.

```
s = s.toLowerCase();

int ps = s.length() - s.replace("p", "").length();
```

3. 2와 같은 방식으로 y의 개수 세기

마찬가지로 y의 개수도 셀 수 있습니다.

```
int ys = s.length() - s.replace("y", "").length();
```

4. 구한 p의 개수와 y의 개수 비교

두 값을 구했으니 비교해서 반환하기만 하면 됩니다.

```
return ps == ys;
```

이렇게 구현된 코드는 직접 루프를 돌며 p와 y의 개수를 세는 것보다 비효율적이라고 생각할 수 있습니다. 직접 반복문을 구현한 코드는 한 번의 순회로 끝나지만, 이렇게 내장 메서드를 사용하면 toLowerCase()와 replace() 메서드에서 전체 순회가 발생하기 때문입니다. 이 메서드들을 여러 번 호출하는 만큼 전체 순회 횟수가 많아져 실행 시간이 늘어납니다.

하지만 시간 복잡도 측면에서 생각해보면 다른 결과가 나옵니다. 문자열 길이를 n이라고 했을 때 직접 순회하면 문자열 전체를 한 번 순회하는 데 소요되는 시간 복잡도인 O(n)이 소요됩니다. 이번에 작성한 자바 내장 라이브러리를 이용하면 toLowerCase()와 replace() 메서드가 각각 O(n)이 소요되지만, 시간 복잡도는 비례 관례를 나타내기 때문에 O(n) + O(n) + O(n) = O(n)이 됩니다.

즉, 시간 복잡도는 두 방법이 모두 동일합니다. 이는 물론 세 번 순회하는 내장 라이브러리를 이용한 코드가 직접 순회하는 코드보다 느릴 수는 있지만, 충분히 효율적이라는 의미입니다. 코딩 테스트는 시간 싸움이기 때문에 시간 복잡도가 같다면 최대한 간단하고 실수할 확률이 적으며, 빠르게 작성할 수 있는 방법을 선택하는 것이 좋습니다.

전체 코드   4장/문자열내_py_개수.java

```java
public class Solution {
    boolean solution(String s) {
        s = s.toLowerCase();

        int ps = s.length() - s.replace("p", "").length();
        int ys = s.length() - s.replace("y", "").length();
        return ps == ys;
    }
}
```

다음은 가장 효율적으로 직접 순회를 구현했을 때의 코드입니다.

```java
public class Solution {
    boolean solution(String s) {
        int ps = 0;
        int ys = 0;

        for (char c : s.toCharArray()) {
            switch (c) {
                case 'p', 'P' -> ps++;
                case 'y', 'Y' -> ys++;
            }
        }

        return ps == ys;
    }
}
```

문제 ⑫

숫자 문자열과 영단어 - Level 1

URL https://programmers.co.kr/learn/courses/30/lessons/81301

'네오'와 '프로도'가 숫자놀이를 하고 있습니다. '네오'가 '프로도'에게 숫자를 건넬 때 일부 자릿수를 영단어로 바꾼 카드를 건네 주면 프로도는 원래 숫자를 찾는 게임입니다.

다음은 숫자의 일부 자릿수를 영단어로 바꾸는 예시입니다.

- 1478 → "one4seveneight"
- 234567 → "23four5six7"
- 10203 → "1zerotwozero3"

이렇게 숫자의 일부 자릿수가 영단어로 바뀌었거나, 혹은 바뀌지 않고 그대로인 문자열 s가 매개변수로 주어집니다. s가 의미하는 원래 숫자를 return하도록 solution 함수를 완성해주세요.

참고로 각 숫자에 대응되는 영단어는 다음 표와 같습니다.

숫자	영단어
0	zero
1	one
2	two
3	three
4	four
5	five
6	six
7	seven
8	eight
9	nine

제한 사항

- 1 ≤ s의 길이 ≤ 50
- s가 "zero" 또는 "0"으로 시작하는 경우는 주어지지 않습니다.
- return 값이 1 이상 2,000,000,000 이하의 정수가 되는 올바른 입력만 s로 주어집니다.

입출력 예

s	result
"one4seveneight"	1478
"23four5six7"	234567
"2three45sixseven"	234567
"123"	123

입출력 예 설명

입출력 예 #1

- 문제 예시와 같습니다.

입출력 예 #2

- 문제 예시와 같습니다.

입출력 예 #3

- "three"는 3, "six"는 6, "seven"은 7에 대응되기 때문에 정답은 입출력 예 #2와 같은 234567이 됩니다.
- 입출력 예 #2와 입출력 예 #3처럼 같은 정답을 가리키는 문자열이 여러 개 나올 수 있습니다.

입출력 예 #4

- s에는 영단어로 바뀐 부분이 없습니다.

제한 시간 안내

- 정확성 테스트: 10초

문제 풀이

이 문제는 문자열 앞부터 startsWith()로 매칭되는 영단어가 있는지 검사해 나가면서 문자열을 천천히 구성해야 할 것 같습니다. 이것도 물론 정석적이고 효율적인 좋은 풀이 방식입니다. 하지만 이번에도 자바의 내장 라이브러리를 이용하여 조금은 덜 효율적이지만 간단하고 충분히 동작하는 코드를 작성해봅시다.

문제 풀이 흐름

1. 각 인덱스 값에 해당하는 영단어가 저장되어 있는 영단어 문자열 배열을 구성

2. 영단어 배열을 순회하며 입력 문자열에 등장하는 모든 영단어를 치환한 문자열 생성

3. 변환된 문자열을 정수로 변환한 후 반환

코드 작성

1. 각 인덱스 값에 해당하는 영단어가 저장되어 있는 영단어 문자열 배열을 구성

우선 문제에서 제시한 영단어 표에 따라 영단어 문자열 배열을 다음과 같이 선언합니다.

```
private static final String[] words = {
        "zero", "one", "two", "three", "four",
        "five", "six", "seven", "eight", "nine",
};
```

2. 영단어 배열을 순회하며 입력 문자열에 등장하는 모든 영단어를 치환한 문자열 생성

이제 solution() 메서드에서 각 영단어를 매칭되는 인덱스 값으로 변환하면 됩니다.

```
for (int i = 0; i < words.length; i++) {
    s = s.replace(words[i], Integer.toString(i));
}
```

3. 변환된 문자열을 정수로 변환한 후 반환

마지막으로 변환된 문자열을 정수로 바꾸어서 반환하면 됩니다.

```
return Integer.parseInt(s);
```

이 방식도 변환할 때마다 전체 문자열을 새로 구성하니 최적의 방식보다는 비효율적입니다. 시간 복잡도를 따져 봅시다. 원본 문자열의 길이를 N, 변환해야 하는 영단어의 종류를 M이라고 합시다. replace() 메서드를 한 번 실행하는 데 O(N)이 소요됩니다. 이를 M번 반복하므로 전체 시간 복잡도는 O(NM)이 됩니다. 문제에서 N의 최댓값은 50, M의 최댓값은 10이므로 아주 넉넉한 시간 복잡도임을 알 수 있습니다.

String 클래스의 replace( ) 메서드에 해당하는 시간 복잡도가 어떻게 O(N)일까요? 변환하려면 문자열을 원본 문자열에서 찾아야 하는데, 찾는 문자열의 길이가 시간 복잡도에 영향을 미치지 않았을까요? 그렇습니다. 놀랍게도 찾는 문자열의 길이는 문자열 검색에서 중요하지 않습니다.

이는 문자열 검색 알고리즘 중 KMP(Knuth Morris Partt) 알고리즘을 살펴보면 이해할 수 있는데요. 이 알고리즘은 원본 문자열의 길이를 N, 찾는 문자열의 길이를 M이라고 했을 때 O(N+M)의 시간 복잡도를 갖습니다. 찾는 문자열의 길이가 원본 문자열의 길이보다 크다면 애초에 검색할 수 없는 문자열이기 때문에 둘 중 더 큰 값인 O(N)으로 표기할 수 있습니다.

전체 코드

4장/숫자_문자열과_영단어.java

```java
public class Solution {
    private static final String[] words = {
            "zero", "one", "two", "three", "four",
            "five", "six", "seven", "eight", "nine",
    };

    public int solution(String s) {
        for (int i = 0; i < words.length; i++) {
            s = s.replace(words[i], Integer.toString(i));
        }

        return Integer.parseInt(s);
    }
}
```

4.2.4 정규표현식

정규표현식은 문자열 패턴을 나타내는 표현 방식입니다. 정규표현식을 이용하면 복잡한 문자열도 쉽게 검색할 수 있습니다. 하지만 유용한 만큼 내용이 많고 제대로 다루기 쉽지 않습니다. 많은 경우 정규표현식을 대체할 수 있는 자바의 내장 라이브러리가 있고, 이를 이용하는 것이 편리합니다.

여기에서는 정규표현식이 어떻게 자바의 내장 라이브러리를 이용해서 구현하는 것보다 쉽게 문제를 처리하는지 알아봅니다. 정규표현식에 대해 너무 자세히 다루지는 않을 예정이니 정규표현식의 무궁무진한 가능성과 응용법을 알고 싶다면 높은 평점을 기록하고 있는 프로그래머스의 정규표현식 무료 강의(https://school.programmers.co.kr/learn/courses/11)를 참고하세요.

다음은 자주 사용되는 정규표현식입니다. 이 정도의 정규표현식만으로도 자바 내장 라이브러리로 여러 줄에 걸쳐 구현해야 하는 코드를 간단히 처리할 수 있습니다.

▼ **표 4-9** 자주 사용되는 정규표현식

정규표현식	내용	예시
.	개행 문자를 제외한 아무 문자	.nd → and, end, cnd, nnd, …
[abc]	a, b, c 중 아무것이나	[ae]nd → and, end
[^abc]	a, b, c를 제외하고	[^ae]nd → cnd, nnd, …
[a-g]	a, g 사이의 문자들 [0-9] → 모든 숫자 [a-z] → 모든 소문자 [A-Z] → 모든 대문자	[1-9][0-9] → 10, 25, 88, 99, … [A-Z][a-z] → An, By, Hi, …
a*	a 0개 이상	1[0-9]* → 1, 10, 164, 1810, …
a+	a 1개 이상	1[0-9]+ → 10, 164, 1810, …
a?	a 0개 또는 1개	1[0-9]? → 1, 11, 15, 19, …
a{5}	a 5개	[a-c]{3} → aaa, aab, aac, aba, abb, …, ccb, ccc
a{2,}	a 2개 이상	[a-c]{3,} → a, aa, ab, ac, aaa, …, ccc
a{2, 4}	a 2개 이상 4개 이하	[a-c]{2, 3} → aa, aab, aac, ab, aba, …, ccc
ab|cd	ab 또는 cd	일하나한 → 일, 하나, 한, …
^a	문자열의 처음 문자가 a	
a$	문자열의 마지막 문자가 a	
\	사전 정의된 문자를 표현하는 이스케이프 시퀀스	\. → . \+ → +

자바에서는 문자열 클래스 String에 몇 개의 정규표현식 관련 메서드를 가지고 있습니다. 이전에 살펴본 replace( ) 메서드의 정규표현식 버전인 replaceAll( ) 메서드도 그중 하나입니다. 자주 사용되는 몇 개의 정규표현식과 관련된 메서드를 살펴봅시다.

▼ 표 4-10 String 클래스의 정규표현식 관련 메서드

메서드	반환형	내용
replaceAll(String regex, String replacement)	String	전달받은 정규표현식에 매칭되는 패턴을 모두 replacement로 치환
matches(String regex)	boolean	문자열이 전달받은 정규표현식에 매칭되는지 여부를 반환
split(String regex)	String[]	전달받은 정규표현식에 매칭되는 패턴을 기준으로 원본 문자열을 잘라서 반환

예를 들어 문자열이 모두 소문자인지 검사하는 코드를 살펴봅시다. 소문자는 [a–z]를 사용하여 표현 가능하고, 이것이 몇 번 등장할지 모르므로 *로 정규표현식을 구성합니다.

```
boolean matches = s.matches("[a-z]*");
```

문제 ⑬ 문자열 다루기 기본 - Level 1

URL https://programmers.co.kr/learn/courses/30/lessons/12918

문자열 s의 길이가 4 혹은 6이고, 숫자로만 구성돼 있는지 확인해주는 함수, solution을 완성하세요. 예를 들어 s가 "a234"이면 False를 리턴하고 "1234"라면 True를 리턴하면 됩니다.

제한 사항

- s는 길이 1 이상, 길이 8 이하인 문자열입니다.
- s는 영문 알파벳 대소문자 또는 0부터 9까지 숫자로 이루어져 있습니다.

입출력 예

s	return
"a234"	false
"1234"	true

문제 풀이

우선 문자열이 숫자로만 구성되어야 하므로 [0-9]를 이용할 수 있습니다. 여기에 길이가 4 또는 6이라는 조건을 추가하면 [0-9]{4}|[0-9]{6}과 같은 정규표현식이 만들어집니다. 이를 이용하여 문자열을 검사하고 그 결괏값을 반환하면 됩니다.

전체 코드   4장/문자열_다루기.java

```java
public class Solution {
    public boolean solution(String s) {
        return s.matches("[0-9]{4}|[0-9]{6}");
    }
}
```

이 문제를 정규표현식을 사용하지 않고 다음과 같이 내장 라이브러리만 이용하여 구현할 수도 있습니다.

```java
public class Solution {
    public boolean solution(String s) {
        if (s.length() != 4 && s.length() != 6) return false;

        for (char c : s.toCharArray()) {
            if (!Character.isDigit(c)) return false;
        }

        return true;
    }
}
```

이처럼 정규표현식을 이용하면 여러 줄에 걸친 조건 검사를 매우 간단하게 처리할 수 있습니다.

신규 아이디 추천 - Level 1

URL https://programmers.co.kr/learn/courses/30/lessons/72410

카카오에 입사한 신입 개발자 네오는 '카카오계정개발팀'에 배치되어, 카카오 서비스에 가입하는 유저들의 아이디를 생성하는 업무를 담당하게 되었습니다. '네오'에게 주어진 첫 업무는 새로 가입하는 유저들이 카카오 아이디 규칙에 맞지 않는 아이디를 입력했을 때, 입력된 아이디와 유사하면서 규칙에 맞는 아이디를 추천해주는 프로그램을 개발하는 것입니다.

다음은 카카오 아이디의 규칙입니다.

- 아이디의 길이는 3자 이상 15자 이하여야 합니다.
- 아이디는 알파벳 소문자, 숫자, 빼기(-), 밑줄(_), 마침표(.) 문자만 사용할 수 있습니다.
- 단, 마침표(.)는 처음과 끝에 사용할 수 없으며 또한 연속으로 사용할 수 없습니다.

'네오'는 다음과 같이 7단계의 순차적인 처리 과정을 통해 신규 유저가 입력한 아이디가 카카오 아이디 규칙에 맞는 지 검사하고 규칙에 맞지 않은 경우 규칙에 맞는 새로운 아이디를 추천해 주려고 합니다.

신규 유저가 입력한 아이디가 new_id라고 한다면,

1단계 new_id의 모든 대문자를 대응되는 소문자로 치환합니다.

2단계 new_id에서 알파벳 소문자, 숫자, 빼기(-), 밑줄(_), 마침표(.)를 제외한 모든 문자를 제거합니다.

3단계 new_id에서 마침표(.)가 2번 이상 연속된 부분을 하나의 마침표(.)로 치환합니다.

4단계 new_id에서 마침표(.)가 처음이나 끝에 위치한다면 제거합니다.

5단계 new_id가 빈 문자열이라면, new_id에 "a"를 대입합니다.

6단계 new_id의 길이가 16자 이상이면, new_id의 첫 15개의 문자를 제외한 나머지 문자들을 모두 제거합니다. 만약 제거 후 마침표(.)가 new_id의 끝에 위치한다면 끝에 위치한 마침표(.) 문자를 제거합니다.

7단계 new_id의 길이가 2자 이하라면, new_id의 마지막 문자를 new_id의 길이가 3이 될 때까지 반복해서 끝에 붙입니다.

예를 들어 new_id 값이 "...!@BaT#*..y.abcdefghijklm"라면 위 7단계를 거치고 나면 new_id는 다음과 같이 변경됩니다.

1단계 대문자 'B'와 'T'가 소문자 'b'와 't'로 바뀌었습니다.

"...!@BaT#*..y.abcdefghijklm" → "...!@bat#*..y.abcdefghijklm"

2단계 '!', '@', '#', '*' 문자가 제거되었습니다.

"...!@bat#*..y.abcdefghijklm" → "...bat..y.abcdefghijklm"

3단계 '...'와 '..' 가 '.'로 바뀌었습니다.

"...bat..y.abcdefghijklm" → ".bat.y.abcdefghijklm"

4단계 아이디의 처음에 위치한 '.'가 제거되었습니다.

".bat.y.abcdefghijklm" → "bat.y.abcdefghijklm"

5단계 아이디가 빈 문자열이 아니므로 변화가 없습니다.

"bat.y.abcdefghijklm" → "bat.y.abcdefghijklm"

6단계 아이디의 길이가 16자 이상이므로, 처음 15자를 제외한 나머지 문자들이 제거되었습니다.

"bat.y.abcdefghijklm" → "bat.y.abcdefghi"

7단계 아이디의 길이가 2자 이하가 아니므로 변화가 없습니다.

"bat.y.abcdefghi" → "bat.y.abcdefghi"

따라서 신규 유저가 입력한 new_id가 "...!@BaT#*.y.abcdefghijklm"일 때 네오의 프로그램이 추천하는 새로운 아이디는 "bat.y.abcdefghi"입니다.

문제

신규 유저가 입력한 아이디를 나타내는 new_id가 매개변수로 주어질 때, '네오'가 설계한 7단계의 처리 과정을 거친 후의 추천 아이디를 return하도록 solution 함수를 완성해주세요.

제한 사항

- new_id는 길이 1 이상 1,000 이하인 문자열입니다.
- new_id는 알파벳 대문자, 알파벳 소문자, 숫자, 특수문자로 구성되어 있습니다.
- new_id에 나타날 수 있는 특수문자는 -_.~!@#$%^&*()=+[{]}:?,<>/로 한정됩니다.

입출력 예

no	new_id	result
예1	"...!@BaT#*.y.abcdefghijklm"	"bat.y.abcdefghi"
예2	"z-+.^"	"z--"
예3	"=.="	"aaa"
예4	"123_.def"	"123_.def"
예5	"abcdefghijklmn.p"	"abcdefghijklmn"

입출력 예 설명

입출력 예 #1

문제의 예시와 같습니다.

입출력 예 #2

7단계를 거치는 동안 new_id가 변화하는 과정은 다음과 같습니다.

1단계 변화 없습니다.

2단계 "z-+.^" → "z-.."

3단계 "z-.." → "z-."

4단계 "z-." → "z-"

5단계 변화 없습니다.

6단계 변화 없습니다.

7단계 "z-" → "z--"

입출력 예 #3

7단계를 거치는 동안 new_id가 변화하는 과정은 다음과 같습니다.

1단계 변화 없습니다.

2단계 "=.=" → ""

3단계 변화 없습니다.

4단계 "." → "" (new_id가 빈 문자열이 되었습니다.)

5단계 "" → "a"

6단계 변화 없습니다.

7단계 "a" → "aaa"

입출력 예 #4

1단계에서 7단계까지 거치는 동안 new_id("123_.def")는 변하지 않습니다. 즉, new_id가 처음부터 카카오의 아이디 규칙에 맞습니다.

입출력 예 #5

1단계 변화 없습니다.

2단계 변화 없습니다.

3단계 변화 없습니다.

4단계 변화 없습니다.

5단계 변화 없습니다.

6단계 "abcdefghijklmn.p" → "abcdefghijklmn." → "abcdefghijklmn"

7단계 변화 없습니다.

문제 풀이

문제에서 주어진 일곱 단계가 이 문제 풀이 흐름이 됩니다.

일곱 단계는 각각 자바의 내장 라이브러리나 정규표현식을 이용하여 쉽게 구현할 수 있습니다. 각 단계를 어떻게 구현할 수 있는지 살펴봅시다.

```java
public String solution(String newId) {
    // 1단계
    // 2단계
    // 3단계
    // 4단계
    // 5단계
    // 6단계
    // 7단계
    return newId;
}
```

1단계에서는 모든 대문자를 소문자로 치환해야 합니다. 이는 내장 메서드 toLowerCase()를 사용하여 쉽게 구현할 수 있습니다.

```java
newId = newId.toLowerCase();
```

2단계에서는 알파벳 소문자, 숫자, 빼기, 밑줄, 마침표를 제외한 문자들을 찾아서 제거해야 합니다. 특정 문자들을 제외한 문자를 찾아야 하므로 정규표현식의 [^a] 패턴을 사용합니다. 알파벳 소문자는 a~z, 숫자는 0~9, 빼기는 ₩-, 밑줄은 _, 마침표는 .으로 표현되기 때문에 다음과 같이 작성할 수 있습니다.

```java
newId = newId.replaceAll("[^a-z0-9\\-_.]", "");
```

> **잠깐만요**
>
> 왜 백스페이스를 두 번 넣어 줄까요? 백스페이스는 자바에서도 escape sequence 역할을 합니다. 정규표현식에 제대로 된 백스페이스를 넣어 주려면 자바에서도 백스페이스를 사용하여 백스페이스 문자를 문자열에 포함해주어야 합니다.

> **잠깐만요**
>
> 마침표는 정규표현식의 패턴인데 왜 백스페이스를 붙이지 않을까요? [] 패턴으로 감쌌기 때문입니다. [] 패턴은 내부의 문자 중 하나라는 의미이므로 .도 하나의 문자로 취급합니다. 반면 기존에는 일반 문자였던 빼기 기호 -가 특수 문자로 취급되기 때문에 여기에 백스페이스를 붙여 주어야 합니다.

3단계에서는 연속된 마침표를 하나의 마침표로 치환해야 합니다. 1회 이상 등장하는 패턴은 +로 표현할 수 있으므로 다음과 같이 작성할 수 있습니다.

```
newId = newId.replaceAll("\\.+", ".");
```

4단계에서는 처음이나 끝에 등장하는 마침표를 제거합니다. 처음에 등장한다는 조건과 끝에 등장한다는 조건이 "또는"으로 연결되어 있으므로 | 패턴을 사용할 수 있습니다.

```
newId = newId.replaceAll("^\\.+|\\.+$", "");
```

5단계에서는 빈 문자열일 경우 "a"를 대입합니다. 이는 간단하게 다음과 같이 작성됩니다.

```
if (newId.isEmpty()) newId = "a";
```

6단계에서는 길이가 16자 이상이면 앞 15개의 문자만 남기고, 문자열이 .으로 끝난다면 이를 제거해야 합니다. 앞 15개의 문자를 남기는 것은 String 클래스의 substring() 메서드로 구현 가능하고, 문자열의 마지막 .을 제거하는 것은 + 패턴과 $ 패턴으로 찾아낼 수 있습니다.

```
if (newId.length() >= 16) {
    newId = newId.substring(0, 15);
    newId = newId.replaceAll("\\.+$", "");
}
```

마지막 7단계에서는 문자열 길이가 3 이상이 될 때까지 마지막 문자를 이어 붙여 줍니다.

```
while (newId.length() < 3) {
    newId += newId.charAt(newId.length() - 1);
}
```

잠깐만요

반복문 안에서 문자열을 구성하는데, StringBuilder를 사용해야 하지 않을까요? StringBuilder를 사용하는 목적은 반복문 안에서 쓸데없이 문자열 객체를 많이 만들어 성능을 낮출 우려가 있어서입니다. 이때는 문자열 길이가 3보다 작을 때만 실행되고, 그마저도 1~2회밖에 실행되지 않기 때문에 굳이 StringBuilder를 사용하지 않았습니다.

이제 일곱 단계를 모두 구현했습니다. 모든 단계를 통과하며 구성된 문자열을 반환합니다.

```
    return newId;
```

이렇게 자바의 내장 라이브러리와 정규표현식을 이용하여 복잡한 문자열 문제를 간단히 해결할
수 있습니다.

전체 코드   4장/신규_아이디_추천.java

```java
public class Solution {
    public String solution(String newId) {
        newId = newId.toLowerCase();
        newId = newId.replaceAll("[^a-z0-9\\-_.]", "");
        newId = newId.replaceAll("\\.+", ".");
        newId = newId.replaceAll("^\\.+|\\.+$", "");
        if (newId.isEmpty()) newId = "a";
        if (newId.length() >= 16) {
            newId = newId.substring(0, 15);
            newId = newId.replaceAll("\\.+$", "");
        }
        while (newId.length() < 3) {
            newId += newId.charAt(newId.length() - 1);
        }

        return newId;
    }
}
```

이 장에서는 문자열을 알아보았습니다. 문자열은 그 자체로도 코딩 테스트의 문제 유형에 자주
등장합니다. 하지만 다른 알고리즘을 사용하는 문제에서도 자주 응용되는 자료 구조이므로 자
바의 내장 라이브러리를 다루는 방법에 익숙해집시다.

재귀

SECTION 1   재귀란?

SECTION 2   재귀 정의하기

SECTION 3   코드 작성하기

이 장에서는 재귀 호출을 알아봅니다. 재귀 호출을 이용하면 반복문으로 구현하기 힘든 반복 작업이나 개념적으로 복잡한 구현을 쉽게 할 수 있습니다. 재귀는 이후에 살펴볼 완전 탐색, 이진 탐색, 동적 프로그래밍 등 굉장히 다양한 알고리즘에서 사용되는 기본적인 개념입니다. 이에 따라 코딩 테스트에서도 최소 한 문제 이상은 꾸준히 출제되는 매우 중요한 개념이기도 합니다.

5.1 SECTION / 재귀란?

재귀는 메서드 호출을 이용한 방법으로, 하나의 메서드 내에서 자기 자신을 호출하도록 하여 반복적인 개념을 구현하는 것입니다. 이렇게 재귀 호출은 메서드가 자기 자신을 재귀적으로 호출하는 것인데, 하나의 재귀 호출은 하나의 부분 문제를 해결합니다.

부분 문제를 푸는 재귀 호출에서 또 다른 부분 문제를 푸는 재귀 호출을 수행하며, 이렇게 호출된 부분 문제들에 대한 답이 모여 상위 호출의 답을 구성합니다. 모두 같은 메서드를 사용하기 때문에 부분 문제가 풀어야 하는 입력부만 다를 뿐 실제 문제를 푸는 로직은 동일합니다.

5.1.1 for 문에서 벗어나기

이렇게 같은 로직을 이용한 반복 작업이라면 대부분은 반복문을 이용하여 해결할 수 있습니다. 하지만 반복문으로는 해결되지 않을 때도 있습니다. 예를 들어 배열 arr에서 2개의 원소를 조합해야 한다고 합시다. 다음 코드처럼 이중 반복문을 이용하여 쉽게 구현할 수 있습니다.

```
for (int i = 0; i < arr.length; i++) {
    for (int j = i + 1; j < arr.length; j++) {
        // arr[i]와 arr[j] 조합
    }
}
```

그런데 3개의 원소를 조합해야 한다면 어떻게 될까요? 중첩 반복문이 3중으로 늘어나게 됩니다.

```
for (int i = 0; i < arr.length; i++) {
    for (int j = i + 1; j < arr.length; j++) {
        for (int k = j + 1; k < arr.length; k++) {
            // arr[i], arr[j], arr[k] 조합
        }
    }
}
```

문제가 보이기 시작합니다. 4개의 원소를 조합해야 한다면 4중, 5개의 원소를 조합해야 한다면 5중 반복문이 필요하며, 심지어 조합해야 하는 원소가 문제에서 주어지는 변수일 때는 반복문을 작성할 수 없기 때문에 다른 방식으로 구현해야 합니다.

5.1.2 재귀의 최대 범위와 한계점 기억하기

재귀 호출은 반복 작업을 구현하는 것이기 때문에 재귀의 호출 횟수가 시간 복잡도에 직접적으로 영향을 끼칩니다. 따라서 재귀 호출을 구현할 때는 재귀 호출이 얼마나 수행되는지와 한 번 호출했을 때 어떤 작업을 하는지 잘 따져 보아야 합니다.

재귀 호출의 깊이, 즉 재귀 호출이 얼마나 연쇄적으로 일어나는지는 시간 복잡도 외에도 굉장히 주의 깊게 살펴보아야 할 부분입니다. 재귀 호출을 하면 호출된 메서드에서 사용할 변수들은 메모리에 추가 할당됩니다. 이렇게 메모리가 할당된 변수들은 해당 재귀 호출이 종료되어 더 이상 참조하지 않게 되었을 때 자동으로 메모리에서 할당이 해제됩니다.

재귀 호출이 중간에 종료되지 않고 너무 깊게 들어가 버리면 변수들이 메모리를 모두 할당해서 StackOverflowError 예외가 발생합니다. 이런 예외를 발생시키지 않으려면 **재귀 호출의 깊이**를 안전하게는 **10,000 이하**, 아무리 많아도 20,000 이하로 유지시켜야 합니다.

재귀 정의하기

앞서 반복문을 이용하여 배열에서 여러 개의 원소를 조합하는 것의 한계를 살펴보았습니다. 이제 이를 이용하여 재귀 호출을 어떻게 구현할 수 있을지 알아봅시다. 설명을 위해 임의로 만든 예시 문제를 살펴봅시다.

> 문제: 0 이상의 두 정수 n, m이 주어졌을 때 n^m을 구하여라.

이 문제는 반복문으로도 쉽게 구현할 수 있는 문제지만 재귀로 접근해봅시다.

5.2.1 상태 정의하기

재귀는 **부분 문제**를 해결해 나가는 풀이 방법입니다. 부분 문제는 각각 하나의 명확한 문제를 나타내어 하나의 답을 낼 수 있어야 합니다. 답을 내는 데 입력되는 변수들이 필요하고, 이렇게 답을 결정하는 변수들을 **상태**라고 합니다. 그리고 부분 문제는 하나의 상태에 대한 답을 찾는 문제가 됩니다. 앞으로 소괄호를 사용하여 상태를 표기하겠습니다. 예를 들어 두 변수 x, y를 사용하여 정의되는 상태는 (x, y)로 표기합니다.

예시에서 제시된 문제는 두 정수 n, m에 대해 nm을 구하는 것입니다. 여기에서는 2개의 변수가 있으므로 상태는 (n, m)으로 정의할 수 있습니다.

> ┤ 잠깐만요 ├
>
> 예시 문제에서 상태는 제시된 문제로 정의했습니다. 재귀 문제 대부분은 가장 큰 부분 문제가 제시된 문제 자체인 경우가 많기 때문에 이렇게 제시된 문제로 상태를 정의할 수 있습니다.
>
> 하지만 간혹 이 방식으로 상태를 정의해도 문제를 풀기 어려운 경우가 있습니다. 이때는 부분 문제가 제시된 문제를 그대로 나타내는 것이 아니라 부분 문제의 답을 이용하여 제시된 문제의 답을 유도할 수 있도록 상태를 정의해야 합니다.

5.2.2 종료 조건

재귀는 하나의 문제를 부분 문제들로 나누거나 부분 문제의 답을 이용하여 원본 문제의 답을 찾아야 풀 수 있습니다. 그리고 이렇게 부분 문제들을 생성해 나가다 보면 언젠가는 종료해야 합니다. 부분 문제는 상태에 대한 답을 찾는 것이므로 부분 문제가 나타내는 상태는 재귀가 진행될수록 점점 작아져, 결국 이어지는 부분 문제 없이 즉시 답이 나와야 합니다.

이렇게 즉시 답이 나오는 상태를 검사하여 답을 반환할 수 있도록 하는 것을 **종료 조건**이라고 하고, 종료 조건에 도달할 수 있도록 부분 문제로 상태가 변해 가는 것을 **상태가 작아진다**고 합니다.

예시 문제에서는 가장 작은 상태는 계산할 필요 없이 상태만으로 답이 즉시 정해지는 다음 세 가지 상황입니다.

1. n의 0제곱을 구할 때 (m=0) 답은 1

2. 0의 m제곱을 구할 때 (n=0) 답은 1

3. 1의 m제곱을 구할 때 (n=1) 답은 1

이 세 가지 상황은 계산할 필요 없이 즉시 1이라는 답을 낼 수 있습니다. 이 조건들은 다음과 같이 표기합니다.

- $(n, 0) = 1$
- $(0, m) = 1$
- $(1, m) = 1$

$(n, 0) = 1$의 상태를 예시로 조금 더 자세히 살펴보면 n 변수는 상태에 그대로 남아 있고, m의 자리에는 0이 들어 있습니다. 이는 n 값에 어떤 값이 오든 상관없고, m 값은 0이라는 의미입니다. 즉, n에 어떤 값이 들어오든 m 값이 0이라면 해당 부분 문제의 답은 1이 됩니다.

5.2.3 점화식

상태와 종료 조건을 정의한 후에는 가장 큰 상태가 어떤 과정을 거쳐 가장 작은 상태인 종료 조건에 도달하는지 정의해야 합니다. 부분 문제는 같은 규칙으로 더 작은 부분 문제로 진행되어야 합니다. 따라서 상태 또한 하나의 규칙으로 더 작은 상태로 전이되어야 합니다. 이렇게 **상태를 전이시키는 규칙을 점화식**이라고 합니다.

예시 문제에서는 $n^m = n \times n^{m-1}$의 식을 세울 수 있습니다. 이를 상태로 변환하면 다음과 같이 점화식을 표기할 수 있습니다.

$$(n, m) = n \times (n, m - 1)$$

이 식을 살펴보면, 상태가 전이될수록 m 값은 점점 줄어들며 결국에는 0에 도달할 것입니다. m 값이 0에 도달하면 앞서 세운 종료 조건에 따라 재귀가 종료됩니다.

코드 작성하기

앞서 재귀 문제의 상태, 종료 조건, 점화식을 세우는 방법을 살펴보았습니다. 이번에는 이를 이용하여 코드를 작성하는 방법과 다른 재귀 문제들을 살펴보겠습니다.

5.3.1 코드 변환하기

예시 문제에서는 다음과 같이 재귀가 정의되었습니다.

▼ 표 5-1 예시 문제의 재귀 정의

상태	$(n, m): n^m$
종료 조건	$(n, 0) = 1$
	$(0, m) = 1$
	$(1, m) = 1$
점화식	$(n, m) = n * (n, m - 1)$

이를 이용하여 재귀 호출을 구현해봅시다.

부분 문제 나타내기

재귀 호출 구현에서 하나의 부분 문제는 하나의 메서드가 담당합니다. 예시 문제에서는 상태 (n, m)을 나타내는 부분 문제를 풀어야 합니다. 이를 위한 power( ) 메서드는 다음과 같이 작성할 수 있습니다.

```
private int power(int n, int m) {
    // 종료 조건, 점화식 구현하기
}
```

이 코드에서 알 수 있듯이, 상태 변수는 메서드의 입력부에 들어갑니다. 상태 정보를 입력받은 재귀 메서드는 해당 상태에 대한 부분 문제를 풀기 시작합니다. 예를 들어 2^5을 나타내는 상태인 (2, 5)의 부분 문제를 푸는 메서드는 power(2, 5)가 됩니다.

종료 조건 작성하기

종료 조건은 조건을 만족할 경우 그 즉시 답을 낼 수 있습니다. 예시 문제의 종료 조건을 다음과 같이 구현합니다.

```
private int power(int n, int m) {
    if (m == 0) return 1;
    if (n == 1) return 1;
    if (n == 0) return 1;

    // 점화식 구현하기
}
```

점화식 구현하기

점화식은 하나의 부분 문제를 더 작은 상태를 나타내는 부분 문제를 이용하여 푸는 규칙입니다. 부분 문제를 푸는 메서드는 power()이므로, 이 메서드에 더 작은 상태를 넣어 주면 해당 상태를 풀 수 있습니다. 이를 이용하여 점화식은 다음과 같이 구현할 수 있습니다.

```
private int power(int n, int m) {
    if (m == 0) return 1;
    if (n == 1) return 1;
    if (n == 0) return 1;

    return n * power(n, m - 1);
}
```

이렇듯 재귀를 잘 정의해 놓으면 코드로 작성하는 것은 매우 간단합니다.

전체 코드   5장/Example.java

```java
public class Example {
    private int power(int n, int m) {
        if (m == 0) return 1;
        if (n == 1) return 1;
        if (n == 0) return 1;

        return n * power(n, m - 1);
    }
}
```

5.3.2 다양한 문제 풀이

 문제 15

쿼드압축 후 개수 세기 - Level 2

URL https://school.programmers.co.kr/learn/courses/30/lessons/68936

0과 1로 구성된 2n×2n 크기의 2차원 정수 배열 arr이 있습니다. 당신은 이 arr을 쿼드 트리와 같은 방식으로 압축하고자 합니다. 구체적인 방식은 다음과 같습니다.

1. 당신이 압축하고자 하는 특정 영역을 S라고 정의합니다.
2. 만약 S 내부에 있는 모든 수가 같은 값이라면, S를 해당 수 하나로 압축시킵니다.
3. 그렇지 않다면 S를 정확히 네 개의 균일한 정사각형 영역(입출력 예 참고)으로 쪼갠 후 각 정사각형 영역에 대해 같은 방식의 압축을 시도합니다.

arr이 매개변수로 주어집니다. 이런 방식으로 arr을 압축했을 때, 배열에 최종적으로 남는 0의 개수와 1의 개수를 배열에 담아 return하도록 solution 함수를 완성해주세요.

제한 사항

- arr의 행 개수는 1 이상 1024 이하이며, 2의 거듭 제곱수 형태를 띕니다. 즉, arr의 행 개수는 1, 2, 4, 8, ..., 1024 중 하나입니다.
  - arr의 각 행 길이는 arr의 행 개수와 같습니다. 즉, arr은 정사각형 배열입니다.
  - arr의 각 행에 있는 모든 값은 0 또는 1입니다.

입출력 예

arr	result
[[1,1,0,0],[1,0,0,0],[1,0,0,1],[1,1,1,1]]	[4,9]
[[1,1,1,1,1,1,1,1],[0,1,1,1,1,1,1,1],[0,0,0,0,1,1,1,1],[0,1,0,0,1,1,1,1],[0,0,0,0,0,0,1,1],[0,0,0,0,0,0,0,1],[0,0,0,0,1,0,0,1],[0,0,0,0,1,1,1,1]]	[10,15]

입출력 예 설명

입출력 예 #1

- 다음 그림은 주어진 arr을 압축하는 과정을 나타낸 것입니다.

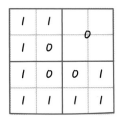 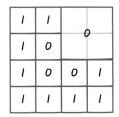

- 최종 압축 결과에 0이 네 개, 1이 아홉 개 있으므로 [4,9]를 return해야 합니다.

입출력 예 #2

- 다음 그림은 주어진 arr을 압축하는 과정을 나타낸 것입니다.

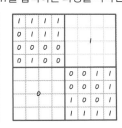 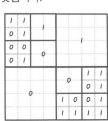 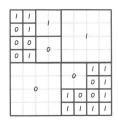

- 최종 압축 결과에 0이 10개, 1이 15개 있으므로 [10,15]를 return해야 합니다.

문제 풀이

정사각형 모양의 그리드 안에 0 혹은 1로 된 작은 정사각형들을 구해야 합니다. 특정 정사각형 범위 안의 원소들이 모두 0 혹은 1로만 되어 있다면 해당 범위는 하나의 숫자로 압축됩니다. 또는 0과 1을 모두 포함한다면 범위는 4등분이 되어 작은 정사각형 범위들로 나누어집니다. 이때 작은 정사각형들에는 큰 정사각형 범위를 처리하는 방식과 같은 방식을 다시 적용합니다.

재귀 정의

이처럼 큰 문제를 해결하려면 작은 문제를 풀어야 하고, 문제 크기와는 관계없이 같은 로직으로 해당 문제를 해결할 수 있습니다. 각 부분 문제를 자세히 살펴보면서 다음 단계를 따라 재귀를 정의해봅시다.

1. 상태
2. 종료 조건
3. 점화식

상태

'쿼드압축 후 개수 세기' 문제에서는 정사각형 범위가 계속해서 분할되어 가므로 하나의 상태는 정사각형 범위를 나타냅니다. 2차원 배열에서 정사각형 범위는 정사각형이 시작하는 좌표와 한 변의 크기를 사용해서 나타낼 수 있습니다. 즉, 상태는 (offsetX, offsetY, size)처럼 나타낼 수 있습니다.

이 상태는 2차원 배열의 (offsetX, offsetY) 좌표에서 시작하여 가로 길이와 세로 길이가 size인 정사각형 범위를 나타냅니다.

▼ **그림 5-1** 상태 (offsetX, offsetY, size)가 나타내는 정사각형 범위

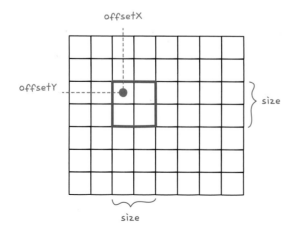

이 상태가 나타내는 부분 문제는 해당 상태가 나타내는 정사각형 범위를 압축했을 때 남아 있는 0의 개수와 1의 개수를 구하는 것입니다. 즉, 상태는 다음과 같이 정의됩니다.

(offsetX, offsetY, size) = 좌표 (offsetX, offsetY)에서 시작하여 가로 길이와 세로 길이가 size인 정사각형을 압축했을 때 남아 있는 0과 1의 개수

종료 조건

상태가 나타내는 범위의 크기와 관계없이 범위 안 원소들이 모두 0이거나 1이면 정사각형은 더 이상 나누어지지 않고 하나의 숫자로 압축됩니다. 따라서 원소 구성에 따라 재귀가 종료되어야 합니다.

0의 개수가 zero, 1의 개수가 one일 때 결과 표기를 {0: zero, 1: one}이라고 한다면 종료 조건은 다음과 같이 정의할 수 있습니다.

$$(offsetX, offsetY, size) = \begin{cases} \{0:1, 1:0\} \rightarrow \text{모든 원소가 0일 때} \\ \{0:0, 1:1\} \rightarrow \text{모든 원소가 1일 때} \end{cases}$$

점화식

점화식은 부분 문제를 해결하는 로직으로, 큰 문제를 작은 문제로 나타내야 합니다. 이 문제에서는 큰 정사각형이 4개의 작은 정사각형으로 나뉘어지고, 작은 정사각형을 압축한 결과를 모두 더한 것이 큰 정사각형의 결과가 됩니다. 예를 들어 다음 그림과 같이 4×4 크기의 정사각형이 구성되어 있습니다.

▼ **그림 5-2** 4×4 크기의 정사각형

0	0	0	1
0	0	0	1
1	0	1	1
0	1	1	1

이 정사각형은 2×2 크기의 정사각형들로 나뉘어 압축됩니다. 작은 정사각형들이 압축된 상태는 다음 그림과 같습니다.

▼ **그림 5-3** 2×2 크기의 정사각형들이 압축된 과정

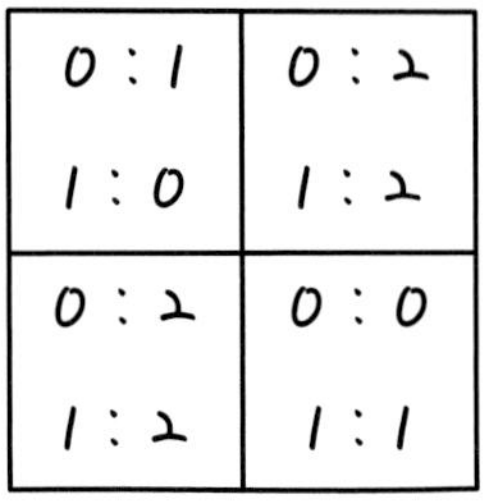

$$
\begin{array}{c|c}
0:1 & 0:2 \\
1:0 & 1:2 \\
\hline
0:2 & 0:0 \\
1:2 & 1:1
\end{array}
$$

2×2 정사각형이 압축되는 과정은 4×4 정사각형이 압축되는 과정과 같은 로직을 사용하므로 다시 1×1 정사각형으로 나뉘는 과정을 진행하지 않고 직접 0과 1의 개수를 세어 주면 됩니다.

이렇게 작은 부분 문제인 2×2 정사각형들의 압축 결과를 구했습니다. 4×4 정사각형을 압축했을 때 0과 1의 개수는 2×2 정사각형들의 압축 결과를 모두 합친 결과입니다. 모든 결과를 합쳐 보면 0이 5개, 1이 5개가 되므로 4×4 정사각형은 다음 그림과 같이 압축됩니다.

▼ **그림 5-4** 압축된 4×4 정사각형

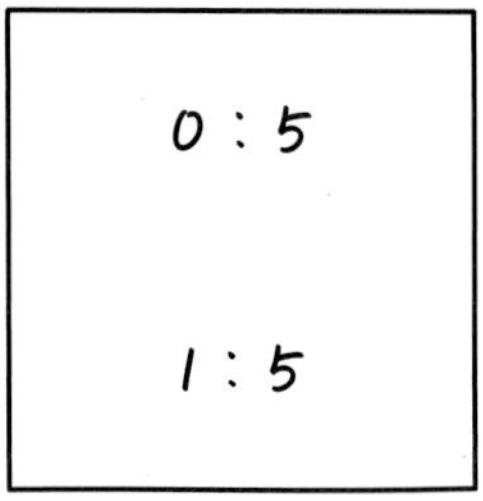

$$
\begin{array}{c}
0:5 \\
\\
1:5
\end{array}
$$

이처럼 하나의 정사각형을 압축하려면 4개의 작은 정사각형으로 나누고, 각 정사각형을 압축한 결과를 모두 더하면 됩니다. 상태 (offsetX, offsetY, size)를 해결하는 점화식을 세워 봅시다.

현재 상태가 나타내는 정사각형 한 변의 길이가 size이므로 작은 부분 문제에서 해결해야 하는 정사각형 한 변의 길이는 size/2입니다. 나누어진 정사각형의 시작 위치 또한 x, y 좌표를 size/2 만큼씩 이동하면 다음 그림과 같이 구할 수 있습니다.

▼ **그림 5-5** 작은 정사각형들의 시작 좌표

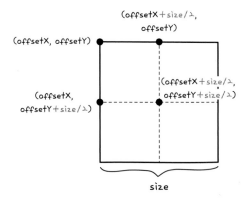

이를 이용하면 점화식은 다음과 같이 정의할 수 있습니다.

$$
\begin{aligned}
(\text{offsetX, offsetY, size}) = {} & (\text{offsetX, offsetY, size}/2) \\
& + (\text{offsetX} + \text{size}/2, \text{ offsetY, size}/2) \\
& + (\text{offsetX, offsetY} + \text{size}/2, \text{ size}/2) \\
& + (\text{offsetX} + \text{size}/2, \text{ offsetY} + \text{size}/2, \text{ size}/2)
\end{aligned}
$$

앞서 정의한 상태, 종료 조건, 점화식을 모두 종합하면 다음과 같이 재귀를 정의할 수 있습니다.

▼ **표 5-2** 쿼드압축 후 개수 세기 문제의 재귀 정의

상태	(offsetX, offsetY, size)	좌표 (offsetX, offsetY)에서 시작하여 가로 길이와 세로 길이가 size인 정사각형을 압축했을 때 남아 있는 0과 1의 개수
종료 조건	$(offsetX, offsetY, size) = \begin{cases} \{0:1, 1:0\} & \rightarrow \text{모든 원소가 0일 때} \\ \{0:0, 1:1\} & \rightarrow \text{모든 원소가 1일 때} \end{cases}$	
점화식	(offsetX, offsetY, size) = (offsetX, offsetY, size/2) + (offsetX + size/2, offsetY, size/2) + (offsetX, offsetY + size/2, size/2) + (offsetX + size/2, offsetY + size/2, size/2)	

코드 작성

앞서 정의한 재귀를 토대로 코드를 작성해봅시다. 가장 먼저 재귀로 풀어야 하는 부분 문제를 나타내는 상태를 살펴봅시다. 상태를 어떻게 정의했는지에 따라 재귀 메서드의 반환형을 정할 수 있습니다. 하나의 재귀에서는 해당 상태가 나타내는 정사각형을 압축했을 때 남아 있는 0과

1의 개수를 구해야 합니다. 이를 위해 다음과 같이 0과 1의 개수를 한 번에 담을 수 있는 Count 클래스를 작성합니다.

```java
private static class Count {
    public final int zero;
    public final int one;

    public Count(int zero, int one) {
        this.zero = zero;
        this.one = one;
    }
}
```

이제 하나의 상태가 나타내는 부분 문제를 해결할 수 있는 재귀 메서드를 작성해봅시다. 상태 변수는 offsetX, offsetY, size이므로 이 3개의 변수를 매개변수로 받습니다. 여기에 추가로 2차원 배열 정보 arr까지 전달받아 부분 문제를 해결하는 재귀 메서드 count()를 다음과 같이 선언합니다.

```java
private Count count(int offsetX, int offsetY, int size, int[][] arr) {

}
```

가장 먼저 종료 조건을 구현해봅시다. 재귀 정의에 따르면 종료 조건은 정사각형 영역 안의 모든 원소가 같은 값을 가질 때입니다. 이를 위해 다음과 같이 모든 원소를 순회하며 검사를 진행합니다.

```java
for (int x = offsetX; x < offsetX + size; x++) {
    for (int y = offsetY; y < offsetY + size; y++) {
        if (arr[y][x] != arr[offsetY][offsetX]) {
            return /* 원소가 섞여 있는 경우 반환값 */;
        }
    }
}

// 모든 원소가 같은 값인 경우
```

이중 반복문에서는 모든 원소가 같은 값을 갖는지 검사합니다. 다른 값을 가진 원소가 있다면 종료 조건에 해당하지 않고 점화식에 따라 반환값을 구해야 합니다. 이중 반복문이 종료된다면 모든 원소가 같은 값을 갖는 경우입니다. 이 경우 다음과 같이 해당 원소가 1인지 0인지에 따라 알맞은 개수를 갖는 Count 객체를 반환합니다.

```
if (arr[offsetY][offsetX] == 1) {
    return new Count(0, 1);
}
return new Count(1, 0);
```

원소가 섞여 있다면 재귀 메서드를 사용하여 점화식에 따라 부분 문제를 해결해야 합니다. 점화식에서는 4개의 작은 정사각형 결과 합을 구해야 하므로, 이를 간단하게 구현하고자 Count 클래스에 두 Count 객체를 합하는 add() 메서드를 정의하겠습니다.

```
private static class Count {
    public final int zero;
    public final int one;

    public Count(int zero, int one) {
        this.zero = zero;
        this.one = one;
    }

    public Count add(Count other) {
        return new Count(zero + other.zero, one + other.one);
    }
}
```

이제 add() 메서드와 점화식을 이용하여 다음과 같이 재귀 호출을 한 후 모든 결과를 합해서 반환합니다. add() 메서드에서 새로운 Count 객체를 반환하도록 구현했기 때문에 재귀 호출로 얻게 된 Count 객체들을 간편하게 합칠 수 있습니다.

```
int h = size / 2;
for (int x = offsetX; x < offsetX + size; x++) {
    for (int y = offsetY; y < offsetY + size; y++) {
        if (arr[y][x] != arr[offsetY][offsetX]) {
            return count(offsetX, offsetY, h, arr)
                    .add(count(offsetX + h, offsetY, h, arr))
```

```
            .add(count(offsetX, offsetY + h, h, arr))
            .add(count(offsetX + h, offsetY + h, h, arr));
        }
    }
}
```

이렇게 재귀 메서드를 구현한 후에는 solution( ) 메서드에서 다음과 같이 정사각형 전체 범위
로 count( ) 메서드를 호출해서 전체 범위를 압축한 결과를 얻을 수 있습니다.

```
public int[] solution(int[][] arr) {
    Count count = count(0, 0, arr.length, arr);
    return new int[] {count.zero, count.one};
}
```

재귀를 잘 정의해서 좋으면 코드로 옮기는 작업은 간단하고 문제도 쉽게 해결해줍니다. 하지만
재귀를 충분히 익히지 않은 채로 코드부터 작성하기 시작한다면 코드 작성과 재귀 호출이 헷갈
려 중간에 꼬일 가능성이 높습니다. 따라서 문제를 잘 파악하고 재귀를 올바르게 정의하는 연습
을 해야 합니다.

전체 코드

```
public class Solution {
    private static class Count {
        public final int zero;
        public final int one;

        public Count(int zero, int one) {
            this.zero = zero;
            this.one = one;
        }

        public Count add(Count other) {
            return new Count(zero + other.zero, one + other.one);
        }
    }

    private Count count(int offsetX, int offsetY, int size, int[][] arr) {
        int h = size / 2;
        for (int x = offsetX; x < offsetX + size; x++) {
            for (int y = offsetY; y < offsetY + size; y++) {
```

```java
                    if (arr[y][x] != arr[offsetY][offsetX]) {
                        return count(offsetX, offsetY, h, arr)
                                .add(count(offsetX + h, offsetY, h, arr))
                                .add(count(offsetX, offsetY + h, h, arr))
                                .add(count(offsetX + h, offsetY + h, h, arr));
                    }
                }
            }

        if (arr[offsetY][offsetX] == 1) {
            return new Count(0, 1);
        }
        return new Count(1, 0);
    }

    public int[] solution(int[][] arr) {
        Count count = count(0, 0, arr.length, arr);
        return new int[] {count.zero, count.one};
    }
}
```

하노이의 탑 - Level 3

URL https://school.programmers.co.kr/learn/courses/30/lessons/12946

하노이 탑(Tower of Hanoi)은 퍼즐의 일종입니다. 세 개의 기둥과 이 기둥에 꽂을 수 있는 크기가 다양한 원판들이 있고, 퍼즐을 시작하기 전에는 한 기둥에 원판들이 작은 것이 위에 있도록 순서대로 쌓여 있습니다. 게임의 목적은 다음 두 가지 조건을 만족시키면서, 한 기둥에 꽂힌 원판들을 그 순서 그대로 다른 기둥으로 옮겨서 다시 쌓는 것입니다.

- 한 번에 하나의 원판만 옮길 수 있습니다.
- 큰 원판이 작은 원판 위에 있어서는 안 됩니다.

하노이 탑의 세 개의 기둥을 왼쪽부터 1번, 2번, 3번이라고 하겠습니다. 1번에는 n개의 원판이 있고 이 n개의 원판을 3번 원판으로 최소 횟수로 옮기려고 합니다.

1번 기둥에 있는 원판의 개수 n이 매개변수로 주어질 때, n개의 원판을 3번 원판으로 최소로 옮기는 방법을 return하는 solution를 완성해주세요.

제한 사항

- n은 15이하의 자연수입니다.

입출력 예

n	result
2	[[1,2], [1,3], [2,3]]

입출력 예 설명

입출력 예 #1

다음과 같이 옮길 수 있습니다.

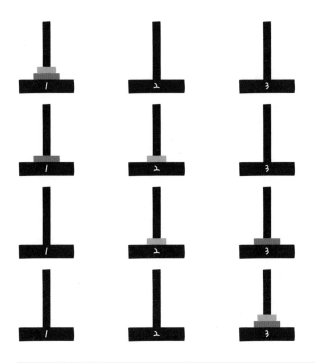

문제 풀이

하노이의 탑은 재귀 호출로 해결할 수 있는 대표적인 문제입니다. 이 문제를 반복문이나 다른 방식으로 해결하려고 한다면 굉장히 어렵게 느껴집니다. 하지만 재귀를 이용한다면 아주 직관적이고 간단하게 해결할 수 있습니다.

재귀는 부분 문제들을 동일한 로직을 이용하여 처리하기 때문에 단순하고 반복적인 작업에 적용할 수 있습니다. 하노이의 탑 문제도 원판 하나를 하나의 기둥에서 다른 기둥으로 옮기는 것을 반복하는 단순한 문제이기 때문에 재귀를 적용할 수 있습니다. 재귀를 이용하여 이 문제를 어떻게 해결할 수 있을지 살펴봅시다.

재귀 정의

앞서 살펴본 대로 다음 단계를 따라 재귀를 정의해보겠습니다.

1. 상태
2. 종료 조건
3. 점화식

상태

하노이의 탑에서 제시된 문제는 **원판 n개를 기둥 1에서 기둥 3으로 옮기는 과정**입니다. 여기에서 문제를 정의하는 총 3개의 변수를 잡을 수 있습니다.

1. 옮기려는 원판의 개수 n

2. 원판이 현재 위치한 기둥 from

3. 원판이 이동해야 하는 기둥 to

이렇게 3개의 변수가 상태를 구성합니다. 따라서 하노이의 탑 문제에서 상태는 **(n, from, to)**로 잡을 수 있습니다. 이렇게 할 경우 제시된 문제인 원판 n개를 기둥 1에서 기둥 3으로 옮기는 과정은 (n, 1, 3)으로 나타낼 수 있습니다. 따라서 하노이의 탑 문제의 재귀 상태는 다음과 같이 정의됩니다.

$$(n, from, to) = 원판 n개를 기둥 from에서 기둥 to로 옮기는 과정$$

종료 조건

하노이의 탑 문제에서 가장 작은 부분 문제는 원판을 고민 없이 바로 옮길 수 있는 '원판을 1개만 옮길 때'가 됩니다. 이 경우 추가적인 부분 문제없이 바로 원판을 원하는 기둥으로 옮길 수 있습니다. 이는 다음과 같이 표현할 수 있습니다.

$$(1, from, to) = [[from, to]]$$

이 조건을 살펴보면 원판 개수인 n에 1이 고정되어 있고, 기둥인 from과 to는 변수 상태 그대로입니다. 따라서 원판 개수가 1이며, 기둥 위치는 상관없는 조건이 됩니다. 따라서 "원판 1개를 from에서 to로 옮기는 부분 문제"는 바로 'from에서 to로 원판을 옮기면 된다'는 의미가 됩니다.

점화식

이제 상태를 가장 작은 상태로 전이시켜 줄 점화식을 세워야 합니다. 점화식을 간단히 찾을 수 있으면 좋겠지만 찾기 힘든 문제가 많습니다. 이때는 제시된 문제를 해결할 수 있는 가장 큰 상태와 종료 조건에서 찾은 가장 작은 상태를 이용하여 유추해볼 수 있습니다.

제시된 문제를 나타내는 상태는 (n, from, to)이며 종료 조건에서 찾은 가장 작은 상태는 (1, from, to)입니다. n 변수가 1로 수렴하려면 n 값이 점점 줄어들어야 함을 알 수 있습니다. 따라서 상태 변수 n이 n-1로 전이되어야 한다고 가정해보고 이를 이용하여 부분 문제를 해결할 수 있는 점화식을 세울 수 있을지 살펴봅시다. 즉, (n, from, to)를 나타내는 부분 문제를 (n - 1, from, to)를 이용하여 풀 수 있는지 확인해야 합니다.

종료 조건에서는 n 값이 1인 것만 포함됩니다. 기둥 위치인 from과 to는 조건에 포함되지 않으므로 굳이 하나의 부분 문제와 여기에서 전이된 또 다른 부분 문제가 같은 기둥을 사용할 필요는 없습니다. 따라서 우리 가정은 다음과 같습니다.

원반 n개를 이동시키는 부분 문제는 원반 n − 1개를 이동시키는 부분 문제로 해결할 수 있다.

이렇게 적고 보니 굉장히 당연한 이야기입니다. 원반 n − 1개를 이동시킬 수 있다면 맨 위 원반 n − 1개는 빈 기둥에 옮기고 가장 아래 원반은 목표 기둥에 옮긴 후, 빈 기둥에 옮겨 놓았던 n − 1개의 원반은 목표 기둥에 옮겨 주면 됩니다.

▼ **그림 5-6** 부분 문제를 이용하여 기둥을 옮기는 과정

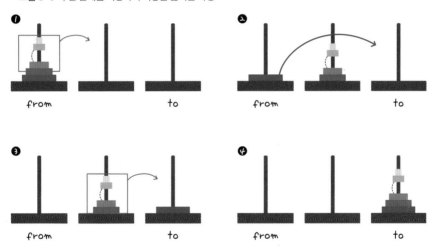

이것을 점화식으로 표현해봅시다. (n, from, to)를 해결하는 첫 번째 단계는 n − 1개의 원판을 from이나 to가 아닌 빈 기둥으로 옮기는 것입니다. 문제에서 기둥은 각각 1, 2, 3으로 나타나므로 빈 기둥 empty는 다음과 같이 계산할 수 있습니다.

$$empty = 6 - from - to$$

따라서 첫 번째 단계는 (n − 1, from, empty)로 나타낼 수 있습니다.

두 번째 단계는 하나의 원판을 from 기둥에서 to 기둥으로 옮기는 것입니다. 이는 간단히 (1, from, to)로 나타낼 수 있습니다.

마지막 세 번째 단계는 n-1개의 원판을 empty에서 to로 옮기는 것으로, (n-1, empty, to)로 나타낼 수 있습니다.

세 단계의 상태들은 모두 원판이 옮겨지는 과정을 나타냅니다. 따라서 원래 부분 문제 (n, from, to)는 각 단계를 모두 수행하는 과정이 되며, 다음과 같이 표기할 수 있습니다.

$$(n, from, to) = (n-1, from, empty) + (1, from, to) + (n-1, empty, to)$$
$$단 \; empty = 6 - from - to$$

따라서 재귀는 다음과 같이 정의됩니다.

▼ **표 5-3** 하노이의 탑 문제의 재귀 정의

상태	(n, from, to)	n개의 원반을 기둥 from에서 기둥 to로 옮기는 과정
종료 조건	(1, from, to) = [[from, to]]	
점화식	(n, from, to) = (n-1, from, empty) + (1, from, to) + (n-1, empty, to)	
	단 empty = 6 - from - to	

코드 작성

앞서 정의한 재귀를 이용하여 코드를 작성해봅시다.

먼저 상태를 이용하여 재귀 메서드 hanoi()를 정의합니다. 이 메서드는 부분 문제를 해결해야 하므로 원판의 이동 과정을 반환해야 합니다. 또 하나의 부분 문제는 더 작은 부분 문제들에서 구한 원판의 이동 과정을 모두 이어 붙여야 합니다. 이 과정을 쉽게 수행할 수 있도록 List를 이용하여 이동 과정을 나타내겠습니다.

```
private List<int[]> hanoi(int n, int from, int to) {
    // 종료 조건, 점화식 구현
}
```

종료 조건은 n 값이 1일 때 from에서 to로 이동시키는 것만 포함된 과정을 반환하는 것입니다. 이는 다음과 같이 작성할 수 있습니다.

```
private List<int[]> hanoi(int n, int from, int to) {
    if (n == 1) return List.of(new int[] {from, to});

    // 점화식 구현
}
```

마지막으로 점화식에 따라 더 작은 부분 문제를 해결하고, 그 결과로 나온 과정들을 이어 붙여야 합니다. 이는 다음과 같이 작성할 수 있습니다.

```java
private List<int[]> hanoi(int n, int from, int to) {
    if (n == 1) return List.of(new int[] {from, to});

    int empty = 6 - from - to;

    List<int[]> result = new ArrayList<>();
    result.addAll(hanoi(n - 1, from, empty));
    result.addAll(hanoi(1, from, to));
    result.addAll(hanoi(n - 1, empty, to));
    return result;
}
```

잠깐만요

이렇게 매 부분 문제마다 리스트를 새로 만들고 원소를 이어 붙여 주는 것은 하나의 부분 문제를 해결할 때마다 구해 놓은 모든 과정을 전부 순회해야 하므로 비효율적입니다. 이후에 이를 어떻게 최적화할 수 있는지 살펴볼 것입니다.

이제 solution() 메서드에서 n개의 원판을 기둥 1에서 기둥 3으로 옮기는 과정을 재귀 메서드로 다음과 같이 구할 수 있습니다.

```java
public int[][] solution(int n) {
    return hanoi(n, 1, 3).toArray(new int[0][]);
}
```

이렇게 재귀를 이용하면 복잡할 것 같은 하노이의 탑 문제도 간단하게 구현할 수 있습니다.

전체 코드   5장/하노이의_탑.java

```java
import java.util.ArrayList;
import java.util.List;

public class Solution {
    private List<int[]> hanoi(int n, int from, int to) {
        if (n == 1) return List.of(new int[] {from, to});

        int empty = 6 - from - to;
```

```
            List<int[]> result = new ArrayList<>();
            result.addAll(hanoi(n - 1, from, empty));
            result.addAll(hanoi(1, from, to));
            result.addAll(hanoi(n - 1, empty, to));
            return result;
        }

        public int[][] solution(int n) {
            return hanoi(n, 1, 3).toArray(new int[0][]);
        }
    }
```

문제 풀이 최적화

앞의 코드는 하노이의 탑 문제를 잘 풀어내지만 매 부분 문제마다 구해 놓은 과정을 전부 순회하며 이어 붙이기 때문에 효율적이지 않습니다. 하노이의 탑 문제처럼 과정을 전부 기록해야 하는 문제의 답을 메서드의 반환을 이용하여 구하려고 하면 이렇게 비효율적인 구현이 될 수 있습니다.

이 경우에는 메서드의 반환 대신 매개변수를 이용하여 과정을 기록할 수 있습니다. 이 문제는 과정을 List<int[]>로 다루었습니다. 이렇게 과정을 기록하는 변수를 메서드의 매개변수로 넘겨주면 다음과 같이 hanoi() 메서드를 다시 작성할 수 있습니다.

```
private void hanoi(int n, int from, int to, List<int[]> process) {
    if (n == 1) {
        process.add(new int[] {from, to});
        return;
    }

    int empty = 6 - from - to;

    hanoi(n - 1, from, empty, process);
    hanoi(1, from, to, process);
    hanoi(n - 1, empty, to, process);
}
```

앞의 코드를 살펴보면 점화식에 따라 상태는 이전과 똑같이 전이됩니다. 다만 차이점은 과정을 이어 붙이는 방식입니다. 이전에는 List를 반환하고 이를 모두 이어 붙였는데, 이 코드는 하나의 List에 과정을 기록하므로 쓸데없이 이미 구한 과정을 다시 순회하는 일은 발생하지 않습니다.

이렇게 hanoi() 메서드가 수정되면서 solution() 메서드도 다음과 같이 수정됩니다.

```java
public int[][] solution(int n) {
    List<int[]> process = new ArrayList<>();
    hanoi(n, 1, 3, process);
    return process.toArray(new int[0][]);
}
```

최적화가 모두 적용된 전체 코드는 다음과 같습니다.

전체 코드   5장/하노이의_탑_최적화.java

```java
import java.util.ArrayList;
import java.util.List;

public class Solution {
    private void hanoi(int n, int from, int to, List<int[]> process) {
        if (n == 1) {
            process.add(new int[] {from, to});
            return;
        }

        int empty = 6 - from - to;

        hanoi(n - 1, from, empty, process);
        hanoi(1, from, to, process);
        hanoi(n - 1, empty, to, process);
    }

    public int[][] solution(int n) {
        List<int[]> process = new ArrayList<>();
        hanoi(n, 1, 3, process);
        return process.toArray(new int[0][]);
    }
}
```

모음 사전 - Level 2

URL https://school.programmers.co.kr/learn/courses/30/lessons/84512

사전에 알파벳 모음 'A', 'E', 'I', 'O', 'U'만을 사용하여 만들 수 있는, 길이 5 이하의 모든 단어가 수록되어 있습니다. 사전에서 첫 번째 단어는 "A"이고, 그다음은 "AA"이며, 마지막 단어는 "UUUUU"입니다.

단어 하나 word가 매개변수로 주어질 때, 이 단어가 사전에서 몇 번째 단어인지 return하도록 solution 함수를 완성해주세요.

제한 사항

- word의 길이는 1 이상 5 이하입니다.
- word는 알파벳 대문자 'A', 'E', 'I', 'O', 'U'로만 이루어져 있습니다.

입출력 예

word	result
"AAAAE"	6
"AAAE"	10
"I"	1563
"EIO"	1189

입출력 예 설명

입출력 예 #1

사전에서 첫 번째 단어는 "A"이고, 그다음은 "AA", "AAA", "AAAA", "AAAAA", "AAAAE", ... 와 같습니다. "AAAAE"는 사전에서 6번째 단어입니다.

입출력 예 #2

"AAAE"는 "A", "AA", "AAA", "AAAA", "AAAAA", "AAAAE", "AAAAI", "AAAAO", "AAAAU"의 다음인 10번째 단어입니다.

입출력 예 #3

"I"는 1563번째 단어입니다.

입출력 예 #4

"EIO"는 1189번째 단어입니다.

이 문제에서는 주어진 단어가 문제 규칙으로 만들 수 있는 단어 중 사전 순으로 몇 번째인지 구해야 합니다. 이 문제 풀이는 사실 굉장히 간단하고 직관적입니다. 문제 규칙으로 만들 수 있는 모든 단어를 만들어 보고, 그중 주어진 단어가 몇 번째에 위치하고 있는지 구하면 됩니다.

예를 들어 단어 "IO" 위치를 찾는다고 가정해봅시다. 이를 구할 수 있는 가장 직관적인 방법은 모든 단어 중 "IO"가 속한 위치를 찾는 것입니다.

▼ 표 5-4 "IO" 전후 인덱스와 단어들

인덱스	...	2029	2030	2031	**2032**	2033	2034	2035	...
단어		IIUUI	IIUUO	IIUUU	**IO**	IOA	IOAA	IOAAA	

얼핏 보기에는 모든 단어를 만들어 보는 것이 굉장히 비효율적인 것 같습니다. 문제 조건에 따라 만들 수 있는 단어 개수를 단어 길이별로 살펴봅시다. 각 자리에는 A, E, I, O, U 5개의 문자 중 하나가 들어갈 수 있으므로 단어 길이별 만들 수 있는 단어 개수는 다음과 같습니다.

▼ 표 5-5 단어의 길이별 만들 수 있는 단어 개수

단어 길이	만들 수 있는 단어 개수
1	5
2	5^2
3	5^3
4	5^4
5	5^5

이를 모두 더하면 총 만들 수 있는 단어 개수는 3,905개가 됩니다. 단어의 최대 길이가 5이므로 모든 단어의 문자를 순회한다면 최대 3905 * 5 = 19,525회가 됩니다. 이는 우리의 1초 기준인 1억 회에 한참 못 미치는 작은 수치이므로 만들 수 있는 모든 단어를 만들고, 실제 사전 위치를 찾아 주는 접근으로도 충분히 풀 수 있는 문제입니다.

이제 관건은 모든 단어를 만들어 내는 것입니다. 단어들은 재귀를 이용하여 어떻게 생성할 수 있을지 살펴봅시다.

재귀 정의

단어를 생성하려면 A, E, I, O, U를 하나씩 이어 붙여 가야 합니다. 즉, 단어에 5개의 문자를 하나씩 이어 주어야 합니다.

▼ **그림 5-7** 단어가 만들어지는 과정

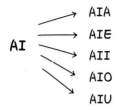

따라서 상태는 현재까지 이어 붙인 단어가 되고, (word)로 표기할 수 있습니다. 그리고 이 상태는 word로 시작하는 모든 단어를 반환합니다.

이처럼 단어 자체가 상태가 되기 때문에 종료 조건과 점화식도 쉽게 파악할 수 있습니다. 종료 조건은 단어 길이가 5에 도달했을 때가 됩니다. 이때는 더 이상 뒤에 문자를 이어 붙일 수 없으므로 word만 반환됩니다. 마지막으로 점화식은 word에 A, E, I, O, U를 이어 붙이는 것이 됩니다.

이를 정리하면 다음과 같이 재귀를 정의할 수 있습니다.

▼ **표 5-6** 모음 사전 문제의 재귀 정의

상태	(word)	word로 시작하는 모든 단어
종료 조건	(길이가 5인 word) = word	
점화식	(word) = [word] + (word + 'A') + (word + 'E') + (word + 'I') + (word + 'O') + (word + 'U')	

코드 작성

앞서 정의한 재귀를 이용하여 코드를 작성해봅시다.

먼저 상태가 나타내는 부분 문제를 해결하는 generate( ) 메서드를 작성해봅시다. 이 부분 문제는 word로 시작하는 모든 단어를 구해야 하므로 List를 반환합니다.

```
private List<String> generate(String word) {
    // 종료 조건, 점화식 구현
}
```

종료 조건은 word 길이가 5일 때 바로 word를 반환하는 것입니다. 이는 다음과 같이 구현할 수 있습니다.

```
private List<String> generate(String word) {
    List<String> words = new ArrayList<>();
    words.add(word);

    if (word.length() == 5) return words;

    // 점화식 구현
}
```

마지막으로 점화식은 사용할 수 있는 모든 문자를 word에 이어 붙여야 합니다. 사용할 수 있는 문자들을 클래스의 맨 위에 선언해주고, 이를 이용하여 재귀를 진행합니다.

```
public class Solution {
    private static final char[] CHARS = "AEIOU".toCharArray();

    private List<String> generate(String word) {
        List<String> words = new ArrayList<>();
        words.add(word);

        if (word.length() == 5) return words;

        for (char c : CHARS) {
            words.addAll(generate(word + c));
        }
        return words;
    }
}
```

이렇게 generate() 메서드가 완성되었습니다. 만들 수 있는 단어들은 A, E, I, O, U로 시작하는 단어들입니다. 따라서 generate("A"), generate("E"), generate("I"), generate("O"), generate("U")를 호출하면 만들 수 있는 모든 단어를 구할 수 있습니다. 하지만 조금 더 간단하게 빈 문자열을 이용하여 **generate("")**처럼 호출함으로써 **generate() 메서드 안의 반복문이 모든 가능한 단어를 생성**하게 할 수도 있습니다.

빈 문자열을 넘겼을 때의 재귀 과정을 그림으로 살펴봅시다.

▼ **그림 5-8** 빈 문자열을 넘겼을 때의 재귀 과정

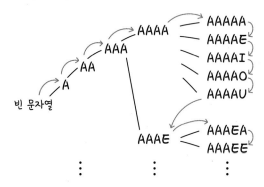

그림 5-8에서 재귀는 화살표를 따라 진행하면서 이 과정에서 생성되는 모든 단어를 저장합니다. 무언가 눈치챘나요? 재귀를 진행하면서 생성되는 단어들은 **이미 사전 순으로 정렬**되어 있습니다. 이는 재귀의 특성인데, 재귀는 하나의 상태가 여러 상태로 전이될 때 **종료 조건에 도달할 때까지 첫 번째 전이를 계속**합니다.

이 경우 A, E, I, O, U를 이용하여 5개의 상태로 전이되는데, 첫 번째 전이인 A를 붙이는 전이가 종료 조건에 도달할 때까지 계속되는 것입니다. 따라서 A만으로 구성된 단어들이 가장 먼저 생성되고, 가장 마지막 재귀부터 다음 전이를 선택합니다.

이런 재귀의 특성 덕분에 우리는 만들 수 있는 단어를 생성하는 것뿐 아니라, 사전 순으로 정렬된 단어의 리스트도 얻게 되었습니다. 이제 solution() 메서드에서는 generate() 메서드를 사용하여 정렬된 단어의 리스트를 얻고, 이 리스트에서 word가 몇 번째인지 구하면 됩니다. 코드로 구현하면 다음과 같습니다.

```java
public int solution(String word) {
    return generate("").indexOf(word);
}
```

여기에서 잘 살펴보아야 할 점은 generate()에 앞서 언급한 대로 빈 문자열을 넘겨주었다는 것입니다. generate()는 만나는 모든 문자열을 기록하므로 빈 문자열 역시 리스트의 가장 앞에 기록됩니다. 즉, generate("")의 결과는 ["", "A", "AA", "AAA", …]이 됩니다. 따라서 indexOf() 메서드를 사용하면 실제 만들 수 있는 단어의 리스트에서 인덱스가 아니라, 인덱스에 1이 증가된 값을 얻게 됩니다. 문제에 따라 첫 번째 단어는 인덱스 값인 0이 아니라 1을 반환해야 하므로 별다른 처리 없이 indexOf()의 반환값을 그대로 반환해주면 됩니다.

이렇게 재귀를 이용하여 모음 사전 문제를 풀어 보았습니다.

5장/모음_사전.java

전체 코드

```java
import java.util.ArrayList;
import java.util.List;

public class Solution {
    private static final char[] CHARS = "AEIOU".toCharArray();

    private List<String> generate(String word) {
        List<String> words = new ArrayList<>();
        words.add(word);

        if (word.length() == 5) return words;

        for (char c : CHARS) {
            words.addAll(generate(word + c));
        }
        return words;
    }

    public int solution(String word) {
        return generate("").indexOf(word);
    }
}
```

문제 풀이 최적화

하노이의 탑 문제와 마찬가지로 모음 사전 문제 또한 리스트를 이용하여 기록하는 문제입니다. 매 부분 문제마다 불필요한 리스트를 복사하는 것을 막고자 하노이의 탑 문제에서 적용했던 것과 같은 방식을 이용하여 최적화할 수 있습니다.

5장/모음_사전_최적화.java

전체 코드

```java
import java.util.ArrayList;
import java.util.List;

public class Solution {
    private static final char[] CHARS = "AEIOU".toCharArray();

    private void generate(String word, List<String> words) {
```

```
            words.add(word);

            if (word.length() == 5) return;
            for (char c : CHARS) {
                generate(word + c, words);
            }
        }

        public int solution(String word) {
            List<String> words = new ArrayList<>();
            generate("", words);
            return words.indexOf(word);
        }
    }
```

이 장에서는 재귀를 알아보았습니다. 재귀는 앞으로 살펴볼 많은 부분에서 계속해서 활용하므로 반드시 익혀 두어야 할 개념입니다. 처음에는 코드 작성 없이 상태, 종료 조건, 점화식을 정의하는 것을 연습하여 익숙해지도록 합시다. 이후 명확하게 재귀를 정의할 수 있다면 간단하게 코드로 옮길 수 있을 것입니다.

완전 탐색

SECTION 1   완전 탐색이란?

SECTION 2   다양한 문제 풀이

때때로 가장 좋은 풀이는 무식한 풀이일 수 있습니다. 문제 조건을 지키는 모든 경우의 수를 확인해보면, 구현할 때 실수하지 않는 한 100% 정확한 결과를 얻을 수 있습니다.

효율적인 방식을 찾다 시간이 없어 문제를 풀지 못하는 것만큼 아쉬운 일도 없을 것입니다. 완전 탐색은 문제 조건을 만족하는 모든 경우를 다 확인하기 때문에 가장 정확한 풀이법입니다.

완전 탐색은 문제마다 그 구현법이 달라지는데, 이 장에서는 완전 탐색의 개념과 종류를 간략히 살펴보고, 간단히 구현할 수 있는 완전 탐색을 집중적으로 다루어 보겠습니다.

6.1 완전 탐색이란?

완전 탐색은 문제에서 제시하는 조건을 만족하는 모든 경우를 확인하면서 정답을 찾는 탐색입니다. 이 방식은 구현만 제대로 한다면 가능한 모든 경우를 빠짐없이 확인하기 때문에 무조건 정답을 찾을 수 있는 정확성이 높은 탐색입니다.

완전 탐색을 이용해서 문제를 풀 때는 시간 복잡도를 필수적으로 살펴보아야 합니다. 완전 탐색은 문제 조건으로 만들 수 있는 모든 경우의 수에 따라 시간 복잡도가 결정됩니다. 문제 조건에 따른 경우의 수가 작아 계산된 시간 복잡도가 충분히 작게 나온다면 완전 탐색을 적용하는 것이 가장 나은 풀이가 될 수 있습니다.

6.1.1 상태와 상태 전이 진행

완전 탐색에서는 탐색을 진행하면서 상태를 전이시켜 나갑니다. 완전 탐색의 상태에는 탐색의 진행 상태를 표현할 수 있는 변수들이 포함되고, 하나의 상태를 이용해서 다음 상태를 만들어 나가는 상태 전이를 통해 탐색을 진행합니다.

예를 들어 2차원 좌표의 원점에서 특정 좌표에 도달하는 방법을 찾는다고 합시다. 탐색 과정 중에는 좌표가 변하므로 상태 변수는 x 좌표와 y 좌표를 사용할 수 있습니다. 즉, 이 경우 탐색 상태는 2차원 좌표인 (x, y)가 됩니다.

탐색 상태는 완전 탐색을 진행해 나가는 상태를 나타내기 때문에 잘 정의하는 것이 중요합니다. 상태에 불필요한 상태 변수가 들어 있다면 탐색 공간 또한 불필요하게 커질 수 있습니다. 2차원 공간을 탐색하는 데 불필요한 3차원 변수 z가 포함되어 있다고 생각해봅시다.

2차원에서는 상하좌우로 이동하기 때문에 전이되는 다음 상태는 $(x, y-1)$, $(x, y+1)$, $(x-1, y)$, $(x+1, y)$ 4개입니다. 하지만 세 번째 상태 변수 z가 포함된다면 $(x, y, z-1)$, $(x, y, z+1)$ 2개의 상태로 더 전이하게 됩니다. 이처럼 불필요한 상태 변수는 탐색 공간을 키울 수 있습니다.

6.1.2 완전 탐색의 종류

완전 탐색은 가능한 모든 경우를 검사하는 탐색으로 문제 조건에 따라 구현하는 방법이 달라집니다. 이 장에서는 간단하게 구현되는 완전 탐색을 예시 문제를 이용하여 집중적으로 살펴봅니다.

다음과 같이 특별한 구현이 필요한 완전 탐색은 12장에서 자세히 살펴볼 예정입니다.

간단히 구현되는 완전 탐색

난이도가 낮은 문제는 간단한 완전 탐색으로 해결될 때가 있습니다. 이 경우 특별한 구현 없이 중첩 for 문 정도로 완전 탐색을 구현할 수 있습니다.

깊이 우선 탐색

12장에서 자세히 살펴볼 깊이 우선 탐색(Depth First Search, DFS)은 '5장 재귀'로 쉽게 구현할 수 있는 완전 탐색 방법입니다. 재귀로 구현되기 때문에 상태 전이를 여러 방법으로 할 수 있다면 하나의 전이 방법을 더 이상 불가능할 때까지 연속적으로 적용한다는 특징이 있습니다.

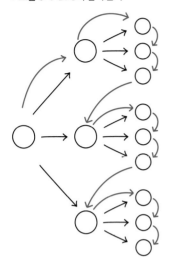

○ : 완전 탐색 상태

⟶ : 상태 전이

⟶ : 탐색 순서

너비 우선 탐색

12장에서 자세히 살펴볼 너비 우선 탐색(Breadth First Search, BFS)은 이후 살펴볼 자료 구조인 큐(queue)를 이용하여 구현되는 완전 탐색 방법입니다. 너비 우선 탐색은 깊이 우선 탐색과는 다르게 하나의 상태에서 전이되는 다음 단계의 상태들을 방문한 후 그다음 단계 상태들을 방문합니다.

▼ 그림 6-2 BFS의 탐색 순서

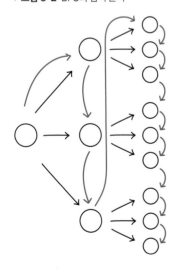

○ : 완전 탐색 상태

⟶ : 상태 전이

⟶ : 탐색 순서

6.1.3 방문 처리

완전 탐색은 가능한 경우의 수를 모두 탐색해보는 방법으로, 시간 복잡도를 잘 따져 보아야 합니다. 완전 탐색의 시간 복잡도는 탐색해야 할 상태 개수, 즉 탐색 공간의 크기에 비례합니다. 즉, 탐색 공간의 크기를 따져 보는 것이 완전 탐색의 시간 복잡도를 계산하는 첫 번째 단계가 됩니다.

이렇게 탐색 공간의 크기를 이용하여 완전 탐색의 시간 복잡도를 계산할 때는 한 번 방문한 상태를 재방문해서는 안 됩니다. 하나의 상태는 탐색의 진행 과정을 나타내는 것으로, 이를 다시 방문한다는 것은 이전에 진행한 탐색을 다시 탐색하게 되는 것입니다. 탐색 과정 중 이미 방문한 상태를 재방문하면 시간 복잡도는 기하급수적으로 증가하며, 실행 시간이 문제의 시간 제한을 넘어섭니다. 다음 그림을 살펴봅시다.

▼ **그림 6-3** 중복이 발생하는 상태 전이 과정

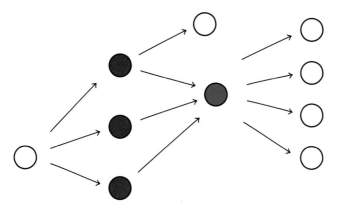

그림 6-3에서 상태 개수는 총 10개로, 완전 탐색을 하면 상태 개수에 비례한 시간 복잡도가 소요될 것입니다. 또 파란색으로 표시된 상태는 검정색으로 표시된 3개의 다른 상태에서 전이됩니다. 이 경우 별도의 처리 없이 탐색을 진행하면 파란색 상태에서 진행되는 탐색이 세 번 반복됩니다. 즉, 파란색 상태에서 전이되는 4개의 상태와 검정색 상태가 세 번씩 방문하면서 실제 시간 복잡도는 20에 비례하는 결과가 나옵니다.

이는 중복으로 탐색하는 공간이 크면 클수록 더욱 큰 시간 복잡도를 낳게 됩니다. 상태의 중복 방문을 해결하려면 방문 처리를 해줄 필요가 있습니다. 간단히 구현되는 완전 탐색일 경우 별도의 방문 처리를 하지 않아도 중복 상태가 발생하지 않을 때가 많습니다. 하지만 DFS나 BFS 문제들은 별도의 방문 처리가 필요합니다. 이는 12장에서 다시 자세히 다루겠습니다.

6.2 다양한 문제 풀이

간단하게 구현할 수 있는 예시 문제들을 살펴봅시다.

 문제 18   **모의고사 – Level 1**
URL https://school.programmers.co.kr/learn/courses/30/lessons/42840

수포자는 수학을 포기한 사람의 준말입니다. 수포자 삼인방은 모의고사에 수학 문제를 전부 찍으려 합니다. 수포자는 1번 문제부터 마지막 문제까지 다음과 같이 찍습니다.

1번 수포자가 찍는 방식: 1, 2, 3, 4, 5, 1, 2, 3, 4, 5, …
2번 수포자가 찍는 방식: 2, 1, 2, 3, 2, 4, 2, 5, 2, 1, 2, 3, 2, 4, 2, 5, …
3번 수포자가 찍는 방식: 3, 3, 1, 1, 2, 2, 4, 4, 5, 5, 3, 3, 1, 1, 2, 2, 4, 4, 5, 5, …

1번 문제부터 마지막 문제까지의 정답이 순서대로 들은 배열 answers가 주어졌을 때, 가장 많은 문제를 맞힌 사람이 누구인지 배열에 담아 return 하도록 solution 함수를 작성해주세요.

제한 조건

- 시험은 최대 10,000 문제로 구성되어 있습니다.
- 문제의 정답은 1, 2, 3, 4, 5중 하나입니다.
- 가장 높은 점수를 받은 사람이 여럿일 경우, return하는 값을 오름차순 정렬해주세요.

입출력 예

answers	return
[1,2,3,4,5]	[1]
[1,3,2,4,2]	[1,2,3]

입출력 예 설명

입출력 예 #1

- 수포자 1은 모든 문제를 맞혔습니다.
- 수포자 2는 모든 문제를 틀렸습니다.
- 수포자 3은 모든 문제를 틀렸습니다.

따라서 가장 문제를 많이 맞힌 사람은 수포자 1입니다.

입출력 예 #2

- 모든 사람이 2문제씩을 맞췄습니다.

문제 풀이

문제에서 주어진 세 명의 수포자는 정답을 찍는 방법이 모두 다릅니다. 각 수포자가 어떤 규칙으로 정답을 찍는지 살펴봅시다.

규칙 찾기

1번, 2번, 3번 수포자는 모두 특정한 규칙을 반복해 가며 정답을 찍습니다. 다음 표는 각 수포자가 정답을 찍을 때 반복되는 규칙입니다.

▼ **표 6-1** 각 수포자가 정답을 찍을 때 반복되는 규칙

수포자	정답을 찍을 때 반복되는 규칙
1번 수포자	1, 2, 3, 4, 5
2번 수포자	2, 1, 2, 3, 2, 4, 2, 5
3번 수포자	3, 3, 1, 1, 2, 2, 4, 4, 5, 5

표 6-1에서 살펴본 것처럼 세 명 모두 각각의 규칙으로 문제를 찍습니다. 하지만 시험의 정답은 특별한 규칙이 없으므로 각 수포자의 정답 개수는 직접 세어 보지 않으면 알 수 없습니다.

완전 탐색

세 명의 수포자가 각각 몇 개의 정답을 맞혔는지 살펴본다고 할 때, 시간 복잡도가 어떻게 계산되는지 살펴봅시다. 한 명의 수포자가 찍은 모든 문제의 정답을 검사하려면 시험에 포함된 문제 개수에 비례한 시간 복잡도가 필요합니다. 문제 개수를 N이라고 했을 때 한 명의 수포자에 대해 O(N)이 소요됩니다.

수포자들의 수를 M이라고 한다면, O(N)이 M번 반복되므로 O(NM)이 소요됩니다. 문제 조건에 따라 N은 최대 10,000이고, M은 3이므로 시간 복잡도로 계산되는 최댓값은 30,000이 됩니다. 이는 100,000,000보다 훨씬 작은 값이므로 충분히 시간 제한 안에 들어오는 풀이법입니다.

코드 작성

앞서 살펴본 대로 각 수포자들의 정답 개수를 일일이 세어 주는 코드를 작성해봅시다. 먼저 각 수포자들의 규칙을 나타내는 2차원 배열 상수 RULES를 다음과 같이 정의합니다.

```java
private static final int[][] RULES = {
        {1, 2, 3, 4, 5},
        {2, 1, 2, 3, 2, 4, 2, 5},
        {3, 3, 1, 1, 2, 2, 4, 4, 5, 5},
};
```

이 배열에는 수포자들의 규칙이 저장되어 있어 수포자의 인덱스와 문제 번호를 이용하여 수포자가 몇 번을 찍었는지 알 수 있습니다. 규칙은 반복되므로 나머지 연산자를 이용하여 문제 번호가 정의해둔 규칙에서 몇 번째인지 구해야 합니다. 이는 다음과 같이 getPicked() 메서드로 구현됩니다.

```java
private int getPicked(int person, int problem) {
    int[] rule = RULES[person];
    int index = problem % rule.length;
    return rule[index];
}
```

이제 solution() 메서드를 살펴봅시다. 모든 문제를 순회하면서 각 수포자의 정답 개수를 세고, 가장 정답을 많이 맞힌 사람을 찾아야 합니다. 다음과 같이 각 수포자의 정답 개수를 나타내는 배열 corrects, 가장 많은 정답 개수를 나타내는 정수 max, 모든 문제를 순회하는 for 문을 작성합니다.

```java
int[] corrects = new int[3];
int max = 0;

for (int problem = 0; problem < answers.length; problem++) {
    int answer = answers[problem];

    // 각 수포자별로 정답 개수 세기
}
```

이제 각 수포자가 해당 문제의 정답을 맞혔는지 구해야 합니다. 앞서 정의한 getPicked() 메서드를 사용하여 수포자가 찍은 정답을 구하고, 정답과 비교하여 수포자별 정답 개수를 셉니다.

```
for (int person = 0; person < 3; person++) {
    int picked = getPicked(person, problem);
    if (answer == picked) {
        corrects[person]++;
        // max 업데이트하기
    }
}
```

정답을 맞혔다면 최대 정답 개수를 업데이트해야 합니다. 다음과 같이 후위 증가 연산자를 전위 증가 연산자로 바꾸면 max 변수의 업데이트도 간단히 구현할 수 있습니다.

```
for (int person = 0; person < 3; person++) {
    int picked = getPicked(person, problem);
    if (answer == picked) {
        if (++corrects[person] > max) {
            max = corrects[person];
        }
    }
}
```

이중 for 문이 종료되면 corrects에는 수포자별 맞힌 정답 개수가, max에는 정답을 가장 많이 맞힌 사람의 정답 개수가 들어 있습니다. 이제 이를 이용하여 정답을 가장 많이 맞힌 사람을 배열로 구해야 합니다.

이는 직접 배열 corrects에서 max 개수를 세어 해당 개수만큼 크기를 갖는 배열을 만들고, 다시 배열 corrects를 순회하며 max가 들어 있는 인덱스를 구하는 방식으로 구현해도 됩니다. 이번에는 이렇게 일일이 구현하는 대신 IntStream을 이용하여 조금 더 쉽고 간단하게 구해보겠습니다.

여기에서는 IntStream의 range()로 인덱스를 나타내는 객체를 생성하고, filter()로 가장 많은 정답을 맞힌 수포자의 인덱스를 구합니다. 이 인덱스는 0 기반 인덱스이므로 map()을 사용하여 1 기반 인덱스로 변환하고, 마지막으로 toArray()를 사용하여 배열로 변환합니다.

```
final int maxCorrects = max;
return IntStream.range(0, 3)
        .filter(i -> corrects[i] == maxCorrects)
        .map(i -> i + 1)
        .toArray();
```

| 잠깐만요 |

return 문 전에 maxCorrects를 final로 선언했습니다. Stream의 filter() 메서드에 maxCorrects가 참조되는데, 자바에서는 이렇게 람다 혹은 익명 메서드로 전달되는 메서드에서 외부 변수를 참조할 때는 해당 변수 값을 수정하면 안 됩니다. 따라서 final 키워드를 붙여 값이 수정되지 않는다는 것을 명시합니다.

이렇게 모든 경우를 다 검사하는 완전 탐색으로 문제를 풀었습니다.

| 전체 코드 | 6장/모의고사.java

```
import java.util.stream.IntStream;

public class Solution {
    private static final int[][] RULES = {
            {1, 2, 3, 4, 5},
            {2, 1, 2, 3, 2, 4, 2, 5},
            {3, 3, 1, 1, 2, 2, 4, 4, 5, 5},
    };

    private int getPicked(int person, int problem) {
        int[] rule = RULES[person];
        int index = problem % rule.length;
        return rule[index];
    }

    public int[] solution(int[] answers) {
        int[] corrects = new int[3];
        int max = 0;

        for (int problem = 0; problem < answers.length; problem++) {
            int answer = answers[problem];

            for (int person = 0; person < 3; person++) {
                int picked = getPicked(person, problem);
                if (answer == picked) {
                    if (++corrects[person] > max) {
                        max = corrects[person];
```

```
                }
            }
        }
    }

    final int maxCorrects = max;
    return IntStream.range(0, 3)
            .filter(i -> corrects[i] == maxCorrects)
            .map(i -> i + 1)
            .toArray();
    }
}
```

카펫 – Level 2

URL https://school.programmers.co.kr/learn/courses/30/lessons/42842

Leo는 카펫을 사러 갔다가 아래 그림과 같이 중앙에는 노란색으로 칠해져 있고 테두리 1줄은 갈색으로 칠해져 있는 격자 모양 카펫을 봤습니다.[1]

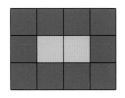

Leo는 집으로 돌아와서 아까 본 카펫의 노란색과 갈색으로 색칠된 격자의 개수는 기억했지만, 전체 카펫의 크기는 기억하지 못했습니다.

Leo가 본 카펫에서 갈색 격자의 수 brown, 노란색 격자의 수 yellow가 매개변수로 주어질 때 카펫의 가로, 세로 크기를 순서대로 배열에 담아 return 하도록 solution 함수를 작성해주세요.

제한 사항

- 갈색 격자의 수 brown은 8 이상 5,000 이하인 자연수입니다.
- 노란색 격자의 수 yellow는 1 이상 2,000,000 이하인 자연수입니다.
- 카펫의 가로 길이는 세로 길이와 같거나, 세로 길이보다 깁니다.

입출력 예

brown	yellow	return
10	2	[4, 3]
8	1	[3, 3]
24	24	[8, 6]

문제 풀이

규칙 찾기

이 문제에서는 주어진 조건을 만족하는 카펫의 가로 길이와 세로 길이를 구해야 합니다. 우리가 구해야 할 카펫의 가로 길이를 width, 세로 길이를 height라고 하면, 카펫은 다음 그림과 같이 그릴 수 있습니다.

---

[1] 책에서는 표현의 한계상 노란색을 하늘색으로, 갈색은 진한 파란색으로 표현했습니다. 감안해서 봐 주세요.

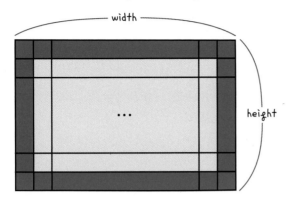

이 카펫의 갈색 격자 개수를 세어 봅시다. 다음 그림과 같이 테두리를 나타내는 갈색 격자를 가로줄과 세로줄로 나눌 수 있습니다.

▼ 그림 6-5 가로줄과 세로줄로 구분된 갈색 격자

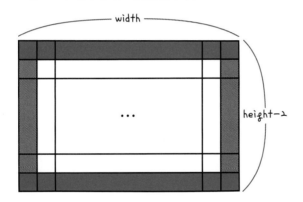

파란색으로 표시된 가로줄에는 한 줄에 width개의 격자가 있고 두 줄이 있으므로 총 width × 2개의 격자가 있습니다. 또 초록색으로 표시된 세로줄에는 한 줄에 height − 2개의 격자가 있고 두 줄이 있으므로 총 (height − 2) × 2개의 격자가 있습니다. 즉, **갈색으로 표시된 격자는** width × 2 + (height − 2) × 2개, 정리하면 **(width + height − 2) × 2개입니다.**

이를 이용하면 노란색으로 표시된 격자 개수도 쉽게 구할 수 있습니다. 카펫의 총 격자 개수가 width × height개이므로, 여기에서 갈색 격자를 제외한 **width × height − (width + height − 2) × 2개가 노란색 격자 개수**가 됩니다.

완전 탐색

이제 가능한 모든 경우의 수를 살펴보며 문제 조건을 만족하는 경우를 찾으면 됩니다. 문제 조건을 이용하여 탐색 공간을 정해봅시다.

먼저 노란색 격자 개수는 1 이상이라고 명시되어 있습니다. 이는 가로세로의 길이가 최소 3 이 상이라는 것을 의미합니다. 가로나 세로의 길이가 2 이하라면, 다음 그림과 같이 노란색으로 표시되는 격자는 없어지므로 문제 조건을 만족시킬 수 없습니다.

▼ **그림 6-6** 가로 길이가 2인 카펫과 세로 길이가 2인 카펫

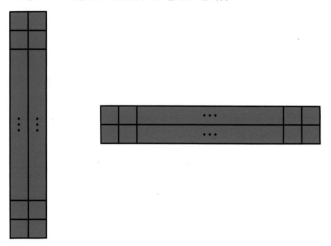

또 다른 조건으로는 갈색 격자 개수가 5,000 이하라는 조건이 있습니다. 가로 길이가 세로 길이보다 크거나 같다는 조건을 이용하여 세로 길이는 3 이상, 가로 길이 이하라는 범위를 찾아낼 수 있습니다.

코드 작성

앞서 알아낸 사실들을 참고하여 완전 탐색 코드를 작성해봅시다. 가능한 모든 width와 height를 검사하며 문제 조건에 맞는 값을 찾아야 합니다. 우선 가능한 모든 width와 height의 조합을 검사할 수 있는 이중 반복문을 작성합니다.

```
for (int width = 3; width <= 5000; width++) {
    for (int height = 3; height <= width; height++) {
        // 조건 검사
    }
}
```

이제 조합된 width×height 크기의 카펫에서 경계 격자 개수와 내부 격자 개수를 다음과 같이 구합니다.

```
int boundary = (width + height - 2) * 2;
int center = width * height - boundary;
```

이를 입력받은 brown과 yellow의 값과 비교하여 일치한다면 width와 height를 반환합니다.

```
if (brown == boundary && yellow == center) {
    return new int[] {width, height};
}
```

문제에는 항상 정답이 있으므로 이중 for 문이 수행되는 동안 무조건 정답을 반환하게 됩니다. 따라서 이중 for 문 바깥에는 null을 반환해주어도 됩니다.

```
return null;
```

전체 코드는 다음과 같습니다.

전체 코드   6장/카펫.java

```java
public class Solution {
    public int[] solution(int brown, int yellow) {
        for (int width = 3; width <= 5000; width++) {
            for (int height = 3; height <= width; height++) {
                int boundary = (width + height - 2) * 2;
                int center = width * height - boundary;

                if (brown == boundary && yellow == center) {
                    return new int[] {width, height};
                }
            }
        }

        return null;
    }
}
```

수식 최대화 - Level 2

URL https://school.programmers.co.kr/learn/courses/30/lessons/67257

IT 벤처 회사를 운영하고 있는 라이언은 매년 사내 해커톤 대회를 개최하여 우승자에게 상금을 지급하고 있습니다.

이번 대회에서는 우승자에게 지급되는 상금을 이전 대회와는 다르게 다음과 같은 방식으로 결정하려고 합니다.

해커톤 대회에 참가하는 모든 참가자들에게는 숫자들과 3가지의 연산문자(+, -, *)만으로 이루어진 연산 수식이 전달되며, 참가자의 미션은 전달받은 수식에 포함된 연산자의 우선순위를 자유롭게 재정의하여 만들 수 있는 가장 큰 숫자를 제출하는 것입니다.

단, 연산자의 우선순위를 새로 정의할 때, 같은 순위의 연산자는 없어야 합니다.

즉, + > - > * 또는 - > * > + 등과 같이 연산자 우선순위를 정의할 수 있으나 +,* > - 또는 * > +,-처럼 2개 이상의 연산자가 동일한 순위를 가지도록 연산자 우선순위를 정의할 수는 없습니다. 수식에 포함된 연산자가 2개라면 정의할 수 있는 연산자 우선순위 조합은 2! = 2가지이며, 연산자가 3개라면 3! = 6가지 조합이 가능합니다.

만약 계산된 결과가 음수라면 해당 숫자의 절댓값으로 변환하여 제출하며 제출한 숫자가 가장 큰 참가자를 우승자로 선정하며, 우승자가 제출한 숫자를 우승상금으로 지급하게 됩니다.

예를 들어, 참가자 중 네오가 아래와 같은 수식을 전달받았다고 가정합니다.

"100-200*300-500+20"

일반적으로 수학 및 전산학에서 약속된 연산자 우선순위에 따르면 더하기와 빼기는 서로 동등하며 곱하기는 더하기, 빼기에 비해 우선순위가 높아 * > +,-로 우선순위가 정의되어 있습니다.

대회 규칙에 따라 + > - > * 또는 - > * > + 등과 같이 연산자 우선순위를 정의할 수 있으나 +,* > - 또는 * > +,-처럼 2개 이상의 연산자가 동일한 순위를 가지도록 연산자 우선순위를 정의할 수는 없습니다.

수식에 연산자가 3개 주어졌으므로 가능한 연산자 우선순위 조합은 3! = 6가지이며, 그중 + > - > *로 연산자 우선순위를 정한다면 결괏값은 22,000원이 됩니다.

반면에 * > + > -로 연산자 우선순위를 정한다면 수식의 결괏값은 -60,420 이지만, 규칙에 따라 우승 시 상금은 절댓값인 60,420원이 됩니다.

참가자에게 주어진 연산 수식이 담긴 문자열 expression이 매개변수로 주어질 때, 우승 시 받을 수 있는 가장 큰 상금 금액을 return하도록 solution 함수를 완성해주세요.

제한 사항

- expression은 길이가 3 이상 100 이하인 문자열입니다.
- expression은 공백문자, 괄호문자 없이 오로지 숫자와 3가지의 연산자(+, -, *) 만으로 이루어진 올바른 중위표기법(연산의 두 대상 사이에 연산기호를 사용하는 방식)으로 표현된 연산식입니다. 잘못된 연산식은 입력으로 주어지지 않습니다.
  - 즉, "402+-561*"처럼 잘못된 수식은 올바른 중위표기법이 아니므로 주어지지 않습니다.
- expression의 피연산자(operand)는 0 이상 999 이하의 숫자입니다.
  - 즉, "100-2145*458+12"처럼 999를 초과하는 피연산자가 포함된 수식은 입력으로 주어지지 않습니다.
  - "-56+100"처럼 피연산자가 음수인 수식도 입력으로 주어지지 않습니다.
- expression은 적어도 1개 이상의 연산자를 포함하고 있습니다.
- 연산자 우선순위를 어떻게 적용하더라도, expression의 중간 계산값과 최종 결괏값은 절댓값이 $2^{63} - 1$ 이하가 되도록 입력이 주어집니다.
- 같은 연산자끼리는 앞에 있는 것의 우선순위가 더 높습니다.

입출력 예

expression	result
"100-200*300-500+20"	60420
"50*6-3*2"	300

입출력 예에 대한 설명

입출력 예 #1

* > + > -로 연산자 우선순위를 정했을 때, 가장 큰 절댓값을 얻을 수 있습니다.

연산 순서는 아래와 같습니다.

100-200*300-500+20

= 100-(200*300)-500+20

= 100-60000-(500+20)

= (100-60000)-520

= (-59900-520)

= -60420

따라서 우승 시 받을 수 있는 상금은 |-60420| = 60420입니다.

입출력 예 #2

- > *로 연산자 우선순위를 정했을 때, 가장 큰 절댓값을 얻을 수 있습니다.

연산 순서는 아래와 같습니다.

(expression에서 + 연산자는 나타나지 않았으므로, 고려할 필요가 없습니다.)

50*6-3*2

= 50*(6-3)*2

= (50*3)*2

= 150*2

= 300

따라서 우승 시 받을 수 있는 상금은 300입니다.

문제 풀이

이 문제에는 3개의 연산자 +, -, *가 등장합니다. 이 세 연산자의 우선순위는 전체 수식의 결과가 가장 큰 절댓값으로 계산되는 순서대로 정해야 합니다. 일반적으로 이렇게 여러 원소의 순서를 정하는 것은 재귀로 구현할 수 있습니다. 5장에서 다룬 모음 사전 문제가 이 방식으로 원소의 순서를 정하는 문제였습니다.

이 문제에는 순서를 정해줄 원소인 연산자가 최대 3개밖에 없으므로 가능한 순서 개수가 6개뿐입니다. 따라서 굳이 재귀를 이용하지 않아도 다음과 같이 직접 우선순위를 정해줄 수 있습니다.

```
private static final String[][] precedences = {
        "+-*".split(""),
        "+*-".split(""),
        "-+*".split(""),
        "-*+".split(""),
        "*+-".split(""),
        "*-+".split(""),
};
```

이렇게 경우의 수가 많지 않을 때는 재귀를 고안하고 구현해내기보다 직접 모든 경우의 수를 나열하는 것이 더욱 빠를 수 있습니다.

문제의 입력에서 연산자는 문자열로 표현되어 있으므로 이를 직접 연산에 적용할 수는 없습니다. 따라서 다음과 같이 두 피연산자와 연산자를 입력받아 연산 결과를 반환하는 calculate() 메서드를 작성해봅시다.

```
private long calculate(long lhs, long rhs, String op) {
    return switch (op) {
        case "+" -> lhs + rhs;
        case "-" -> lhs - rhs;
        case "*" -> lhs * rhs;
        default -> 0;
    };
}
```

이 메서드로 수식을 계산해야 합니다.

일반적으로 수식을 계산할 때는 스택 자료 구조를 이용하여 중위 표기법을 연산자 우선순위에 맞게 후위 표기법으로 변환한 후 계산합니다. 이 방법은 수식을 효율적으로 계산할 수 있지만 스택을 이용해야 하고, 변환 방법을 정확히 알고 구현해야 합니다. 하지만 이 문제는 숫자와 연산자 개수가 크지 않으므로 조금 비효율적이더라도 쉽게 구현할 수 있습니다.

우선순위에 따라 연산자를 하나씩 처리하면 전체 수식을 순회하며 연산자를 하나씩 계산해나갈 수 있습니다. 예를 들어 수식 100 - 200 * 300 - 500 + 20이 입력되었다고 합시다. 연산자 우선순위가 +, -, * 순이라면 먼저 수식 전체를 순회하고, + 연산자를 계산하여 100 - 200 * 300 - 520으로 계산할 수 있습니다. 다음 연산자는 -이므로 이를 다시 수식 전체를 순회하면서 적용하여 -100 * -220으로 계산합니다. 마지막으로 * 연산자를 계산하여 22000으로 계산합니다.

이 방법을 사용할 때는 수식에 등장하는 연산자 하나당 수식 전체를 순회해야 합니다. 수식 길이가 N이라면 최대 등장할 수 있는 연산자 개수는 모든 숫자가 한 자릿수일 때로, N/2입니다. 또 하나의 연산자를 계산할 때 해당 연산자 뒤에 있는 문자들을 배열에서 당겨 와야 합니다. 이 과정은 O(N)이 소요되므로 연산자 우선순위에 따라 수식을 계산하는 시간 복잡도는 $O(N^3)$이 됩니다.

등장하는 연산자 개수를 M이라고 하면, 순서를 정하는 경우의 수는 M!가 되어 전체 시간 복잡도는 $O(N^3 M!)$가 됩니다. N의 최댓값은 100, M의 최댓값은 3이므로 이를 대입해서 계산하면 6,000,000이 되어 제한 시간 안에 충분히 계산되는 시간 복잡도를 얻을 수 있습니다.

먼저 하나의 문자열로 구성된 수식을 여러 개의 토큰으로 분리해야 합니다. 문자열의 split() 메서드를 사용하여 연산자를 기준으로 문자열을 분리한다면 연산자와 숫자는 나눌 수 있지만 분리 기준인 연산자는 잃게 됩니다. 따라서 이 문제에서는 StringTokenizer 클래스로 다음과 같이 문자열을 분리합니다.

```
StringTokenizer tokenizer = new StringTokenizer(expression, "+-*", true);
List<String> tokens = new ArrayList<>();
while (tokenizer.hasMoreTokens()) {
    tokens.add(tokenizer.nextToken());
}
```

이렇게 토큰의 리스트로 분리한 수식을 연산자 우선순위를 이용하여 계산하는 calculate() 메서드를 작성해봅시다.

```
private long calculate(List<String> tokens, String[] precedence) {

}
```

이 메서드에서는 연산자를 우선순위가 높은 순서대로 순회하며 수식을 계산합니다. 따라서 다음과 같이 연산자를 순회하며 수식을 검사합니다.

```
for (String op : precedence) {
    for (int i = 0; i < tokens.size(); i++) {
    }
}
```

수식에서 검사하는 토큰이 현재 처리해야 하는 연산자라면 다음과 같이 해당 연산자 결과를 계산할 수 있습니다.

```
long lhs = Long.parseLong(tokens.get(i - 1));
long rhs = Long.parseLong(tokens.get(i + 1));
long result = calculate(lhs, rhs, op);
```

이를 수식에 다시 반영해야 합니다. 한 연산자의 계산이 완료되면 다음 그림과 같이 리스트에서 뒷부분의 원소들을 당긴 후 연산 결과를 넣어 주어야 합니다.

▼ **그림 6-7** 연산자의 연산 과정

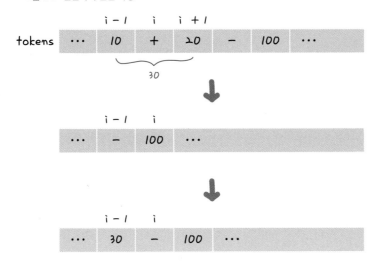

이는 tokens의 i - 1번째 원소를 반복해서 세 번 지우고, i - 1 위치에 연산 결과를 삽입해서 구현할 수 있습니다. 이후에는 리스트의 뒷부분을 앞으로 당겼기 때문에 순회하는 인덱스 i 또한 앞으로 당겨 옵니다.

```
tokens.remove(i - 1);
tokens.remove(i - 1);
tokens.remove(i - 1);
tokens.add(i - 1, String.valueOf(result));
i -= 2;
```

이렇게 수식의 순회가 종료되면 한 연산자 처리가 완료되고, 모든 연산자 순회가 종료되면 수식에 포함된 모든 연산자가 계산되어 수식에는 하나의 숫자만 남아 있습니다. 그러면 다음과 같이 수식에 마지막으로 포함되어 있는 숫자를 반환합니다.

```
return Long.parseLong(tokens.get(0));
```

solution() 메서드에서는 수식을 구성한 후 앞서 작성한 calculate() 메서드로 가장 큰 절댓값을 찾아야 합니다. 이를 위해 다음과 같이 최댓값을 저장할 max 변수를 정의하고, 연산자 우선순위를 순회합니다.

```
long max = 0;
for (String[] precedence : precedences) {

}
```

반복문 안에서는 수식 tokens와 연산자 우선순위 precedence를 사용하여 calculate() 메서드를 호출할 수 있습니다. 이때 주의할 점은 calculate() 메서드는 내부에서 전달된 tokens의 원소를 수정한다는 것입니다. 수식은 여러 연산자 우선순위에 대해 반복적으로 적용해야 하므로 다음과 같이 리스트를 복사해서 넘겨준 후 절댓값의 최댓값을 구합니다.

```
long value = Math.abs(calculate(new ArrayList<>(tokens), precedence));
if (value > max) {
    max = value;
}
```

마지막으로 이렇게 구한 최댓값을 반환합니다.

```
return max;
```

이렇게 문제의 제한 사항과 시간 복잡도를 따져 보면 조금 비효율적이더라도 문제를 쉽게 해결할 수 있는 방법을 찾을 수 있습니다.

전체 코드

```java
import java.util.ArrayList;
import java.util.Iterator;
import java.util.List;
import java.util.StringTokenizer;

public class Solution {
    private static final String[][] precedences = {
            "+-*".split(""),
            "+*-".split(""),
            "-+*".split(""),
            "-*+".split(""),
            "*+-".split(""),
            "*-+".split(""),
    };

    private long calculate(long lhs, long rhs, String op) {
        return switch (op) {
            case "+" -> lhs + rhs;
            case "-" -> lhs - rhs;
            case "*" -> lhs * rhs;
            default -> 0;
        };
    }

    private long calculate(List<String> tokens, String[] precedence) {
        for (String op : precedence) {
            for (int i = 0; i < tokens.size(); i++) {
                if (tokens.get(i).equals(op)) {
                    long lhs = Long.parseLong(tokens.get(i - 1));
                    long rhs = Long.parseLong(tokens.get(i + 1));
                    long result = calculate(lhs, rhs, op);
                    tokens.remove(i - 1);
                    tokens.remove(i - 1);
                    tokens.remove(i - 1);
                    tokens.add(i - 1, String.valueOf(result));
                    i -= 2;
                }
            }
        }
        return Long.parseLong(tokens.get(0));
    }

    public long solution(String expression) {
```

```java
        StringTokenizer tokenizer = new StringTokenizer(expression, "+-*", true);
        List<String> tokens = new ArrayList<>();
        while (tokenizer.hasMoreTokens()) {
            tokens.add(tokenizer.nextToken());
        }

        long max = 0;
        for (String[] precedence : precedences) {
            long value = Math.abs(calculate(new ArrayList<>(tokens), precedence));
            if (value > max) {
                max = value;
            }
        }
        return max;
    }
}
```

소수 찾기 - Level 2

URL https://school.programmers.co.kr/learn/courses/30/lessons/42839

한 자리 숫자가 적힌 종이 조각이 흩어져 있습니다. 흩어진 종이 조각을 붙여 소수를 몇 개 만들 수 있는지 알아내려 합니다.

각 종이 조각에 적힌 숫자가 적힌 문자열 numbers가 주어졌을 때, 종이 조각으로 만들 수 있는 소수가 몇 개인지 return하도록 solution 함수를 완성해주세요.

제한 사항

- numbers는 길이 1 이상 7 이하인 문자열입니다.
- numbers는 0~9까지 숫자만으로 이루어져 있습니다.
- "013"은 0, 1, 3 숫자가 적힌 종이 조각이 흩어져 있다는 의미입니다.

입출력 예

numbers	return
"17"	3
"011"	2

입출력 예 설명

예제 #1

[1, 7]로는 소수 [7, 17, 71]을 만들 수 있습니다.

예제 #2

[0, 1, 1]로는 소수 [11, 101]을 만들 수 있습니다.

- 11과 011은 같은 숫자로 취급합니다.

문제 풀이

문제에서는 사용할 수 있는 숫자들을 입력으로 주고, 우리는 이 숫자들을 조합해 나가며 만들 수 있는 모든 소수를 구해야 합니다. 이 문제는 5장에서 살펴본 모음 사전 문제와 비슷합니다. 주어진 숫자들을 사용해서 가능한 모든 숫자를 만든 후에는 생성된 숫자 중 소수를 가려내야 합니다. 이를 위해 재귀를 활용하여 만들 수 있는 모든 숫자를 생성해봅시다.

재귀 정의

먼저 5장에서 살펴본 대로 재귀를 정의합니다. 재귀 정의는 다음 단계를 따릅니다.

1. 상태
2. 종료 조건
3. 점화식

상태

주어진 숫자들을 사용하여 숫자를 조합해 나가야 합니다. 하나의 숫자를 계속해서 이어 붙여 나가야 하므로 상태에는 다음과 같이 3개의 변수가 포함됩니다.

1. 지금까지 만들어 놓은 숫자 acc
2. 사용할 수 있는 종이 조각들 numbers

지금까지 만들어 놓은 숫자 acc는 계속해서 숫자를 하나씩 이어 붙여 나가는 데 필요하고, 사용할 수 있는 종이 조각들 numbers는 아직 사용하지 않은 종이 조각을 사용하는 데 필요합니다.

따라서 이 재귀의 상태는 (acc, numbers)로 표기할 수 있고, 이 상태를 나타내는 부분 문제는 acc로 시작해서 numbers로 만들 수 있는 숫자 중 소수의 집합이 됩니다.

종료 조건

모든 경우를 확인해보아야 하므로 더 이상 숫자를 만들 수 없을 때 재귀가 종료됩니다. 더 이상 숫자를 만들 수 없을 때는 모든 종이 조각을 사용했을 때, 즉 numbers가 비어 있을 때입니다.

따라서 이 재귀의 종료 조건은 (acc, 0)입니다. numbers는 숫자들의 배열 혹은 집합으로, 0으로 표기해서 비어 있다는 것을 나타냈습니다. 이때는 만들 수 있는 숫자가 acc밖에 없습니다. 따라서 acc가 소수인지에 따라 다음과 같이 종료 조건이 정의됩니다.

$$(acc, 0) = \begin{cases} \{acc\} & \rightarrow acc가\ 소수인\ 경우 \\ \{\} & \rightarrow acc가\ 소수가\ 아닌\ 경우 \end{cases}$$

점화식

만들어 놓은 숫자 acc에 사용할 수 있는 종이 조각 중 하나를 이어 붙여 상태를 전이시켜 나가야 합니다. 또 acc 자체가 소수인 경우도 확인해야 합니다. 따라서 점화식은 acc의 소수 검사와 전이된 상태의 결과를 모두 합친 다음 형태가 됩니다.

$$(acc, numbers) = \begin{cases} \{acc\} & \rightarrow acc가\ 소수인\ 경우 \\ \{\} & \rightarrow acc가\ 소수가\ 아닌\ 경우 \end{cases} \quad (acc * 10 + n, numbers - n)$$

이 수식을 살펴보면 + 연산을 기준으로 앞부분과 뒷부분으로 나뉘어 있습니다. 앞부분은 acc의 소수 여부에 따라 acc가 소수 집합에 포함될지 결정됩니다. 뒷부분은 numbers에 포함된 모든 정수에서 acc 뒤에 이어 붙이고, numbers 집합에서 해당 정수를 제외한 상태로 전이시킵니다. 그리고 전이된 상태의 결과를 모두 더하면 원래 상태의 결과가 됩니다.

▼ **표 6-2** 소수 찾기 문제의 재귀 정의

상태	(acc, numbers)	acc로 시작해서 numbers로 만들 수 있는 숫자 중 소수의 집합
종료 조건	$(acc, 0) = \begin{cases} \{acc\} & \rightarrow acc가\ 소수인\ 경우 \\ \{\} & \rightarrow acc가\ 소수가\ 아닌\ 경우 \end{cases}$	
점화식	$(acc, numbers) = \begin{cases} \{acc\} & \rightarrow acc가\ 소수인\ 경우 \\ \{\} & \rightarrow acc가\ 소수가\ 아닌\ 경우 \end{cases} \; \overset{ers}{\curvearrowright} (acc * 10 + n, numbers - n)$	

코드 작성

앞서 정의한 재귀를 이용하여 코드를 작성해봅시다.

먼저 상태를 이용하여 재귀 메서드 getPrimes()를 같이 작성합니다. 소수의 집합을 반환해야 하므로 반환형은 Set<Integer>로, numbers는 숫자를 쉽게 제거할 수 있도록 List<Integer> 로 작성합니다.

```
private Set<Integer> getPrimes(int acc, List<Integer> numbers) {
    // 종료 조건, 점화식 구현
}
```

종료 조건을 먼저 구현합니다. 종료 조건은 numbers에 아무 숫자도 포함되지 않은 경우입니다. 다음과 같이 종료 조건을 검사합니다.

```
if (numbers.isEmpty()) {
    // acc의 소수 여부에 따라 적절한 집합 반환
}
```

acc가 소수인지 검사해야 하므로 다음과 같이 소수 검사를 하는 isPrime() 메서드를 작성합니다.

```java
private boolean isPrime(int n) {
    if (n <= 1) return false;
    for (int i = 2; i * i <= n; i++) {
        if (n % i == 0) return false;
    }
    return true;
}
```

이제 isPrime() 메서드로 acc가 소수이면 acc가 포함된 집합을, 소수가 아니면 빈 집합을 반환합니다.

```java
if (numbers.isEmpty()) {
    if (isPrime(acc)) return Set.of(acc);
    return Set.of();
}
```

다음으로 점화식을 구현해야 합니다. 상태의 결과는 숫자의 집합이 나와야 하고, 전이된 상태에서 반환받은 집합도 모두 합쳐야 하기 때문에 부분 문제의 결과로 사용될 집합을 종료 조건 이후에 정의합니다.

```java
private Set<Integer> getPrimes(int acc, List<Integer> numbers) {
    if (numbers.isEmpty()) {
        if (isPrime(acc)) return Set.of(acc);
        return Set.of();
    }

    Set<Integer> primes = new HashSet<>();
    // 점화식 구현
    return primes;
}
```

가장 먼저 acc의 소수 여부에 따라 결과 집합에 포함시킵니다.

```java
Set<Integer> primes = new HashSet<>();
if (isPrime(acc)) primes.add(acc);
```

```
// 상태 전이 구현

return primes;
```

다음으로 numbers의 모든 숫자에 대해 순회하며 상태를 전이시킬 준비를 합니다.

```
for (int i = 0; i < numbers.size(); i++) {
    // numbers.get(i)로 상태 전이 진행
}
```

전이되는 상태의 acc는 뒤에 numbers.get(i)가 이어 붙은 acc * 10 + numbers.get(i)가 됩니다. 이를 nextAcc 변수에 다음과 같이 구해 둡니다.

```
int nextAcc = acc * 10 + numbers.get(i);
```

전이되는 상태의 numbers는 방금 사용한 숫자를 제외하고 넘겨주어야 합니다. 인덱스 i번째의 숫자를 사용했으므로 리스트를 복사하고, 해당 인덱스를 삭제합니다.

```
List<Integer> nextNumbers = new ArrayList<>(numbers);
nextNumbers.remove(i);
```

이제 전이 상태가 준비되었으므로 재귀를 이용하여 전이 상태에 대한 부분 문제를 풀고, 그 결과 집합을 현재 풀고 있는 상태의 결과 집합에 합칩니다.

```
primes.addAll(getPrimes(nextAcc, nextNumbers));
```

정리하면 점화식 부분은 다음과 같이 작성됩니다.

```
Set<Integer> primes = new HashSet<>();
if (isPrime(acc)) primes.add(acc);

for (int i = 0; i < numbers.size(); i++) {
    int nextAcc = acc * 10 + numbers.get(i);
    List<Integer> nextNumbers = new ArrayList<>(numbers);
    nextNumbers.remove(i);
    primes.addAll(getPrimes(nextAcc, nextNumbers));
```

```
    }

    return primes;
```

이제 재귀 부분인 getPrimes() 메서드는 다음과 같이 구현되었습니다.

```
private Set<Integer> getPrimes(int acc, List<Integer> numbers) {
    if (numbers.isEmpty()) {
        if (isPrime(acc)) return Set.of(acc);
        return Set.of();
    }

    Set<Integer> primes = new HashSet<>();
    if (isPrime(acc)) primes.add(acc);

    for (int i = 0; i < numbers.size(); i++) {
        int nextAcc = acc * 10 + numbers.get(i);
        List<Integer> nextNumbers = new ArrayList<>(numbers);
        nextNumbers.remove(i);
        primes.addAll(getPrimes(nextAcc, nextNumbers));
    }

    return primes;
}
```

한 가지 눈치챘나요? 종료 조건에서 acc의 소수 여부에 따라 집합을 생성하는 부분이 점화식에서 처음 집합을 생성하는 부분과 중복됩니다. 따라서 다음과 같이 수정하여 중복된 소수 검사를 줄일 수 있습니다.

```
private Set<Integer> getPrimes(int acc, List<Integer> numbers) {
    Set<Integer> primes = new HashSet<>();
    if (isPrime(acc)) primes.add(acc);
    if (numbers.isEmpty()) return primes;

    for (int i = 0; i < numbers.size(); i++) {
        int nextAcc = acc * 10 + numbers.get(i);
        List<Integer> nextNumbers = new ArrayList<>(numbers);
        nextNumbers.remove(i);
        primes.addAll(getPrimes(nextAcc, nextNumbers));
    }
```

```
        return primes;
    }
```

또 종료 조건에서는 numbers가 빈 리스트입니다. 이 경우 굳이 numbers.isEmpty()로 메서드를 종료하지 않아도 아래 for 문에서 numbers에 포함된 원소가 없기 때문에 수행되지 않고 primes를 반환합니다. 따라서 이 구현에서는 종료 조건을 검사하지 않아도 다음과 같이 getPrimes() 메서드가 완성됩니다.

```
    private Set<Integer> getPrimes(int acc, List<Integer> numbers) {
        Set<Integer> primes = new HashSet<>();
        if (isPrime(acc)) primes.add(acc);

        for (int i = 0; i < numbers.size(); i++) {
            int nextAcc = acc * 10 + numbers.get(i);
            List<Integer> nextNumbers = new ArrayList<>(numbers);
            nextNumbers.remove(i);
            primes.addAll(getPrimes(nextAcc, nextNumbers));
        }

        return primes;
    }
```

잠깐만요

이렇게 코드를 정리하고 불필요한 부분을 삭제하는 것을 리팩터링이라고 합니다. 리팩터링은 주로 코드의 가독성을 높이려고 수행합니다.

이번에 수행한 리팩터링은 종료 조건을 점화식 구현에 포함시킴으로써 생략하는 것으로, 시간 복잡도에서 차이는 없습니다.

이제 solution() 메서드에서 이 재귀 메서드를 호출하여 정답을 구해봅시다. 가장 큰 부분 문제는 아직 아무런 숫자도 만들지 않았을 때입니다. 즉, acc는 0이고 numbers에 모든 숫자가 들어 있는 경우가 가장 큰 부분 문제가 됩니다.

solution() 메서드의 입력으로는 문자열이 들어오기 때문에, 이를 문자로 분리한 후 숫자의 리스트로 변환해야 합니다. 물론 직접 일일이 구현해도 좋지만, Stream을 사용하면 조금 더 편하게 변환할 수 있습니다.

문자열 String의 chars() 메서드를 사용하면 문자열에 포함된 문자들의 아스키 코드를 나타내는 정수들이 IntStream 형태로 반환됩니다. 여기에 map()을 사용하여 아스키 코드를 정수로 변환합니다. boxed()를 사용하면 int형인 각 원소가 wrapper class인 Integer 클래스로 변환됩니다. 마지막으로 collect() 메서드를 사용하여 List로 변환합니다. 이 과정은 다음과 같이 작성됩니다.

```
List<Integer> numbers = nums.chars()
        .map(c -> c - '0')
        .boxed()
        .collect(Collectors.toList());
```

이제 초기 상태가 모두 준비되었습니다. 초기 상태를 이용하여 재귀 호출을 수행하면 만들 수 있는 모든 소수가 포함된 Set이 반환됩니다. 따라서 반환된 Set의 크기가 만들 수 있는 모든 소수 개수가 됩니다.

```
return getPrimes(0, numbers).size();
```

이렇게 모든 코드가 완성되었습니다. 하지만 5장에서 살펴보았듯이, 아직 비효율적인 부분이 있는 코드입니다.

전체 코드   **효율이 낮은 코드**   6장/소수_찾기.java

```java
import java.util.ArrayList;
import java.util.HashSet;
import java.util.List;
import java.util.Set;
import java.util.stream.Collectors;

public class Solution {
    private boolean isPrime(int n) {
        if (n <= 1) return false;
        for (int i = 2; i * i <= n; i++) {
            if (n % i == 0) return false;
        }
        return true;
    }

    private Set<Integer> getPrimes(int acc, List<Integer> numbers) {
        Set<Integer> primes = new HashSet<>();
        if (isPrime(acc)) primes.add(acc);

        for (int i = 0; i < numbers.size(); i++) {
```

```
            int nextAcc = acc * 10 + numbers.get(i);
            List<Integer> nextNumbers = new ArrayList<>(numbers);
            nextNumbers.remove(i);
            primes.addAll(getPrimes(nextAcc, nextNumbers));
        }

        return primes;
    }

    public int solution(String nums) {
        List<Integer> numbers = nums.chars()
                .map(c -> c - '0')
                .boxed()
                .collect(Collectors.toList());
        return getPrimes(0, numbers).size();
    }
}
```

문제 풀이 최적화 1

5장에서 살펴보았듯이, Set을 반환으로 사용하는 것은 재귀 호출이 종료될 때마다 모든 원소를 순회하기 때문에 시간 복잡도가 기하급수적으로 증가합니다. 이를 해결하기 위해 다음과 같이 Set을 반환하지 않고 매개변수로 전달해서 불필요한 원소 순회를 방지합니다.

전체 코드 **최적화 1**   6장/소수_찾기_최적화1.java

```
import java.util.ArrayList;
import java.util.HashSet;
import java.util.List;
import java.util.Set;
import java.util.stream.Collectors;

public class Solution {
    private boolean isPrime(int n) {
        if (n <= 1) return false;
        for (int i = 2; i * i <= n; i++) {
            if (n % i == 0) return false;
        }
        return true;
    }
```

```
    private void getPrimes(int acc, List<Integer> numbers, Set<Integer> primes) {
        if (isPrime(acc)) primes.add(acc);
        for (int i = 0; i < numbers.size(); i++) {
            int nextAcc = acc * 10 + numbers.get(i);
            List<Integer> nextNumbers = new ArrayList<>(numbers);
            nextNumbers.remove(i);
            getPrimes(nextAcc, nextNumbers, primes);
        }
    }

    public int solution(String nums) {
        Set<Integer> primes = new HashSet<>();
        List<Integer> numbers = nums.chars()
                .map(c -> c - '0')
                .boxed()
                .collect(Collectors.toList());
        getPrimes(0, numbers, primes);
        return primes.size();
    }
}
```

문제 풀이 최적화 2

지금은 사용할 수 있는 숫자들을 전달하려고 List를 복사하고 원소를 하나씩 제거하고 있습니다. List에 포함된 원소 개수를 N이라고 할 때, List의 복사는 전체 원소를 순회해야 하므로 O(N) 시간 복잡도가 소요됩니다. 또 원소의 삭제는 하나의 원소를 삭제한 후 해당 원소 뒤에 있는 모든 원소를 한 칸씩 앞으로 당겨야 하기 때문에 O(N)이 소요됩니다.

즉, 현재 구현은 numbers 크기만큼 순회하는 for 문에서 O(N), 각 반복마다 리스트를 복사하고 원소를 삭제하는 데 O(N)이 소요되어 하나의 부분 문제를 풀 때 O(N²)의 시간 복잡도가 소요됩니다.

이는 상용할 수 있는 숫자들만 전달하려고 List를 사용해서 발생한 문제로, 숫자 정보와 사용 여부 정보를 나누어 전달한다면 해결할 수 있습니다. 다음과 같이 List로 전달하는 numbers를 모든 숫자가 저장된 int형 배열 numbers와 각 숫자의 사용 여부를 나타내는 isUsed로 분리합니다.

```
private void getPrimes(int acc, int[] numbers, boolean[] isUsed,
                       Set<Integer> primes) {
```

이제 모든 숫자를 사용하는 것이 아니라 배열 isUsed에 false로 체크된, 즉 사용하지 않은 숫자들을 골라서 사용해야 합니다.

```
for (int i = 0; i < numbers.length; i++) {
    if (isUsed[i]) continue;

    // numbers[i] 사용
}
```

nextAcc는 이전과 같이 numbers[i]를 사용하여 쉽게 구할 수 있습니다.

```
for (int i = 0; i < numbers.length; i++) {
    if (isUsed[i]) continue;

    int nextAcc = acc * 10 + numbers[i];

    // 재귀 호출
}
```

또 다음과 같이 이번 재귀에서 사용한 숫자를 사용했다고 체크하고 재귀 호출을 수행합니다.

```
for (int i = 0; i < numbers.length; i++) {
    if (isUsed[i]) continue;

    int nextAcc = acc * 10 + numbers[i];

    isUsed[i] = true;
    getPrimes(nextAcc, numbers, isUsed, primes);
}
```

마지막으로 재귀 호출이 종료되었을 때는 더 이상 해당 숫자를 사용하지 않으므로 다시 isUsed에 false로 체크해야 합니다.

```
    for (int i = 0; i < numbers.length; i++) {
        if (isUsed[i]) continue;

        int nextAcc = acc * 10 + numbers[i];

        isUsed[i] = true;
        getPrimes(nextAcc, numbers, isUsed, primes);
        isUsed[i] = false;
    }
```

getPrimes() 메서드의 최적화가 완료되었습니다. 변경된 메서드 선언에 맞게 solution() 메서드도 다음과 같이 수정합니다.

```
public int solution(String nums) {
    Set<Integer> primes = new HashSet<>();
    int[] numbers = nums.chars().map(c -> c - '0').toArray();
    getPrimes(0, numbers, new boolean[numbers.length], primes);
    return primes.size();
}
```

이렇게 처음에 작성했던 코드보다 훨씬 효율적인 코드를 작성할 수 있습니다.

전체 코드 **최적화 2**   6장/소수_찾기_최적화2.java

```
import java.util.HashSet;
import java.util.Set;

public class Solution {
    private boolean isPrime(int n) {
        if (n <= 1) return false;
        for (int i = 2; i * i <= n; i++) {
            if (n % i == 0) return false;
        }
        return true;
    }

    private void getPrimes(int acc, int[] numbers, boolean[] isUsed,
                            Set<Integer> primes) {
        if (isPrime(acc)) primes.add(acc);

        for (int i = 0; i < numbers.length; i++) {
            if (isUsed[i]) continue;
```

```
            int nextAcc = acc * 10 + numbers[i];

            isUsed[i] = true;
            getPrimes(nextAcc, numbers, isUsed, primes);
            isUsed[i] = false;
        }
    }

    public int solution(String nums) {
        Set<Integer> primes = new HashSet<>();
        int[] numbers = nums.chars().map(c -> c - '0').toArray();
        getPrimes(0, numbers, new boolean[numbers.length], primes);
        return primes.size();
    }
}
```

불량 사용자 - Level 3

URL https://school.programmers.co.kr/learn/courses/30/lessons/64064

개발팀 내에서 이벤트 개발을 담당하고 있는 '무지'는 최근 진행된 카카오 이모티콘 이벤트에 비정상적인 방법으로 당첨을 시도한 응모자들을 발견하였습니다. 이런 응모자들을 따로 모아 불량 사용자라는 이름으로 목록을 만들어서 당첨 처리 시 제외하도록 이벤트 당첨자 담당자인 '프로도'에게 전달하려고 합니다. 이때 개인 정보 보호를 위해 사용자 아이디 중 일부 문자를 '*' 문자로 가려서 전달했습니다. 가리고자 하는 문자 하나에 '*' 문자 하나를 사용하였고 아이디당 최소 하나 이상의 '*' 문자를 사용하였습니다.

'무지'와 '프로도'는 불량 사용자 목록에 매핑된 응모자 아이디를 제재 아이디라고 부르기로 하였습니다.

예를 들어, 이벤트에 응모한 전체 사용자 아이디 목록이 다음과 같다면

응모자 아이디
frodo
fradi
crodo
abc123
frodoc

다음과 같이 불량 사용자 아이디 목록이 전달된 경우,

불량 사용자
fr*d*
abc1**

불량 사용자에 매핑되어 당첨에서 제외되어야 할 제재 아이디 목록은 다음과 같이 두 가지 경우가 있을 수 있습니다.

제재 아이디	제재 아이디
frodo	fradi
abc123	abc123

이벤트 응모자 아이디 목록이 담긴 배열 user_id와 불량 사용자 아이디 목록이 담긴 배열 banned_id가 매개변수로 주어질 때, 당첨에서 제외되어야 할 제재 아이디 목록은 몇 가지 경우의 수가 가능한지 return하도록 solution 함수를 완성해주세요.

제한 사항

- user_id 배열의 크기는 1 이상 8 이하입니다.
- user_id 배열 각 원소들의 값은 길이가 1 이상 8 이하인 문자열입니다.
  - 응모한 사용자 아이디들은 서로 중복되지 않습니다.
  - 응모한 사용자 아이디는 알파벳 소문자와 숫자만으로 구성되어 있습니다.
- banned_id 배열의 크기는 1 이상 user_id 배열의 크기 이하입니다.
- banned_id 배열 각 원소들의 값은 길이가 1 이상 8 이하인 문자열입니다.
  - 불량 사용자 아이디는 알파벳 소문자와 숫자, 가리기 위한 문자 '*'로만 이루어져 있습니다.
  - 불량 사용자 아이디는 '*' 문자를 하나 이상 포함하고 있습니다.
  - 불량 사용자 아이디 하나는 응모자 아이디 중 하나에 해당하고 같은 응모자 아이디가 중복해서 제재 아이디 목록에 들어가는 경우는 없습니다.
- 제재 아이디 목록들을 구했을 때 아이디들이 나열된 순서와 관계없이 아이디 목록의 내용이 동일하다면 같은 것으로 처리하여 하나로 세면 됩니다.

입출력 예

user_id	banned_id	result
["frodo", "fradi", "crodo", "abc123", "frodoc"]	["fr*d*", "abc1**"]	2
["frodo", "fradi", "crodo", "abc123", "frodoc"]	["*rodo", "*rodo", "******"]	2
["frodo", "fradi", "crodo", "abc123", "frodoc"]	["fr*d*", "*rodo", "******", "******"]	3

입출력 예에 대한 설명

입출력 예 #1

문제 설명과 같습니다.

입출력 예 #2

다음과 같이 두 가지 경우가 있습니다.

제재 아이디	제재 아이디
frodo	frodo
crodo	crodo
abc123	frodoc

입출력 예 #3

다음과 같이 세 가지 경우가 있습니다.

제재 아이디	제재 아이디	제재 아이디
frodo	fradi	fradi
crodo	crodo	frodo
abc123	abc123	abc123
frodoc	frodoc	frodoc

문제 풀이

이 문제는 정규표현식을 이용하면 불량 사용자 아이디 목록에 해당하는 사용자 아이디를 쉽게 구할 수 있습니다. 이렇게 구한 사용자 아이디를 조합할 수 있는 경우의 수를 구해야 합니다.

불량 사용자 아이디에 매칭되는 사용자 아이디를 String의 2차원 배열로 구해봅시다. 다음과 같이 불량 사용자 아이디가 들어 있는 banned_id를 Stream으로 변환합니다.

```
Arrays.stream(banned_id)
```

문제의 입력에서 나타난 *는 아무 문자 하나를 나타내므로 정규표현식의 .과 동일합니다. 따라서 다음과 같이 문자 *를 문자 .으로 바꾸어 줍니다.

```
Arrays.stream(banned_id)
        .map(banned -> banned.replace('*', '.'))
```

이제 정규표현식에 해당하는 사용자 아이디를 찾아야 합니다. 불량 사용자 아이디를 나타내는 정규표현식이 banned일 때, 이에 해당하는 사용자 아이디의 배열을 구하려면 전체 사용자 아이디가 들어 있는 user_id를 Stream으로 변환합니다. 그리고 정규표현식에 매칭되는 아이디만 남겨 배열을 구성합니다. 따라서 다음과 같이 불량 사용자 아이디를 이에 해당하는 사용자 아이디의 배열로 변환할 수 있습니다.

```
Arrays.stream(banned_id)
        .map(banned -> banned.replace('*', '.'))
        .map(banned -> Arrays.stream(user_id)
```

```
        .filter(id -> id.matches(banned))
        .toArray(String[]::new))
```

마지막으로 이를 String의 2차원 배열로 변환합니다.

```
String[][] bans = Arrays.stream(banned_id)
        .map(banned -> banned.replace('*', '.'))
        .map(banned -> Arrays.stream(user_id)
                .filter(id -> id.matches(banned))
                .toArray(String[]::new))
        .toArray(String[][]::new);
```

이렇게 각 불량 사용자 아이디에 매칭되는 사용자 목록이 담긴 2차원 String 배열이 구성되었습니다.

재귀 정의

앞서 구한 bans를 이용하여 서로 다른 사용자 아이디의 조합 개수를 세어 주어야 합니다. 이 과정은 원소를 순서대로 나열하는 개수인 순열과 비슷하게 재귀로 구현되지만, 순서가 상관없다는 점을 생각하면 Set을 이용할 수 있습니다. 이 문제를 해결하는 재귀를 정의해봅시다.

상태

각 불량 사용자 아이디 중 하나의 사용자 아이디를 선택해야 합니다. 따라서 불량 사용자 아이디의 순서대로 재귀를 진행할 수 있으며, 상태에는 사용자 아이디를 선택할 불량 사용자 아이디의 인덱스 index와 중복된 사용자 아이디를 선택하는 것을 방지하는 Set 자료 구조인 banned로 구성할 수 있습니다.

따라서 이 문제의 재귀 상태는 (index, banned)로 표기할 수 있고, 이 상태가 나타내는 부분 문제는 banned에 포함된 사용자 아이디를 제외하고 불량 사용자 아이디 index번째부터 가능한 사용자 아이디의 조합이 됩니다.

종료 조건

더 이상 사용자 아이디를 선택할 수 없을 때 재귀가 종료됩니다. 1) 사용자 아이디로 모든 불량 사용자 아이디를 선택했거나 2) 해당 불량 사용자 아이디와 중복되지 않는 사용자 아이디가 없어 선택할 수 없을 때가 있습니다.

1)은 정상적으로 모든 사용자 아이디를 선택했기 때문에 가능한 조합을 발견한 것입니다. 반면 2)는 사용자 아이디가 선택되어야 하는 상황에서 적합한 사용자 아이디를 찾지 못했기 때문에 가능한 조합이 아닙니다.

$$(index, banned) = \begin{cases} \{banned\} & \rightarrow index == \text{끝인 경우} \\ \{\} & \rightarrow \text{매칭할 수 있는 사용자 아이디가 없는 경우} \end{cases}$$

점화식

불량 사용자 인덱스를 진행시키며 가능한 조합을 찾습니다.

$$(index, banned) = \sum_{id}^{bans[index]} (index + 1, banned + \{id\})$$

이를 정리하면 다음과 같이 재귀를 정의할 수 있습니다.

▼ **표 6-3** 불량 사용자 문제의 재귀 정의

상태	(index,banned)	banned에 포함된 사용자 아이디를 제외하고 불량 사용자 아이디 index번째 부터 가능한 사용자 아이디의 조합
종료 조건	$(index, banned) = \begin{cases} \{banned\} \\ \{\} \end{cases}$	$\rightarrow$ index == 끝인 경우 $\rightarrow$ 매칭할 수 있는 사용자 아이디가 없는 경우
점화식	$(index, banned) = \sum_{id}^{bans[index]} (index + 1, banned + \{id\})$	

이 중에서 상태를 이용하여 재귀 메서드 count( )를 다음과 같이 선언합니다.

```
private void count(int index, Set<String> banned,
                   String[][] bans, Set<Set<String>> banSet) {

}
```

count( )의 매개변수 중 index와 banned는 상태 변수입니다. bans는 불량 사용자 아이디별로 매칭되는 사용자 아이디 정보를 담은 매개변수이며, banSet은 찾은 조합을 저장할 매개변수입니다. 여기에 종료 조건과 점화식을 다음과 같이 구현합니다.

```
private void count(int index, Set<String> banned,
                   String[][] bans, Set<Set<String>> banSet) {
    if (index == bans.length) {
        banSet.add(new HashSet<>(banned));
        return;
    }

    for (String id : bans[index]) {
        if (banned.contains(id)) continue;
        banned.add(id);
        count(index + 1, banned, bans, banSet);
        banned.remove(id);
    }
}
```

banned에 현재까지 선택한 사용자 아이디가 들어 있기 때문에 종료 조건에 도달했을 때 해당 Set에는 사용자 아이디 조합이 들어 있습니다. 이를 복사하여 banSet에 넣어 주면 조합을 찾을 수 있습니다.

solution( ) 메서드에서는 다음과 같이 count( ) 메서드를 호출하여 가능한 모든 조합을 찾고 그 개수를 반환합니다.

```
Set<Set<String>> banSet = new HashSet<>();
count(0, new HashSet<>(), bans, banSet);
return banSet.size();
```

이렇게 Set으로 순서와 상관없는 조합 개수를 셀 수 있었습니다.

전체 코드   6장/불량_사용자.java

```
import java.util.Arrays;
import java.util.HashSet;
import java.util.Set;

public class Solution {
    private void count(int index, Set<String> banned,
                       String[][] bans, Set<Set<String>> banSet) {
        if (index == bans.length) {
            banSet.add(new HashSet<>(banned));
            return;
        }
```

```java
        for (String id : bans[index]) {
            if (banned.contains(id)) continue;
            banned.add(id);
            count(index + 1, banned, bans, banSet);
            banned.remove(id);
        }
    }

    public int solution(String[] user_id, String[] banned_id) {
        String[][] bans = Arrays.stream(banned_id)
                .map(banned -> banned.replace('*', '.'))
                .map(banned -> Arrays.stream(user_id)
                        .filter(id -> id.matches(banned))
                        .toArray(String[]::new))
                .toArray(String[][]::new);

        Set<Set<String>> banSet = new HashSet<>();
        count(0, new HashSet<>(), bans, banSet);
        return banSet.size();
    }
}
```

이 장에서는 완전 탐색을 알아보았습니다. 간단한 구현으로 풀 수 있는 문제들과 이전 장에서 살펴본 재귀를 포함한 많은 형태의 완전 탐색이 있습니다. 때로는 무식한 풀이가 가장 정확한 풀이일 수 있다는 점을 잊지 마세요.

정렬

SECTION 1   정렬이란?

SECTION 2   정렬하기

모든 데이터에는 값이 있으며 사람들은 이 값이 정렬된 데이터를 보기 좋아합니다. 예를 들어 학생들을 이름 순으로, 상품을 가격 순으로, 로그를 시간 순으로 나열합니다. 이 장에서는 데이터를 정렬하는 방법과 문제에 맞게 효율적으로 정렬하는 방법을 살펴봅니다.

7.1
SECTION 정렬이란?

데이터에는 많은 형식이 있습니다. 숫자나 문자열 등 기본 자료형뿐만 아니라, 여러 자료형이 혼합된 클래스 같은 복합 자료형도 있습니다. 이 데이터들은 많은 경우 서로 같은 내용을 담았는지 비교할 수 있으며, 특정 기준에 따라 서로 대소 비교도 가능합니다.

7.1.1 정렬 기준 잡기

하나의 데이터는 다른 여러 개의 데이터로 구성될 때가 많습니다. 예를 들어 학생 정보를 나타내는 다음 클래스를 살펴봅시다.

```
class Student {
    public final int id;
    public final String name;
    public final int score;

    Student(int id, String name, int score) {
        this.id = id;
        this.name = name;
        this.score = score;
    }
}
```

학생을 나타내는 Student 클래스는 학번 id, 이름 name, 성적 score로 구성되어 있습니다. 다음과 같이 학번, 이름, 성적을 갖는 세 학생이 있습니다.

▼ **표 7-1** 학생 데이터

학번(id)	이름(name)	성적(score)
2020001234	홍길동	90
2020002345	김철수	80
2020003456	최아롬	100

이 세 학생이 갖는 학번, 이름, 성적은 모두 비교할 수 있는 데이터입니다. 학번과 성적은 숫자이므로 값의 크기에 따라 대소 비교가 가능합니다. 이름은 문자열이므로 길이나 사전 순서를 이용하여 비교할 수 있습니다.

이처럼 하나의 데이터라고 하더라도 포함된 데이터 종류에 따라 다양한 기준으로 정렬할 수 있습니다. 따라서 문제를 잘 파악하고 문제의 요구 사항을 맞출 수 있는 정렬 기준을 선택해야 합니다.

7.1.2 정렬 효율 높이기

데이터가 들어 있는 리스트를 정렬하는 것은 단순히 리스트를 전부 순회하는 것 이상의 시간이 필요합니다. 리스트 길이를 N이라고 할 때, 리스트를 순회하는 것은 선형 시간 복잡도인 O(N)이 소요되는 반면 정렬은 O(N logN)이 소요됩니다. 두 데이터를 비교하는데 상수 시간이 아니라 더욱 큰 시간이 소요된다면 정렬에 필요한 시간은 그만큼 증가하게 됩니다.

잠깐만요

정렬에는 선택 정렬, 삽입 정렬, 퀵 정렬, 합병 정렬, 힙 정렬 등 아주 많은 종류의 알고리즘이 있습니다. 각 알고리즘은 원본 리스트의 상태에 따른 시간 복잡도와 사용하는 메모리 등 서로 다른 장단점이 있습니다. 그러나 우리는 자바의 내장 정렬 알고리즘을 이용하므로 각 알고리즘을 자세히 알 필요는 없습니다.

효율적으로 정렬하려면 다음을 이용하여 시간 복잡도를 계산할 수 있어야 합니다.

1. 기대 시간 복잡도는 O(N logN)입니다.

2. 두 데이터를 비교할 수 있어야 합니다.

3. 비교에 소요되는 시간 복잡도가 전체 시간 복잡도에 곱해집니다.

예를 들어 길이가 N인 리스트가 있고 두 데이터를 비교하는 데 O(M)의 시간 복잡도가 소요된다고 하면, 전체 정렬 시간 복잡도는 O(NM logN)이 됩니다. 많은 경우 두 데이터를 비교하는 데 상수 시간이 소요되므로 O(N logN)이 기대 시간 복잡도가 됩니다.

데이터 구조와 문제 조건에 따라 데이터를 비교하는 방법과 시간 복잡도가 달라지므로 불필요한 비교와 정렬은 최소화하고 문제 조건을 맞출 수 있는 최소한의 정렬을 진행해야 합니다.

7.2 정렬하기
SECTION

정렬에는 여러 방법이 있습니다. 다음은 기본 정렬 방법에 따른 시간 복잡도입니다.

▼ **표 7-2** 여러 정렬 알고리즘의 시간 복잡도

종류	최악의 경우 시간 복잡도
버블 정렬	$O(N^2)$
선택 정렬	$O(N^2)$
삽입 정렬	$O(N^2)$
퀵 정렬	$O(N^2)$
힙 정렬	$O(N logN)$
병합 정렬	$O(N logN)$

표 7-2에서는 여러 정렬 방법과 최악의 경우 소요되는 시간 복잡도를 나타냅니다. 이 시간 복잡도만 본다면 힙 정렬과 병합 정렬만 사용해야 할 것 같습니다. 하지만 이는 최악의 경우를 나타낸 것으로, 평균적인 시간 복잡도와 최선의 경우에 사용되는 시간 복잡도는 다릅니다.

코딩 테스트에서는 최악의 경우를 상정하고 문제를 해결해야 하기 때문에 최악의 경우 시간 복잡도만 따지면 됩니다. 자바는 다행히 내장 정렬 메서드를 제공하므로 이런 정렬 방법들을 직접 구현할 필요가 없습니다. 자바의 내장 정렬 메서드는 앞서 언급한 기본 정렬 방법들을 개량한 정렬 알고리즘을 사용하기 때문에 O(N logN)의 시간 복잡도를 기대할 수 있습니다.

자바에서는 데이터를 담는 리스트의 클래스에 따라 사용해야 하는 내장 메서드가 다르기 때문에 정렬을 수행할 수 있는 자바의 다양한 내장 메서드를 알아봅시다.

7.2.1 기본 기준 사용하기

우선 가장 간단히 사용할 수 있는 메서드들이 있는 다음 표를 살펴봅시다.

▼ 표 7-3 정렬 대상별 내장 정렬 메서드

대상	정렬 메서드	내용
배열	Arrays.sort()	전달받은 배열 자체를 정렬
List, Vector, ...	Collections.sort()	전달받은 Collection 자체를 정렬
Stream	stream.sorted()	정렬된 Stream을 반환

이 메서드들이 어떻게 사용되는지 다음 예제 코드로 확인해봅시다.

```
int[] array = {5, 10, 7, 9, 3, 2};
Arrays.sort(array);
// [2, 3, 5, 7, 9, 10]
System.out.println(Arrays.toString(array));

List<Integer> collection = new ArrayList<>(List.of(5, 10, 7, 9, 3, 2));
Collections.sort(collection);
// [2, 3, 5, 7, 9, 10]
System.out.println(collection);

Stream<Integer> stream = Stream.of(5, 10, 7, 9, 3, 2).sorted();
// [2, 3, 5, 7, 9, 10]
System.out.println(stream.collect(Collectors.toList()));
```

앞 코드에서 알 수 있듯이, Arrays.toString()과 Collections.toString()은 전달받은 객체 자체를 정렬합니다. 반면 stream.sorted() 메서드는 정렬된 Stream을 반환합니다.

또 이렇게 사용하는 내장 메서드들은 기본 정렬 기준에 따라 정렬을 수행합니다. 기본 정렬 기준은 숫자형인 int, long, char, double, float와 문자열인 String처럼 자바의 기저 자료형(primitive data type)만 정의하고 있습니다. 정수형과 문자열에 대한 기본 정렬 기준은 다음과 같습니다.

▼ **표 7-4** 기저 자료형별 기본 정렬 기준

분류	기본 정렬 기준	자료형
숫자형	오름차순	`int, long, char, double, float, …`
문자열	사전 순	`String`

기본 정렬 기준을 이용하여 해결할 수 있는 몇 개의 문제를 살펴봅시다.

K번째 수 – Level 1

URL https://school.programmers.co.kr/learn/courses/30/lessons/42748

배열 array의 i번째 숫자부터 j번째 숫자까지 자르고 정렬했을 때, k번째에 있는 수를 구하려 합니다.
예를 들어 array가 [1, 5, 2, 6, 3, 7, 4], i = 2, j = 5, k = 3이라면

1. array의 2번째부터 5번째까지 자르면 [5, 2, 6, 3]입니다.
2. 1에서 나온 배열을 정렬하면 [2, 3, 5, 6]입니다.
3. 2에서 나온 배열의 3번째 숫자는 5입니다.

배열 array, [i, j, k]를 원소로 가진 2차원 배열 commands가 매개변수로 주어질 때, commands의 모든 원소에 대해 앞서 설명한 연산을 적용했을 때 나온 결과를 배열에 담아 return하도록 solution 함수를 작성 해주세요.

제한 사항

- array의 길이는 1 이상 100 이하입니다.
- array의 각 원소는 1 이상 100 이하입니다.
- commands의 길이는 1 이상 50 이하입니다.
- commands의 각 원소는 길이가 3입니다.

입출력 예

array	commands	return
[1, 5, 2, 6, 3, 7, 4]	[[2, 5, 3], [4, 4, 1], [1, 7, 3]]	[5, 6, 3]

입출력 예 설명

[1, 5, 2, 6, 3, 7, 4]를 2번째부터 5번째까지 자른 후 정렬합니다. [2, 3, 5, 6]의 세 번째 숫자는 5입니다.
[1, 5, 2, 6, 3, 7, 4]를 4번째부터 4번째까지 자른 후 정렬합니다. [6]의 첫 번째 숫자는 6입니다.
[1, 5, 2, 6, 3, 7, 4]를 1번째부터 7번째까지 자릅니다. [1, 2, 3, 4, 5, 6, 7]의 세 번째 숫자는 3입니다.

문제 풀이

주어진 배열의 특정 구간을 정렬한 후 k번째 수를 찾아야 합니다. 따라서 문제에서 주어지는 명 령별로 다음 작업을 수행합니다.

1. array에서 특정 구간 잘라 내기

2. 잘라 낸 구간 정렬하기

3. 정렬된 배열에서 k번째 수 구하기

각 단계별로 어떻게 구현할 수 있는지 살펴봅시다.

코드 작성

우선 입력받은 명령별로 문제를 풀고, 그 답을 배열로 반환할 수 있도록 합니다.

```
public int[] solution(int[] array, int[][] commands) {
    int[] answer = new int[commands.length];

    for (int i = 0; i < answer.length; i++) {
        int[] command = commands[i];
        // 정답 구해서 answer[i]에 넣기
    }

    return answer;
}
```

명령은 (시작 위치, 마지막 위치, k)로 구성되어 있습니다. command의 원소에 접근하여 각 데이터를 받아 옵니다. 입력되는 위치 정보는 1부터 시작하는 반면, 배열의 인덱스는 0부터 시작합니다. 따라서 각 위치에 1을 빼서 0 기반의 인덱스로 변환합니다. 단 일반적으로 범위를 나타낼 때는 시작 위치를 포함하고, 마지막 위치는 포함하지 않습니다. 예를 들어 배열 [0, 1, 2, 3, 4, 5]가 있을 때 [2, 3, 4] 범위는 원소 2의 인덱스인 2를 시작 위치로, 원소 4의 인덱스 + 1인 5를 끝 위치로 표현합니다. 이는 포함(inclusive)인 시작 위치는 대괄호, 미포함(exclusive)인 끝 위치는 소괄호로 [2, 5)처럼 표현합니다. 이에 따라 다음과 같이 하나의 명령에서 필요한 데이터를 받아 옵니다.

```
int from = command[0] - 1;  // 0-base
int to = command[1];        // 0-base exclusive
int k = command[2] - 1;     // 0-base
```

이 범위를 이용하여 부분 배열을 구해봅시다. 별도의 배열을 생성하고 from부터 to를 순회하며 직접 배열을 복사할 수도 있지만, 자바의 내장 메서드를 사용하면 다음과 같이 간단하게 구현할 수 있습니다.

```
int[] sub = Arrays.copyOfRange(array, from, to);
```

이제 앞서 살펴본 정렬 메서드로 부분 배열을 정렬합니다.

```
Arrays.sort(sub);
```

이렇게 하면 부분 배열이 기본 정렬 기준인 오름차순으로 정렬됩니다. 정렬된 부분 배열에서 다음과 같이 k번째 숫자를 정답 배열에 넣어 줍니다.

```
answer[i] = sub[k];
```

이렇게 부분 배열을 구하고 정렬하여 k번째 수를 구할 수 있습니다.

전체 코드   7장/K번째수.java

```java
import java.util.Arrays;

class Solution {
    public int[] solution(int[] array, int[][] commands) {
        int[] answer = new int[commands.length];

        for (int i = 0; i < answer.length; i++) {
            int[] command = commands[i];
            int from = command[0] - 1;  // 0-base
            int to = command[1];        // 0-base exclusive
            int k = command[2] - 1;     // 0-base

            int[] sub = Arrays.copyOfRange(array, from, to);
            Arrays.sort(sub);
            answer[i] = sub[k];
        }

        return answer;
    }
}
```

문제 24

두 개 뽑아서 더하기 - Level 1

URL https://school.programmers.co.kr/learn/courses/30/lessons/68644

정수 배열 numbers가 주어집니다. numbers에서 서로 다른 인덱스에 있는 두 개의 수를 뽑아 더해서 만들 수 있는 모든 수를 배열에 오름차순으로 담아 return하도록 solution 함수를 완성해주세요.

제한 사항

- numbers의 길이는 2 이상 100 이하입니다.
  - numbers의 모든 수는 0 이상 100 이하입니다.

입출력 예

numbers	result
[2,1,3,4,1]	[2,3,4,5,6,7]
[5,0,2,7]	[2,5,7,9,12]

입출력 예 설명

입출력 예 #1

- 2 = 1 + 1입니다. (1이 numbers에 두 개 있습니다.)
- 3 = 2 + 1입니다.
- 4 = 1 + 3입니다.
- 5 = 1 + 4 = 2 + 3입니다.
- 6 = 2 + 4입니다.
- 7 = 3 + 4입니다.
- 따라서 [2,3,4,5,6,7]을 return해야 합니다.

입출력 예 #2

- 2 = 0 + 2입니다.
- 5 = 5 + 0입니다.
- 7 = 0 + 7 = 5 + 2입니다.
- 9 = 2 + 7입니다.
- 12 = 5 + 7입니다.
- 따라서 [2,5,7,9,12]를 return해야 합니다.

이번 문제에서는 만들 수 있는 모든 정수를 중복 없이 만들고 정렬해야 합니다. 만든 정수의 중복을 제거하는 데 Set을, 정렬한 후 배열로 반환하는 데 Stream을 사용해봅시다.

코드 작성

우선 만든 정수를 담을 Set 객체를 생성합니다.

```
Set<Integer> set = new HashSet<>();
```

서로 다른 인덱스에 있는 2개의 수를 뽑기 위해 이중 반복문으로 다음과 같이 합을 구한 후 set 객체에 넣어 줍니다.

```
for (int i = 0; i < numbers.length; i++) {
    for (int j = i + 1; j < numbers.length; j++) {
        set.add(numbers[i] + numbers[j]);
    }
}
```

마지막으로 Set을 Stream으로 변환하고 정렬해서 반환합니다.

```
return set.stream().mapToInt(Integer::intValue).sorted().toArray();
```

여기에서는 mapToInt()를 사용했습니다. 우리가 가지고 있던 Set은 int형의 Wrapper Class인 Integer를 담는 집합이었습니다. 이를 그대로 배열로 변환할 경우 Integer[]형이 반환됩니다. 우리는 int[]형을 반환해야 하므로 mapToInt()를 사용하여 Integer형이었던 각 원소를 int형으로 변환합니다. 이를 호출해주면 Stream<Integer> 객체가 IntStream 객체로 변환되면서 toArray() 메서드로 int[]를 얻을 수 있습니다.

```java
import java.util.Set;
import java.util.HashSet;

class Solution {
    public int[] solution(int[] numbers) {
        Set<Integer> set = new HashSet<>();

        for (int i = 0; i < numbers.length; i++) {
            for (int j = i + 1; j < numbers.length; j++) {
                set.add(numbers[i] + numbers[j]);
            }
        }

        return set.stream().mapToInt(Integer::intValue).sorted().toArray();
    }
}
```

H-Index - Level 2

URL https://school.programmers.co.kr/learn/courses/30/lessons/42747

H-Index는 과학자의 생산성과 영향력을 나타내는 지표입니다. 어느 과학자의 H-Index를 나타내는 값인 h를 구하려고 합니다. 위키백과[1]에 따르면, H-Index는 다음과 같이 구합니다.

어떤 과학자가 발표한 논문 n편 중, h번 이상 인용된 논문이 h편 이상이고 나머지 논문이 h번 이하 인용되었다면 h의 최댓값이 이 과학자의 H-Index입니다.

어떤 과학자가 발표한 논문의 인용 횟수를 담은 배열 citations가 매개변수로 주어질 때, 이 과학자의 H-Index를 return하도록 solution 함수를 작성해주세요.

제한 사항

- 과학자가 발표한 논문의 수는 1편 이상 1,000편 이하입니다.
- 논문별 인용 횟수는 0회 이상 10,000회 이하입니다.

입출력 예

citations	return
[3, 0, 6, 1, 5]	3

입출력 예 설명

이 과학자가 발표한 논문의 수는 5편이고, 그중 3편의 논문은 3회 이상 인용되었습니다. 그리고 나머지 2편의 논문은 3회 이하 인용되었기 때문에 이 과학자의 H-Index는 3입니다.

문제 풀이

이 문제에서는 H-Index가 무엇인지 이해해야 합니다. 문제에 따르면 어떤 과학자가 발표한 논문 n편 중, h번 이상 인용된 논문이 h편 이상이고 나머지 논문이 h번 이하 인용되었다면 h의 최댓값이 이 과학자의 H-Index입니다. 즉, h는 논문이 인용된 횟수이자 해당 횟수 이상 인용된 논문 개수입니다. 따라서 h의 범위는 0부터 입력받은 논문 개수이며, 최댓값을 구해야 하므로 가장 큰 값부터 h의 조건을 만족하는지 검사해 나가며 가장 먼저 발견하는 값을 반환하면 됩니다.

---

1 https://en.wikipedia.org/wiki/H-index

코드 작성

우선 h의 범위에 따라 역으로 순회하며 h의 조건을 검사할 수 있도록 반복문을 작성합니다.

```
for (int h = citations.length; h >= 1; h--) {
    // h 조건 검사
}
return 0;
```

h의 범위는 0을 포함하지만, 0은 가장 작은 값이기 때문에 별다른 검사 없이 바로 반환해줄 수 있습니다. h의 조건을 검사하는 부분은 isValid()라는 별도의 메서드로 분리해봅시다.

```
private boolean isValid(int[] citations, int h) {
    // h 조건 검사
}
```

이렇게 하면 solution() 메서드의 반복문에서는 isValid() 메서드를 사용하여 정답을 반환할 수 있습니다.

```
for (int h = citations.length; h >= 1; h--) {
    if (isValid(citations, h)) return h;
}
```

h의 조건을 만족하려면 h회 이상 인용된 논문이 h개 이상이어야 합니다. 먼저 단순히 다음과 같이 반복문으로 구현해봅시다.

```
private boolean isValid(int[] citations, int h) {
    int count = 0;
    for (int citation : citations) {
        if (citation >= h) count++;
    }
    return count >= h;
}
```

이는 물론 정확한 답을 반환합니다. 이 코드의 시간 복잡도를 따져 볼까요? 모든 논문을 순회해야 하므로 논문 개수가 N이라면 $O(N)$의 시간 복잡도가 소요됩니다. 이를 solution() 메서드의 반복문에서 다시 N회 반복하므로 전체 시간 복잡도는 $O(N^2)$이 됩니다. 문제에서 N의 최댓값은 10,000회이므로 N^2은 100,000,000이 되어 시간 초과가 발생합니다. 정렬로 해결해봅시다.

다음과 같은 논문 인용 횟수가 입력되었습니다.

▼ **그림 7-1** 논문 인용 횟수

이를 오름차순으로 정렬하면 다음과 같습니다.

▼ **그림 7-2** 정렬된 논문 인용 횟수

h는 0~5 중 하나입니다. 가장 먼저 h = 5를 만족하는지 검사해봅시다. h = 5가 되려면 5회 이상 인용된 논문이 5개 이상이어야 하지만, 실제로 5회 이상 인용된 논문은 2개로 5는 h의 조건을 만족하지 못합니다. 이를 정렬된 논문 인용 횟수를 이용하여 모든 인용 횟수를 순회하지 않고 구하는 방법을 알아보겠습니다.

오름차순으로 정렬되었기 때문에 특정 인덱스의 인용 횟수가 x일 때 이보다 뒤에 있는 원소는 모두 x회 이상 인용되었습니다. 따라서 **5회 이상 인용된 논문이 5개 이상인지** 검사하려면 **뒤에서 5번째 논문이 5회 이상 인용되었는지** 검사합니다. 이 위치의 논문이 5회 이상 인용되었다면 그 이후의 논문은 모두 5회 이상 인용되었다는 것이 확실하기 때문입니다.

실제로 이 방법을 이용하여 정렬된 논문 인용 횟수에서 h = 5를 검사해봅시다. 뒤에서 5번째 인용 횟수는 다음 그림과 같이 0입니다.

▼ **그림 7-3** 정렬된 논문 인용 횟수에서 뒤에서 5번째 인용 횟수

0은 5보다 작으므로 5는 h의 조건을 만족시키지 못합니다. 마찬가지로 h = 4를 검사해봅시다.

▼ **그림 7-4** 정렬된 논문 인용 횟수에서 뒤에서 4번째 인용 횟수

0	1	3	5	6

뒤에서 4번째에 있는 인용 횟수는 1로, 4보다 작으므로 4도 h의 조건을 만족시키지 못합니다.
h = 3을 검사해봅시다.

▼ **그림 7-5** 정렬된 논문 인용 횟수에서 뒤에서 3번째 인용 횟수

0	1	3	5	6

뒤에서 3번째에 있는 인용 횟수는 3으로, 3 이상이므로 3은 h의 조건을 만족시킵니다. 이를 구현
하려면 우선 입력받은 배열 citations를 정렬해주어야 합니다. 한 번 정렬시켜 놓으면 h를 검사
할 때마다 사용할 수 있으므로 solution( ) 메서드의 가장 첫 번째 줄에서 정렬을 수행합니다.

```java
public int solution(int[] citations) {
    Arrays.sort(citations);
    for (int h = citations.length; h >= 1; h--) {
        if (isValid(citations, h)) return h;
    }
    return 0;
}
```

이제 isValid( ) 메서드에서는 앞의 내용을 구현합니다.

```java
private boolean isValid(int[] citations, int h) {
    int index = citations.length - h;
    return citations[index] >= h;
}
```

이 풀이의 시간 복잡도를 계산해봅시다. 우선 정렬하는 데 O(N logN)의 시간 복잡도가 소요됩
니다. 반복문이 N번 순회하므로 O(N)이 소요되며, 각 반복마다 isValid( ) 검사에는 상수 시
간 O(1)이 소요됩니다. 따라서 전체 시간 복잡도는 O(N logN) + O(N) * O(1) = O(N logN)
이 됩니다. 가장 큰 입력인 N = 10,000 기준으로 이 시간 복잡도는 약 13만 정도의 값을 가지
므로 제한 시간 안에 충분이 동작하는 풀이입니다.

전체 코드

```java
import java.util.Arrays;

class Solution {
    private boolean isValid(int[] citations, int h) {
        int index = citations.length - h;
        return citations[index] >= h;
    }

    public int solution(int[] citations) {
        Arrays.sort(citations);
        for (int h = citations.length; h >= 1; h--) {
            if (isValid(citations, h)) return h;
        }
        return 0;
    }
}
```

7.2.2 직접 기준 정하기

앞선 예제들에서 기본 정렬 기준을 이용하여 정렬하는 방법을 살펴보았습니다. 하지만 모든 문제를 기본 정렬 기준을 사용해서 해결할 수 있는 것은 아닙니다. 오름차순이 아닌 내림차순으로 정렬할 수도 있고 숫자, 문자열이 아닌 클래스를 정렬해야 할 때도 있습니다. 이번에는 원하는 기준으로 정렬하는 방법을 살펴봅시다.

Comparator<T> 사용하기

앞서 살펴본 정렬 메서드들은 하나의 추가 매개변수를 받을 수 있습니다. 다음을 봅시다.

▼ 표 7-5 정렬 기준이 포함된 정렬 메서드

대상	정렬 메서드	내용
배열	Arrays.sort(Comparator<T> c)	전달받은 배열 자체를 정렬
List, Vector, ...	Collections.sort(Comparator<T> c)	전달받은 Collection 자체를 정렬
Stream	stream.sorted(Comparator<T> c)	정렬된 Stream을 반환

표에서 볼 수 있듯이 이 메서드들은 Comparator<T> 객체를 매개변수로 받을 수 있습니다. Comparator<T>는 다음 메서드를 가지는 자바의 제네릭 인터페이스입니다.

```
int compare(T o1, T o2);
```

Comparator<T>의 반환값

Comparator<T>의 compare( ) 메서드는 제네릭 타입 T의 객체를 받아 비교합니다. 이 비교 결과를 정수로 반환하는데, 반환값의 부호가 두 객체의 비교 결과를 나타냅니다. 반환값의 부호에 따른 비교 결과는 다음과 같습니다.

▼ 표 7-6 compare( ) 메서드의 반환값 부호에 따른 비교 결과

부호	비교 결과
0	두 객체가 같다.
양수	왼쪽 객체가 더 크다.
음수	오른쪽 객체가 더 크다.

부호에 따른 비교 결과는 다음과 같이 생각하면 쉽게 외울 수 있습니다. 두 정수의 대소를 비교할 때 한쪽에서 다른 한쪽을 뺀 결과를 이용하면 두 수의 대소를 알 수 있습니다. 예를 들어 정수 v1과 v2가 있습니다. v1에서 v2를 뺀 값인 v1 − v2를 생각해봅시다.

- v1 − v2 == 0인 경우 두 정수는 같습니다.
- v1 − v2 > 0인 경우 v1이 v2보다 큽니다.
- v1 − v2 < 0인 경우 v2가 v1보다 큽니다.

이처럼 부호에 따라 값의 대소를 판단할 수 있습니다.

Comparator<T>를 이용하여 정렬하기

자바의 내장 정렬 메서드는 compare( ) 메서드의 반환 결과, 즉 값을 비교한 결과에 따라 정렬합니다. 기억해야 할 점은 정렬 메서드는 항상 **작은 것부터 큰 것** 순서로 정렬한다는 것입니다. 하지만 여기에서 작은 것과 큰 것을 나누는 기준은 데이터가 가지고 있는 값이 아니라 바로 compare( ) 메서드의 반환 결과입니다.

정수를 오름차순으로 정렬하기 위해 실제로 다음과 같이 두 값의 차이를 이용하여 compare( )로 구현할 수 있습니다.

```
int compare(Integer v1, Integer v2) {
    return v1 - v2;
}
```

오름차순 정렬은 v1에서 v2를 뺀 값을 반환하는 것이었습니다. 그렇다면 내림차순으로 정렬하
려면 다음과 같이 반대로 v2에서 v1을 뺀 값을 반환합니다.

```
int compare(Integer v1, Integer v2) {
    return v2 - v1;
}
```

이렇게 구현된 정렬 기준을 Comparator<T> 객체로 만들어 정렬 메서드에 매개변수로 전달해야
합니다. 자바에서는 Comparator<T>처럼 하나의 메서드만 구현하면 되는 인터페이스를 람다로
쉽게 작성할 수 있습니다. 앞서 살펴본 내림차순 정렬 기준은 람다를 이용하여 Comparator<T>
객체로 다음과 같이 간단히 작성할 수 있습니다.

```
Comparator<Integer> reverse = (v1, v2) -> v2 - v1;
```

이제 이를 이용해서 배열을 내림차순으로 정렬하는 예제 코드를 살펴봅시다.

```
int[] arr = {5, 3, 7, 4, 7, 4, 0, 9};
int[] reversed = Arrays.stream(arr)
        .boxed()
        .sorted((v1, v2) -> v2 - v1)
        .mapToInt(Integer::intValue)
        .toArray();

// [9, 7, 7, 5, 4, 4, 3, 0]
System.out.println(Arrays.toString(reversed));
```

먼저 int[]형인 arr을 Stream으로 변환한 후 boxed()를 사용하여 Stream<Integer>로 변환했습니다. 앞서 언급했듯이, int는 기저 자료형으로 제네릭 타입으로 사용할 수 없기 때문입니다. 또 Comparator<T> 객체는 별도의 변수로 선언하지 않고 sorted() 메서드에 바로 전달했습니다. 출력 결과에서 정수들이 역순으로 정렬되었음을 알 수 있습니다.

이처럼 Stream의 boxed() 메서드를 사용하면 기저 자료형을 원하는 정렬 기준으로 쉽게 정렬할 수 있습니다.

정렬 기준은 제네릭 인터페이스인 Comparator<T>로 정해줄 수 있기 때문에 어떤 타입이든지 원하는 대로 정렬할 수 있습니다. 예를 들어 기본 정렬 기준이 사전 순인 문자열을 길이 순서대로 정렬하고 싶으면 다음과 같이 코드를 작성합니다.

```
String[] words = {"java", "algorithm", "programming", "happy", "fun", "coding"};
Arrays.sort(words, (v1, v2) -> v1.length() - v2.length());

// [fun, java, happy, coding, algorithm, programming]
System.out.println(Arrays.toString(words));
```

문자열이 사전 순이 아닌 길이 순으로 정렬되었음을 알 수 있습니다.

Comparable<T>를 이용해 정렬하기

Comparable<T>는 해당 자료형이 비교할 수 있는 데이터 타입이라는 것을 알려주는 인터페이스입니다. 이때 비교하는 방식을 정의하는 것이 compareTo() 메서드입니다. compareTo() 메서드는 제네릭 T 타입의 다른 객체와 자신을 비교한 결과를 반환합니다. 만약 새로 정의한 클래스가 특정 기준을 통해 비교할 수 있는 자료형이라면 Comparable<T> 인터페이스를 구현하고, compareTo() 메서드를 정의하는 것이 좋습니다.

내장 자료형인 Integer나 String에도 이 compareTo() 메서드가 구현되어 있습니다. 여기에서 구현된 compareTo() 메서드가 Integer라면 오름차순, String이라면 사전 순으로 구현되어 있습니다. 이것이 기본 정렬 기준이 됩니다. 기본 정렬 기준으로 두 객체를 비교할 일이 있으면 compareTo() 메서드를 사용합니다.

문제 26

문자열 내림차순으로 배치하기 – Level 1

URL https://school.programmers.co.kr/learn/courses/30/lessons/12917

문자열 s에 나타나는 문자를 큰 것부터 작은 순으로 정렬해 새로운 문자열을 리턴하는 함수, solution을 완성해주세요.

s는 영문 대소문자로만 구성되어 있으며, 대문자는 소문자보다 작은 것으로 간주합니다.

제한 사항

str은 길이 1 이상인 문자열입니다.

입출력 예

s	return
"Zbcdefg"	"gfedcbZ"

문제 풀이

문자열을 구성하는 문자들을 역순으로 정렬하면 되는 간단한 문제입니다. 정수형을 내림차순으로 정렬하는 것처럼 문자도 역순으로 정렬할 수 있습니다. 한 가지 유의할 점은 앞서 정수 배열을 내림차순으로 정렬할 때는 Stream을 사용했는데, char는 정수형이므로 같은 방식으로 진행하되 다시 문자열로 구성해야 한다는 것입니다.

코드 작성

우선 입력받은 문자열 s를 chars() 메서드를 사용하여 IntStream으로 변환해주고, boxed()로 Stream\<Integer\>로 변환합니다.

```
s.chars()
    .boxed()
```

> **잠깐만요**
> 문자열에서 chars() 메서드를 호출하면 IntStream이 반환됩니다. 문자로 구성된 Stream이지만 char도 정수형이기 때문에 IntStream으로 통합해서 다룰 수 있습니다. CharStream은 없습니다.

다음으로 sorted( ) 메서드를 사용하여 내림차순으로 정렬합니다.

```
s.chars()
      .boxed()
      .sorted((v1, v2) -> v2 - v1)
```

이제 모든 문자가 내림차순으로 정렬되었습니다. 이를 다시 문자열로 변환해야 합니다. 이를 위해 StringBuilder를 사용합니다. StringBuilder로 Stream에 포함된 모든 문자를 이어 붙여 문사열로 반환합니다.

Stream에 StringBuilder를 사용하는 방법 중 가장 간단한 방법은 collect( ) 메서드를 사용하는 것입니다. collect( ) 메서드는 Stream의 모든 원소를 하나의 객체로 통합하는 메서드로, 3개의 매개변수를 받을 수 있습니다. supplier, accumulator, combiner입니다. supplier는 반환할 객체를 생성하는 함수입니다. accumulator는 반환할 객체에 Stream의 원소를 어떻게 누적할지 정의하는 함수입니다. combiner는 반환될 객체가 여러 개 있을 때 어떻게 합치는지 정의하는 함수이지만, 멀티스레드 환경에서 사용되므로 코딩 테스트 레벨에서는 사용되지 않습니다. 다음과 같이 각 매개변수에 StringBuilder의 메서드를 제공하여 StringBuilder를 구성합니다.

```
s.chars()
      .boxed()
      .sorted((v1, v2) -> v2 - v1)
      .collect(StringBuilder::new,
               StringBuilder::appendCodePoint,
               StringBuilder::append)
```

accumulator에 append( ) 메서드 대신 appendCodePoint( ) 메서드를 사용해야 문자열에 정수가 들어가지 않고 문자 형식으로 들어갑니다. 마지막으로 이렇게 구성된 StringBuilder를 toString( ) 메서드를 사용하여 문자열로 변환합니다.

```
s.chars()
      .boxed()
      .sorted((v1, v2) -> v2 - v1)
      .collect(StringBuilder::new,
               StringBuilder::appendCodePoint,
               StringBuilder::append)
      .toString();
```

이렇게 문자열의 문자들을 Stream과 Comparator를 이용하여 내림차순으로 정렬한 새로운 문자열을 구성했습니다. 이를 반환하면 문제는 해결됩니다.

전체 코드 7장/문자열_내림차순으로_배치하기.java

```java
public class Solution {
    public String solution(String s) {
        return s.chars()
                .boxed()
                .sorted((v1, v2) -> v2 - v1)
                .collect(StringBuilder::new,
                        StringBuilder::appendCodePoint,
                        StringBuilder::append)
                .toString();
    }
}
```

문자열 내 마음대로 정렬하기 - Level 1

URL https://school.programmers.co.kr/learn/courses/30/lessons/12915

문자열로 구성된 리스트 strings와, 정수 n이 주어졌을 때, 각 문자열의 인덱스 n번째 글자를 기준으로 오름차순 정렬하려 합니다. 예를 들어 strings가 ["sun", "bed", "car"]이고 n이 1이면 각 단어의 인덱스 1의 문자 "u", "e", "a"로 strings를 정렬합니다.

제한 조건

- strings는 길이 1 이상, 50 이하인 배열입니다.
- strings의 원소는 소문자 알파벳으로 이루어져 있습니다.
- strings의 원소는 길이 1 이상, 100 이하인 문자열입니다.
- 모든 strings의 원소의 길이는 n보다 큽니다.
- 인덱스 1의 문자가 같은 문자열이 여럿일 경우, 사전순으로 앞선 문자열이 앞쪽에 위치합니다.

입출력 예

strings	n	return
["sun", "bed", "car"]	1	["car", "bed", "sun"]
["abce", "abcd", "cdx"]	2	["abcd", "abce", "cdx"]

입출력 예 설명

입출력 예 1

"sun", "bed", "car"의 1번째 인덱스 값은 각각 "u", "e", "a"입니다. 이를 기준으로 strings를 정렬하면 ["car", "bed", "sun"]입니다.

입출력 예 2

"abce"와 "abcd", "cdx"의 2번째 인덱스 값은 "c", "c", "x"입니다. 따라서 정렬 후에는 "cdx"가 가장 뒤에 위치합니다. "abce"와 "abcd"는 사전순으로 정렬하면 "abcd"가 우선하므로, 답은 ["abcd", "abce", "cdx"]입니다.

이 문제는 주어진 문자열들을 n번째 문자를 이용하여 정렬해야 하는 간단한 문제입니다.

코드 작성

문자의 비교는 뺄셈 연산자로 가능하고, n번째 문자를 가져오는 것은 charAt( ) 메서드로 가능합니다. 입력받은 문자열을 다음과 같이 n번째 문자를 이용하여 정렬할 수 있습니다.

```
Arrays.sort(strings, (s1, s2) -> s1.charAt(n) - s2.charAt(n));
```

잠깐만요

이 코드의 동작을 살펴보면 String을 int로 나타내어 비교합니다. 이와 같이 원소를 int 값으로 나타낸 후 이 값으로 정렬해야 하는 경우가 많습니다. 이때는 앞의 코드처럼 직접 비교해도 되지만 Comparator의 static 메서드인 comparingInt( ) 메서드를 사용하면 다음과 같이 조금 더 간편하게 비교할 수 있습니다.

```
Arrays.sort(strings, Comparator.comparingInt(s -> s.charAt(n)));
```

이 예제에서는 본문 코드처럼 직접 비교해보겠습니다.

또 문제에 따르면, n번째 원소가 같다면 사전 순으로 정렬해야 합니다. 추가 조건이 늘어났으므로 중괄호를 이용하여 람다식을 펼치고, 추가된 조건을 다음과 같이 구현합니다.

```
Arrays.sort(strings, (s1, s2) -> {
    if (s1.charAt(n) != s2.charAt(n)) {
        return s1.charAt(n) - s2.charAt(n);
    }
    return s1.compareTo(s2);
});
```

코드를 살펴보면 s1과 s2의 n번째 문자가 다를 때만 해당 문자로 비교하고, 그 외에는 String의 compareTo( ) 메서드를 사용하여 사전 순으로 정렬합니다. 이제 strings는 정렬된 배열이므로 이를 반환하면 됩니다.

```java
import java.util.Arrays;

public class Solution {
    public String[] solution(String[] strings, int n) {
        Arrays.sort(strings, (s1, s2) -> {
            if (s1.charAt(n) != s2.charAt(n)) {
                return s1.charAt(n) - s2.charAt(n);
            }
            return s1.compareTo(s2);
        });
        return strings;
    }
}
```

문제 **28**

가장 큰 수 - Level 2

URL https://school.programmers.co.kr/learn/courses/30/lessons/42746

0 또는 양의 정수가 주어졌을 때, 정수를 이어 붙여 만들 수 있는 가장 큰 수를 알아내주세요.

예를 들어, 주어진 정수가 [6, 10, 2]라면 [6102, 6210, 1062, 1026, 2610, 2106]를 만들 수 있고, 이 중 가장 큰 수는 6210입니다.

0 또는 양의 정수가 담긴 배열 numbers가 매개변수로 주어질 때, 순서를 재배치하여 만들 수 있는 가장 큰 수를 문자열로 바꾸어 return하도록 solution 함수를 작성해주세요.

제한 사항

- numbers의 길이는 1 이상 100,000 이하입니다.
- numbers의 원소는 0 이상 1,000 이하입니다.
- 정답이 너무 클 수 있으니 문자열로 바꾸어 return합니다.

입출력 예

numbers	return
[6, 10, 2]	"6210"
[3, 30, 34, 5, 9]	"9534330"

문제 풀이

이 문제는 얼핏 보면 정렬 조건을 정하기 매우 까다로워 보입니다. 맨 앞자리 숫자가 크면 앞이 정렬되어야 하지만, 99나 90처럼 다음 지리 숫자를 보아야 할 때도 있습니다. 반복문으로 정렬 조건을 정교하게 설정해도 되지만, 그보다 간단한 방법이 있습니다.

두 숫자가 있을 때 순서대로 이어 보고, 순서를 바꾸어서 이어 본 후 더 큰 수를 선택하는 것입니다. 이렇게 정렬 기준을 구현하면, 간단하게 작성할 수 있을 뿐만 아니라 작성 중 실수할 확률도 매우 줄어듭니다.

코드 작성

먼저 숫자를 이어 붙일 수 있도록 모두 문자열로 변환합니다.

```
Arrays.stream(numbers)
      .mapToObj(String::valueOf)
```

이제 정렬을 해야 합니다. 두 숫자를 순서대로 이어 보고, 역순으로 이어 본 후 두 값을 다음과 같이 비교합니다.

```
Arrays.stream(numbers)
      .mapToObj(String::valueOf)
      .sorted((s1, s2) -> {
          int original = Integer.parseInt(s1 + s2);
          int reversed = Integer.parseInt(s2 + s1);
          return reversed - original;
      })
```

정렬 기준을 검사한 결과로 reversed - original을 반환했습니다. 정렬 기준은 s1과 s2를 비교하는 것인데, 여기에서 양수가 반환된다면 s1이 s2보다 크다는 의미입니다. 따라서 s1이 더 뒤로 정렬됩니다. 실제로 reversed가 original보다 크기 때문에 두 숫자의 순서를 바꾸는 것이 유리해집니다.

이제 collect() 메서드로 문자열을 구성합니다. StringBuilder로 supplier, accumulator, combiner를 제공할 수도 있겠지만, 단순히 문자열로 구성된 Stream을 하나의 문자열로 구성하는 것은 Collectors의 static 메서드인 joining()을 사용해서 다음과 같이 쉽게 구현할 수 있습니다.

```
Arrays.stream(numbers)
      .mapToObj(String::valueOf)
      .sorted((s1, s2) -> {
          int original = Integer.parseInt(s1 + s2);
          int reversed = Integer.parseInt(s2 + s1);
          return reversed - original;
      })
      .collect(Collectors.joining(""))
```

테스트 케이스 중에는 0으로만 구성된 경우도 있습니다. 이 경우 문자열 앞에 0이 반복해서 나타나므로 이를 해결하기 위해 정규표현식과 문자열의 replaceAll()로 다음과 같이 처리합니다.

```java
Arrays.stream(numbers)
        .mapToObj(String::valueOf)
        .sorted((s1, s2) -> {
            int original = Integer.parseInt(s1 + s2);
            int reversed = Integer.parseInt(s2 + s1);
            return reversed - original;
        })
        .collect(Collectors.joining(""))
        .replaceAll("^0+", "0");
```

정규표현식에서 ^는 문자열의 시작, +는 1회 이상 반복이므로 **문자열의 시작 부분에 0이 반복해서 나타난다면 0 하나로 대체**하라는 의미가 됩니다. 문자열이 모두 구성되었으므로 반환하면 문제가 해결됩니다.

전체 코드   7장/가장큰수.java

```java
import java.util.Arrays;
import java.util.stream.Collectors;

public class Solution {
    public String solution(int[] numbers) {
        return Arrays.stream(numbers)
                .mapToObj(String::valueOf)
                .sorted((s1, s2) -> {
                    int original = Integer.parseInt(s1 + s2);
                    int reversed = Integer.parseInt(s2 + s1);
                    return reversed - original;
                })
                .collect(Collectors.joining(""))
                .replaceAll("^0+", "0");
    }
}
```

메뉴 리뉴얼 - Level 2

URL https://school.programmers.co.kr/learn/courses/30/lessons/72411

레스토랑을 운영하던 스카피는 코로나19로 인한 불경기를 극복하고자 메뉴를 새로 구성하려고 고민하고 있습니다.

기존에는 단품으로만 제공하던 메뉴를 조합해서 코스요리 형태로 재구성해서 새로운 메뉴를 제공하기로 결정했습니다. 어떤 단품메뉴들을 조합해서 코스요리 메뉴로 구성하면 좋을지 고민하던 "스카피"는 이전에 각 손님들이 주문할 때 가장 많이 함께 주문한 단품메뉴들을 코스요리 메뉴로 구성하기로 했습니다.

단 코스요리 메뉴는 최소 2가지 이상의 단품메뉴로 구성하려고 합니다. 또 최소 2명 이상의 손님으로부터 주문된 단품메뉴 조합에 대해서만 코스요리 메뉴 후보에 포함하기로 했습니다.

예를 들어 손님 6명이 주문한 단품메뉴들의 조합이 다음과 같다면,
(각 손님은 단품메뉴를 2개 이상 주문해야 하며, 각 단품메뉴는 A~Z의 알파벳 대문자로 표기합니다.)

손님 번호	주문한 단품메뉴 조합
1번 손님	A, B, C, F, G
2번 손님	A, C
3번 손님	C, D, E
4번 손님	A, C, D, E
5번 손님	B, C, F, G
6번 손님	A, C, D, E, H

가장 많이 함께 주문된 단품메뉴 조합에 따라 "스카피"가 만들게 될 코스요리 메뉴 구성 후보는 다음과 같습니다.

코스 종류	메뉴 구성	설명
요리 2개 코스	A, C	1번, 2번, 4번, 6번 손님으로부터 총 4번 주문됐습니다.
요리 3개 코스	C, D, E	3번, 4번, 6번 손님으로부터 총 3번 주문됐습니다.
요리 4개 코스	B, C, F, G	1번, 5번 손님으로부터 총 2번 주문됐습니다.
요리 4개 코스	A, C, D, E	4번, 6번 손님으로부터 총 2번 주문됐습니다.

문제

각 손님들이 주문한 단품메뉴들이 문자열 형식으로 담긴 배열 orders, "스카피"가 추가하고 싶어 하는 코스요리를 구성하는 단품메뉴들의 갯수가 담긴 배열 course가 매개변수로 주어질 때, "스카피"가 새로 추가하게 될 코스요리의 메뉴 구성을 문자열 형태로 배열에 담아 return하도록 solution 함수를 완성해주세요.

제한 사항

- orders 배열의 크기는 2 이상 20 이하입니다.
- orders 배열의 각 원소는 크기가 2 이상 10 이하인 문자열입니다.
  - 각 문자열은 알파벳 대문자로만 이루어져 있습니다.
  - 각 문자열에는 같은 알파벳이 중복해서 들어 있지 않습니다.
- course 배열의 크기는 1 이상 10 이하입니다.
  - course 배열의 각 원소는 2 이상 10 이하인 자연수가 오름차순으로 정렬되어 있습니다.
  - course 배열에는 같은 값이 중복해서 들어 있지 않습니다.
- 정답은 각 코스요리 메뉴의 구성을 문자열 형식으로 배열에 담아 사전 순으로 오름차순 정렬해서 return 해주세요.
  - 배열의 각 원소에 저장된 문자열 또한 알파벳 오름차순으로 정렬되어야 합니다.
  - 만약 가장 많이 함께 주문된 메뉴 구성이 여러 개라면, 모두 배열에 담아 return하면 됩니다.
  - orders와 course 매개변수는 return하는 배열의 길이가 1 이상이 되도록 주어집니다.

입출력 예

orders	course	result
["ABCFG", "AC", "CDE", "ACDE", "BCFG", "ACDEH"]	[2,3,4]	["AC", "ACDE", "BCFG", "CDE"]
["ABCDE", "AB", "CD", "ADE", "XYZ", "XYZ", "ACD"]	[2,3,5]	["ACD", "AD", "ADE", "CD", "XYZ"]
["XYZ", "XWY", "WXA"]	[2,3,4]	["WX", "XY"]

입출력 예에 대한 설명

입출력 예 #1

문제의 예시와 같습니다.

입출력 예 #2

AD가 세 번, CD가 세 번, ACD가 두 번, ADE가 두 번, XYZ가 두 번 주문됐습니다.

요리 5개를 주문한 손님이 1명 있지만, 최소 2명 이상의 손님에게서 주문된 구성만 코스요리 후보에 들어가므로, 요리 5개로 구성된 코스요리는 새로 추가하지 않습니다.

입출력 예 #3

WX가 두 번, XY가 두 번 주문됐습니다.

3명의 손님 모두 단품메뉴를 3개씩 주문했지만, 최소 2명 이상의 손님에게서 주문된 구성만 코스요리 후보에 들어가므로, 요리 3개로 구성된 코스요리는 새로 추가하지 않습니다.

또 단품메뉴를 4개 이상 주문한 손님은 없으므로, 요리 4개로 구성된 코스요리 또한 새로 추가하지 않습니다.

이 문제에서는 손님들의 주문 목록에 가장 많이 포함된 메뉴들의 조합을 메뉴 개수별로 구해야 합니다. 이를 위해 적용할 수 있는 것이 6장에서 살펴본 완전 탐색입니다. 재귀를 이용하여 만들 수 있는 모든 메뉴의 조합을 구한 후 각 메뉴별 주문에서 등장한 횟수를 구하면 문제 조건을 만족하는 메뉴 코스를 구할 수 있습니다. 그 이후에 코스들을 알파벳 순으로 정렬하여 반환할 수 있습니다.

5장과 6장에서 모든 조합을 찾는 재귀를 정의한 적 있습니다. '하나의 재귀에서는 하나의 메뉴가 조합에 포함될지 여부를 결정하면서 모든 메뉴에 대해 재귀를 진행하면 문제 조건을 만족하는 모든 조합'을 구할 수 있었죠. 이를 바탕으로 재귀를 정의해봅시다.

재귀 상태에서는 하나의 메뉴가 코스에 포함되는지 여부를 결정해야 합니다. 따라서 포함 여부를 결정할 메뉴 nextMenu와 현재까지 선택한 메뉴 정보를 담은 selectedMenus가 상태에 포함됩니다. 이때 상태(nextMenu, selectedMenus)가 나타내는 부분 문제는 selectedMenus에 속한 메뉴를 포함하면서 nextMenu와 그 이후의 메뉴들로 만들 수 있는 메뉴 조합 중 등장 횟수가 2회 이상인 메뉴들과 그 등장 횟수입니다. 여기에서 등장 횟수를 포함하는 이유는 같은 길이의 코스라면 더 많이 등장한 코스를 선택해야 하기 때문입니다.

문제 조건에 따라 하나의 코스는 최대 10개의 메뉴로 구성됩니다. 따라서 메뉴를 조합하여 코스를 구성하다 10개의 메뉴가 조합되면 더 이상 해당 조합에 메뉴를 추가하지 않아도 됩니다. 또 재귀를 진행할수록 기존에 조합한 코스에 메뉴를 추가하는 것이므로 메뉴가 2회 이상 등장하지 않는 것을 한 번 확인했다면 더 이상 해당 코스에는 메뉴를 추가하지 않아도 됩니다. 따라서 종료 조건은 10개의 메뉴가 조합되었거나 조합된 메뉴가 2회 이상 등장하지 않을 때가 됩니다.

재귀를 진행하는 중에 2회 이상 등장하는 조합은 그 길이를 체크하여 코스를 생성해야 하는 길이라면 바로 저장합니다. 이를 종합하면 메뉴 리뉴얼 문제의 재귀는 다음과 같이 정의됩니다.

▼ 표 7-7 메뉴 리뉴얼 문제의 재귀 정의

상태	(nextMenu, selectedMenus)	selectedMenus에 속한 메뉴는 포함하면서 nextMenu와 그 이후의 메뉴들로 만들 수 있는 메뉴 조합 중 등장 횟수가 2회 이상인 메뉴들과 그 등장 횟수
종료 조건	• 더 이상 조합할 메뉴가 없는 경우 • 조합의 등장 횟수 2회 미만인 경우	
점화식	$(nextMenu, selectedMenus) = \sum\limits_{menu=nextMenu}^{'Z'} (menu + 1, selectedMenus + \{menu\})$	

가장 먼저 코스를 담을 클래스를 작성해봅시다. 하나의 코스는 코스 구성과 주문 목록에서 등장한 횟수를 가지고 있어야 합니다. 따라서 다음과 같이 Course 클래스를 작성합니다.

```java
private static class Course {
    public final String course;
    public final int occurrences;

    public Course(String course, int occurrences) {
        this.course = course;
        this.occurrences = occurrences;
    }
}
```

앞서 정의한 재귀에 따라 재귀 메서드를 작성하기 전에 어떤 매개변수가 필요한지 살펴봅시다. 상태 변수인 nextMenu와 selectedMenus는 기본적으로 필요하고, 메뉴 조합이 주문 목록에서 얼마나 등장하는지 구해야 하므로 주문 목록 orderList도 필요합니다.

주문 목록은 메뉴 조합을 쉽게 검색하려고 List〈Set〈String〉〉 형식으로 구성하고, Set〈String〉에는 각 메뉴를 String으로 변환하여 가지고 있게 할 수 있습니다. 마지막으로 구한 코스를 저장할 Map〈Integer, List〈Course〉〉 형식의 courses를 받아 줄 수 있습니다. courses는 코스에 포함된 메뉴의 개수별로 가장 많이 등장한 코스를 담아 줍니다. 이에 따라 재귀 메서드 getCourses()는 다음과 같이 선언할 수 있습니다.

```java
private void getCourses(char nextMenu, Set<String> selectedMenus,
                        List<Set<String>> orderList,
                        Map<Integer, List<Course>> courses) {

}
```

가장 먼저 현재까지 조합한 메뉴들의 등장 횟수를 구해봅시다. 주문 목록에서 메뉴 조합 개수를 구하기 위해 주문 목록을 Stream으로 변환합니다.

```java
orderList.stream()
```

주문 목록의 원소 중 현재까지 조합한 메뉴인 selectedMenus를 포함하는 주문 목록을 검사합니다.

```
orderList.stream()
        .filter(order -> order.containsAll(selectedMenus))
```

이 검사를 통과한 주문 목록들의 개수가 현재까지 구한 메뉴 조합의 등장 횟수가 됩니다. stream 의 count() 메서드는 원소 개수를 long형으로 반환하므로 int형으로 변환하여 occurrences 변 수에 담아 줍시다.

```
int occurrences = (int) orderList.stream()
        .filter(order -> order.containsAll(selectedMenus))
        .count();
```

등장 횟수가 2회 미만인 조합은 메뉴를 더 추가해도 등장 횟수가 2회 이상이 될 수 없습니다. 따라서 더 이상 조합을 진행하지 않습니다.

```
if (occurrences < 2) return;
```

현재까지 구한 메뉴 조합에 포함된 메뉴 개수에 따라 코스를 생성해야 할 수도 있고, 더 이상 조 합을 진행하지 않을 수도 있습니다. 다음과 같이 포함된 메뉴 개수를 size 변수에 담아 줍니다.

```
int size = selectedMenus.size();
```

courses에는 구해야 하는 코스 크기가 key에 들어 있습니다. 따라서 courses의 key에 size가 포함되어 있는지 검사하고, 포함되어 있다면 해당 리스트를 구합니다.

```
if (courses.containsKey(size)) {
    List<Course> courseList = courses.get(size);

}
```

현재까지 구한 코스는 selectedMenus를 이용하여 생성할 수 있습니다. selectedMenus에 포함 된 모든 메뉴를 구하려면 다음과 같이 Stream으로 변환합니다.

```
selectedMenus.stream()
```

코스에는 메뉴가 알파벳 순으로 포함되어야 합니다. 따라서 다음과 같이 sorted( ) 메서드로 정
렬합니다. selectedMenus에 포함된 메뉴들은 String이므로 기본 정렬 기준에 따라 사전 순으
로 정렬됩니다.

```
selectedMenus.stream()
        .sorted()
```

이제 collect( )와 Collectors.joining( ) 메서드로 하나의 문자열로 합쳐 줍니다.

```
selectedMenus.stream()
        .sorted()
        .collect(Collectors.joining(""))
```

이렇게 구성된 코스 메뉴와 등장 횟수 occurrences를 이용하여 다음과 같이 Course 객체를 생
성할 수 있습니다.

```
Course course = new Course(selectedMenus.stream()
                        .sorted()
                        .collect(Collectors.joining("")),
                        occurrences);
```

생성된 Course 객체인 course는 무조건 채택되는 것이 아닙니다. 기존에 찾은 다른 코스들과
비교하여 등장 횟수가 같거나 더 많을 때만 저장해야 합니다. 이를 위해 기존에 있는 코스를 다
음과 같이 가져옵니다.

```
Course original = courseList.get(0);
```

> **잠깐만요**
>
> 이전에 코스를 찾은 적이 없어 빈 리스트라면 get( ) 메서드를 호출하면 java.lang.ArrayIndexOutOfBounds
> Exception이 발생합니다. 이를 해결하기 위해 리스트가 비어 있는지 검사한 후 비어 있으면 생성한 course 객체
> 를 바로 추가할 수 있습니다.
>
> 하지만 그렇게 하면 if 문이 세 번 중첩되고 반복되는 로직이 발생하므로, 이 문제에서는 재귀 호출 전에 등장 횟
> 수가 0인 코스를 각 길이별 리스트에 넣어 항상 리스트가 비어 있지 않은 상태에서 작업합니다. 이 부분은 이후에
> solution( ) 메서드를 작성할 때 처리합니다.

course와 original의 등장 횟수를 비교하여 course의 등장 횟수가 더 많다면 기존에 찾은 코스들은 모두 버리고 course를 추가해야 합니다. 두 등장 횟수가 같다면 기존 코스는 유지한 채 course를 추가합니다.

```
if (original.occurrences < occurrences) {
    courseList.clear();
    courseList.add(course);
} else if (original.occurrences == occurrences) {
    courseList.add(course);
}
```

이렇게 courseList에 현재까지 찾은 코스를 넣는 처리가 완료되었습니다.

이제 재귀를 진행하여 다음 조합을 찾아봅시다. 이를 위해 가장 먼저 현재까지 찾은 메뉴 조합에 포함된 메뉴 개수가 10개 이상인 경우를 걸러 내야 합니다. 포함된 메뉴가 10개 이상이면 더이상 메뉴를 포함시킬 수 없기 때문입니다.

```
if (size >= 10) return;
```

이번 재귀에서 검사를 시작해야 하는 메뉴는 nextMenu 매개변수에 들어 있습니다. 따라서 nextMenu부터 그 이후의 메뉴를 검사하기 위해 다음과 같이 반복문을 작성하고 각 메뉴를 String으로 변환합니다.

```
for (char menuChar = nextMenu; menuChar <= 'Z'; menuChar++) {
    String menu = String.valueOf(menuChar);

}
```

각 반복문에서는 menu를 포함하는 조합을 검사합니다. 다음과 같이 selectedMenus에 menu를 포함한 후 재귀 호출을 수행합니다. 재귀 호출이 완료되면 다시 menu를 selectedMenus에서 제외하여 다음 검사를 진행할 수 있게 합니다.

```
for (char menuChar = nextMenu; menuChar <= 'Z'; menuChar++) {
    String menu = String.valueOf(menuChar);
    selectedMenus.add(menu);
    getCourses((char) (menuChar + 1), selectedMenus, orderList, courses);
```

```
        selectedMenus.remove(menu);
    }
```

재귀 메서드 getCourses()를 모두 작성했습니다. solution()에서는 getCourses() 메서드를 호출하는 매개변수들을 준비하고, 재귀 호출 결과를 처리하여 반환하면 됩니다.

가장 먼저 주문 목록을 getCourses()에서 전달받는 List<Set<String>> 형식으로 변환해야 합니다. 이를 위해 다음과 같이 String[] 형식인 orders를 Stream으로 변환합니다.

```
Arrays.stream(orders)
```

String의 chars() 메서드를 사용하면 문자열에 포함된 문자들의 아스키 코드를 IntStream으로 변환할 수 있습니다. 따라서 map() 메서드를 사용하여 각 문자열을 IntStream으로 변환하면 Stream<IntStream> 형식으로 변환할 수 있습니다.

```
Arrays.stream(orders)
        .map(String::chars)
```

IntStream을 Set<String> 형식으로 변환하려면 mapToObj() 메서드를 사용하여 각 아스키 코드를 문자열로 변환하고, collect() 메서드를 사용하여 Set으로 변환합니다. 이렇게 하면 Stream<Set<String>> 형식이 됩니다.

```
Arrays.stream(orders)
        .map(String::chars)
        .map(charStream -> charStream
            .mapToObj(menu -> String.valueOf((char) menu))
            .collect(Collectors.toSet()))
```

마지막으로 collect() 메서드를 사용하여 Stream을 List로 변환하면 구하고자 했던 List<Set<String>> 객체를 얻을 수 있습니다.

```
List<Set<String>> orderList = Arrays.stream(orders)
        .map(String::chars)
        .map(charStream -> charStream
            .mapToObj(menu -> String.valueOf((char) menu))
```

```
        .collect(Collectors.toSet()))
    .collect(Collectors.toList());
```

다음으로 생성된 코스들을 담을 Map<Integer, List<Course>> 객체를 생성해야 합니다. 다음과 같이 Map 객체를 생성하고 course에 포함된 메뉴 개수를 key로 하는 리스트를 넣어 줍니다.

```
Map<Integer, List<Course>> courses = new HashMap<>();
for (int length : course) {
    List<Course> list = new ArrayList<>();
    courses.put(length, list);
}
```

이때 getCourses()에서 가정했던 리스트는 비어 있지 않아야 한다는 조건을 맞추기 위해 다음과 같이 등장 횟수가 0인 Course 객체를 리스트에 넣어야 합니다.

```
Map<Integer, List<Course>> courses = new HashMap<>();
for (int length : course) {
    List<Course> list = new ArrayList<>();
    list.add(new Course("", 0));
    courses.put(length, list);
}
```

이제 getCourses() 메서드에서 해당 길이를 가지고 등장 횟수가 2회 이상인 코스가 발견되면, 여기에서 넣은 등장 횟수 0인 코스는 삭제되고 발견한 코스가 저장됩니다.

이렇게 getCourses() 메서드를 호출할 메서드는 모두 준비되었습니다. 다음과 같이 getCourses() 메서드를 호출하도록 합니다. nextMenu에는 가장 처음 검사해야 할 메뉴인 'A'를, selectedMenus에는 가장 처음에 포함되는 메뉴가 없으므로 빈 HashSet을, orderList와 courses에는 앞서 구한 객체들을 전달합니다.

```
getCourses('A', new HashSet<>(), orderList, courses);
```

getCourses() 메서드가 종료되면 courses에는 길이별 가장 많이 등장한 코스가 저장됩니다. 이를 사전 순으로 정렬하여 1차원 배열로 변환하여 반환해야 합니다. 이를 위해 courses에 포함된 코스들을 Stream으로 변환합니다.

```
courses.values().stream()
```

원하는 길이의 코스를 발견하지 못했다면 courses를 처음 구성할 때 넣어 준 등장 횟수 0짜리
코스가 들어 있는 리스트가 남아 있게 됩니다.

```
courses.values().stream()
        .filter(list -> list.get(0).occurrences > 0)
```

지금까지 전체 객체의 자료형은 Stream<List<Course>>입니다. Stream과 List가 중첩된 형태
이므로 이를 flatMap()을 사용하여 다음과 같이 Stream<Course>로 변환합니다.

```
courses.values().stream()
        .filter(list -> list.get(0).occurrences > 0)
        .flatMap(List::stream)
```

코스의 메뉴 구성을 구해야 하므로 map()으로 Course 클래스의 course 필드 값을 가져옵니다.
이를 수행하면 Stream<String> 자료형으로 변환됩니다.

```
courses.values().stream()
        .filter(list -> list.get(0).occurrences > 0)
        .flatMap(List::stream)
        .map(c -> c.course)
```

각 코스는 사전 순으로 정렬되어 있어야 합니다. 따라서 다음과 같이 sorted() 메서드로 코스
를 정렬합니다.

```
courses.values().stream()
        .filter(list -> list.get(0).occurrences > 0)
        .flatMap(List::stream)
        .map(c -> c.course)
        .sorted()
```

마지막으로 toArray() 메서드를 사용하여 Stream<String>을 String[ ]형으로 변환해서 반환
합니다.

```
return courses.values().stream()
        .filter(list -> list.get(0).occurrences > 0)
        .flatMap(List::stream)
        .map(c -> c.course)
        .sorted()
        .toArray(String[]::new);
```

이 문제는 완전 탐색과 재귀를 이용하여 문제를 해결하는 과정에서 원소의 정렬이 필요했습니다. 이처럼 정렬은 단순히 정렬을 물어보는 문제뿐만 아니라 다른 알고리즘과 함께 섞여 출세되기도 합니다.

전체 코드   7장/메뉴리뉴얼.java

```
import java.util.*;
import java.util.stream.Collectors;

public class Solution {
    private static class Course {
        public final String course;
        public final int occurrences;

        public Course(String course, int occurrences) {
            this.course = course;
            this.occurrences = occurrences;
        }
    }

    private void getCourses(char nextMenu, Set<String> selectedMenus,
                            List<Set<String>> orderList,
                            Map<Integer, List<Course>> courses) {
        int occurrences = (int) orderList.stream()
                .filter(order -> order.containsAll(selectedMenus))
                .count();
        if (occurrences < 2) return;

        int size = selectedMenus.size();
        if (courses.containsKey(size)) {
            List<Course> courseList = courses.get(size);
            Course course = new Course(selectedMenus.stream()
                    .sorted()
                    .collect(Collectors.joining("")),
                    occurrences);
```

```
                Course original = courseList.get(0);
                if (original.occurrences < occurrences) {
                    courseList.clear();
                    courseList.add(course);
                } else if (original.occurrences == occurrences) {
                    courseList.add(course);
                }
            }

        if (size >= 10) return;
        for (char menuChar = nextMenu; menuChar <= 'Z'; menuChar++) {
            String menu = String.valueOf(menuChar);
            selectedMenus.add(menu);
            getCourses((char) (menuChar + 1), selectedMenus, orderList, courses);
            selectedMenus.remove(menu);
        }
    }

    public String[] solution(String[] orders, int[] course) {
        List<Set<String>> orderList = Arrays.stream(orders)
                .map(String::chars)
                .map(charStream -> charStream
                        .mapToObj(menu -> String.valueOf((char) menu))
                        .collect(Collectors.toSet()))
                .collect(Collectors.toList());

        Map<Integer, List<Course>> courses = new HashMap<>();
        for (int length : course) {
            List<Course> list = new ArrayList<>();
            list.add(new Course("", 0));
            courses.put(length, list);
        }
        getCourses('A', new HashSet<>(), orderList, courses);

        return courses.values().stream()
                .filter(list -> list.get(0).occurrences > 0)
                .flatMap(List::stream)
                .map(c -> c.course)
                .sorted()
                .toArray(String[]::new);
    }
}
```

이 장에서는 데이터를 정렬하는 방법을 알아보았습니다. 정렬은 여러 가지 탐색 방법에서 많이 사용되며, 알고리즘 효율을 높이는 데도 많이 활용됩니다. 하지만 시간 복잡도가 O(N logN)으로 단순 순회보다 높으므로 무분별하게 사용하지 않도록 주의합시다.

이진 탐색

SECTION 1   이진 탐색이란?

SECTION 2   탐색 효율 높이기

SECTION 3   자바의 이진 탐색 메서드

SECTION 4   다양한 문제 풀이

배열이나 리스트의 원소 중에서 원하는 값을 어떻게 찾을 수 있을까요? 앞부터 하나씩 살펴보며 우리가 찾는 조건에 부합하는지 검사해 나가는 방법이 있을 것입니다. 하지만 이 방법밖에 없을까요? 이 장에서는 특정 조건이 갖추어졌을 때 사용할 수 있는 탐색 방법과 이를 응용한 문제들을 풀어 봅니다.

8.1 / 이진 탐색이란?
SECTION

업다운 게임은 한 사람이 1~100 숫자 중에서 하나를 생각하고, 다른 사람이 숫자를 부르며 정답 숫자를 맞히는 게임입니다. 부른 숫자가 정답보다 크다면 출제자는 down이라고 말합니다. 반대로 부른 숫자가 정답보다 작다면 출제자는 up이라고 말합니다. 이를 반복해 가며 정답 숫자를 맞추어 나갑니다.

이 게임의 정석적인 접근 방법은 항상 남아 있는 숫자 중에서 가운데 숫자를 부르는 것입니다. 그렇다면 틀렸다고 하더라도 남아 있는 숫자 중 절반을 정답 후보에서 제외할 수 있습니다. 예를 들어 봅시다. 게임이 시작한 직후 정답 후보 숫자들은 1~100의 100가지입니다. 첫 시도에 50을 부르고 출제자가 up이라고 한다면, 1~50의 50개 숫자는 정답 후보에서 제외됩니다. 반대로 down이라고 한다면, 50~100의 51개 숫자가 제외됩니다. 결과적으로 정답 숫자가 포함된 범위는 100 → 50 → 25 → 13 → 7 → 4 → 2 → 1로, 최악의 경우에도 일곱 번 만에 정답을 맞출 수 있습니다.

▼ **그림 8-1** 업다운 게임의 진행 과정

이진 탐색은 업다운 게임과 같습니다. 이진 탐색에서는 찾고자 하는 정답이 포함된 범위 중 가운데를 검사하고, 정답과 비교하여 절반의 범위를 제외합니다. 이진 탐색이 갖는 이점과 이진 탐색을 사용하는 데 필요한 조건을 살펴보도록 합시다.

8.1.1 이진 탐색이 갖는 이점

배열이나 리스트의 처음부터 하나씩 찾는 것을 선형 탐색(linear search)이라고 하는데, 이 방법은 원소 개수에 비례하는 O(N)의 시간 복잡도를 갖습니다. 선형 탐색은 업다운 게임에서 1부터 차례대로 부르는 것과 같습니다.

▼ **그림 8-2** 업다운 게임에서 1부터 차례대로 부른다면?

이진 탐색은 한 번 검사할 때마다 탐색 공간을 절반씩 줄이므로 훨씬 효율적입니다. 처음 탐색 공간의 크기가 N이라고 한다면 한 번 검사한 후에는 N/2, 한 번 더 검사하면 N/4로 탐색 공간이 줄어듭니다. x번 검사한 후에 탐색 공간의 크기는 $N/2^x$가 됩니다. 최대 몇 번의 검사가 필요한지 구하고 싶다면 탐색 공간에 마지막 하나의 원소가 남을 때, 즉 1이 될 때를 살펴봅니다. 이는 다음과 같이 계산됩니다.

$$N / 2^x = 1$$
$$2^x = N$$
$$x = \log_2 N$$

즉, 이진 탐색의 탐색 횟수는 $\log_2 N$이 됩니다. 이를 시간 복잡도로 나타내면 이진 탐색의 시간 복잡도는 $O(\log_2 N) = O(\log N)$이 됩니다. 이는 $O(N)$의 시간 복잡도를 가지는 선형 탐색보다 N이 크면 클수록 성능이 강력하다는 것을 의미합니다.

▼ **그림 8-3** N에 따른 선형 탐색과 이진 탐색의 소요 시간

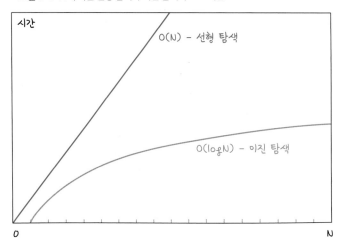

8.1.2 이진 탐색을 사용할 수 있는 조건

물론 아무 때나 이진 탐색을 사용할 수 있는 것은 아닙니다. 무작위로 섞여 있는 배열에서 숫자를 찾는 데는 이진 탐색을 적용할 수 없습니다. 다음과 같은 배열에서 6을 찾아봅시다.

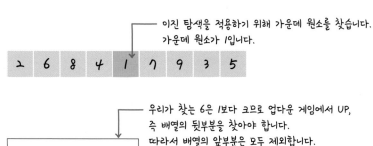

이처럼 무작위로 섞인 배열에서는 이진 탐색을 제대로 적용할 수 없습니다.

이진 탐색을 적용하려면 배열이나 리스트가 **정렬되어 있어야** 합니다. 정렬된 상태이어야 대소 비교를 하여 정답이 없는 구간을 확실히 제외할 수 있습니다.

8.2 / 탐색 효율 높이기

SECTION

정렬된 상태에서는 이진 탐색을 사용할 수 있습니다. 이진 탐색의 자세한 동작 과정과 구현 방법을 살펴봅시다.

8.2.1 분할 정복

이진 탐색은 업다운 게임에서 계속 남아 있는 범위의 가운데 숫자를 부르는 것처럼 남은 범위를 계속해서 반으로 나눕니다. 나뉜 두 범위에서 한쪽은 정답이 있고, 다른 한쪽은 정답이 없다는 것을 이용하여 효율적으로 검색해 나갑니다. 이와 같이 탐색 공간을 특정 기준에 따라 나누고, 나눈 각 탐색 공간에서 탐색을 이어 나가는 것을 분할 정복이라고 합니다.

이진 탐색은 분할 정복 중 한쪽 범위를 아예 버리기 때문에 분할 정복을 이용한 효율 높은 탐색 알고리즘이라고 할 수 있습니다. 이런 이진 탐색이 코드로 어떻게 구현되는지 살펴봅시다. 다음과 같은 정렬되어 있는 배열에서 특정 원소의 인덱스를 찾는 binarySearch() 메서드를 이진 탐색을 이용하여 구현해봅시다.

```java
private static int binarySearch(int[] arr, int target) {
    // 이진 탐색을 이용하여 정렬된 배열 arr 안에서 target의 인덱스 반환
    // target이 arr 안에 없다면 -1 반환
    return -1;
}
```

범위 찾기

먼저 업다운 게임에서 정답이 1~100에 있다는 것을 알고 시작하듯이 이진 탐색에서도 정답이 속한 범위를 찾아야 합니다. 우리는 arr의 인덱스를 찾는 과정이므로 arr의 인덱스 범위인 0~arr.length - 1이 탐색 범위가 됩니다. 이는 [0, arr.length)처럼 표기할 수 있습니다.

> **잠깐만요**
>
> 범위 표기는 앞서 언급했던 적이 있지만 다시 한 번 살펴보겠습니다. 범위는 시작 지점과 끝나는 지점이 있습니다. 시작 지점을 start, 끝나는 지점을 end라고 한다면 범위 표기는 소괄호나 대괄호를 이용하여 start와 end를 감싸 표기할 수 있습니다. 소괄호에서 해당 지점은 범위에 포함되지 않는다(exclusive)는 의미이며, 대괄호에서는 해당 지점이 범위에 포함된다(inclusive)는 의미입니다.
>
> 주로 시작 지점은 포함, 끝나는 지점은 포함하지 않는 [start, end)를 사용합니다. 예를 들어 배열의 일부 범위를 복사하는 메서드인 Arrays.copyOfRange()는 복사할 원본 배열과 복사의 시작 지점 from, 복사의 마지막 지점 to를 매개변수로 전달받습니다. 이 메서드는 from은 복사 범위에 포함하고, to는 포함하지 않는 [from, to) 방식을 사용합니다. 물론 경우에 따라 두 지점을 모두 포함하는 [start, end]를 사용하기도 합니다.

찾은 범위는 다음과 같이 각각의 변수로 선언합니다.

```java
int start = 0;          // inclusive
int end = arr.length;   // exclusive
```

검사 진행하기

[start, end)로 표기된 범위에서 범위 내 속한 원소 개수는 end - start입니다. 탐색 공간이 남아 있지 않을 때까지 탐색하려면 end - start가 양수일 때 탐색을 계속 반복해야 합니다. 이는 end - start > 0이므로 end > start를 조건으로 하는 반복문으로 탐색을 반복합니다.

```
while (end > start) {
    // 범위의 중간 검사
}
```

이제 범위 중간에 있는 원소를 검사해야 합니다. 다음과 같이 범위의 중간 인덱스와 그 값을 구합니다.

중간 값 비교하기

```
int mid = (start + end) / 2;
int value = arr[mid];
```

중간 값을 구했으면 이 값과 우리가 찾는 값의 대소를 비교하고, 그에 따라 범위를 적절히 조정해주어야 합니다.

```
if (value == target) {
    return mid;
} else if (value > target) {
    // DOWN!
} else {
    // UP!
}
```

중간 값이 우리가 찾는 값과 같다면 정답을 찾은 것이므로 해당 값의 인덱스인 mid를 반환합니다. value가 더 크다면 정답은 더 작은 범위에 있으므로 작은 범위에서 탐색을 이어 나가야 합니다. 반대로 value가 더 작다면 정답은 더 큰 범위에 있으므로 큰 범위에서 탐색을 이어 나가야 합니다.

value > target은 범위를 작은 쪽으로 좁혀야 합니다. [start, end) 범위에서 더 작은 범위로 좁히는 경우 start는 이미 작은 범위에 포함되어 있으므로 변경된 범위의 시작 지점도 start로 유지됩니다. value가 들어 있는 mid에는 target이 들어 있지 않다는 것을 확인했습니다. 따라서 mid − 1까지 포함하는 범위로 좁혀야 합니다. 끝 지점은 포함하지 않는 범위 표기법을 사용하고 있으므로 줄어든 범위는 [start, mid)로 표기됩니다.

value < target은 범위를 큰 쪽으로 좁혀야 합니다. 이 경우 end가 이미 큰 범위에 포함되어 있으며 mid는 좁혀진 범위에서 제외되어야 합니다. 시작 지점은 포함되므로 줄어든 범위는 [mid + 1, end)로 표기됩니다.

이렇게 범위 표기에 따라 범위가 줄어드는 것을 잘 고려하여 코드를 작성하면 다음과 같습니다.

```java
if (value == target) {
    return mid;
} else if (value > target) {
    end = mid;
} else {
    start = mid + 1;
}
```

이제 줄어든 범위를 이용하여 탐색을 반복해 나가면서 계속해서 범위가 줄어들다 정답을 찾으면 해당 인덱스를 반환하고, 정답을 찾지 못하면 반복문 밖에서 −1이 반환됩니다.

전체 코드   8장/분할정복.java

```java
private static int binarySearch(int[] arr, int target) {
    int start = 0;          // inclusive
    int end = arr.length;   // exclusive

    while (end > start) {
        int mid = (start + end) / 2;
        int value = arr[mid];

        if (value == target) {
            return mid;
        } else if (value > target) {
            end = mid;
        } else {
            start = mid + 1;
        }
    }

    return -1;
}
```

8.2.2 정렬 기준 정하기

이진 탐색을 진행하려면 배열이 정렬되어 있어야 하고, 많은 경우 우리가 직접 데이터를 정렬해 주어야 합니다. 하지만 같은 데이터라고 하더라도 여러 가지 정렬 방법이 있을 수 있습니다. 정수라면 가장 기본적인 오름차순, 내림차순은 물론 사전 순, 자릿수 순, 모든 자릿수의 합 순 등 다양한 정렬 방법이 있을 수 있겠네요. 심지어는 정렬할 수 있는 데이터 없이 직접 정렬 규칙을 찾아내어 이진 탐색을 적용해야 할 때도 있습니다.

정렬 방식 선택하기

이진 탐색을 위해서는 아무 정렬 방식이나 선택하면 안 됩니다. 중간 값과 정답의 대소를 명확히 구분할 수 있어야 하고, 대소 비교를 하여 정답이 속한 더 작은 범위를 정확히 파악할 수 있어야 합니다. 모든 자릿수의 합이 15인 숫자를 찾는데 오름차순으로 정렬하고 이진 탐색을 적용할 수는 없습니다. 따라서 이진 탐색을 적용하려면 문제에서 요구하는 조건을 정확히 파악하고, 이에 따른 대소 비교를 구현하여 데이터를 정렬한 후 진행해야 합니다.

정렬 규칙 찾기

이진 탐색 문제 대부분은 배열이나 리스트를 주고 원소를 찾기보다는 큰 범위의 정답 후보 중 문제 조건에 맞는 정답을 찾아낼 때가 많습니다. 이때는 문제에서 요구하는 조건의 검사 결과가 정답 후보의 값에 따라 정렬된 상태가 되는지 확인해 보아야 합니다.

이진 탐색은 정확한 값을 찾는 데도 사용되지만, 정답 조건을 만족하는 값 중 **가장 큰 값** 혹은 **가장 작은 값**을 찾는 데도 많이 사용되며, 이런 유형의 탐색을 파라메트릭 서치라고도 합니다. 이 경우 보통 값이 어느 정도 이상 크거나 반대로 어느 정도 이상 작으면 정답 조건을 만족합니다.

예를 들어 정렬된 배열에서 10 이상의 값 중 가장 작은 값을 찾는다고 합시다. 이때 중간 값을 찍었을 때 15가 나오면 이 중간 위치는 범위에서 제외되는 것이 맞습니다. 12가 나와도 10보다 큰 값이므로 이 위치 또한 정답이 될 수 있습니다. 하지만 배열 앞쪽에 12보다 작고 10보다는 크거나 같은 값이 있을 수 있으니 탐색은 계속해야 합니다.

정답 조건을 만족하는 값 중 가장 큰 값이나 가장 작은 값을 쉽게 찾으려면 다음을 고민해야 합니다.

1. 범위 좁히기
2. 범위 표기법

범위 좁히기

가장 먼저 생각해야 할 것은 범위를 좁히는 과정입니다. 정확한 값을 찾는 이진 탐색과 다르게 가장 큰 값이나 가장 작은 값을 찾는 이진 탐색에서는 검사한 값이 정답 조건을 만족한다고 하더라도 범위에 포함될 수 있습니다. 따라서 범위를 좁힐 때 이를 반영해야 합니다.

• 정답 조건을 만족하는 값 중 가장 큰 값을 구하는 경우라면 중간 값을 검사했을 때 정답을 만족하더라도 더 큰 값이 있는지 찾아야 하므로 범위를 큰 쪽으로 좁히되, 검사한 중간 값을 포함해서 좁혀야 합니다.

• 정답 조건을 만족하는 값 중 가장 작은 값을 구하는 경우라면 중간 값을 검사했을 때 정답을 만족하더라도 더 작은 값이 있는지 찾아야 하므로 범위를 작은 쪽으로 좁히되, 검사한 중간 값을 포함해서 좁혀야 합니다.

범위 표기법

이진 탐색을 진행할 때 찾고자 하는 값에 따른 범위 표기법은 다음과 같습니다.

▼ 표 8-1 찾고자 하는 값에 따른 범위 표기법

찾고자 하는 값	범위 표기법
정답 조건을 만족하는 값 중 가장 큰 값	[start, end)
정답 조건을 만족하는 값 중 가장 작은 값	[start, end]

표 8-1에서 확인할 수 있듯이, 찾고자 하는 값에 따라 범위의 마지막 부분을 포함하거나 포함하지 않아야 합니다.

가장 큰 값을 찾아야 할 때는 [start, end)를 사용합니다. 이 경우 범위를 좁혀 나가다 마지막 2개가 남았을 때 (end == start + 2) 중간 값은 start + 1을 선택합니다. 중간 값이 정답 조건을 만족한다면 중간 값을 포함하여 큰 값이 들어 있는 범위인 [start + 1, end)를 선택하고, 범위 안에는 하나의 값만 남아 정답을 구할 수 있습니다. 정답 조건을 만족하지 않더라도 end가 start + 1로 좁혀지면서 하나의 값만 남게 됩니다.

가장 작은 값을 찾아야 할 때는 [start, end]를 사용합니다. 이 경우 범위에 2개의 값이 남았을 때 (end == start + 1) 중간 값은 start를 선택합니다. 이 값이 정답 조건을 만족한다면 중간 값을 포함하여 작은 값이 들어 있는 범위인 [start, start]를 선택하게 되고, 범위 안에는 하나의 값만 남습니다. 반대로 정답 조건을 만족하지 않는다면 큰 값이 들어 있는 범위인 [start + 1, end]로 좁혀지면서 하나의 값만 남습니다.

8.3 자바의 이진 탐색 메서드

자바에서는 배열과 리스트에 적용할 수 있는 다음 두 가지 이진 탐색 메서드를 제공합니다.

▼ 표 8-2 자바의 내장 이진 탐색 메서드

자료 구조	메서드
배열	Arrays.binarySearch()
리스트	Collections.binarySearch()

여기에서 명심해야 할 점은 탐색 대상 배열과 리스트는 항상 정렬된 상태이어야 한다는 것입니다. 따라서 배열이나 리스트가 정렬되어 있다고 가정할 수 없다면 Arrays.sort()나 Collections.sort() 메서드로 배열이나 리스트를 정렬한 후 이진 탐색을 진행해야 합니다.

앞의 두 메서드는 배열이나 리스트에서 검색하려는 원소가 있다면 해당 원소의 인덱스를 반환합니다. 다음 예시 코드를 살펴봅시다.

```
int[] array = new int[] { 1, 4, 6, 7, 8, 10, 13, 17 };
List<Integer> list = List.of(1, 4, 6, 7, 8, 10, 13, 17);

int arrayIndex = Arrays.binarySearch(array, 8);
int listIndex = Collections.binarySearch(list, 8);

System.out.println(arrayIndex);  // 4
System.out.println(listIndex);   // 4
```

앞 코드에서는 찾고자 하는 숫자인 8이 배열과 리스트의 4번 인덱스에 위치하고 있습니다. 따라서 Arrays.binarySearch()와 Collections.binarySearch() 메서드로 이진 탐색을 진행하면 해당 원소의 인덱스인 4를 반환합니다.

찾고자 하는 값이 없다면 어떤 값을 반환할까요? 예제로 확인해봅시다. 다음 예제 코드에서는 배열과 리스트에 포함되지 않은 원소인 11을 검색합니다.

```java
int[] array = new int[] { 1, 4, 6, 7, 8, 10, 13, 17 };
List<Integer> list = List.of(1, 4, 6, 7, 8, 10, 13, 17);

int arrayIndex = Arrays.binarySearch(array, 11);
int listIndex = Collections.binarySearch(list, 11);

System.out.println(arrayIndex);  // -7
System.out.println(listIndex);   // -7
```

이 예제처럼 없는 원소를 검색하면 음수가 반환됩니다. 이 값을 이용하면 검색하려는 원소가 배열이나 리스트에서 어느 위치에 들어가야 하는지 구할 수 있습니다. 음수 반환값을 양수로 변환하고, 1을 빼면 원소가 들어갈 위치가 됩니다.

예제 코드는 반환값이 −7이므로, 이를 양수로 변환한 7에서 1을 빼면 6번 위치에 11이 들어가야 함을 알 수 있습니다. 실제로 다음 그림과 같이 11은 배열과 리스트에서 10과 13 사이에 들어가야 합니다. 10의 인덱스가 5고, 13의 인덱스가 6이므로 6번 인덱스에 속합니다.

▼ **그림 8-5** 원소 11이 삽입되는 위치

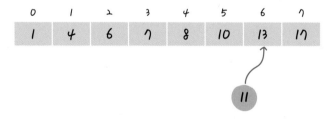

이진 탐색 메서드는 직접 이진 탐색을 구현하지 않아도 된다는 점에서는 매우 유용합니다. 정렬된 배열이나 리스트에서 하나의 원소를 찾아야 할 때 강력한 효율성을 보여 줍니다.

하지만 코딩 테스트에서는 배열이나 리스트로 탐색 공간을 표현할 수 없는 경우처럼 내장 이진 탐색 메서드를 적용할 수 없을 때가 많이 있습니다. 직접 이진 탐색을 구현하는 방법을 반드시 익혀 둡니다.

8.4 다양한 문제 풀이

SECTION

문제 30

순위 검색 - Level 2

URL https://school.programmers.co.kr/learn/courses/30/lessons/72412

[본 문제는 정확성과 효율성 테스트 각각 점수가 있는 문제입니다.]

카카오는 하반기 경력 개발자 공개채용을 진행 중에 있으며 현재 지원서 접수와 코딩 테스트가 종료되었습니다. 이번 채용에서 지원자는 지원서 작성 시 아래와 같이 4가지 항목을 반드시 선택하도록 하였습니다.

- 코딩 테스트 참여 개발언어 항목에 cpp, java, python 중 하나를 선택해야 합니다.
- 지원 직군 항목에 backend와 frontend 중 하나를 선택해야 합니다.
- 지원 경력구분 항목에 junior와 senior 중 하나를 선택해야 합니다.
- 선호하는 소울푸드로 chicken과 pizza 중 하나를 선택해야 합니다.

인재영입팀에 근무하고 있는 니니즈는 코딩 테스트 결과를 분석하여 채용에 참여한 개발팀들에 제공하기 위해 지원자들의 지원 조건을 선택하면 해당 조건에 맞는 지원자가 몇 명인 지 쉽게 알 수 있는 도구를 만들고 있습니다.

예를 들어, 개발팀에서 궁금해하는 문의사항은 다음과 같은 형태가 될 수 있습니다.

코딩 테스트에 java로 참여했으며, backend 직군을 선택했고, junior 경력이면서, 소울푸드로 pizza를 선택한 사람 중 코딩 테스트 점수를 50점 이상 받은 지원자는 몇 명인가?

물론 이 외에도 각 개발팀의 상황에 따라 아래와 같이 다양한 형태의 문의가 있을 수 있습니다.

- 코딩 테스트에 python으로 참여했으며, frontend 직군을 선택했고, senior 경력이면서, 소울푸드로 chicken을 선택한 사람 중 코딩 테스트 점수를 100점 이상 받은 사람은 모두 몇 명인가?
- 코딩 테스트에 cpp로 참여했으며, senior 경력이면서, 소울푸드로 pizza를 선택한 사람 중 코딩 테스트 점수를 100점 이상 받은 사람은 모두 몇 명인가?
- backend 직군을 선택했고, senior 경력이면서 코딩 테스트 점수를 200점 이상 받은 사람은 모두 몇 명인가?
- 소울푸드로 chicken을 선택한 사람 중 코딩 테스트 점수를 250점 이상 받은 사람은 모두 몇 명인가?
- 코딩 테스트 점수를 150점 이상 받은 사람은 모두 몇 명인가?

즉, 개발팀에서 궁금해하는 내용은 다음과 같은 형태를 갖습니다.

* [조건]을 만족하는 사람 중 코딩 테스트 점수를 X점 이상 받은 사람은 모두 몇 명인가?

문제

지원자가 지원서에 입력한 4가지의 정보와 획득한 코딩 테스트 점수를 하나의 문자열로 구성한 값의 배열 info, 개발팀이 궁금해하는 문의 조건이 문자열 형태로 담긴 배열 query가 매개변수로 주어질 때, 각 문의 조건에 해당하는 사람들의 숫자를 순서대로 배열에 담아 return하도록 solution 함수를 완성해주세요.

제한 사항

- info 배열의 크기는 1 이상 50,000 이하입니다.
- info 배열 각 원소의 값은 지원자가 지원서에 입력한 4가지 값과 코딩 테스트 점수를 합친 "개발언어 직군 경력 소울푸드 점수" 형식입니다.
  - 개발언어는 cpp, java, python 중 하나입니다.
  - 직군은 backend, frontend 중 하나입니다.
  - 경력은 junior, senior 중 하나입니다.
  - 소울푸드는 chicken, pizza 중 하나입니다.
  - 점수는 코딩 테스트 점수를 의미하며, 1 이상 100,000 이하인 자연수입니다.
  - 각 단어는 공백문자(스페이스 바) 하나로 구분되어 있습니다.
- query 배열의 크기는 1 이상 100,000 이하입니다.
- query의 각 문자열은 "[조건] X" 형식입니다.
  - [조건]은 "개발언어 and 직군 and 경력 and 소울푸드" 형식의 문자열입니다.
  - 언어는 cpp, java, python, - 중 하나입니다.
  - 직군은 backend, frontend, - 중 하나입니다.
  - 경력은 junior, senior, - 중 하나입니다.
  - 소울푸드는 chicken, pizza, - 중 하나입니다.
  - '-' 표시는 해당 조건을 고려하지 않겠다는 의미입니다.
  - X는 코딩 테스트 점수를 의미하며 조건을 만족하는 사람 중 X점 이상 받은 사람은 모두 몇 명인지를 의미합니다.
  - 각 단어는 공백문자(스페이스 바) 하나로 구분되어 있습니다.
  - 예를 들면, "cpp and - and senior and pizza 500"은 "cpp로 코딩 테스트를 봤으며, 경력은 senior 이면서 소울푸드로 pizza를 선택한 지원자 중 코딩 테스트 점수를 500점 이상 받은 사람은 모두 몇 명인가?"를 의미합니다.

info	query	result
["java backend junior pizza 150","python frontend senior chicken 210","python frontend senior chicken 150","cpp backend senior pizza 260","java backend junior chicken 80","python backend senior chicken 50"]	["java and backend and junior and pizza 100","python and frontend and senior and chicken 200","cpp and - and senior and pizza 250","- and backend and senior and - 150","- and - and - and chicken 100","- and - and - and - 150"]	[1,1,1,1,2,4]

입출력 예에 대한 설명

지원자 정보를 표로 나타내면 다음과 같습니다.

언어	직군	경력	소울 푸드	점수
java	backend	junior	pizza	150
python	frontend	senior	chicken	210
python	frontend	senior	chicken	150
cpp	backend	senior	pizza	260
java	backend	junior	chicken	80
python	backend	senior	chicken	50

- "java and backend and junior and pizza 100" : java로 코딩 테스트를 봤으며, backend 직군을 선택했고 junior 경력이면서 소울푸드로 pizza를 선택한 지원자 중 코딩 테스트 점수를 100점 이상 받은 지원자는 1명입니다.

- "python and frontend and senior and chicken 200" : python으로 코딩 테스트를 봤으며, frontend 직군을 선택했고, senior 경력이면서 소울푸드로 chicken을 선택한 지원자 중 코딩 테스트 점수를 200점 이상 받은 지원자는 1명입니다.

- "cpp and - and senior and pizza 250" : cpp로 코딩 테스트를 봤으며, senior 경력이면서 소울푸드로 pizza를 선택한 지원자 중 코딩 테스트 점수를 250점 이상 받은 지원자는 1명 입니다.

- "- and backend and senior and - 150" : backend 직군을 선택했고, senior 경력인 지원자 중 코딩 테스트 점수를 150점 이상 받은 지원자는 1명입니다.

- "- and - and - and chicken 100" : 소울푸드로 chicken을 선택한 지원자 중 코딩 테스트 점수를 100점 이상을 받은 지원자는 2명입니다.

- "- and - and - and - 150" : 코딩 테스트 점수를 150점 이상 받은 지원자는 4명입니다.

이 문제에서는 문의 조건을 만족하는 사람들의 수를 세야 합니다. 하지만 검사해야 할 조건이 하나가 아니라 여럿이고, 문의 조건에 따라서는 어떤 값이 들어가도 상관없는 조건도 있습니다.

모든 지원자를 일일이 검사해 가며 문의 조건을 만족하는지 검사할 경우의 시간 복잡도는 얼마일까요? 지원자 수를 N, 문의 조건 개수를 M이라고 했을 때 각 문의 조건마다 모든 지원자를 검사해야 하기 때문에 시간 복잡도는 O(NM)이 됩니다. 문제에 따라 N은 최대 50,000이고, M은 최대 100,000이므로 최악의 경우 시간 복잡도는 50억으로 계산됩니다. 시간 제한을 맞추기 위해서는 1억보다 작은 값으로 계산되어야 하기 때문에 50억이라는 수치로 계산되는 이 풀이법은 시간 제한을 맞추지 못합니다.

이진 탐색 적용하기

조건을 [개발 언어, 직군, 경력, 소울푸드]처럼 표기해봅시다. [java, backend, junior, chicken]의 정보를 가진 지원자는 언제 검색될까요? [java, backend, junior, chicken]처럼 모든 정보가 일치하는 조건은 물론 [−, −, −, −]처럼 여러 정보를 허용하는 조건에도 검색됩니다. 정보에는 개발언어, 직군, 경력, 소울푸드 네 가지가 있으므로 총 $2^4 = 16$가지 조건으로 검색됩니다.

이렇게 조합 가능한 조건들을 모두 살펴보면 개발 언어는 cpp, java, python, 모든 개발 언어를 포함하는 − 네 가지가 있습니다. 직군은 backend, frontend, − 세 가지, 경력은 junior, senior, − 세 가지, 소울푸드는 chicken, pizza, − 세 가지가 있습니다. 따라서 총 가능한 조건은 4×3×3×3=108가지가 나옵니다.

모든 지원자 정보를 검색되는 조건에 따라 분류해 놓는다면 문의 조건이 입력되었을 때 해당 조건을 이용하여 바로 검색할 수 있을 것입니다. 이렇게 전처리할 경우의 시간 복잡도를 생각해봅시다.

먼저 전처리에 소요되는 시간 복잡도를 고민해보겠습니다. 모든 지원자 정보를 순회하며 가능한 검색 조건을 생성하고, 해당 조건으로 검색될 수 있는 리스트에 추가해야 합니다. 또 순회 후에는 모든 검색 조건에 따른 지원자 정보 리스트를 점수에 따라 정렬하여 이진 탐색을 적용할 수 있게 해야 합니다.

지원자 수를 N, 하나의 지원자가 검색되는 조건 개수를 P, 전체 생성될 수 있는 조건 개수를 Q라고 했을 때, 지원자 정보를 순회하며 검색 조건을 생성하고 리스트에 추가하는 데는 O(NP)가 소요됩니다. 순회 후 모든 검색 조건에 따른 리스트를 정렬하는 데는 리스트가 총 Q개고, 하나의 리스트는 최대 N개의 원소를 가지고 있으므로 O(QN logN)이 소요됩니다. 따라서 전처리에는 O(N(P + Q logN))이 소요됩니다.

문제에 따라 N의 최댓값은 50,000, P의 최댓값은 16, Q의 최댓값은 108이므로 이를 대입해서 최악의 경우를 생각해보면 약 8,500만으로 계산됩니다. 이는 1억보다 살짝 작은 수치로 아슬아슬하게 시간 제한을 통과할 수 있습니다.

전처리되었다면 문의 조건을 검사하는 것은 크게 문제되지 않습니다. 문의 조건을 만족하는 지원자 수는 문의 조건을 만족하는 리스트를 찾아 해당 리스트에서 문의 조건에 따른 점수를 이진 탐색으로 구하면 됩니다.

문의 조건 개수를 M이라고 했을 때 문의 조건을 만족하는 리스트 크기는 최대 N이므로 이에 소요되는 시간 복잡도는 $O(M \log N)$입니다. 이는 최악의 경우 약 156만으로 계산됩니다.

따라서 전체 시간 복잡도는 $O(N(P + Q \log N) + M \log N)$이 되며, 전처리가 시간 복잡도에 지배적인 영향을 끼칩니다.

코드 작성

먼저 전처리를 위해 매개변수 info를 사용하여 조건별 리스트를 생성하는 buildScoresMap()을 작성합니다.

```java
private Map<String, List<Integer>> buildScoresMap(String[] info) {
    Map<String, List<Integer>> scoresMap = new HashMap<>();

    // 전처리

    return scoresMap;
}
```

scoresMap은 문자열로 표현한 검색 조건을 key로 하고, 해당 검색 조건에 들어 있는 점수들의 리스트를 value로 갖는 Map입니다.

이제 모든 지원자 정보를 순회하며 scoresMap 변수에서 알맞은 조건의 리스트를 찾아 점수를 추가해야 합니다. split()을 사용하여 정보를 조건에 따라 분리하고 점수를 구합니다.

```java
for (String s : info) {
    String[] tokens = s.split(" ");
    int score = Integer.parseInt(tokens[tokens.length - 1]);
    // scoresMap에 추가
}
```

tokens로 만들 수 있는 모든 조건을 찾아야 합니다. tokens에는 총 4개의 조건이 있고, 각 조건마다 −을 이용할 수도 있습니다. 만들 수 있는 모든 조건을 찾기 위해 재귀를 이용한 완전 탐색을 다음과 같이 forEachKey() 메서드로 구현합니다.

```java
private void forEachKey(int index, String prefix, String[] tokens) {
    if (index == tokens.length - 1) {
        // prefix가 만들어진 검색 조건
        return;
    }

    forEachKey(index + 1, prefix + tokens[index], tokens);
    forEachKey(index + 1, prefix + "-", tokens);
}
```

배열 tokens의 가장 마지막에는 지원자 점수가 들어 있습니다. 이는 검색 조건에 포함시키지 않으려고 tokens.length − 1까지만 재귀 호출을 수행합니다. 이 종료 조건에 도달하면 검색 조건은 prefix에 생성되어 있습니다. 이를 forEachKey() 메서드를 호출하는 부분에서 받아 올 수 있도록 자바의 Consumer<T> 클래스를 사용하여 다음과 같이 처리합니다.

```java
private void forEachKey(int index, String prefix, String[] tokens,
                        Consumer<String> action) {
    if (index == tokens.length - 1) {
        action.accept(prefix);
        return;
    }

    forEachKey(index + 1, prefix + tokens[index], tokens, action);
    forEachKey(index + 1, prefix + "-", tokens, action);
}
```

단순히 4개의 조건을 이어 붙이는 형식으로 구성했습니다.

buildScoresMap() 메서드에서는 다음과 같이 forEachKey() 메서드로 scoresMap에 리스트를 넣어 줄 수 있습니다.

```java
for (String s : info) {
    String[] tokens = s.split(" ");
    int score = Integer.parseInt(tokens[tokens.length - 1]);
    forEachKey(0, "", tokens, key -> {
```

```
        scoresMap.putIfAbsent(key, new ArrayList<>());
        scoresMap.get(key).add(score);
    });
}
```

매개변수의 Consumer<T> 부분에 람다를 이용하여 동작을 정의했습니다.

전처리의 마지막으로 만든 리스트들을 정렬해야 합니다. 다음과 같이 scoresMap에 있는 모든 리스트를 정렬합니다.

```
for (List<Integer> list : scoresMap.values()) {
    Collections.sort(list);
}
```

이렇게 만든 scoresMap을 반환해주면 전처리가 완료됩니다.

```
private Map<String, List<Integer>> buildScoresMap(String[] info) {
    Map<String, List<Integer>> scoresMap = new HashMap<>();

    for (String s : info) {
        String[] tokens = s.split(" ");
        int score = Integer.parseInt(tokens[tokens.length - 1]);
        forEachKey(0, "", tokens, key -> {
            scoresMap.putIfAbsent(key, new ArrayList<>());
            scoresMap.get(key).add(score);
        });
    }

    for (List<Integer> list : scoresMap.values()) {
        Collections.sort(list);
    }

    return scoresMap;
}
```

solution() 메서드에서는 전처리 메서드인 buildScoresMap()을 호출하여 scoresMap을 생성합니다.

```
Map<String, List<Integer>> scoresMap = buildScoresMap(info);
```

정답을 담는 배열 answer를 생성하고, 문의 조건을 순회해주면서 정답을 채울 수 있도록 반복문을 작성합니다.

```
int[] answer = new int[query.length];
for (int i = 0; i < answer.length; i++) {
    // 정답 구하기
}
return answer;
```

조건에 맞는 지원자 수를 세기 위해 다음과 같이 count() 메서드를 작성합니다.

```
private int count(String query, Map<String, List<Integer>> scoresMap) {
    // scoresMap을 이용하여 query에 맞는 지원자 수 세기
}
```

count() 메서드에서는 가장 먼저 query에 담겨 있는 조건을 파악해야 합니다. 각 조건 사이는 공백이나 and로 구분되어 있으므로 정규표현식으로 다음과 같이 split() 메서드를 호출합니다.

```
String[] tokens = query.split(" (and )?");
```

이를 이용하여 다음과 같이 scoresMap에서 검색할 수 있는 조건을 문자열로 만들어 줍니다.

```
String key = String.join("", Arrays.copyOf(tokens, tokens.length - 1));
```

tokens의 가장 마지막 원소는 점수이므로 key에 포함되지 않아야 합니다. 따라서 Arrays. copyOf() 메서드로 마지막 원소를 제외한 나머지 원소들을 복사하여 전달합니다.

> **잠깐만요**
>
> Arrays.copyOf() 메서드는 배열을 새로 생성하고 원소들을 복사하므로 성능을 생각했을 때 최선의 선택은 아닙니다. 하지만 이 경우 조건 개수가 총 4개로 많지 않아 시간 복잡도에 큰 영향은 없습니다. 시간 내에 문제를 풀어야 하는 코딩 테스트에서 코드가 간결하기에 직접 반복문을 작성하여 key를 만드는 것보다 더 빠르게 작성할 수 있으므로 Arrays.copyOf()를 사용합니다.

이제 key를 이용하여 scoresMap에서 조건을 만족하는 점수의 리스트를 찾습니다.

```
if (!scoresMap.containsKey(key)) return 0;
List<Integer> scores = scoresMap.get(key);
```

scoresMap에 key가 포함되어 있지 않다면 조건을 만족하는 지원자가 없다는 의미이므로 0을 바로 반환할 수 있습니다.

tokens의 마지막 원소인 score도 다음과 같이 가져옵니다.

```
int score = Integer.parseInt(tokens[tokens.length - 1]);
```

조건을 만족하는 점수의 리스트와 검사해야 할 점수가 있으니 이제 리스트에서 이진 탐색을 수행할 수 있습니다. 다음과 같이 점수 리스트에서 검사해야 할 점수보다 크거나 같은 값 중 가장 작은 값의 인덱스를 이진 탐색을 이용하여 찾는 binarySearch() 메서드를 작성합니다.

```
private int binarySearch(int score, List<Integer> scores) {
    // 이진 탐색으로 인덱스 찾기
}
```

이진 탐색을 수행하려면 범위를 구해야 합니다. scores 리스트에서 탐색을 수행하므로 범위는 scores 리스트의 인덱스 범위가 됩니다. 또 **조건을 만족하는 값 중 가장 작은 값**을 구해야 하므로 범위 표기는 마지막 범위를 포함하는 [start, end] 표기법으로 작성합니다. 범위를 나타내는 변수를 다음과 같이 선언합니다.

```
int start = 0;                 // inclusive
int end = scores.size() - 1;  // inclusive
```

이진 탐색을 범위 안의 원소가 하나만 남을 때까지 반복합니다. [start, end] 표기법에서 원소 개수는 end − start + 1이므로 이것이 1보다 크면 반복합니다. 반복 조건이 end − start + 1 > 1 이므로 end > start가 됩니다.

```
while (end > start) {
    // 중간 값에 따라 범위 좁히기
}
```

범위의 중간 값을 구하고 이를 찾고자 하는 값인 score와 비교하여 알맞게 범위를 좁혀 줍니다.

```
while (end > start) {
    int mid = (start + end) / 2;

    if (scores.get(mid) >= score) {
        end = mid;
    } else {
        start = mid + 1;
    }
}
```

조건을 만족할 때는 중간 값이 score보다 크거나 같은 경우입니다. 이 경우 해당 중간 값도 정답이 될 수는 있지만, 이보다 더 작은 값이 있는지 검사해야 하므로 중간 값을 포함하여 더 작은값이 있는 범위로 좁혀 갑니다. 중간 값이 score보다 작다면 이는 조건을 만족하지 않는 것이므로 더 큰 값을 찾아야 합니다. 따라서 중간 값을 포함하지 않고 더 큰 값이 있는 범위로 좁혀 갑니다.

반복문이 종료되면 이진 탐색이 종료된 것입니다. 이진 탐색에서 마지막 남은 원소가 조건을 만족한다고 할 수는 없습니다. scores 리스트에 포함된 모든 원소가 score보다 작다면 이진 탐색은 scores의 마지막 원소를 결과로 내놓게 됩니다. 따라서 이진 탐색의 마지막 남은 원소에 대해 조건 검사를 한 후 적절한 값을 반환해야 합니다.

이진 탐색인 종료된 시점에서 마지막 남은 원소는 start에 들어 있기 때문에 다음과 같이 binarySearch() 메서드의 반환부를 작성합니다.

```
if (scores.get(start) < score) {
    return scores.size();
}
return start;
```

count()에서는 binarySearch() 메서드가 반환한 인덱스와 scores 리스트의 크기를 이용하여 얼마나 많은 지원자가 조건을 만족하는지 다음과 같이 구하여 반환할 수 있습니다.

```
return scores.size() - binarySearch(score, scoresMap.get(key));
```

마지막으로 solution() 메서드에서는 다음과 같이 count()로 정답을 구해서 반환합니다.

```
int[] answer = new int[query.length];
for (int i = 0; i < answer.length; i++) {
    answer[i] = count(query[i], scoresMap);
}
return answer;
```

| 잠깐만요 |

배열 answer를 선언하고, 반복문으로 값을 채운 후 반환하는 부분은 Stream을 이용하면 다음과 같이 간단하게 작성할 수 있습니다.

```
return Stream.of(query).mapToInt(q -> count(q, scoresMap)).toArray();
```

전체 코드

8장/순위검색.java

```
import java.util.*;
import java.util.function.Consumer;

public class Solution {
    private void forEachKey(int index, String prefix, String[] tokens,
                            Consumer<String> action) {
        if (index == tokens.length - 1) {
            action.accept(prefix);
            return;
        }

        forEachKey(index + 1, prefix + tokens[index], tokens, action);
        forEachKey(index + 1, prefix + "-", tokens, action);
    }

    private Map<String, List<Integer>> buildScoresMap(String[] info) {
        Map<String, List<Integer>> scoresMap = new HashMap<>();

        for (String s : info) {
            String[] tokens = s.split(" ");
            int score = Integer.parseInt(tokens[tokens.length - 1]);
            forEachKey(0, "", tokens, key -> {
                scoresMap.putIfAbsent(key, new ArrayList<>());
```

```
                scoresMap.get(key).add(score);
        });
    }

    for (List<Integer> list : scoresMap.values()) {
        Collections.sort(list);
    }

    return scoresMap;
}

private int binarySearch(int score, List<Integer> scores) {
    int start = 0;              // inclusive
    int end = scores.size() - 1;  // inclusive

    while (end > start) {
        int mid = (start + end) / 2;

        if (scores.get(mid) >= score) {
            end = mid;
        } else {
            start = mid + 1;
        }
    }

    if (scores.get(start) < score) {
        return scores.size();
    }
    return start;
}

private int count(String query, Map<String, List<Integer>> scoresMap) {
    String[] tokens = query.split(" (and )?");

    String key = String.join("", Arrays.copyOf(tokens, tokens.length - 1));

    if (!scoresMap.containsKey(key)) return 0;
    List<Integer> scores = scoresMap.get(key);

    int score = Integer.parseInt(tokens[tokens.length - 1]);

    return scores.size() - binarySearch(score, scoresMap.get(key));
```

```
    }

    public int[] solution(String[] info, String[] query) {
        Map<String, List<Integer>> scoresMap = buildScoresMap(info);

        int[] answer = new int[query.length];
        for (int i = 0; i < answer.length; i++) {
            answer[i] = count(query[i], scoresMap);
        }
        return answer;
    }
}
```

입국심사 - Level 3

URL https://school.programmers.co.kr/learn/courses/30/lessons/43238

n명이 입국심사를 위해 줄을 서서 기다리고 있습니다. 각 입국심사대에 있는 심사관마다 심사하는데 걸리는 시간은 다릅니다.

처음에 모든 심사대는 비어 있습니다. 한 심사대에서는 동시에 한 명만 심사를 할 수 있습니다. 가장 앞에 서 있는 사람은 비어 있는 심사대로 가서 심사를 받을 수 있습니다. 하지만 더 빨리 끝나는 심사대가 있으면 기다렸다가 그곳으로 가서 심사를 받을 수도 있습니다.

모든 사람이 심사를 받는데 걸리는 시간을 최소로 하고 싶습니다.

입국심사를 기다리는 사람 수 n, 각 심사관이 한 명을 심사하는 데 걸리는 시간이 담긴 배열 times가 매개변수로 주어질 때, 모든 사람이 심사를 받는데 걸리는 시간의 최솟값을 return하도록 solution 함수를 작성해 주세요.

제한 사항

• 입국심사를 기다리는 사람은 1명 이상 1,000,000,000명 이하입니다.

• 각 심사관이 한 명을 심사하는데 걸리는 시간은 1분 이상 1,000,000,000분 이하입니다.

• 심사관은 1명 이상 100,000명 이하입니다.

입출력 예

n	times	return
6	[7, 10]	28

입출력 예 설명

가장 첫 두 사람은 바로 심사를 받으러 갑니다.

7분이 되었을 때, 첫 번째 심사대가 비고 3번째 사람이 심사를 받습니다.

10분이 되었을 때, 두 번째 심사대가 비고 4번째 사람이 심사를 받습니다.

14분이 되었을 때, 첫 번째 심사대가 비고 5번째 사람이 심사를 받습니다.

20분이 되었을 때, 두 번째 심사대가 비지만 6번째 사람이 그곳에서 심사를 받지 않고 1분을 더 기다린 후에 첫 번째 심사대에서 심사를 받으면 28분에 모든 사람의 심사가 끝납니다.

문제 풀이

이 문제는 범위가 굉장히 넓습니다. 이 문제를 시뮬레이션 방식으로 직접 구현한다고 하면 입국 심사를 기다리는 사람들조차 모두 순회할 수 없습니다. 입국 심사를 기다리는 사람들은 최대 10억 명으로, 이를 모두 순회하면 시간 제한을 초과합니다.

이진 탐색 적용하기

이 경우 이진 탐색을 이용하여 문제를 해결할 수 있습니다. 특정한 시간 t가 주어진다면 이 시간 안에 모든 사람이 입국 심사를 받을 수 있는지 판단하는 것은 굉장히 간단합니다. 각 심사대가 시간 t 동안 처리할 수 있는 입국 심사 개수를 모두 더하여, 이를 입국 심사를 기다리는 사람 수와 비교하면 됩니다. 예를 들어 10분 동안 입국 심사대가 처리할 수 있는 최대 심사 개수는 다음과 같다고 합시다.

▼ **그림 8-6** 10분 동안 입국 심사대들이 처리할 수 있는 최대 심사 개수

이 경우 10분 동안 최대 12명의 입국 심사를 할 수 있습니다. 문제에 주어진 입국 심사 대기자의 수가 12명보다 크다면 10분으로는 시간이 부족하므로 범위를 더 큰 쪽으로 좁혀야 합니다. 반대로 심사 대기자 수가 12명보다 작거나 같다면 10분보다 더 빨리 처리할 수 있는 가능성이 있는 것이므로 범위를 작은 쪽으로 좁히면 됩니다.

여기에서 주의할 것은 심사 대기자 수가 12명보다 작거나 같은 경우 10분이 가장 빨리 처리할 수 있는 시간일 수도 있다는 점입니다. 따라서 범위를 좁히되 10분을 포함하여 좁혀야 합니다. 이제 문제는 최대 심사 개수가 입국 심사를 기다리는 사람들보다 크거나 같게 하는 시간 중 가장 작은 값을 찾는 이진 탐색 문제로 바뀌었습니다.

범위 찾기

먼저 이진 탐색 범위를 찾아야 합니다. 시간을 찾아야 하므로 이진 탐색 범위는 정답이 가능한 시간의 범위가 됩니다.

가장 작은 값은 입국 심사를 기다리는 사람이 한 명이고, 심사하는 데 걸리는 시간이 1분인 경우로 총 1분입니다. 가장 큰 값은 입국 심사를 기다리는 사람이 1,000,000,000명이고, 심사하는 데 걸리는 시간이 각 1,000,000,000분으로 총 1,000,000,000,000,000,000분입니다.

범위의 최댓값은 100경으로 언뜻 보기에도 놀랄 정도로 큰 값입니다. 하지만 이진 탐색의 시간 복잡도를 따져 본다면 $\log_2 100경$ = 약 60으로 한 번 더 놀랄 정도로 굉장히 작습니다. 이는 60번의 반복만 거치면 100경 개의 시간 중 우리가 원하는 값을 찾을 수 있다는 의미입니다. 물론 중간 값들을 검사하는 데도 일정 부분 시간이 소요될 테니 전체 시간 복잡도는 다시 따져 보아야 합니다.

정답 검사

바로 정답 검사를 어떻게 할지와 시간 복잡도를 살펴봅시다. 앞서 언급한 대로 시간 t가 주어졌을 때 최대 심사 개수를 구하고, 이를 대기자 수와 비교해야 합니다. 최대 심사 개수를 구할 때 모든 심사관의 심사 소요 시간을 순회해야 하므로 심사관 수에 비례한 시간 복잡도가 소요됩니다. 따라서 심사관 수가 M이라고 하면 정답 검사에는 O(M)이 소요됩니다.

시간 복잡도

이진 탐색의 최대 범위를 N, 심사관 수를 M이라고 하면 이진 탐색의 반복 횟수는 O(logN), 매 반복마다 검사에 O(M)이 소요되므로 총 소요 시간 복잡도는 O(M logN)이 됩니다. 문제에서 제시된 최댓값을 대입해서 계산하면 약 600만으로 시간 제한을 넉넉히 통과할 수 있습니다.

코드 작성

앞서 찾은 내용들을 바탕으로 코드를 작성해봅시다.

먼저 이진 탐색의 범위를 나타내는 변수를 선언합니다. 값이 크므로 long형을 이용해서 선언합니다.

```
long start = 0;
long end = 1000000000000000000L;
```

여기에서 주의해야 할 점은 우리는 **조건을 만족하는 값 중 가장 작은 값**을 찾는 이진 탐색을 구현해야 한다는 것입니다. 따라서 범위 표기는 [start, end]가 되고, 이에 따라 end 변수에는 범위의 실제 최댓값인 10억이 들어갑니다.

이제 범위에 값이 하나 남을 때까지 이진 탐색을 반복할 수 있도록 반복문을 작성하고 중간 값을 찾아 줍니다.

```java
while (end > start) {
    long t = (start + end) / 2;

    // 정답 검사, 범위 좁히기
}
```

정답 검사는 시간 t 동안 최대 심사 개수를 구하고, 이를 대기자 수와 비교하는 방식으로 진행됩니다. 이를 위해 주어진 시간 t가 정답 조건을 만족하는지 검사하는 isValid() 메서드를 작성합니다.

```java
private boolean isValid(long t, int n, int[] times) {
    long c = 0;
    for (int time : times) {
        c += t / time;
    }
    return c >= n;
}
```

isValid() 메서드는 검사할 시간 t, 대기자 수 n, 각 심사관별 심사 소요 시간 times를 입력받습니다. 심사관별 심사 소요 시간을 순회하며 시간 t 동안 처리할 수 있는 최대 심사 개수를 너하여 이 값이 대기자 수보다 많거나 같은지 반환합니다.

이진 탐색에서는 isValid() 메서드로 정답을 검사하고, 범위를 알맞게 좁혀 주면 됩니다.

```java
while (end > start) {
    long t = (start + end) / 2;

    if (isValid(t, n, times)) {
        end = t;
    } else {
```

```
            start = t + 1;
        }
    }
```

중간 값 t가 정답 조건에 부합하는 값이라면 이를 유지한 채로 작은 값들이 있는 범위를 선택합니다. [start, end] 표기법을 사용하므로 end = t를 통해 t를 범위 안에 유지시켜 줍니다. 정답 조건에 부합하지 않는다면 t를 제외하고 큰 값들이 있는 범위를 선택합니다.

반복문이 끝나면 범위에는 하나의 값만 남습니다. 일반적으로는 남아 있는 값이 정답 조건을 충족하는지 다시 한 번 검사해야 합니다. 그러나 이 문제에서는 범위의 가장 큰 값은 항상 정답 조건을 만족하므로 범위에서 마지막 남은 값이 정답 조건을 만족하지 않는 경우는 없기에 마지막 남은 값인 start를 반환하면 됩니다.

전체 코드   8장/입국심사.java

```java
public class Solution {
    private boolean isValid(long t, int n, int[] times) {
        long c = 0;
        for (int time : times) {
            c += t / time;
        }
        return c >= n;
    }

    public long solution(int n, int[] times) {
        long start = 1;
        long end = 1000000000000000000L;

        while (end > start) {
            long t = (start + end) / 2;

            if (isValid(t, n, times)) {
                end = t;
            } else {
                start = t + 1;
            }
        }

        return start;
    }
}
```

문제 32 **징검다리 - Level 4**

URL https://school.programmers.co.kr/learn/courses/30/lessons/43236

출발 지점부터 distance만큼 떨어진 곳에 도착 지점이 있습니다. 그리고 그 사이에는 바위들이 놓여 있습니다. 바위 중 몇 개를 제거하려고 합니다.

예를 들어, 도착 지점이 25만큼 떨어져 있고, 바위가 [2, 14, 11, 21, 17] 지점에 놓여 있을 때 바위 2개를 제거하면 출발 지점, 도착 지점, 바위 간의 거리가 아래와 같습니다.

제거한 바위의 위치	각 바위 사이의 거리	거리의 최솟값
[21, 17]	[2, 9, 3, 11]	2
[2, 21]	[11, 3, 3, 8]	3
[2, 11]	[14, 3, 4, 4]	3
[11, 21]	[2, 12, 3, 8]	2
[2, 14]	[11, 6, 4, 4]	4

위에서 구한 거리의 최솟값 중에 가장 큰 값은 4입니다.

출발 지점부터 도착 지점까지의 거리 distance, 바위들이 있는 위치를 담은 배열 rocks, 제거할 바위의 수 n이 매개변수로 주어질 때, 바위를 n개 제거한 뒤 각 지점 사이의 거리의 최솟값 중에 가장 큰 값을 return하도록 solution 함수를 작성해주세요.

제한 사항

- 도착 지점까지의 거리 distance는 1 이상 1,000,000,000 이하입니다.
- 바위는 1개 이상 50,000개 이하가 있습니다.
- n은 1 이상 바위의 개수 이하입니다.

입출력 예

distance	rocks	n	return
25	[2, 14, 11, 21, 17]	2	4

입출력 예 설명

문제에 나온 예와 같습니다.

문제 풀이

이 문제는 주어진 각 지점 사이 거리의 최솟값 중 가장 큰 값이 되도록 바위를 없애야 합니다. 이 문제를 '시뮬레이션(구현)'으로 구현한다고 생각해봅시다. 주어진 바위 중 없앨 바위의 조합을 모두 시도하면서 가장 최솟값이 큰 경우를 찾아내는 완전 탐색으로 접근한다고 가정할게요. 이렇게 문제를 풀면 시간 복잡도는 얼마일까요? 바위 개수를 M, 제거해야 하는 바위 개수를 N이라고 했을 때 M개 중 N개를 고르는 경우의 수는 $_MC_N$입니다. 또 각 경우마다 지점 사이의 거리 중 최솟값을 구해야 합니다. 이는 M에 비례합니다. 따라서 전체 시간 복잡도는 $O(M \, _MC_N)$이 됩니다. 최악의 경우는 M = 50,000이고, N = 25,000일 때입니다. 이때 시간 복잡도는 5페이지에 다 적지 못할 만큼 큰 수로 계산됩니다. 따라서 완전 탐색은 이 문제를 해결하기에 적절한 풀이법이 아닙니다.

이진 탐색 적용하기

문제에서 요구하는 답은 어떤 바위를 없애야 하는지 찾는 것이 아닙니다. 그저 지점 사이의 최소 거리 중 최댓값만 구하면 됩니다. 그렇다면 특정 거리 d에 대해 모든 지점 사이의 거리가 d 이상이 되도록 바위를 없앨 수 있는지 검사할 수 있습니다. 이 검사를 이용하면 가장 작은 거리인 1은 항상 조건을 만족합니다. 따라서 이 문제는 다음과 같은 이진 탐색 문제로 생각해볼 수 있습니다.

바위 n개를 이용하여 특정 거리 d에 대해

모든 지점 사이의 거리가 d 이상이 되는 d 중 가장 큰 값을 구하여라.

이를 구하기 위해서는 특정 거리 d에 대해 n개의 바위를 없앴을 때 최소 거리가 d 이상이 될 수 있는지 검사할 수 있어야 합니다. 이는 바위 위치를 이용하여 다음과 같이 구할 수 있습니다.

1. 바위 위치를 앞에서부터 순서대로 순회합니다.

2. 인접한 바위 사이의 거리를 구하면서 거리가 d보다 작으면 바위를 하나 없앱니다.

3. 모두 반복했을 때 없앤 바위 개수가 n보다 같거나 작으면 d는 조건을 만족합니다.

이진 탐색 풀이의 시간 복잡도를 생각해봅시다. 찾고자 하는 정답은 거리이므로 범위는 문제에서 주어진 최소 거리부터 최대 거리까지입니다. 즉, 이진 탐색은 문제에서 주어진 거리 범위를 D라고 했을 때 $O(\log D)$만큼 반복합니다. 또 각 반복마다 범위의 중간 값이 조건을 만족하는지 검사해야 합니다. 이 검사는 정렬된 모든 지점을 한 번씩 순회하기만 하면 됩니다. 주어진 바위 개수를 M이라고 했을 때 매 반복마다 순회에 O(M)이 소요되며, 이와 별개로 정렬에 O(M logM)이 소요됩니다. 따라서 전체 시간 복잡도는 O(M logM) + O(logD) × O(M) = O(M(logM + logD))가 됩니다. 문제에서 주어진 최악의 경우인 M = 50,000이고 D = 1,000,000,000일 때 시간 복잡도는 약 2,275,000으로 계산됩니다. 이는 1억보다 매우 작은 수치로 시간 제한을 넉넉히 통과할 수 있습니다.

코드 작성

가장 먼저 이진 탐색 범위를 선언합니다. 문제에 따라 이진 탐색 범위는 도착 지점까지 거리인 1부터 distance까지입니다. 우리는 문제 조건을 만족하는 값 중 가장 큰 값을 구해야 하므로 끝부분이 포함되지 않는 범위 표기법인 [start, end)를 사용해야 합니다. 따라서 이진 탐색 범위는 다음과 같이 [1, distance + 1)로 선언합니다.

```
int start = 1;
int end = distance + 1;
```

[start, end) 표기법에서 탐색 공간에 있는 원소 개수는 end – start입니다. 탐색 공간에 원소가 하나 남을 때까지 이진 탐색을 반복해야 하므로 다음과 같이 반복문을 작성하고, 중간 지점을 구합니다.

```
while (end - start > 1) {
    int d = (start + end) / 2;

    // d 조건 검사 후 범위 좁히기
}
```

이진 탐색 범위는 d가 문제 조건을 만족하는지 검사하여 좁힐 수 있습니다. 실제 검사하는 부분을 구현하기 전에 입력으로 들어오는 바위 위치를 다음과 같이 solution() 메서드의 첫째 줄에서 정렬합니다.

```
Arrays.sort(rocks);
```

이제 검사를 위해 isValid() 메서드를 다음과 같이 구현합니다.

```
private boolean isValid(int d, int[] rocks, int n) {
    int removed = 0;  // 제거한 바위 개수
    int last = 0;     // 마지막 바위 위치
    for (int rock : rocks) {
        if (rock - last < d) {
            removed++;
            continue;
        }

        last = rock;
    }
    return removed <= n;
}
```

isValid() 메서드는 검사할 거리 d, 정렬된 바위 위치 rocks, 없앨 수 있는 바위의 최대 개수 n 을 입력으로 받아 d가 조건을 만족하는지 여부를 반환합니다. 바위 위치를 모두 순회하면서 바위 사이의 거리가 d보다 작을 경우 바위를 제거하고 제거한 바위 개수를 셉니다. 모든 바위 사이의 거리가 d와 같거나 크게 되었다면 제거한 바위 개수가 문제 조건에 부합하는지 여부를 반환합니다.

하지만 여기에서 빠진 것이 있습니다. 문제에 따르면 도착 지점과 마지막 바위 사이의 거리 또한 d 이상이 되어야 합니다. 새로운 매개변수 distance를 받아 별도 검사를 구현하는 대신 다음과 같이 solution() 메서드의 첫 부분에서 도착 지점을 배열 rocks에 추가하면 앞서 작성한 로직으로 도착 지점까지 같이 검사할 수 있습니다.

```
rocks = Arrays.copyOf(rocks, rocks.length + 1);
rocks[rocks.length - 1] = distance;
Arrays.sort(rocks);
```

isValid() 메서드로 거리 d가 유효한지 여부를 검사할 수 있게 되었습니다. 이제 다음과 같이 조건을 만족하는 값 중 가장 큰 값을 찾을 수 있도록 범위를 좁혀 줍니다.

```
if (isValid(d, rocks, n)) {
    start = d;
} else {
    end = d;
}
```

이진 탐색이 종료되면 원소가 하나 남았다는 의미입니다. 이 문제에서 이진 탐색 범위 안에 무조건 정답이 포함되어 있기 때문에 별도 검사 없이 남아 있는 원소인 start를 반환하기만 하면 됩니다.

전체 코드
8장/징검다리.java

```java
import java.util.Arrays;

public class Solution {
    private boolean isValid(int d, int[] rocks, int n) {
        int removed = 0;  // 제거한 바위 개수
        int last = 0;     // 마지막 바위 위치
        for (int rock : rocks) {
            if (rock - last < d) {
                removed++;
                continue;
            }

            last = rock;
        }
        return removed <= n;
    }

    public int solution(int distance, int[] rocks, int n) {
        rocks = Arrays.copyOf(rocks, rocks.length + 1);
        rocks[rocks.length - 1] = distance;
        Arrays.sort(rocks);

        int start = 1;
        int end = distance + 1;

        while (end - start > 1) {
            int d = (start + end) / 2;

            if (isValid(d, rocks, n)) {
                start = d;
            } else {
                end = d;
            }
        }

        return start;
    }
}
```

자바에서는 이진 탐색을 위한 내장 메서드 Arrays.binarySearch()와 Collections.binarySearch()가 있습니다. 이 메서드들은 정렬된 배열이나 리스트에서 특정 원소의 인덱스를 이진 탐색을 이용하여 찾습니다. 하지만 같은 값을 가진 원소가 여러 개 있다면 이 중 어떤 원소의 인덱스를 반환할지 알 수 없습니다.

이진 탐색 문제 대부분은 중복된 값이 포함될 수 있는 경우가 많고, 심지어는 탐색 공간이 너무 커서 배열이나 리스트로 표현할 수 없는 경우도 있습니다. 따라서 이진 탐색은 내장 메서드를 사용하기보다는 직접 구현하는 것에 익숙해져야 합니다.

해시

SECTION 1	해시란?
SECTION 2	다양한 문제 풀이

앞서 살펴본 여러 장에서 Map과 Set을 이용했습니다. Map은 key-value 쌍을 이용해서 데이터를 관리하는 자료 구조고, Set은 데이터를 중복 없이 담을 수 있는 자료 구조입니다. Map과 Set은 매우 유용한 자료 구조로, 잘 사용하면 코드를 굉장히 효율적이고 간단하게 작성할 수 있습니다.

Map과 Set은 인터페이스이기에 지금껏 이 둘을 사용할 때는 HashMap과 HashSet으로 그 객체를 만들어 주었습니다. 일반적으로 배열에서 원소를 탐색할 때는 O(N)의 시간 복잡도가 소요됩니다. 하지만 HashMap과 HashSet을 이용하면 데이터를 찾거나 추가하고 제거하는 데 상수 시간이 소요되리라고 기대할 수 있습니다. 어떻게 이것이 가능할까요? 이 상에서는 HashMap과 HashSet을 이용할 때 필수적으로 알아 두어야 할 해시 개념을 살펴봅니다.

> **잠깐만요**
>
> Map과 Set에는 HashMap, HashSet뿐만 아니라 다른 클래스도 있습니다. 그중 가장 대표적인 것은 TreeMap과 TreeSet입니다. 이 두 클래스는 11장에서 살펴볼 트리 자료 구조를 이용하여 Map과 Set을 구현하고 원소의 검색, 삽입, 삭제가 상수 시간이 아니라 O(logN)의 시간 복잡도를 가집니다.
>
> 그 대신 원소를 정렬된 상태로 가지고 있을 수 있고, 메모리를 HashMap과 HashSet에 비해서 적게 사용합니다. 코딩 테스트에서는 HashMap과 HashSet으로 대부분의 문제를 충분히 해결할 수 있습니다.

9.1 / SECTION 해시란?

HashMap과 HashSet의 연산들에 상수 시간 복잡도를 기대할 수 있는 결정적인 이유는 해시 사용 때문입니다. 많은 경우 데이터는 int, String 등 원시 자료형이 아닌 클래스로 생성한 객체입니다. 이렇게 우리가 사용하고자 하는 데이터가 객체일 때, 배열을 이용하여 이를 저장한다고 생각해봅시다.

> **잠깐만요**
>
> 해시를 이용한 연산들은 상수 시간 복잡도를 기대할 수 있는 것이지 실제로 상수 시간 복잡도를 갖는 것은 아니며, 그 이상의 시간이 걸릴 수도 있습니다. 이에 대한 자세한 이유와 이를 최대한 피할 수 있는 방법은 9.1.2절에서 살펴봅니다.

클래스로 생성된 객체는 여러 데이터를 모아 놓은 데이터이기 때문에 배열에 어느 순서로 저장할지 명확한 기준이 없을 때가 많습니다. 예를 들어 다음과 같이 학번 데이터 id를 가지고 있는 학생 데이터 Student로 생성된 객체를 배열 students에 저장한다고 생각해봅시다.

```java
class Student {
    final int id;
    final String name;
    Student(int id, String name) {
        this.id = id;
        this.name = name;
    }
}
```

이 경우 id라는 명확한 값이 있기 때문에 이를 사용하여 다음과 같이 Student 객체를 쉽게 검색, 삽입, 삭제할 수 있습니다.

```java
Student[] students = new Student[100];

// 학번이 10인 Student 검색
if (students[10] == null) {
    System.out.println("10번 학생 없음");
} else {
    System.out.println("10번: " + students[10].name);
}

// 학번이 20인 Student 삽입
Student student = new Student(20, "홍길동");
students[student.id] = student;

// 학번이 30인 Student 삭제
students[30] = null;
```

이 코드에서 각 연산은 상수 시간이 소요되며, 이는 학번 데이터 id가 학생 데이터를 대표할 수 있었기 때문에 가능합니다. 하지만 2차원 좌표를 나타내는 Coord 클래스를 생각해봅시다. (x, y)처럼 대표 값이 없는 데이터는 이런 접근이 불가능합니다. 이때는 인위적으로 대표 값을 만들어 줄 수 있습니다. 예를 들어 x의 좌표 범위가 [0, 100)이라면 $100 \times y + x$ 값을 대표 값으로 사용하여 중복되지 않는 대표 값을 생성할 수 있습니다.

▼ **그림 9-1** Student 클래스와 Coord 클래스의 대표 값

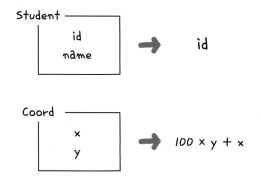

학생 데이터에서는 id를 대표 값으로 설정했고, 좌표 데이터에서는 직접 수식을 작성해서 대표 값을 생성했습니다. 이처럼 데이터에서 대표 값을 뽑아내는 것이 바로 해시입니다. 하나의 데이터에 해시를 적용하면 해당 데이터의 대표 값으로 변환됩니다. 해시로 변환된 값을 해시 값(hash value)이라고 하는데, 이는 대부분 정수로 표현합니다. 값이 같고 다름을 비교하기 복잡한 데이터라면 해시를 통해 해시 값을 얻고 이를 비교하여 값의 동등 비교를 유사하게 할 수 있습니다. 또 해시 값을 얻을 수 있는 연산을 해시 함수(hash function)라고 합니다.

▼ **그림 9-2** 해시 과정

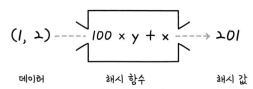

한 가지 주의해야 할 점은 해시 값은 특정 데이터를 대표하는 값일 뿐 **고유한 값이 아니라는 것**입니다. 해시 함수를 어떻게 정의하는지에 따라 여러 개의 데이터를 하나의 해시 값으로 변환할 수도 있습니다. 예를 들어 좌표 클래스 Coord의 해시 함수를 $100 \times y + x$가 아니라 $x + y$로 정의했다고 가정해봅시다. $x + y$ 해시 함수도 좌표 데이터의 대표 값을 계산해낼 수 있으므로 유효한 해시 함수입니다. 하지만 이 해시 함수를 사용하면 Coord 클래스의 두 객체 (1, 2)와 (2, 1)은 모두 3의 해시 값을 갖게 됩니다. 이와 같이 서로 다른 두 데이터가 같은 해시 값을 갖게 되는 현상을 해시 충돌(hash collision)이라고 합니다.

▼ **그림 9-3** 해시 충돌

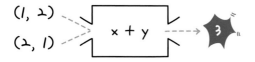

해시 충돌은 해시를 사용하는 로직의 성능에 큰 영향을 미치므로 해시 충돌을 최대한 일으키지 않는 해시 함수를 정의하는 것이 중요합니다. 충돌을 일으키지 않는 해시 함수를 쉽고 간단하게 정의하는 방법은 9.1.2절에서 살펴봅니다.

그런데 지금까지 해시 함수를 별도로 정의하지 않고도 HashMap과 HashSet 클래스를 잘 사용해 왔습니다. 해시 함수는 반드시 필요한 요소일까요? Coord 클래스를 HashSet을 이용하여 관리하는 다음 예시 코드를 살펴봅시다.

```java
private static class Coord {
    public final int x;
    public final int y;

    private Coord(int x, int y) {
        this.x = x;
        this.y = y;
    }
}

public static void main(String[] args) {
    HashSet<Coord> coordSet = new HashSet<>();

    Coord coord1 = new Coord(1, 2);
    coordSet.add(coord1);

    System.out.println(coordSet.contains(coord1));
}
```

이 코드에서는 Coord 객체를 하나 생성하여 HashSet에 추가한 후 해당 객체가 잘 추가되었는지 확인합니다. 당연하게도 coordSet.contains(coord1)은 true를 반환합니다.

다음 예시 코드를 살펴봅시다.

```java
private static class Coord {
    public final int x;
    public final int y;

    private Coord(int x, int y) {
        this.x = x;
        this.y = y;
    }
}

public static void main(String[] args) {
    HashSet<Coord> coordSet = new HashSet<>();

    Coord coord1 = new Coord(1, 2);
    coordSet.add(coord1);
    Coord coord2 = new Coord(1, 2);

    System.out.println(coordSet.contains(coord2));
}
```

이 코드에서는 coord1을 HashSet에 추가하고 같은 값을 가지는 coord2를 검사합니다. 두 객체
모두 (1, 2) 좌표를 가지고 있으므로 해당 좌표 객체를 이미 포함하고 있다는 결과가 나와야 합
니다. 하지만 실제 이 코드를 실행하면 false가 출력됩니다. 이는 해시 함수를 정의하지 않아서
발생하는 문제입니다.

Javadoc에 따르면 객체는 기본적으로 할당된 주소 값을 이용하여 해시 값을 생성합니다. 따라서
서로 다른 두 객체는 다른 해시 값을 가집니다. 이는 HashSet에서 값이 같은 두 객체를 서로 다
른 객체로 인식하여 우리가 원하는 동작을 기대할 수 없게 만듭니다.

9.1.1 해시 테이블

임의의 데이터에 해시 함수를 적용하면 해시 값을 얻을 수 있습니다. 이 해시 값을 사용하여 원본 데이터를 삽입, 검색, 삭제할 수 있습니다. 해시 값을 어떻게 이용하길래 이것이 상수 시간에 가능할까요? 해시 테이블은 다음 그림과 같이 해시 값을 사용하여 이에 대응하는 원본 데이터를 찾을 수 있게 하는 자료 구조입니다.

▼ **그림 9-4** 해시 테이블을 이용해서 원본 데이터 찾기

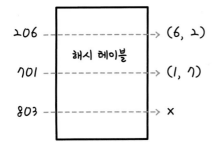

여기에서 중요한 점은 해시 테이블은 해시 함수의 역함수가 아니라는 것입니다. 해시는 기본적으로 **단방향 변환**입니다. 원본 데이터를 해시 값으로 변환할 수는 있어도 해시 값을 원본 데이터로 변환할 수는 없습니다. 따라서 해시 테이블은 원본 데이터와 변환된 해시 값을 저장해 두었다가 해시 값이 입력되면 저장된 값 중 입력된 해시 값에 대응되는 원본 데이터를 찾아 주는 것뿐입니다. 애초에 해시는 충돌을 허용하기 때문에 역함수는 있을 수 없습니다.

해시를 사용하는 자료 구조인 HashMap과 HashSet을 이해하고, 직접 작성한 클래스에 해시를 적용하려면 간략하게 해시 테이블을 이해하고 있는 것이 좋습니다. 자바에서는 정수형인 int형으로 변환된 해시 값을 사용합니다. 이렇게 정수 해시 값을 사용하면 해시 값을 배열의 인덱스로 쓸 수 있습니다.

▼ **그림 9-5** Coord 클래스의 객체를 100 × y + x 해시 함수를 사용해서 담는 배열

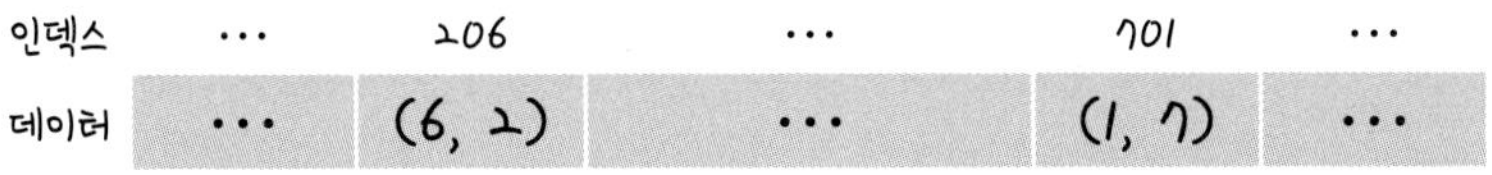

인덱스	…	206	…	701	…
데이터	…	(6, 2)	…	(1, 7)	…

이렇게 배열만으로 데이터를 저장하면 해시 충돌이 발생할 경우 여러 데이터를 관리하기 힘들어집니다. 이를 해결하고자 배열에서는 다음 그림과 같이 데이터를 직접적으로 갖지 않고, 여러 개의 데이터를 담을 수 있는 리스트를 가지고 있을 수 있습니다.

▼ **그림 9-6** Coord 클래스의 객체를 x + y 해시 함수를 사용해서 리스트 형태로 담는 배열

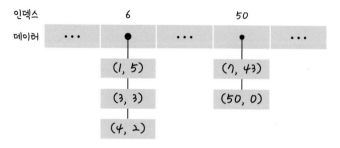

그림 9-6에서 확인할 수 있듯이, 리스트를 가지고 있기 때문에 해시 충돌이 발생해도 손실 없이 원본 데이터를 모두 담을 수 있습니다. 해시 값으로 배열의 인덱스를 참조하면 원본 데이터가 있는 리스트에 인덱스를 이용하여 바로 접근할 수 있습니다. 따라서 매우 빠른 시간에 데이터의 검색, 삽입, 삭제를 할 수 있습니다.

9.1.2 해시의 시간 복잡도

앞서 살펴보았듯이, 해시 테이블을 이용하면 해시 값으로 원본 데이터를 저장할 수 있고, 검색 등 여러 연산에 상수 시간을 기대할 수 있습니다. 해시 충돌을 거의 발생시키지 않는 해시 함수를 적용했다고 가정하면 배열의 인덱스 참조, 리스트 접근, 리스트에 원소 삽입, 리스트에 원소 삭제 연산 모두 상수 시간이 소요되므로 해시를 이용한 모든 연산은 상수 시간을 갖게 됩니다.

하지만 해시 충돌을 고려하면 이야기는 달라집니다. 영단어를 사용하여 해시 테이블을 구성하는 상황에서 모든 데이터가 하나의 해시 값으로 변환된다고 생각해봅시다. 이렇게 되면 모든 영단어는 해시 충돌을 일으키고, 해시 테이블은 다음 그림과 같이 하나의 해시 값에 모든 데이터를 하나의 리스트에 일렬로 가지고 있게 됩니다.

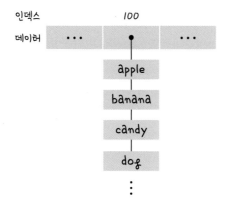

▼ **그림 9-7** 모든 데이터가 해시 충돌을 일으킨 상황

해시 테이블은 해시 값을 원본 데이터로 변환해주는 역할입니다. 하지만 이 해시 테이블을 이용하여 원본 데이터를 찾기 위해서는 100이라는 해시 값으로 저장된 리스트의 모든 원소를 순회하면서 데이터를 찾아야 합니다. 이 경우 데이터를 찾는 데 O(N)의 시간 복잡도가 소요됩니다.

이처럼 해시 충돌은 해시를 이용한 연산의 효율성을 결정짓는 매우 중요한 요소입니다. 따라서 해시 함수는 최대한 해시 충돌을 피할 수 있도록 정의해야 합니다. 다행히 자바를 이용하면 코딩 테스트에서 해시 함수를 큰 어려움 없이 간단하게 정의할 수 있습니다.

자바에서는 모든 클래스의 조상 클래스인 Object 클래스에서 해시를 위한 hashCode( ) 메서드를 제공합니다. 다음 예시 코드를 살펴보면, 문자열 객체 또한 hashCode( )가 정의되어 있음을 알 수 있습니다.

```
System.out.println("java".hashCode());  // 3254818
System.out.println("Java".hashCode());  // 2301506
System.out.println("code".hashCode());  // 3059181
System.out.println("Code".hashCode());  // 2105869
```

이처럼 String을 포함한 자바에서 제공하는 기본 클래스들은 hashCode( ) 메서드를 활용하여 해시 값을 얻을 수 있습니다.

직접 클래스를 작성할 때는 이 hashCode( ) 메서드를 오버라이딩해서 클래스의 해시 함수를 정의할 수 있습니다. Javadoc에 따르면 hashCode( ) 메서드를 오버라이딩할 때는 다음 규칙을 따라야 합니다.

1. 하나의 객체에서 hashCode( ) 메서드를 여러 번 호출하더라도 항상 같은 값을 반환해야 합니다.

2. 두 객체가 equals( ) 메서드로 같다고 정의되면 hashCode( ) 메서드도 같은 값을 반환해야 합니다.

3. 두 객체가 equals( ) 메서드로 다르다고 정의되면 hashCode( ) 메서드는 같은 값을 반환할 수 있습니다(해시 충돌).

이 규칙들을 지키면서 해시 충돌도 최대한 피하려면 어떻게 해야 할까요? 정석적인 접근 방법은 각 클래스가 내포하는 데이터 특징을 파악하여 중복이 가급적 발생하지 않게끔 해시 함수를 정의하는 것입니다. 앞서 살펴본 Coord 클래스의 100 × y + x 해시 함수가 바로 이 예입니다. 하지만 이렇게 해시 함수를 클래스별로 따지다 보면 시간 내 여러 문제를 해결해야 하는 코딩 테스트에서 해시 함수에 많은 시간을 소비할 수 있습니다. 특히 하나의 클래스가 가지는 멤버 변수가 많으면 많을수록 각 변수 사이의 관계를 따지며 해시 함수를 정의해야 하기에 코딩 테스트에서는 간단한 해시 함수를 사용하면 좋습니다.

여러 멤버 변수로 해시 함수를 간단하게 생성하는 방법은 바로 문자열을 이용하는 것입니다. 문자열은 자바에서 다른 모든 자료형과 변환이 가능한 자료형입니다. 문자열을 이용하면 다른 문자열은 물론 int, double, char, boolean 등 모든 자료형을 담을 수 있습니다. 또 문자열 클래스인 String은 자바의 기본 클래스로, hashCode( ) 메서드가 잘 정의되어 있습니다.

따라서 클래스의 모든 변수를 문자열로 묶은 후 String 클래스의 hashCode( ) 메서드를 호출하면 간단하지만 잘 변환된 해시 값을 얻을 수 있습니다. 이때 중복을 피하기 위해 각 멤버 변수를 이어 붙일 때 변수 사이사이에 임의의 문자를 하나씩 연결하면 해시 충돌을 더욱 잘 피할 수 있습니다. 다음 예시 코드는 이 방식으로 Coord 클래스의 hashCode( ) 메서드를 정의합니다.

```java
private static class Coord {
    public final int x;
    public final int y;

    private Coord(int x, int y) {
        this.x = x;
        this.y = y;
    }

    @Override
    public int hashCode() {
        return (x + "," + y).hashCode();
```

```
        }
    }
```

실제로 다음 예시 코드를 이용하여 서로 다른 두 Coord 객체에 hashCode( ) 메서드를 호출해서 해시 값을 확인해보면 같은 해시 값을 반환함을 알 수 있습니다.

```
private static class Coord {
    public final int x;
    public final int y;

    private Coord(int x, int y) {
        this.x = x;
        this.y = y;
    }

    @Override
    public int hashCode() {
        return (x + "," + y).hashCode();
    }
}

public static void main(String[] args) {
    Coord coord1 = new Coord(1, 2);
    Coord coord2 = new Coord(1, 2);

    System.out.println(coord1.hashCode());  // 48503
    System.out.println(coord2.hashCode());  // 48503

}
```

이제 HashSet을 이용하면 두 객체를 같은 데이터로 인식할까요?

다음 코드를 실행해서 확인해봅시다.

```
public static void main(String[] args) {
    HashSet<Coord> coordSet = new HashSet<>();

    Coord coord1 = new Coord(1, 2);
    coordSet.add(coord1);
    Coord coord2 = new Coord(1, 2);
```

```
        System.out.println(coordSet.contains(coord2));  // false
    }
```

hashCode() 메서드가 같은 해시 값을 반환했지만 HashSet은 두 객체를 같은 데이터로 인식하지 않는 것을 확인할 수 있습니다. 왜 이런 현상이 일어날까요? hashCode() 메서드의 세 번째 조건을 보면 해시 충돌을 허용함을 알 수 있습니다. HashSet 클래스 또한 이렇게 해시 충돌이 일어날 수 있다는 것을 알고 있습니다. 따라서 해시 값이 같으면 해시 충돌이 발생한 것인지 아닌지를 검사합니다.

이때 검사는 equals() 메서드로 수행됩니다. hashCode() 메서드가 같은 값을 반환했지만 equals() 메서드를 이용한 검사 결과가 false로 나온다면 이는 해시 충돌로 간주하여 서로 다른 데이터로 인식하는 것입니다. 따라서 hashCode() 메서드를 정의할 때는 다음 코드처럼 **equals() 메서드를 항상 같이 정의**해야 합니다.

```
private static class Coord {
    public final int x;
    public final int y;

    private Coord(int x, int y) {
        this.x = x;
        this.y = y;
    }

    @Override
    public int hashCode() {
        return (x + "," + y).hashCode();
    }

    @Override
    public boolean equals(Object obj) {
        if (!(obj instanceof Coord)) return false;
        Coord o = (Coord) obj;
        return x == o.x && y == o.y;
    }
}
```

equals() 메서드에서는 직접 멤버 변수들을 비교하여 실제로 두 객체가 같은 데이터를 나타내는지 여부를 검사하면 됩니다. 이렇게 equals() 메서드까지 정의하고 나면 coord1과 coord2 객체를 HashSet을 이용하여 의도한 대로 추가하고 포함 여부를 검사할 수 있음을 확인할 수 있습니다.

```
HashSet<Coord> coordSet = new HashSet<>();

Coord coord1 = new Coord(1, 2);
coordSet.add(coord1);
Coord coord2 = new Coord(1, 2);

System.out.println(coordSet.contains(coord2));  // true
```

9.2 SECTION 다양한 문제 풀이

해시를 활용한 자료 구조인 HashSet과 HashMap을 사용하는 문제들을 살펴봅시다.

 문제 ③③ **전화번호 목록 - Level 2**

URL https://school.programmers.co.kr/learn/courses/30/lessons/42577

전화번호부에 적힌 전화번호 중, 한 번호가 다른 번호의 접두어인 경우가 있는지 확인하려 합니다.
전화번호가 다음과 같을 경우, 구조대 전화번호는 영석이의 전화번호의 접두사입니다.

- 구조대 : 119
- 박준영 : 97 674 223
- 지영석 : 11 9552 4421

전화번호부에 적힌 전화번호를 담은 배열 phone_book이 solution 함수의 매개변수로 주어질 때, 어떤 번호가 다른 번호의 접두어인 경우가 있으면 false를 그렇지 않으면 true를 return하도록 solution 함수를 작성해주세요.

제한 사항

- phone_book의 길이는 1 이상 1,000,000 이하입니다.
  - 각 전화번호의 길이는 1 이상 20 이하입니다.
  - 같은 전화번호가 중복해서 들어 있지 않습니다.

입출력 예

phone_book	return
["119", "97674223", "1195524421"]	false
["123", "456", "789"]	true
["12", "123", "1235", "567", "88"]	false

입출력 예 설명

입출력 예 #1

앞에서 설명한 예와 같습니다.

입출력 예 #2

한 번호가 다른 번호의 접두사인 경우가 없으므로, 답은 true입니다.

입출력 예 #3

첫 번째 전화번호, "12"가 두 번째 전화번호 "123"의 접두사입니다. 따라서 답은 false입니다.

문제 풀이

이 문제에서는 주어진 문자열들의 접두어들을 구하여 주어진 문자열들과 일치하는 것이 있는지를 검사해야 합니다. 이 검사를 하기 위해 필요한 것은 접두어들을 구하여 담아 놓는 것입니다.

접두어 검사를 비효율적으로 처리하여 하나의 문자열을 검사할 때 다른 모든 문자열의 접두어를 구하게 된다면, 문자열의 개수를 N, 문자열의 평균 길이를 L이라고 했을 때, 접두어 일치 검사를 문자열의 개수만큼 반복해야 하므로 $O(NL)$이 소요될 것입니다. 이 과정을 모든 문자열에 대하여 한 번씩 수행해야 하므로 전체 시간 복잡도는 $O(N^2L)$이 됩니다. 문제의 제한 사항에서 N의 최댓값이 1,000,000으로 주어졌으므로 제한 시간 안에 문제를 해결할 수 없는 풀이법입니다.

우리가 이 문제에서 주목해야 할 점은 접두어가 되는 문자열이 있는지 여부만 파악하면 된다는 것입니다. 이는 문자열들로 구성할 수 있는 접두어들이 몇 개이든 상관없이, 주어진 문자열을 포함하고 있는지 여부만 따져보면 된다는 의미입니다. Set을 사용하면 접두어들을 중복 없이 저장할 수 있고, 문자열을 포함하고 있는지도 상수 시간 안에 구할 수 있습니다. 따라서 접두어를 구하여 Set에 넣는 데 $O(NL)$, Set에 문자열이 포함되어 있는지를 검사하는 데 $O(NL)$이 소요되어 총 $O(NL)$의 시간 복잡도가 됩니다.

가장 먼저 다음과 같이 접두어를 담는 접두어 집합을 나타내는 Set 변수, prefixes를 선언해 줍니다.

```
Set<String> prefixes = new HashSet<>();
```

그 다음으로 모든 문자열을 순회하며 접두어를 구해 주어야 합니다. 이때 접두어를 구하는 문자열 자체는 넣지 않아야 합니다. 예를 들어 문자열 "119"를 처리할 때, 접두어인 "1"과 "11"은 Set에 넣되, 전체 문자열인 "119"는 넣지 않습니다. 접두어를 모두 구한 후에 주어진 문자열을 다시 순회하며 접두어 집합에 포함되어 있는지 여부를 판단해야 하기 때문입니다.

```
for (String phone : phoneBook) {
    for (int end = 1; end < phone.length(); end++) {
        prefixes.add(phone.substring(0, end));
    }
}
```

이제 다시 주어진 문자열을 순회하며 prefixes에 해당 문자열이 포함되어 있는지를 검사합니다. 문제의 조건에 따라 문자열을 포함하고 있다면 false를, 포함하지 않는다면 true를 반환해줍니다.

```
for (String phone : phoneBook) {
    if (prefixes.contains(phone)) {
        return false;
    }
}
return true;
```

이렇게 Set을 잘 이용하면 원소를 중복 없이 담고, 특정 원소가 포함되어 있는지 여부를 적은 시간 복잡도로 효율적으로 계산할 수 있습니다.

```java
import java.util.Arrays;
import java.util.HashSet;
import java.util.Set;

public class Solution {
    public boolean solution(String[] phoneBook) {
        Set<String> prefixes = new HashSet<>();

        for (String phone : phoneBook) {
            for (int end = 1; end < phone.length(); end++) {
                prefixes.add(phone.substring(0, end));
            }
        }

        for (String phone : phoneBook) {
            if (prefixes.contains(phone)) {
                return false;
            }
        }

        return true;
    }
}
```

문제 ❸④

중복된 문자 제거 - Level 0

URL https://school.programmers.co.kr/learn/courses/30/lessons/120888

문자열 my_string이 매개변수로 주어집니다. my_string에서 중복된 문자를 제거하고 하나의 문자만 남긴 문자열을 return하도록 solution 함수를 완성해주세요.

제한 사항

- 1 ≤ my_string ≤ 110
- my_string은 대문자, 소문자, 공백으로 구성되어 있습니다.
- 대문자와 소문자를 구분합니다.
- 공백(" ")도 하나의 문자로 구분합니다.
- 중복된 문자 중 가장 앞에 있는 문자를 남깁니다.

입출력 예

my_string	result
"people"	"peol"
"We are the world"	"We arthwold"

입출력 예 설명

입출력 예 #1

- "people"에서 중복된 문자 "p"와 "e"을 제거한 "peol"을 return합니다.

입출력 예 #2

- "We are the world"에서 중복된 문자 "e", " ", "r"들을 제거한 "We arthwold"를 return합니다.

문제 풀이

이 문제에서는 문자열의 앞부분부터 차례대로 검사하며, 이전에 사용한 적 없는 문자들만 사용하여 새로운 문자열을 구성해야 합니다. 문자를 사용했는지 여부는 여러 개의 문자를 중복 없이 담을 수 있어야 하고, 포함되어 있는지 검사가 필요하므로 HashSet을 사용하기에 적절합니다.

우선 다음과 같이 입력받은 문자열의 모든 문자를 순회합니다.

```
for (char c : myString.toCharArray()) {
}
```

> **잠깐만요**
>
> 가독성을 위해 매개변수 이름을 my_string에서 myString으로 수정했습니다.

이제 Set을 이용하여 문자열 사용 여부를 검사하고, 사용한 적이 없다면 추가합니다.

```
Set<Character> used = new HashSet<>();

StringBuilder builder = new StringBuilder();
for (char c : myString.toCharArray()) {
    if (used.contains(c)) continue;
    used.add(c);

}
```

사용한 적 없는 문자들을 이용하여 새로운 문자열을 구성해야 합니다. 이를 위해 다음과 같이 StringBuilder 클래스를 사용하여 문자들을 이어 붙인 후 순회가 종료되면 문자열을 만들어 반환합니다.

```
StringBuilder builder = new StringBuilder();
for (char c : myString.toCharArray()) {
    if (used.contains(c)) continue;
    used.add(c);
    builder.append(c);
}

return builder.toString();
```

이 문제를 배열이나 리스트를 이용해서 푼다면 문자열 길이를 N, 문자 종류를 M이라고 했을 때 최대 리스트 길이는 M이 됩니다. 따라서 문자 사용 여부를 검사하는 것의 시간 복잡도가 O(M)이 되고, 이를 문자열에 속한 문자 개수인 N번만큼 반복해야 하므로 O(NM)의 시간 복잡도가 소요됩니다. 하지만 HashSet을 이용하면 문자 종류와 상관없이 문자 사용 여부를 O(1) 만에 검사할 수 있으므로 전체 시간 복잡도는 O(N)이 됩니다.

```java
import java.util.HashSet;
import java.util.Set;

public class Solution {
    public String solution(String myString) {
        Set<Character> used = new HashSet<>();

        StringBuilder builder = new StringBuilder();
        for (char c : myString.toCharArray()) {
            if (used.contains(c)) continue;
            used.add(c);
            builder.append(c);
        }

        return builder.toString();
    }
}
```

A로 B 만들기 - Level 0

URL https://school.programmers.co.kr/learn/courses/30/lessons/120886

문자열 before와 after가 매개변수로 주어질 때, before의 순서를 바꾸어 after를 만들 수 있으면 1을, 만들 수 없으면 0을 return하도록 solution 함수를 완성해보세요.

제한 사항

- 0 < before의 길이 == after의 길이 < 1,000
- before와 after는 모두 소문자로 이루어져 있습니다.

입출력 예

before	after	result
"olleh"	"hello"	1
"allpe"	"apple"	0

입출력 예 설명

입출력 예 #1

- "olleh"의 순서를 바꾸면 "hello"를 만들 수 있습니다.

입출력 예 #2

- "allpe"의 순서를 바꿔도 "apple"을 만들 수 없습니다.

문제 풀이

이 문제에서는 단어를 구성하는 문자 개수에만 관심이 있습니다. 이처럼 특정 종류의 데이터(문자)를 다른 형식의 데이터(개수)와 대응시키는 데 Map을 사용할 수 있습니다. 문자열을 순회하며 문자 개수를 세어 Map을 구성할 수 있으면, 입력되는 두 문자열을 모두 Map으로 변환한 후 Map이 같은지 확인하면 됩니다.

다음과 같이 단어를 Map으로 변환해주는 toMap() 메서드를 선언합니다.

```java
private static Map<Character, Integer> toMap(String word) {

}
```

가장 먼저 Map을 선언하고, 문자열에 속한 모든 문자를 순회합니다.

```
Map<Character, Integer> map = new HashMap<>();
for (char c : word.toCharArray()) {

}
```

반복문에서는 순회하는 문자가 Map에 포함되어 있지 않으면 추가하고, 개수를 1씩 누적시킵니다.

```
map.putIfAbsent(c, 0);
map.put(c, map.get(c) + 1);
```

이렇게 하면 모든 문자에 대해 순회하고 나서 각 문자 개수를 담은 Map이 완성됩니다. 이를 반환합니다.

```
return map;
```

> **잠깐만요**
>
> toMap()을 구현하기 위해 Stream을 사용하여 다음과 같이 작성할 수 있습니다.
>
> ```
> private static Map<String, Long> toMap(String word) {
>     return Arrays.stream(word.split(""))
>             .collect(Collectors.groupingBy(
>                     Function.identity(), Collectors.counting()));
> }
> ```

solution() 메서드에서는 두 문자열을 Map으로 변환시킨 후 equals() 메서드로 동등 검사를 해서 1 또는 0을 반환해줍니다.

```
return toMapStream(before).equals(toMapStream(after)) ? 1 : 0;
```

이렇게 데이터 개수를 Map을 이용하여 편리하게 셀 수 있습니다. HashMap은 데이터 참조와 업데이트 모두 상수 시간을 기대할 수 있으므로 효율적이고 확장성 좋은 코드를 작성하는 데 활용하기 좋습니다.

```java
import java.util.HashMap;
import java.util.Map;

public class Solution {
    private static Map<Character, Integer> toMap(String word) {
        Map<Character, Integer> map = new HashMap<>();
        for (char c : word.toCharArray()) {
            map.putIfAbsent(c, 0);
            map.put(c, map.get(c) + 1);
        }
        return map;
    }

    public int solution(String before, String after) {
        return toMap(before).equals(toMap(after)) ? 1 : 0;
    }
}
```

없는 숫자 더하기 - Level 1

URL https://school.programmers.co.kr/learn/courses/30/lessons/86051

0부터 9까지의 숫자 중 일부가 들어 있는 정수 배열 numbers가 매개변수로 주어집니다. numbers에서 찾을 수 없는 0부터 9까지의 숫자를 모두 찾아 더한 수를 return하도록 solution 함수를 완성해주세요.

제한 사항

- 1 ≤ numbers의 길이 ≤ 9
  - 0 ≤ numbers의 모든 원소 ≤ 9
  - numbers의 모든 원소는 서로 다릅니다.

입출력 예

numbers	result
[1,2,3,4,6,7,8,0]	14
[5,8,4,0,6,7,9]	6

입출력 예 설명

입출력 예 #1

- 5, 9가 numbers에 없으므로, 5 + 9 = 14를 return해야 합니다.

입출력 예 #2

- 1, 2, 3이 numbers에 없으므로, 1 + 2 + 3 = 6을 return해야 합니다.

문제 풀이

이 문제에서는 주어진 입력에서 포함되지 않은 숫자를 찾아야 합니다. 입력받은 숫자를 Set에 담아 놓은 후 0부터 9까지 모든 숫자를 순회하며 Set에 포함되지 않은 숫자의 합을 구하면 됩니다. Set에는 자바의 원시 자료형 중 하나인 Integer가 들어가므로 hashCode()와 equals() 메서드를 별도로 오버라이딩하지 않아도 됩니다.

우선 다음과 같이 Set을 선언하고 입력받은 숫자들을 넣어 줍니다.

```java
Set<Integer> set = new HashSet<Integer>();
for (int v : numbers) {
    set.add(v);
}
```

이제 0부터 9까지 모든 숫자를 순회하며 set에 포함되어 있지 않은 숫자의 합을 구해서 반환합니다.

```java
int sum = 0;
for (int n = 0; n <= 9; n++) {
    if (set.contains(n)) continue;
    sum += n;
}
return sum;
```

이렇게 Set을 이용하면 원소 포함 여부를 빠르고 간편하게 알 수 있습니다.

전체 코드   9장/없는숫자_더하기.java

```java
import java.util.HashSet;
import java.util.Set;

public class Solution {
    public int solution(int[] numbers) {
        Set<Integer> set = new HashSet<Integer>();
        for (int v : numbers) {
            set.add(v);
        }

        int sum = 0;
        for (int n = 0; n <= 9; n++) {
            if (set.contains(n)) continue;
            sum += n;
        }
        return sum;
    }
}
```

문제 37

완주하지 못한 선수 - Level 1

URL https://programmers.co.kr/learn/courses/30/lessons/42576

수많은 마라톤 선수들이 마라톤에 참여하였습니다. 단 한 명의 선수를 제외하고는 모든 선수가 마라톤을 완주하였습니다.

마라톤에 참여한 선수들의 이름이 담긴 배열 participant와 완주한 선수들의 이름이 담긴 배열 completion이 주어질 때, 완주하지 못한 선수의 이름을 return하도록 solution 함수를 작성해주세요.

제한 사항

- 마라톤 경기에 참여한 선수의 수는 1명 이상 100,000명 이하입니다.
- completion의 길이는 participant의 길이보다 1 작습니다.
- 참가자의 이름은 1개 이상 20개 이하의 알파벳 소문자로 이루어져 있습니다.
- 참가자 중에는 동명이인이 있을 수 있습니다.

입출력 예

participant	completion	return
["leo", "kiki", "eden"]	["eden", "kiki"]	"leo"
["marina", "josipa", "nikola", "vinko", "filipa"]	["josipa", "filipa", "marina", "nikola"]	"vinko"
["mislav", "stanko", "mislav", "ana"]	["stanko", "ana", "mislav"]	"mislav"

입출력 예 설명

예제 #1

"leo"는 참여자 명단에는 있지만, 완주자 명단에는 없기 때문에 완주하지 못했습니다.

예제 #2

"vinko"는 참여자 명단에는 있지만, 완주자 명단에는 없기 때문에 완주하지 못했습니다.

예제 #3

"mislav"는 참여자 명단에는 두 명이 있지만, 완주자 명단에는 한 명밖에 없기 때문에 한 명은 완주하지 못했습니다.

이 문제에서는 참여자 중 완주한 선수들을 제외하고 남은 선수를 찾아야 합니다. 이를 위해 Set 을 사용하려고 할 수도 있지만, 이 문제 풀이로 Set은 적합하지 않습니다. Set은 원소를 중복 없이 담는 자료 구조입니다. 하지만 문제에서는 동일한 이름의 참여자가 있을 수 있다고 했으므로 Map을 사용하여 이름별 몇 명이 참여했고, 몇 명이 완주했는지 추적해야 합니다.

다음 그림과 같이 Map을 이용하여 선수들의 이름별 등장 횟수를 세고, 완주한 선수들의 등장 횟수는 하나씩 빼면 최종적으로 완주하지 못한 선수 한 명만 Map에 남아 있게 됩니다.

▼ **그림 9-8** 완주하지 못한 선수 문제에서 선수들의 완주 과정

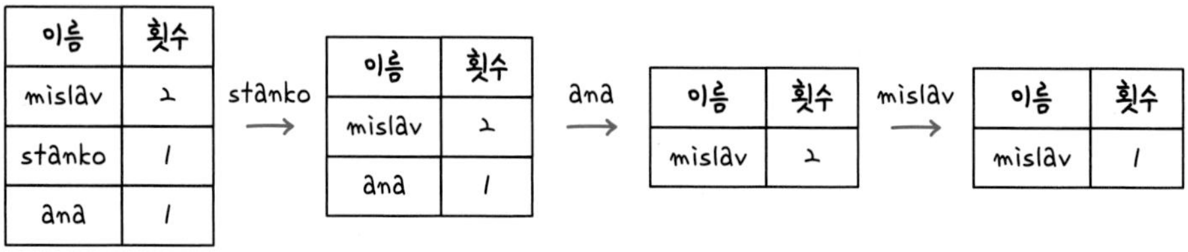

우선 다음과 같이 이름별 등장 횟수를 나타낼 수 있도록 Map을 선언합니다. 이때 HashMap의 key로 String을 사용합니다. String은 자바의 원시 자료형 중 하나이므로 별도의 해시 함수를 정의하지 않아도 됩니다.

```
Map<String, Integer> count = new HashMap<>();
```

참여자 배열을 순회하며 이름별 등장 횟수를 다음과 같이 셉니다.

```
for (String name : participant) {
    count.putIfAbsent(name, 0);
    count.put(name, count.get(name) + 1);
}
```

putIfAbsent() 메서드로 처음 등장한 이름일 경우 정상적으로 등장 횟수를 셀 수 있도록 이름을 count에 추가시킵니다. 이후에 put() 메서드로 등장 횟수를 1 증가시킵니다.

다음은 완주 선수 배열을 순회하며 count에서 등장 횟수를 제외시킵니다.

```
for (String name : completion) {
    int v = count.get(name) - 1;
    count.put(name, v);
```

```
        if (v == 0) count.remove(name);
    }
```

이때 등장 횟수가 0이 되었을 때 count에서 아예 제거하는 것에 유의해주세요. 이렇게 원소를 remove() 메서드로 제거해야 Map에서 등록된 이름이 아예 사라집니다. 제거하지 않으면 등장 횟수가 0인 이름들이 Map에 등록되어 있습니다.

이렇게 완주한 모든 선수를 제거하면 count에는 완주하지 못한 한 명의 선수만 남아 있습니다. 이 한 명의 선수 이름을 찾는 방법은 여러 가지가 있지만 가장 간단한 것은 keySet()을 이용하는 것입니다.

```
return count.keySet().iterator().next();
```

keySet()을 호출하면 Map에 담긴 key들을 Set 형태로 반환합니다. 이를 순회하기 위해 iterator() 메서드를 호출하고, 첫 번째 원소를 가져오기 위해 next()를 호출하면 됩니다.

전체 코드   9장/완주하지_못한_선수.java

```java
import java.util.HashMap;
import java.util.Map;

public class Solution {
    public String solution(String[] participant, String[] completion) {
        Map<String, Integer> count = new HashMap<>();

        for (String name : participant) {
            count.putIfAbsent(name, 0);
            count.put(name, count.get(name) + 1);
        }

        for (String name : completion) {
            int v = count.get(name) - 1;
            count.put(name, v);
            if (v == 0) count.remove(name);
        }

        return count.keySet().iterator().next();
    }
}
```

동적 프로그래밍

SECTION 1   동적으로 연산 줄이기

SECTION 2   다양한 문제 풀이

앞서 가장 좋은 답을 찾고자 모든 경우의 수를 검사하는 완전 탐색이 가장 정확하다고 소개했습니다. 완전 탐색은 모든 탐색 공간을 탐색하므로 때때로 비효율적일 수 있습니다. 이 장에서는 완전 탐색 중에서도 점화식과 재귀 호출을 개량한 동적 프로그래밍(dynamic programming)을 이용하여 탐색 효율을 높이는 방법을 알아봅니다.

10.1 SECTION / 동적으로 연산 줄이기

동적 프로그래밍은 완전 탐색의 일종입니다. 하지만 몇몇 문제는 완전 탐색을 적용했을 때 연산량이 굉장히 많아져 아주 비효율적인 탐색 속도를 보입니다. 문제가 특정 조건을 만족한다면 몇 가지를 처리하여 연산을 줄임으로써 훨씬 빠른 속도로 문제를 해결할 수 있습니다.

10.1.1 완전 탐색의 문제점

완전 탐색은 가능한 모든 경우의 수를 탐색하는 방법입니다. 서로 다른 여러 경우의 수를 탐색하는 데 중복된 과정이 필요할 때는 해당 과정을 여러 번 연산하게 됩니다. 이런 중복 과정이 많으면 많을수록 탐색 과정은 매우 비효율적일 것입니다. 널리 알려진 예제인 피보나치 수를 살펴봅시다.

피보나치 수열은 하나의 항이 이전 두 항의 합으로 나타나는 수열로, 그 점화식은 다음과 같습니다.

$$F(n) = F(n-1) + F(n-2)$$
$$F(0) = 0$$
$$F(1) = 1$$

이를 재귀 호출로 구현하면 다음과 같습니다.

```
private static long fibonacci(int n) {
    if (n == 0 || n == 1) return n;
    return fibonacci(n - 1) + fibonacci(n - 2);
}
```

재귀 호출 흐름을 따라가 보면 중복 계산을 굉장히 많이 하고 있음을 알 수 있습니다. 예를 들어 n = 10일 때를 생각해봅시다. fibonacci(10)을 호출하면 fibonacci(9)와 fibonacci(8)을 호출합니다. fibonacci(9)에서는 fibonacci(8)과 fibonacci(7)을 호출합니다. 여기까지만 보아도 벌써 같은 답을 반환하는 fibonacci(8)을 두 번 호출함을 알 수 있습니다. 이와 같이 부분 문제를 중복으로 해결하는 상황은 재귀 호출이 진행될수록 훨씬 더 많이 발생합니다.

▼ **그림 10-1** 피보나치 수열의 중복 과정

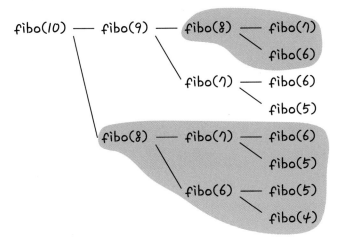

다음과 같이 코드를 수정해서 fibonacci() 메서드의 호출 횟수를 세어 봅시다. 이렇게 하면 n = 10일 때 재귀 호출이 얼마나 발생하는지 살펴볼 수 있습니다.

```java
private static int calls = 0;

private static long fibonacci(int n) {
    calls++;

    if (n == 0 || n == 1) return n;
    return mem[n] = fibonacci(n - 1) + fibonacci(n - 2);
}

public static void main(String[] args) {
    System.out.println(fibonacci(10));
    System.out.println("호출 수: " + calls);
}
```

이 코드를 실행하면 다음과 같은 결과가 나옵니다.

```
55
호출 수: 177
```

일반적인 재귀 호출로 177번의 호출 만에 정답을 구할 수 있었습니다. 동적 프로그래밍을 이용하여 호출 수가 어떻게 줄어들지 살펴봅시다.

10.1.2 '동적 프로그래밍'의 핵심, 메모이제이션

동적 프로그래밍은 **메모이제이션(memoization)** 기법을 이용합니다. 멋있고 있어 보이는 이름과 다르게 이 기법은 사실 굉장히 간단합니다. 한 번 풀었던 부분 문제에 대한 답을 저장해 놓았다가 해당 부분 문제를 다시 풀 일이 생기면 재사용하는 것이 바로 메모이제이션입니다.

메모이제이션을 적용하면 한 번 해결했던 문제를 다시 풀지 않아도 됩니다. 다음 그림에서는 재귀를 이용하여 직접 계산한 결괏값을 회색으로, 한 번 풀어본 부분 문제의 정답을 재사용하는 결괏값을 파란색으로 표시했습니다.

▼ **그림 10-2** 메모이제이션이 적용된 피보나치 수열의 계산 과정

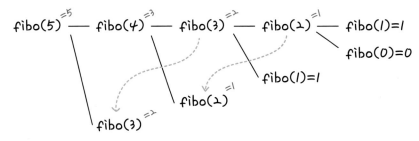

그림 10-2에서 확인할 수 있듯이, 아래쪽의 fibonacci(3)과 fibonacci(2)는 중복이 발생하므로 한 번 문제를 해결한 이후에는 재귀를 더욱 깊숙이 내려가지 않고 바로 부분 문제의 답을 반환합니다.

대부분의 동적 프로그래밍 문제는 재귀로 구현한 후 메모이제이션을 간단하게 적용할 수 있습니다. 재귀 구현에 메모이제이션을 적용하려면 다음 과정을 거쳐야 합니다.

1. 문제에서 제시된 범위에 따라 메모이제이션 배열 선언과 초기화

2. 재귀의 종료 조건에 메모이제이션 조건 추가

3. 부분 문제에 대한 답을 구한 후 메모이제이션 배열에 기록

앞서 재귀로 구현한 fibonacci() 메서드에 이 과정을 따라가면서 메모이제이션을 적용해봅시다.

문제에서 제시된 범위에 따라 메모이제이션 배열 선언과 초기화

재귀 구현은 부분 문제를 해결하고, 메모이제이션은 부분 문제에 대한 답을 기록합니다. 메모이제이션을 하기 위해서는 답을 기록할 배열이 필요합니다. 이 배열은 재귀의 점화식과 문제 조건에 따라 형태가 달라집니다.

따라서 재귀 호출 상태를 확인하고, 그 범위를 문제에서 확인해야 합니다. 메모이제이션 배열은 상태에 포함된 변수 개수만큼 차원을 가지고, 각 변수가 각 차원의 인덱스 역할을 합니다. 이렇게 하나의 상태에 포함된 변수들을 사용하여 메모이제이션 배열을 참조하면 그 값이 해당 상태가 나타내는 부분 문제에 대한 답이 되는 구조입니다.

피보나치 수 문제의 경우 상태는 n 하나이므로 메모이제이션 배열은 1차원 배열이 됩니다. 또 부분 문제의 답은 피보나치 수이므로 long형의 배열이 됩니다. 배열 길이는 문제에 따라 달라지지만, 이 경우에서는 최대 100까지 입력된다고 가정하면 피보나치 수 문제에서 메모이제이션 배열은 다음과 같습니다.

```
private static final long[] mem = new long[101];
```

이렇게 메모이제이션 배열을 선언한 후에는 반드시 초기화를 해야 합니다. 가장 처음에는 아무런 부분 문제도 해결하지 않은 상황이기 때문에 부분 문제를 풀지 않았다는 것을 나타내야 합니다. 이를 위해 정답이 될 수 없는 값으로 배열을 모두 채워 줍니다.

0 이상의 정수는 피보나치 수가 될 가능성이 있으므로 절대 피보나치 수가 될 수 없는 −1로 채워 줍니다. 이는 재귀 호출을 실행하기 전인 main() 메서드 가장 위에서 하도록 합시다.

```
Arrays.fill(mem, -1);
```

재귀의 종료 조건에 메모이제이션 추가

이미 풀어 본 문제는 다시 문제를 풀 필요가 없습니다. 따라서 메모이제이션된 부분 문제의 경우 메모이제이션되어 있는 값을 사용하도록 종료 조건을 추가합니다.

메모이제이션 조건과 기존에 있던 종료 조건의 순서는 문제마다 다르게 적용할 수 있습니다. 종료 조건에서 비용이 큰 연산이 있다면 메모이제이션 검사를 우선으로 하는 것이 좋습니다. 하지만 종료 조건이 불가능한 상태를 검사하는 것이라면 기존 종료 조건을 먼저 검사해야 합니다. 예를 들어 메모이제이션 배열에 −1처럼 유효하지 않은 인덱스로 접근할 수 있는 상태는 기존 종료 조건을 이용하여 먼저 걸러 주어야 합니다.

피보나치 수열의 경우 연산 비용이 높지 않고 유효하지 않은 상태가 입력으로 들어오지 않으므로 메모이제이션 검사와 기존 종료 조건 사이의 순서는 상관없습니다.

```
if (mem[n] != -1) return mem[n];
if (n == 0 || n == 1) return n;
```

부분 문제에 대한 답을 구한 후 메모이제이션 배열에 기록

메모이제이션되어 있지 않은 부분 문제를 풀고 난 후에는 그 답을 기록하여 이후에 같은 부분 문제를 풀 때 재사용해야 합니다. 이를 위해 답을 구한 후 메모이제이션 배열에 다음과 같이 기록합니다.

```
return mem[n] = fibonacci(n - 1) + fibonacci(n - 2);
```

메모이제이션 배열은 다음 그림과 같이 부분 문제의 답을 배열 형태로 저장해 놓습니다.

▼ 그림 10-3 메모이제이션 배열 기록

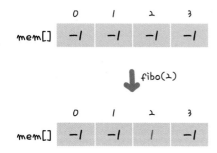

이렇게 피보나치 수를 구하는 메서드에 메모이제이션을 적용해보았습니다. 이제 완성된 다음 코드를 실행해서 재귀 호출이 얼마나 발생하는지 알아봅시다.

```java
private static int calls = 0;
private static final long[] mem = new long[101];
private static long fibonacci(int n) {
    calls++;

    if (mem[n] != -1) return mem[n];
    if (n == 0 || n == 1) return n;

    return mem[n] = fibonacci(n - 1) + fibonacci(n - 2);
}

public static void main(String[] args) {
    Arrays.fill(mem, -1);
    System.out.println(fibonacci(10));
    System.out.println("호출 수: " + calls);
}
```

```
55
호출 수: 19
```

기존에 177번이었던 재귀 호출 횟수가 19번으로 굉장히 크게 감소했음을 알 수 있습니다. 이는 부분 문제가 더 많이 발생할수록 그 효과가 커집니다. 예를 들어 n = 50일 때는 재귀가 2,075,316,483번으로 20억 번이 넘어가는 반면, 메모이제이션을 적용했을 때는 99번으로 엄청난 차이를 보입니다. 재귀 호출 횟수의 차이가 큰 만큼 실행 시간도 굉장히 크게 달라지므로 중복되는 부분 문제가 많이 발생하면 반드시 메모이제이션을 적용해야 합니다.

10.1.3 동적 프로그래밍의 조건

재귀로 구현된 코드에 메모이제이션까지 적용했다면 동적 프로그래밍으로 구현했다고 할 수 있습니다. 동적 프로그래밍 문제는 대부분 점화식을 이용한 재귀로 우선 구현하고, 메모이제이션 처리를 추가하는 방식으로 해결할 수 있습니다. 따라서 문제 해결 과정은 기존 재귀 해결 과정에 메모이제이션을 적용하는 단계를 추가하여 다음 과정을 따릅니다.

1. 상태 (부분 문제) 정의하기

2. 종료 조건 찾기

3. 점화식 세우기

4. 재귀로 구현하기

5. 메모이제이션 적용하기

하지만 모든 재귀 문제가 동적 프로그래밍으로 변환되는 것은 아닙니다. 중복이 발생하지 않는 재귀 문제는 메모이제이션 처리를 한다고 하더라도 실제로 재사용되지 않기 때문에 효율적이지 않습니다. 따라서 동적 프로그래밍을 적용하려면 반드시 중복되는 **부분 문제가 많이 발생하는지** 따져 보아야 합니다.

점화식을 이용한 재귀로 구현하는 동적 프로그래밍은 직관적이고 이해하기 쉽습니다. 하지만 한 가지 약점이 있습니다. 바로 재귀 호출이 너무 깊어지면 StackOverflowError가 발생한다는 것입니다. 작은 부분 문제들을 이용하여 큰 문제를 해결하는 동적 프로그래밍의 특성상 초기 입력 값은 큰 경우가 많습니다. 메모이제이션을 적용하여 실제 재귀 호출을 한 수는 많지 않지만 그 깊이가 깊어져 StackOverflowError가 발생할 수 있습니다.

이 경우 **작은 부분 문제부터 해결**해 나갈 수 있습니다. 예를 들어 앞의 피보나치 수에서 f(100,000)을 해결한다고 합시다. 일반적으로 재귀는 깊이를 10,000번 이하로 유지시켜야 합니다. f(100,000)으로 재귀 호출을 하는 순간 f(0)까지 종료되지 않고 재귀 호출을 하게 되어 깊이가 굉장히 깊어집니다.

▼ **그림 10-4** 피보나치 수의 깊은 재귀

fibo(10) → fibo(9) → fibo(8) → ⋯ → fibo(2) → fibo(1)

이때는 같은 부분 문제의 답은 항상 같다는 재귀 특성을 이용하여 다음과 같이 작은 부분 문제부터 미리 풀 수 있습니다.

```
for (int i = 0; i <= 100000; i++) {
    fibonacci(i);
}
System.out.println(fibonacci(100000));
```

이렇게 하면 깊이가 작은 부분 문제를 먼저 해결하며 메모이제이션을 합니다. 재귀 호출을 한 부분 문제는 이전에 이미 해결한 작은 부분 문제이기 때문에 최대 한 번의 재귀만 수행합니다.

▼ 그림 10-5 피보나치 수를 구하는 얕은 재귀

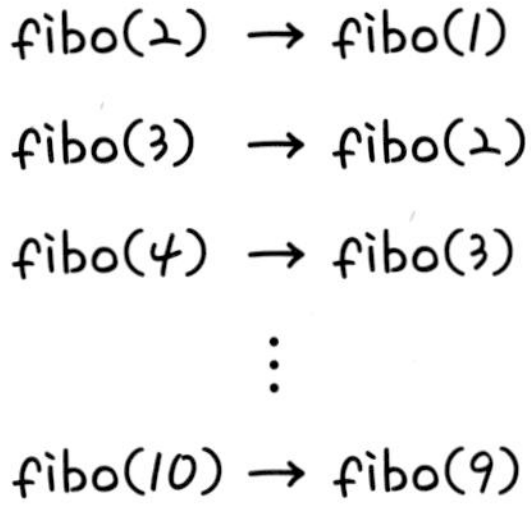

fibo(2) → fibo(1)

fibo(3) → fibo(2)

fibo(4) → fibo(3)

$\vdots$

fibo(10) → fibo(9)

더 큰 부분 문제로 가면 재귀 호출에 필요한 작은 부분 문제들이 메모이제이션되어 있기 때문에 재귀가 더 깊이 들어가지 않고 바로 종료됩니다. 따라서 StackOverflow 문제가 해결됩니다.

10.1.4 번외: 순차 누적으로 구현해보기

동적 프로그래밍을 반드시 재귀로 구현해야 하는 것은 아닙니다. 반복문을 이용한 순차 누적으로도 메모이제이션을 이용한 동적 프로그래밍을 구현할 수 있습니다. 큰 부분 문제를 살펴보고 이를 풀기 위해 작은 문제를 살펴보았던 재귀와는 반대로, 순차 누적은 작은 부분 문제를 먼저 해결해나갑니다.

피보나치 수의 경우 f(n)을 해결하기 위해 f(n−1)과 f(n−2)가 필요합니다. 이는 반대로 f(n)은 f(n+1)과 f(n+2)에 영향을 미친다는 것을 의미합니다. 따라서 작은 항부터 순회하며 다른 항들에 영향을 미치도록 구현해주면 순차 누적으로 동적 프로그래밍을 구현할 수 있습니다. 다음 그림으로 각 원소가 영향력을 미치며 피보나치 수열을 계산하는 과정을 살펴봅시다.

▼ **그림 10-6** 순차 누적 방식으로 계산되는 피보나치 수열

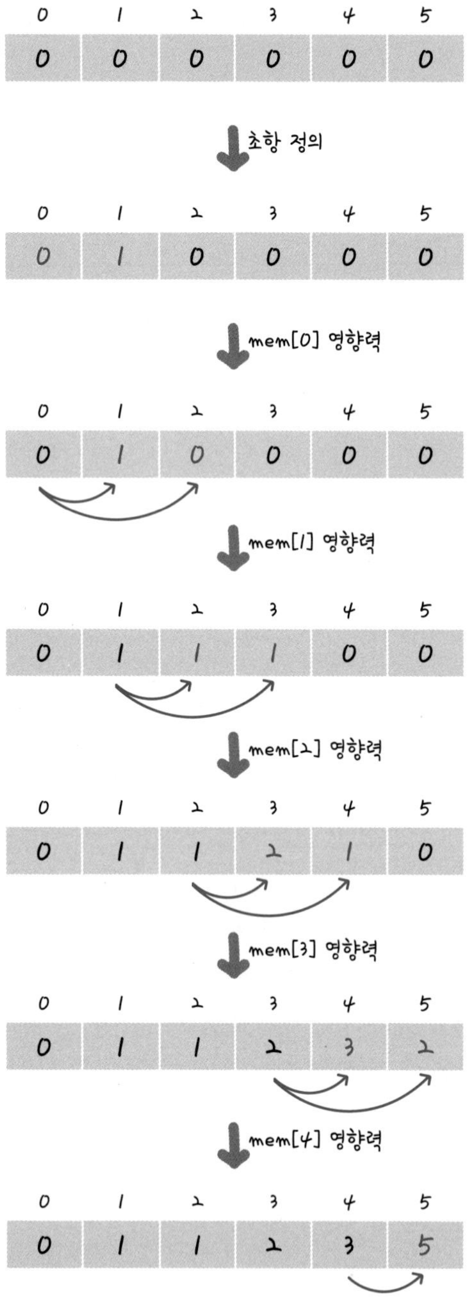

0	1	2	3	4	5
0	0	0	0	0	0

↓ 초항 정의

0	1	2	3	4	5
0	1	0	0	0	0

↓ mem[0] 영향력

0	1	2	3	4	5
0	1	0	0	0	0

↓ mem[1] 영향력

0	1	2	3	4	5
0	1	1	1	0	0

↓ mem[2] 영향력

0	1	2	3	4	5
0	1	1	2	1	0

↓ mem[3] 영향력

0	1	2	3	4	5
0	1	1	2	3	2

↓ mem[4] 영향력

0	1	2	3	4	5
0	1	1	2	3	5

피보나치 수의 경우 다음과 같이 구현됩니다.

```
private static long iterativeFibonacci(int n) {
    long[] mem = new long[n + 1];
    mem[0] = 0;
    mem[1] = 1;

    for (int i = 0; i <= n - 1; i++) {
        mem[i + 1] += mem[i];
        if (i + 2 < mem.length) mem[i + 2] += mem[i];
    }

    return mem[n];
}
```

순차 누적에서는 메모이제이션 배열에 값을 순차적으로 쌓아 가므로 유효하지 않은 값으로 초기화할 필요가 없습니다. 그 대신 값이 누적될 수 있도록 0으로 초기화하고, 재귀 호출에서 종료 조건에 해당하는 첫 항을 미리 넣어 주면 됩니다.

10.2 / 다양한 문제 풀이
SECTION

동적 프로그래밍을 이용하여 여러 가지 문제를 풀어 봅시다.

피보나치 수 - Level 2

URL https://school.programmers.co.kr/learn/courses/30/lessons/12945

피보나치 수는 F(0) = 0, F(1) = 1일 때, 1 이상의 n에 대하여 F(n) = F(n - 1) + F(n - 2) 가 적용되는 수입니다. 예를 들어

- F(2) = F(0) + F(1) = 0 + 1 = 1
- F(3) = F(1) + F(2) = 1 + 1 = 2
- F(4) = F(2) + F(3) = 1 + 2 = 3
- F(5) = F(3) + F(4) = 2 + 3 = 5

와 같이 이어집니다.

2 이상의 n이 입력되었을 때, n번째 피보나치 수를 1234567으로 나눈 나머지를 리턴하는 함수, solution 을 완성해 주세요.

제한 사항

- n은 2 이상 100,000 이하인 자연수입니다.

입출력 예

n	return
3	2
5	5

입출력 예 설명

피보나치 수는 0번째부터 0, 1, 1, 2, 3, 5, ... 와 같이 이어집니다.

문제 풀이

앞서 살펴본 피보나치 수 문제입니다. 제한 사항은 n이 100,000까지이므로, 앞서 n = 50만 넣어도 20억 회 이상 재귀 호출을 한 것을 생각하면 동적 프로그래밍이 반드시 필요해보입니다.

또 재귀가 너무 깊어지지 않도록 작은 부분 문제들을 우선적으로 해결해나가면서 1234567로 나눈 나머지를 정답으로 취급하도록 작성해주겠습니다.

전체 코드

```java
import java.util.Arrays;

public class Solution  {
    private final int[] mem = new int[100001];
    private int fibonacci(int n) {
        if (mem[n] != -1) return mem[n];
        if (n == 0 || n == 1) return n;

        return mem[n] = (fibonacci(n - 1) + fibonacci(n - 2)) % 1234567;
    }

    public int solution(int n) {
        Arrays.fill(mem, -1);
        for (int i = 0; i <= n; i++) {
            fibonacci(i);
        }
        return fibonacci(n);
    }
}
```

정수 삼각형 - Level 3

URL https://school.programmers.co.kr/learn/courses/30/lessons/43105

위와 같은 삼각형의 꼭대기에서 바닥까지 이어지는 경로 중, 거쳐간 숫자의 합이 가장 큰 경우를 찾아보려고 합니다. 아래 칸으로 이동할 때는 대각선 방향으로 한 칸 오른쪽 또는 왼쪽으로만 이동 가능합니다. 예를 들어 3에서는 그 아래칸의 8 또는 1로만 이동이 가능합니다.

삼각형의 정보가 담긴 배열 triangle이 매개변수로 주어질 때, 거쳐간 숫자의 최댓값을 return하도록 solution 함수를 완성하세요.

제한 사항

- 삼각형의 높이는 1 이상 500 이하입니다.
- 삼각형을 이루고 있는 숫자는 0 이상 9,999 이하의 정수입니다.

입출력 예

triangle	result
[[7], [3, 8], [8, 1, 0], [2, 7, 4, 4], [4, 5, 2, 6, 5]]	30

문제 풀이

이 문제의 삼각형을 잘 살펴봅시다. 삼각형의 맨 꼭대기에서 출발한 경로는 아래 두 수 중 어떤 경로를 선택하는지에 따라 더 작은 삼각형에서 경로를 찾는 부분 문제로 바뀝니다.

▼ **그림 10-7** 왼쪽 아래 경로를 선택했을 때의 부분 문제

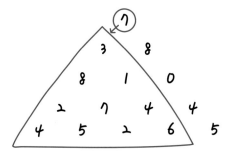

이렇게 작은 부분 문제를 찾아냈으니 재귀를 정의해봅시다. H를 삼각형의 높이, [x, y]를 삼각형에서 해당 좌표의 숫자라고 할 때 다음 표와 같이 재귀를 정의할 수 있습니다.

▼ **표 10-1** 정수 삼각형 문제의 재귀 정의

상태	(x, y)	삼각형의 x, y에 위치한 꼭지점에서 출발했을 때 거쳐 가는 숫자의 최댓값
종료 조건	(x, H) = 0 H는 삼각형의 높이	삼각형 끝에 도달하면 더 이상 더할 숫자가 없으므로 0을 반환하고 종료
점화식	$(x, y) = [x, y] + MAX \begin{cases} (x, y+1) \\ (x+1, y+1) \end{cases}$	

이렇게 정의된 재귀를 구현하면 다음과 같습니다.

```
private int max(int x, int y, int[][] triangle) {
    if (y == triangle.length) return 0;

    return triangle[y][x] + Math.max(
            max(x, y + 1, triangle),
            max(x + 1, y + 1, triangle));
}

public int solution(int[][] triangle) {
    return max(0, 0, triangle);
}
```

재귀를 제대로 구현했으니 정답은 맞게 출력됩니다. 하지만 삼각형 하단부로 갈수록 부분 문제가 많이 발생하므로 시간 제한을 통과하지 못합니다. 여기에 메모이제이션을 적용해서 동적 프로그래밍으로 구현해봅시다.

먼저 상태는 x, y 변수 2개로 구성되므로 메모이제이션 배열은 2차원이어야 합니다. 각 변수의 최댓값은 500이므로 길이가 501인 2차원 배열을 선언해주면 됩니다.

```java
private final int[][] mem = new int[501][501];
```

메모이제이션 배열은 유효하지 않은 값으로 초기화되어야 합니다. solution() 메서드에서 배열 mem을 -1로 채워 줍니다.

```java
public int solution(int[][] triangle) {
    for (int[] row : mem) {
        Arrays.fill(row, -1);
    }
    return max(0, 0, triangle);
}
```

재귀의 종료 조건에 메모이제이션이 되어 있는지 검사를 추가합니다. 기존 종료 조건은 삼각형 끝에 도달하여 벗어났을 때를 검사하므로 유효하지 않은 값입니다. 이 값으로 메모이제이션 배열을 참조하면 배열 범위를 벗어나므로 메모이제이션 검사는 기존 종료 조건 이후에 작성합니다.

```java
private int max(int x, int y, int[][] triangle) {
    if (y == triangle.length) return 0;
    if (mem[x][y] != -1) return mem[x][y];
```

잠깐만요

배열 triangle은 triangle[y][x]로 참조하는 반면, 배열 mem은 mem[x][y]로 참조합니다. x, y 변수를 참조하는 순서가 다른데, 이는 두 배열의 역할이 다르기 때문입니다.

배열 triangle은 삼각형 모양을 가지고 있는 도형 역할을 하기 때문에 x, y가 해당 배열에서의 좌표 역할을 합니다. 반면 배열 mem에서 x, y는 단순히 각 차원의 인덱스 역할이므로 굳이 y를 먼저 참조할 필요가 없습니다.

물론 이는 역할에 따라 정한 참조 순서이므로 mem[y][x]로 참조해도 실행 결과는 같습니다.

마지막으로 부분 문제를 풀고 난 후에는 정답을 메모이제이션 배열에 기록해주어야 합니다.

```java
return mem[x][y] = triangle[y][x] + Math.max(
        max(x, y + 1, triangle),
        max(x + 1, y + 1, triangle));
```

이렇게 메모이제이션을 적용하면 부분 문제를 한 번씩만 풀게 되므로 시간 제한을 통과할 수 있습니다.

전체 코드

10장/정수삼각형.java

```java
import java.util.Arrays;

public class Solution {
    private final int[][] mem = new int[501][501];

    private int max(int x, int y, int[][] triangle) {
        if (y == triangle.length) return 0;
        if (mem[x][y] != -1) return mem[x][y];

        return mem[x][y] = triangle[y][x] + Math.max(
                max(x, y + 1, triangle),
                max(x + 1, y + 1, triangle));
    }

    public int solution(int[][] triangle) {
        for (int[] row : mem) {
            Arrays.fill(row, -1);
        }
        return max(0, 0, triangle);
    }
}
```

등굣길 - Level 3

URL https://school.programmers.co.kr/learn/courses/30/lessons/42898

계속되는 폭우로 일부 지역이 물에 잠겼습니다. 물에 잠기지 않은 지역을 통해 학교를 가려고 합니다. 집에서 학교까지 가는 길은 m x n 크기의 격자 모양으로 나타낼 수 있습니다.

아래 그림은 m = 4, n = 3인 경우입니다.

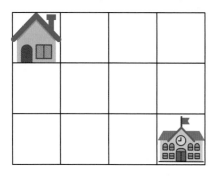

가장 왼쪽 위, 즉 집이 있는 곳의 좌표는 (1, 1)로 나타내고 가장 오른쪽 아래, 즉 학교가 있는 곳의 좌표는 (m, n) 으로 나타냅니다.

격자의 크기 m, n과 물이 잠긴 지역의 좌표를 담은 2차원 배열 puddles이 매개변수로 주어집니다. **오른쪽 과 아래쪽으로만 움직여** 집에서 학교까지 갈 수 있는 최단 경로의 개수를 1,000,000,007로 나눈 나머지를 return하도록 solution 함수를 작성해주세요.

제한 사항

- 격자의 크기 m, n은 1 이상 100 이하인 자연수입니다.
  - m과 n이 모두 1인 경우는 입력으로 주어지지 않습니다.
- 물에 잠긴 지역은 0개 이상 10개 이하입니다.
- 집과 학교가 물에 잠긴 경우는 입력으로 주어지지 않습니다.

입출력 예

m	n	puddles	return
4	3	[[2, 2]]	4

입출력 예 설명

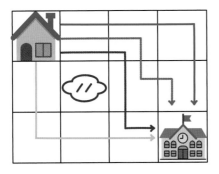

문제 풀이

오른쪽과 아래쪽으로 움직일 수 있으므로 재귀로 구현할 수 있습니다. 다음과 같이 재귀를 정의하고 메모이제이션을 쉽게 적용할 수 있습니다.

▼ 표 10-2 등굣길 문제의 재귀 정의

상태	(x, y)	격자의 (x, y)에서 출발하여 학교까지 가는 최단 경로의 개수
종료 조건	[x, y]가 웅덩이일 때 = 0 (m+1, n) = (m, n+1) = 0 (m, n) = 1	• 웅덩이일 때는 경로가 만들어질 수 없으므로 0 반환 • 격자 밖을 벗어났을 때는 경로가 만들어질 수 없으므로 0 반환 • 학교에 도착했을 때는 경로 하나를 찾았으므로 1 반환
점화식	$(x, y) = (x+1, y) + (x, y+1)$	

재귀를 구현하기 전에 쉽게 웅덩이 검사를 할 수 있도록 다음과 같이 격자 전체를 담을 수 있는 2차원 배열 isPuddle을 선언하고 웅덩이를 표시해줍시다.

```java
boolean[][] isPuddle = new boolean[n + 1][m + 1];
for (int[] p : puddles) {
    isPuddle[p[1]][p[0]] = true;
}
```

isPuddle과 정의된 재귀를 이용해서 다음과 같이 경로 개수를 세는 재귀 메서드 count()를 구현할 수 있습니다.

```java
private int count(int x, int y, int w, int h, boolean[][] isPuddle) {
    if (x > w || y > h) return 0;
    if (isPuddle[y][x]) return 0;

    if (x == w && y == h) return 1;

    int total = count(x + 1, y, w, h, isPuddle)
                + count(x, y + 1, w, h, isPuddle);
    return total % 1000000007;
}
```

정답을 구하려면 좌표의 시작점인 (1, 1)부터 경로를 찾도록 호출하여 반환합니다.

```java
public int solution(int m, int n, int[][] puddles) {
    boolean[][] isPuddle = new boolean[n + 1][m + 1];
    for (int[] p : puddles) {
        isPuddle[p[1]][p[0]] = true;
    }

    return count(1, 1, m, n, isPuddle);
}
```

재귀를 구현했으니 메모이제이션을 적용합니다. 상태는 (x, y) 두 변수로 되어 있고, 격자 크기는 1 이상 100 이하이므로 각 상태 변수의 최댓값은 100입니다. 따라서 100까지 인덱스로 참조할 수 있도록 두 차원의 길이가 101인 2차원 배열로 메모이제이션 배열을 만듭니다.

```java
private final int[][] mem = new int[101][101];
```

부분 문제의 답은 경로 개수이므로 음수가 나올 수 없습니다. 따라서 solution()에서 유효하지 않은 값인 -1로 메모이제이션 배열을 채워 줍니다.

```java
public int solution(int m, int n, int[][] puddles) {
    for (int[] row : mem) {
        Arrays.fill(row, -1);
    }

    boolean[][] isPuddle = new boolean[n + 1][m + 1];
    for (int[] p : puddles) {
```

```
            isPuddle[p[1]][p[0]] = true;
    }

    return count(1, 1, m, n, isPuddle);
}
```

재귀가 구현된 count() 메서드에 메모이제이션을 적용시킵니다. 종료 조건에서는 유효하지 않은 값을 검사하는 부분과 웅덩이를 검사하는 부분, 학교에 도착하여 종료되는 부분이 있습니다. 메모이제이션 검사는 유효하지 않은 부분보다 뒤에만 있으면 됩니다. 여기에서는 경로를 만들 수 없는 종료 조건들 이후에 메모이제이션 검사를 넣어 주겠습니다.

```
if (x > w || y > h) return 0;
if (isPuddle[y][x]) return 0;

if (mem[x][y] != -1) return mem[x][y];
if (x == w && y == h) return 1;
```

마지막으로 부분 문제를 해결하고 난 후 부분 문제의 정답을 메모이제이션 배열에 기록합니다.

```
int total = count(x + 1, y, w, h, isPuddle) + count(x, y + 1, w, h, isPuddle);
return mem[x][y] = total % 1000000007;
```

이렇게 메모이제이션이 적용된 재귀를 구현했습니다.

전체 코드
10장/등굣길.java

```java
import java.util.Arrays;

public class Solution {
    private final int[][] mem = new int[101][101];

    private int count(int x, int y, int w, int h, boolean[][] isPuddle) {
        if (x > w || y > h) return 0;
        if (isPuddle[y][x]) return 0;

        if (mem[x][y] != -1) return mem[x][y];
        if (x == w && y == h) return 1;
```

```
            int total = count(x + 1, y, w, h, isPuddle)
                          + count(x, y + 1, w, h, isPuddle);
            return mem[x][y] = total % 1000000007;
        }

        public int solution(int m, int n, int[][] puddles) {
            for (int[] row : mem) {
                Arrays.fill(row, -1);
            }

            boolean[][] isPuddle = new boolean[n + 1][m + 1];
            for (int[] p : puddles) {
                isPuddle[p[1]][p[0]] = true;
            }

            return count(1, 1, m, n, isPuddle);
        }
    }
```

사칙연산 - Level 4

URL https://school.programmers.co.kr/learn/courses/30/lessons/1843

사칙연산에서 더하기(+)는 결합법칙이 성립하지만, 빼기(-)는 결합법칙이 성립하지 않습니다.
예를 들어 식 1 - 5 - 3은 연산 순서에 따라 다음과 같이 다른 결과를 가집니다.

- ((1 - 5) - 3) = -7
- (1 - (5 - 3)) = -1

위 예시와 같이 뺄셈은 연산 순서에 따라 그 결과가 바뀔 수 있습니다.
또 다른 예로 식 1 - 3 + 5 - 8은 연산 순서에 따라 다음과 같이 5가지 결과가 나옵니다.

- (((1 - 3) + 5) - 8) = -5
- ((1 - (3 + 5)) - 8) = -15
- (1 - ((3 + 5) - 8)) = 1
- (1 - (3 + (5 - 8))) = 1
- ((1 - 3) + (5 - 8)) = -5

위와 같이 서로 다른 연산 순서의 계산 결과는 [-15, -5, -5, 1, 1]이 되며, 이중 최댓값은 1입니다.
문자열 형태의 숫자와, 더하기 기호("+"), 뺄셈 기호("-")가 들어 있는 배열 arr가 매개변수로 주어질 때, 서로
다른 연산 순서의 계산 결과 중 최댓값을 return하도록 solution 함수를 완성해주세요.

제한 사항

- arr는 두 연산자 "+", "-" 와 숫자가 들어 있는 배열이며, 길이는 3 이상 201 이하입니다.
  - arr의 길이는 항상 홀수입니다.
  - arr에 들어 있는 숫자의 개수는 2개 이상 101개 이하이며, 연산자의 개수는 (숫자의 개수) -1 입니다.
  - 숫자는 1 이상 1,000 이하의 자연수가 문자열 형태로 들어 있습니다. (ex : "456")
- 배열의 첫 번째 원소와 마지막 원소는 반드시 숫자이며, 숫자와 연산자가 항상 번갈아 가며 들이 있습니다.

입출력 예

arr	result
["1", "-", "3", "+", "5", "-", "8"]	1
["5", "-", "3", "+", "1", "+", "2", "-", "4"]	3

입출력 예시

입출력 예 #1

위의 예시와 같이 (1 - (3 + (5 - 8))) = 1입니다.

입출력 예 #2

(5 - (3 + ((1 + 2) - 4))) = 3입니다.

> **문제 풀이**

이 문제에는 2개의 연산자가 있습니다. 연산자가 +라면 최댓값을 찾기 위해서는 양쪽 피연산자가 모두 큰 값이어야 유리합니다. 연산자가 −라면 최댓값을 찾기 위해 왼쪽 피연산자는 큰 값일수록, 오른쪽 피연산자는 작은 값일수록 유리합니다. 따라서 특정 구간의 연산식에 대해 최댓값을 구하는 재귀와 최솟값을 구하는 재귀가 모두 필요합니다.

두 재귀는 비슷하게 정의됩니다. 최댓값을 구하는 재귀를 max( ), 최솟값을 구하는 재귀를 min( )이라고 했을 때, 각 재귀는 수식에 포함된 모든 연산자를 순회하며 최댓값 혹은 최솟값을 구해야 합니다. 이 과정을 수행하는 재귀는 다음 표와 같이 정의됩니다.

▼ **표 10-3** 사칙연산 문제의 max( ) 재귀 정의

상태	max(start, end)	연산식의 [start, end) 범위에서 나올 수 있는 최대 연산 결과
종료 조건	max(start, start + 1) = [start]	범위에 하나의 숫자만 있을 때는 해당 숫자 반환
점화식	$\text{max}(start, end) = MAX_i \begin{cases} \text{max}(start, i) + \text{max}(i+1, end) \rightarrow \text{[i]가 +인 경우} \\ \text{max}(start, i) - \text{min}(i+1, end) \rightarrow \text{[i]가 -인 경우} \end{cases}$	

▼ **표 10-4** 사칙연산 문제의 min( ) 재귀 정의

상태	min(start, end)	연산식의 [start, end) 범위에서 나올 수 있는 최소 연산 결과
종료 조건	min(start, start + 1) = [start]	범위에 하나의 숫자만 있을 때는 해당 숫자 반환
점화식	$\text{min}(start, end) = MIN_i \begin{cases} \text{min}(start, i) + \text{min}(i+1, end) \rightarrow \text{[i]가 +인 경우} \\ \text{min}(start, i) - \text{max}(i+1, end) \rightarrow \text{[i]가 -인 경우} \end{cases}$	

이를 이용하면 max( ) 메서드는 다음과 같이 구현할 수 있습니다.

```
private int max(int start, int end, String[] arr) {
    if (end - start == 1) return Integer.parseInt(arr[start]);
```

```
        int max = Integer.MIN_VALUE;
        for (int i = start + 1; i < end; i += 2) {
            int l = max(start, i, arr);
            int v;
            if (arr[i].equals("+")) {
                int r = max(i + 1, end, arr);
                v = l + r;
            } else {
                int r = min(i + 1, end, arr);
                v = l - r;
            }
            if (v > max) max = v;
        }
        return max;
    }
```

i를 이용한 for 문으로, 연산자를 기준으로 범위를 나눌 수 있게 했습니다. 연산자는 두 칸에 한 번씩 등장하므로 start + 1부터 시작해서 i += 2를 수행하며 연산자만 확인합니다.

min() 메서드도 비슷하게 다음과 같이 구현할 수 있습니다.

```
    private int min(int start, int end, String[] arr) {
        if (end - start == 1) return Integer.parseInt(arr[start]);

        int min = Integer.MAX_VALUE;
        for (int i = start + 1; i < end; i += 2) {
            int l = min(start, i, arr);
            int v;
            if (arr[i].equals("+")) {
                int r = min(i + 1, end, arr);
                v = l + r;
            } else {
                int r = max(i + 1, end, arr);
                v = l - r;
            }
            if (v < min) min = v;
        }
        return min;
    }
```

가장 큰 범위를 이용하여 max() 메서드를 호출하면 전체 연산식에서 얻을 수 있는 최대 연산 결괏값을 구할 수 있습니다.

```java
public int solution(String[] arr) {
    return max(0, arr.length, arr);
}
```

이제 재귀가 모두 구현되었습니다. 부분 문제의 중복을 해결하기 위해 메모이제이션을 적용해봅시다. 2개의 재귀 메서드가 있으므로 메모이제이션도 두 군데 모두 적용해야 합니다. 우선 max( ) 메서드에 메모이제이션을 적용해봅시다.

max( ) 메서드 상태는 (start, end)로 2개의 상태 변수가 있으며 배열에서 인덱스는 각 차원을 나타냅니다. 따라서 문제에서 주어진 최대 인덱스인 201을 담을 수 있도록 각 차원의 길이가 202인 2차원 메모이제이션 배열을 선언합니다.

```java
private final int[][] maxMem = new int[202][202];
```

> **잠깐만요**
>
> 문제에서 arr 길이는 201 이하라고 했습니다. 이는 최대로 참조하는 인덱스는 200이라는 의미입니다. 하지만 우리가 상태 (start, end)를 나타낼 때 start와 end는 [start, end] 범위를 나타냅니다. end는 범위에서 포함되지 않는 값이므로 arr에서 200번째 인덱스를 포함하는 범위를 나타내려면 201이 되어야 합니다.
>
> 따라서 메모이제이션을 참조하는 최대 인덱스는 201이며, 201까지 담을 수 있도록 길이가 202 이상으로 설정되어야 합니다.

maxMem 메모이제이션 배열을 solution( ) 메서드에서 초기화합니다. −1과 같은 값은 − 연산으로 충분히 나올 수 있는 유효한 값입니다. 따라서 Integer.MIN_VALUE를 이용해서 초기화합니다.

```java
public int solution(String[] arr) {
    for (int[] row : maxMem) {
        Arrays.fill(row, Integer.MIN_VALUE);
    }

    return max(0, arr.length, arr);
}
```

메모이제이션 배열이 준비되었으므로 max( ) 메서드에 메모이제이션 조건을 추가해줍시다. 기존 종료 조건은 유효한 값을 검사하므로 그 위에 작성할 수 있습니다.

```
    if (maxMem[start][end] != Integer.MIN_VALUE) {
        return maxMem[start][end];
    }
    if (end - start == 1) return Integer.parseInt(arr[start]);
```

마지막으로 부분 문제의 정답을 메모이제이션 배열에 기록하면 됩니다.

```
    return maxMem[start][end] = max;
```

min() 메서드도 마찬가지로 메모이제이션 배열을 선언합니다.

```
    private final int[][] minMem = new int[202][202];
```

또 Integer.MIN_VALUE를 이용하여 초기화합니다.

```
    for (int[] row : maxMem) {
        Arrays.fill(row, Integer.MIN_VALUE);
    }
    for (int[] row : minMem) {
        Arrays.fill(row, Integer.MIN_VALUE);
    }
```

마지막으로 min() 메서드에 메모이제이션 조건과 기록을 구현합니다.

```
    private int min(int start, int end, String[] arr) {
        if (minMem[start][end] != Integer.MIN_VALUE) {
            return minMem[start][end];
        }
        if (end - start == 1) return Integer.parseInt(arr[start]);

        int min = Integer.MAX_VALUE;
        for (int i = start + 1; i < end; i += 2) {
            int l = min(start, i, arr);
            int v;
            if (arr[i].equals("+")) {
                int r = min(i + 1, end, arr);
                v = l + r;
            } else {
```

```
            int r = max(i + 1, end, arr);
            v = l - r;
        }
        if (v < min) min = v;
    }
    return minMem[start][end] = min;
}
```

이렇게 2개의 재귀와 메모이제이션을 적용하여 동적 프로그래밍 문제를 해결했습니다. 2개의 재귀 메서드를 사용하는 것은 동적 프로그래밍과 재귀에서 가끔 출제되는 유형입니다. 반드시 하나의 메서드만 재귀 호출 대상이 되지 않아도 되는 것을 생각하면 비슷한 유형의 문제를 해결하는 데 도움이 될 것입니다.

전체 코드   10장/사칙연산.java

```java
import java.util.Arrays;

public class Solution {
    private final int[][] maxMem = new int[202][202];
    private int max(int start, int end, String[] arr) {
        if (maxMem[start][end] != Integer.MIN_VALUE) {
            return maxMem[start][end];
        }
        if (end - start == 1) return Integer.parseInt(arr[start]);

        int max = Integer.MIN_VALUE;
        for (int i = start + 1; i < end; i += 2) {
            int l = max(start, i, arr);
            int v;
            if (arr[i].equals("+")) {
                int r = max(i + 1, end, arr);
                v = l + r;
            } else {
                int r = min(i + 1, end, arr);
                v = l - r;
            }
            if (v > max) max = v;
        }
        return maxMem[start][end] = max;
    }

    private final int[][] minMem = new int[202][202];
    private int min(int start, int end, String[] arr) {
```

```java
            if (minMem[start][end] != Integer.MIN_VALUE) {
                return minMem[start][end];
            }
            if (end - start == 1) return Integer.parseInt(arr[start]);

            int min = Integer.MAX_VALUE;
            for (int i = start + 1; i < end; i += 2) {
                int l = min(start, i, arr);
                int v;
                if (arr[i].equals("+")) {
                    int r = min(i + 1, end, arr);
                    v = l + r;
                } else {
                    int r = max(i + 1, end, arr);
                    v = l - r;
                }
                if (v < min) min = v;
            }
            return minMem[start][end] = min;
        }

        public int solution(String[] arr) {
            for (int[] row : maxMem) {
                Arrays.fill(row, Integer.MIN_VALUE);
            }
            for (int[] row : minMem) {
                Arrays.fill(row, Integer.MIN_VALUE);
            }

            return max(0, arr.length, arr);
        }
    }
```

선택 사항: 리팩터링으로 중복 코드 제거하기

여기까지 구현해도 충분히 훌륭한 코드입니다. 하지만 max( )와 min( ) 메서드에 중복된 로직이 있습니다. 이는 최댓값/최솟값을 구하는 로직이 살짝 달라 2개의 메서드로 분리되어 생긴 현상입니다. 최댓값을 구할지, 최솟값을 구할지를 나타내는 상태 변수 type을 상태에 포함하면 하나의 재귀 메서드로 구현할 수 있습니다. type = 0일 때 최댓값을 구하고, type = 1일 때 최솟값을 구하는 것으로 정의합시다.

최댓값을 구하기 위해서는 연산자에 상관없이 왼쪽 피연산자는 최대가 되어야 합니다. 또 오른쪽 피연산자는 연산자가 +일 때는 최대, −일 때는 최소가 되어야 합니다. 따라서 재귀할 때 type의 변화는 다음과 같습니다.

▼ 표 10-5 type = 0인 경우 연산자에 따른 재귀할 때의 type 변화

	+	-
왼쪽 피연산자	0	
오른쪽 피연산자	0	1

최솟값을 구하기 위해서는 연산자에 상관없이 왼쪽 피연산자는 최소가 되어야 합니다. 또 오른쪽 피연산자는 연산자가 +일 때는 최소, −일 때는 최대가 되어야 합니다. 따라서 재귀할 때 type의 변화는 다음과 같습니다.

▼ 표 10-6 type = 1인 경우 연산자에 따른 재귀할 때의 type 변화

	+	-
왼쪽 피연산자	1	
오른쪽 피연산자	1	0

표 10-5와 표 10-6을 살펴보면 왼쪽 피연산자는 기존 type을 그대로 따릅니다. 오른쪽 피연산자는 연산자가 +일 때는 기존 type을, −일 때는 반전된 type을 가집니다.

▼ 표 10-7 연산자에 따른 재귀할 때의 type 변화

	+	-
왼쪽 피연산자	type	
오른쪽 피연산자	type	1 - type

최댓값과 최솟값을 구할 때 반복문을 돌며 최대와 최소를 구해야 합니다. 따라서 초깃값과 비교문도 수정해야 합니다. 이는 type을 인덱스로 하는 배열을 선언하여 해결할 수 있습니다. 최댓값을 구할 때 초깃값은 가장 작은 값인 Integer.MIN_VALUE로, 최솟값을 구할 때 초깃값은 가장 큰 값인 Integer.MAX_VALUE로 선언해야 합니다. 따라서 다음과 같이 type에 따른 초깃값을 갖는 배열 INIT을 선언합니다.

```java
private static final int[] INIT = {
        Integer.MIN_VALUE,
        Integer.MAX_VALUE,
};
```

또 반복문 안에서 연산된 값을 현재까지 구한 최댓값/최솟값과 비교하는 로직도 달라집니다. 이는 Comparator<Integer>를 이용하여 초깃값처럼 배열로 구성할 수 있습니다. 다만 자바에서는 제네릭 클래스나 인터페이스의 배열을 선언하지 못합니다. 따라서 다음과 같이 IntComparator 인터페이스를 정의하여 배열을 선언합니다.

```java
private interface IntComparator extends Comparator<Integer> {
}

private static final IntComparator[] COMP = {
        (a, b) -> Integer.compare(a, b),
        (a, b) -> Integer.compare(b, a),
};
```

> **잠깐만요**
>
> 이처럼 제네릭 클래스나 타입을 활용하려고 직접 인터페이스나 클래스를 정의하는 일은 생각보다 흔히 일어납니다. 특히 자바에서는 제네릭 클래스나 인터페이스 배열을 선언하지 못하므로 제네릭 타입이 정해져 있다면 이런 방식으로 배열을 선언할 수 있습니다.

메모이제이션 배열 또한 type이 상태 변수에 추가되었기 때문에 3차원으로 확장되어야 합니다. type은 0 또는 1의 값을 가지므로 type이 참조하는 차원은 길이가 2면 됩니다. 다음과 같이 메모이제이션 배열 mem을 선언합니다.

```java
private final int[][][] mem = new int[202][202][2];
```

이를 solution( ) 메서드에서 초기화합니다.

```java
for (int[][] m : mem) {
    for (int[] row : m) {
        Arrays.fill(row, Integer.MIN_VALUE);
    }
}
```

앞서 정의한 내용들을 이용하여 기존 재귀 메서드 max()와 min()이 통합된 compute() 메서드
를 다음과 같이 작성할 수 있습니다.

```
private int compute(int start, int end, int type, String[] arr) {
    if (mem[start][end][type] != Integer.MIN_VALUE) {
        return mem[start][end][type];
    }
    if (end - start == 1) return Integer.parseInt(arr[start]);

    int result = INIT[type];
    for (int i = start + 1; i < end; i += 2) {
        int l = compute(start, i, type, arr);
        int v;
        if (arr[i].equals("+")) {
            int r = compute(i + 1, end, type, arr);
            v = l + r;
        } else {
            int r = compute(i + 1, end, 1 - type, arr);
            v = l - r;
        }

        if (COMP[type].compare(v, result) > 0) result = v;
    }
    return mem[start][end][type] = result;
}
```

이제 solution() 메서드에서 전체 범위에서 최댓값을 찾도록 호출하면 됩니다.

```
return compute(0, arr.length, 0, arr);
```

이렇게 리팩터링을 통해 중복된 로직을 제거했습니다. 리팩터링을 통해 코드를 한층 발전시킬
수 있지만 실제 코딩 테스트에서는 더 많은 문제에서 점수를 얻는 것이 중요하기 때문에 리팩터
링은 모든 문제를 해결하고 난 후 남는 시간에 진행합니다.

```java
import java.util.Arrays;
import java.util.Comparator;

public class Solution {
    private interface IntComparator extends Comparator<Integer> {
    }

    private static final IntComparator[] COMP = {
            (a, b) -> Integer.compare(a, b),
            (a, b) -> Integer.compare(b, a),
    };

    private static final int[] INIT = {
            Integer.MIN_VALUE,
            Integer.MAX_VALUE,
    };

    private final int[][][] mem = new int[202][202][2];

    private int compute(int start, int end, int type, String[] arr) {
        if (mem[start][end][type] != Integer.MIN_VALUE) {
            return mem[start][end][type];
        }
        if (end - start == 1) return Integer.parseInt(arr[start]);

        int result = INIT[type];
        for (int i = start + 1; i < end; i += 2) {
            int l = compute(start, i, type, arr);
            int v;
            if (arr[i].equals("+")) {
                int r = compute(i + 1, end, type, arr);
                v = l + r;
            } else {
                int r = compute(i + 1, end, 1 - type, arr);
                v = l - r;
            }

            if (COMP[type].compare(v, result) > 0) result = v;
        }
        return mem[start][end][type] = result;
    }

    public int solution(String[] arr) {
```

```
        for (int[][] m : mem) {
            for (int[] row : m) {
                Arrays.fill(row, Integer.MIN_VALUE);
            }
        }

        return compute(0, arr.length, 0, arr);
    }
}
```

재귀로 구현되는 코드는 동적 프로그래밍으로 간단하게 변환할 수 있습니다. 동적 프로그래밍 문제를 해결할 수 있는 가장 중요한 점은 재귀를 잘 정의하는 것입니다. 여러 재귀 문제와 동적 프로그래밍 문제를 풀어 보면서 점화식을 세우고 재귀를 정의하는 연습을 해야 합니다.

자주 등장하는
자료 구조

SECTION 1   스택과 큐

SECTION 2   그래프와 트리

SECTION 3   잊을 만하면 나오는 자료 구조

코딩 테스트에서는 알고리즘 못지 않게 여러 자료 구조를 알고 적절히 사용하는 것도 중요합니다. 자료 구조를 활용하면 직접 로직을 구현하지 않고도 쉽고 간결하게 원하는 코드를 작성할 수 있을 때가 많습니다. 이 장에서는 이전에 살펴본 자료 구조들과 새로운 자료 구조들을 살펴봅니다.

스택과 큐

스택과 큐는 '6장 완전 탐색'에서 언급된 적이 있는 자료 구조입니다. 이 두 가지는 원소를 특정한 순서대로 삽입하고 제거할 수 있는 자료 구조로, 다음 연산을 제공합니다.

1. 원소 삽입

2. 원소 제거

3. 자료 구조가 비어 있는지 검사

두 자료 구조가 이 세 가지 연산을 어떻게 처리하는지 살펴봅시다.

11.1.1 스택

스택은 LIFO(Last In First Out: 후입선출) 특징이 있는 자료 구조입니다. 스택을 쉽게 이해하기 위해 좁고 긴 바구니를 생각해봅시다. 이 바구니는 좁고 길기 때문에 원소를 집어넣으면 그대로 쌓입니다.

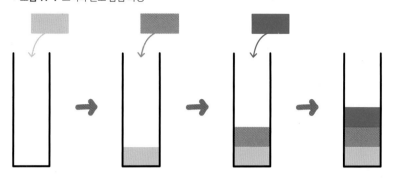

이렇게 쌓인 원소들을 다시 스택에서 꺼낼 때는 넣은 순서의 반대로 꺼냅니다.

▼ 그림 11-2 스택의 원소 제거 과정

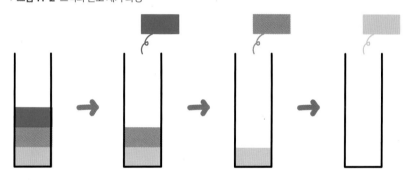

이렇듯 스택은 전혀 어려운 개념의 자료 구조가 아닙니다. 자바에서는 스택을 내장 제네릭 클래스로 지원합니다. 정수를 담을 수 있는 스택은 다음과 같이 선언할 수 있습니다.

```
Stack<Integer> stack = new Stack<>();
```

이 Stack 클래스는 방금 살펴본 스택 기능을 모두 지원하고, 다음 패키지를 선언하면 사용할 수 있습니다.

```
import java.util.Stack;
```

원소 추가는 add() 메서드, 삭제는 pop() 메서드로 할 수 있는데, pop() 메서드를 호출하면 제거된 원소가 반환됩니다.

```java
Stack<Integer> stack = new Stack<>();

stack.add(1);
stack.add(2);
stack.add(3);

System.out.println(stack.pop());  // 3
System.out.println(stack.pop());  // 2

stack.add(4);
stack.add(5);

System.out.println(stack.pop());  // 5
System.out.println(stack.pop());  // 4
System.out.println(stack.pop());  // 1
```

주의해야 할 점은 스택이 비어 있는 상태에서 원소를 제거하는 pop() 메서드를 호출하면 EmptyStackException이 발생한다는 것입니다. 따라서 스택이 비어 있지 않을 때만 pop() 메서드를 호출하는 것이 중요합니다. 스택이 비어 있는지 여부는 isEmpty() 메서드로 확인할 수 있습니다.

```java
Stack<Integer> stack = new Stack<>();

stack.add(1);
stack.add(2);
stack.add(3);

System.out.println(stack.pop());      // 3
System.out.println(stack.pop());      // 2

stack.add(4);
stack.add(5);

System.out.println(stack.pop());      // 5
System.out.println(stack.pop());      // 4

System.out.println(stack.isEmpty()); // false

System.out.println(stack.pop());      // 1

System.out.println(stack.isEmpty()); // true
```

마지막으로 peek( ) 메서드로 스택에서 값을 제거하지 않고도 스택의 가장 위에 있는 값을 얻을 수 있습니다. peek( ) 메서드 또한 스택이 비어 있을 때 호출하면 EmptyStackException을 발생시킵니다.

```java
Stack<Integer> stack = new Stack<>();

stack.add(1);
stack.add(2);
stack.add(3);

System.out.println(stack.pop());      // 3
System.out.println(stack.pop());      // 2

stack.add(4);
stack.add(5);

System.out.println(stack.pop());      // 5
System.out.println(stack.pop());      // 4

System.out.println(stack.isEmpty());  // false

System.out.println(stack.peek());     // 1
System.out.println(stack.pop());      // 1

System.out.println(stack.isEmpty());  // true
```

스택을 활용하는 문제에서는 주로 짝을 찾는 용도로 스택을 활용합니다. 다음 문제를 살펴봅시다.

올바른 괄호 - Level 2

URL https://school.programmers.co.kr/learn/courses/30/lessons/12909

괄호가 바르게 짝지어졌다는 것은 '(' 문자로 열렸으면 반드시 짝지어서 ')' 문자로 닫혀야 한다는 뜻입니다. 예를 들어

- "()()" 또는 "(())()"는 올바른 괄호입니다.
- ")()(" 또는 "(()("는 올바르지 않은 괄호입니다.

'(' 또는 ')'로만 이루어진 문자열 s가 주어졌을 때, 문자열 s가 올바른 괄호이면 true를 return하고, 올바르지 않은 괄호이면 false를 return하는 solution 함수를 완성해주세요.

제한 사항

- 문자열 s의 길이 : 100,000 이하의 자연수
- 문자열 s는 '(' 또는 ')'로만 이루어져 있습니다.

입출력 예

s	answer
"()()"	true
"(())()"	true
")()("	false
"(()("	false

입출력 예 설명

입출력 예 #1,2,3,4

문제의 예시와 같습니다.

문제 풀이

이 문제에서는 소괄호로 된 문자열이 제대로 구성되어 있는지 검사해야 합니다. 문자열의 앞에서부터 한 문자씩 순회할 때 문자는 여는 소괄호 또는 닫는 소괄호가 될 수 있습니다.

```
public boolean solution(String s) {
    Stack<Character> stack = new Stack<>();

    for (char c : s.toCharArray()) {
```

```
    switch (c) {
        case '(' -> {}
        case ')' -> {}
    }
}

    return false;
}
```

여는 소괄호일 때는 이후에 짝이 맞는 닫는 소괄호가 나와야 합니다. 따라서 처음 여는 소괄호가 등장했을 때 이 여는 소괄호는 아직 짝이 정해지지 않은 상태입니다. 이렇게 짝이 정해지지 않은 상태의 원소는 스택에 추가하여 대기하게 됩니다.

```
Stack<Character> stack = new Stack<>();

for (char c : s.toCharArray()) {
    switch (c) {
        case '(' -> stack.push(c);
        case ')' -> {}
    }
}
```

검사한 문자가 닫는 소괄호일 때는 앞서 등장한 여는 소괄호와 짝이 되어야 합니다. 짝이 되길 기다리고 있는 소괄호가 없다면 짝을 이룰 수 없으므로 잘못된 괄호가 됩니다. 예를 들어 입력이 "())"이라면 앞의 두 소괄호는 서로 짝이 됩니다. 하지만 그 이후에 등장하는 닫는 소괄호는 짝이 되는 여는 소괄호가 없으므로 틀린 수식입니다.

```
switch (c) {
    case '(' -> stack.push(c);
    case ')' -> {
        if (stack.isEmpty()) return false;
        stack.pop();
    }
}
```

모든 원소를 검사한 후 스택이 비어 있다면 아직 짝을 찾지 못한 여는 괄호가 있다는 의미입니다. 예를 들어 입력이 "(()"일 때 모든 닫는 소괄호는 짝을 찾았지만, 수식의 가장 앞에 있는 여는 소괄호는 짝을 찾지 못해 스택에 남아 있습니다. 따라서 모든 원소를 검사한 후에는 스택이 비어 있는 상태가 되어야 모든 괄호가 짝을 찾은 것입니다.

```
        return stack.isEmpty();
```

이렇게 스택을 이용하면 괄호가 올바르게 구성되어 있는지 검사할 수 있습니다.

또 다른 문제 풀이

이 문제에서는 사실 스택을 이용하지 않아도 됩니다. 스택에 어떤 값이 들어 있는지는 중요하지 않습니다. 스택에 값이 있는지 없는지, 즉 스택 크기가 중요하므로 다음과 같이 짝을 찾지 못한 여는 소괄호 개수를 세는 것으로 문제를 해결할 수 있습니다.

전체 코드   11장/올바른괄호_Counter.java

```java
import java.util.Stack;

public class Solution {
    public boolean solution(String s) {
        int counter = 0;

        for (char c : s.toCharArray()) {
            switch (c) {
                case '(' -> counter++;
                case ')' -> {
                    if (counter-- == 0) return false;
                }
            }
        }

        return counter == 0;
    }
}
```

짝을 찾는 경우

짝이 맞는지 검사하는 것 이외에 짝이 되는 인덱스를 알아야 하는 상황이라고 합시다. 이때는 스택에 여는 괄호 자체를 넣는 대신 여는 괄호의 인덱스 정보를 넣어 주면 됩니다. 그렇게 하면 닫는 괄호를 검사할 때 스택에서 짝이 되는 여는 괄호의 인덱스를 알 수 있습니다.

```java
private void findPair(char[] str) {
    Stack<Integer> stack = new Stack<>();
    for (int i = 0; i < str.length; i++) {
        switch (str[i]) {
            case '(' -> stack.push(i);
            case ')' -> {
                if (stack.isEmpty()) return;

                // 짝이 되는 괄호의 인덱스 출력
                System.out.println(stack.pop() + ", " + i);
            }
        }
    }
}
```

문제 43

괄호 회전하기 - Level 2

URL https://school.programmers.co.kr/learn/courses/30/lessons/76502

다음 규칙을 지키는 문자열을 올바른 괄호 문자열이라고 정의합니다.

- (), [], {}는 모두 올바른 괄호 문자열입니다.
- 만약 A가 올바른 괄호 문자열이라면, (A), [A], {A}도 올바른 괄호 문자열입니다. 예를 들어 []가 올바른 괄호 문자열이므로, ([])도 올바른 괄호 문자열입니다.
- 만약 A, B가 올바른 괄호 문자열이라면, AB도 올바른 괄호 문자열입니다. 예를 들어, {}와 ([])가 올바른 괄호 문자열이므로, {}([])도 올바른 괄호 문자열입니다.

대괄호, 중괄호, 그리고 소괄호로 이루어진 문자열 s가 매개변수로 주어집니다. 이 s를 왼쪽으로 x (0 ≤ x < (s의 길이)) 칸만큼 회전시켰을 때 s가 올바른 괄호 문자열이 되게 하는 x의 개수를 return하도록 solution 함수를 완성해주세요.

제한 사항

- s의 길이는 1 이상 1,000 이하입니다.

입출력 예

s	result
"[](){}"	3
"}]()[{"	2
"[)(]"	0
"}}}"	0

입출력 예 설명

입출력 예 #1

- 다음 표는 "[](){}"를 회전시킨 모습을 나타낸 것입니다.

x	s를 왼쪽으로 x칸만큼 회전	올바른 괄호 문자열?
0	"[](){}"	O
1	"](){}["	X
2	"(){}[]"	O
3	"){}[]("	X
4	"{}[]()"	O
5	"}[](){"	X

- 올바른 괄호 문자열이 되는 x가 3개이므로, 3을 return해야 합니다.

입출력 예 #2

- 다음 표는 "}]()[{"를 회전시킨 모습을 나타낸 것입니다.

x	s를 왼쪽으로 x칸만큼 회전	올바른 괄호 문자열?
0	"}]()[{"	X
1	"]()[{}"	X
2	"()[{}]"	O
3	")[{}]("	X
4	"[{}]()"	O
5	"{}]()["	X

- 올바른 괄호 문자열이 되는 x가 2개이므로, 2를 return해야 합니다.

입출력 예 #3

- s를 어떻게 회전하더라도 올바른 괄호 문자열을 만들 수 없으므로, 0을 return해야 합니다.

입출력 예 #4

- s를 어떻게 회전하더라도 올바른 괄호 문자열을 만들 수 없으므로, 0을 return해야 합니다.

문제 풀이

이 문제에서는 문자열에 포함된 괄호의 짝이 맞는지 확인해야 합니다. 문자의 배열이 들어왔을 때 이를 구성하는 괄호들의 짝이 맞는지 확인하는 isCorrect( ) 메서드를 다음과 같이 선언합시다.

```
private boolean isCorrect(char[] str) {
    return false;
}
```

여러 종류의 괄호가 있으므로 스택에는 이를 구분할 수 있도록 넣어 주어야 합니다. 여는 괄호를 만났을 때 짝이 되는 닫는 괄호를 넣어 주면 이를 해결할 수 있습니다. 괄호를 넣어야 하므로 스택은 문자를 넣을 수 있도록 선언합니다. 또 괄호가 정상적으로 구성되었다면 문자열을 순회하고 난 후 모든 괄호의 짝이 맞을 것이므로 스택이 비어 있는지 여부를 반환합니다.

```
private boolean isCorrect(char[] str) {
    Stack<Character> stack = new Stack<>();

    for (int i = 0; i < str.length; i++) {
        switch (str[i]) {
            case '(' -> stack.push(')');
            case '{' -> stack.push('}');
            case '[' -> stack.push(']');
        }
    }

    return stack.isEmpty();
}
```

닫는 괄호를 만났을 때는 스택의 가장 위에 있는 원소가 해당 괄호와 짝이 될 수 있는지 검사합니다. 짝이 맞지 않거나 스택이 비어 있다면 올바르게 구성된 괄호가 아닙니다.

```
switch (c) {
    case '(' -> stack.push(')');
    case '{' -> stack.push('}');
    case '[' -> stack.push(']');
    case ')', '}', ']' -> {
        if (stack.isEmpty()) return false;
        if (stack.pop() != c) return false;
    }
}
```

하나의 문자열에 대해 괄호가 올바르게 구성되어 있는지 검사하는 메서드가 준비되었습니다. 이제 문자열을 한 칸씩 회전시키며 올바른 괄호로 구성되는 문자열 개수를 구해야 합니다. 문자열을 한 칸씩 회전시키는 것은 문자열의 substring() 메서드를 사용하여 구현할 수 있지만, 이렇게 하면 매 검사마다 새로운 문자열 객체와 문자 배열을 생성하여 매우 비효율적입니다.

따라서 isCorrect() 메서드를 살짝 수정하여 offset부터 검사할 수 있도록 합시다.

```
private boolean isCorrect(char[] str, int offset) {
    Stack<Character> stack = new Stack<>();

    for (int i = 0; i < str.length; i++) {
        char c = str[(offset + i) % str.length];
        switch (c) {
```

```
                case '(' -> stack.push(')');
                case '{' -> stack.push('}');
                case '[' -> stack.push(']');
                case ')', '}', ']' -> {
                    if (stack.isEmpty()) return false;
                    if (stack.pop() != c) return false;
                }
            }
        }

        return stack.isEmpty();
    }
```

이렇게 하면 offset에 다른 값을 넣어 문자열 복사 없이 문자열을 회전한 것과 같은 검사를 수행할 수 있습니다. 이것으로 solution() 메서드에서 isCorrect() 검사를 통과하는 offset 개수를 세어 반환합니다.

```
    public int solution(String s) {
        char[] str = s.toCharArray();

        int count = 0;
        for (int offset = 0; offset < str.length; offset++) {
            if (isCorrect(str, offset)) {
                count++;
            }
        }
        return count;
    }
```

전체 코드 11장/괄호_회전하기.java

```
import java.util.Stack;

public class Solution {

    private boolean isCorrect(char[] str, int offset) {
        Stack<Character> stack = new Stack<>();

        for (int i = 0; i < str.length; i++) {
            char c = str[(offset + i) % str.length];
            switch (c) {
                case '(' -> stack.push(')');
```

```java
                case '{' -> stack.push('}');
                case '[' -> stack.push(']');
                case ')', '}', ']' -> {
                    if (stack.isEmpty()) return false;
                    if (stack.pop() != c) return false;
                }
            }
        }

        return stack.isEmpty();
    }

    public int solution(String s) {
        char[] str = s.toCharArray();

        int count = 0;
        for (int offset = 0; offset < str.length; offset++) {
            if (isCorrect(str, offset)) {
                count++;
            }
        }
        return count;
    }
}
```

문제 44

주식 가격 - Level 2

URL https://school.programmers.co.kr/learn/courses/30/lessons/42584

초 단위로 기록된 주식가격이 담긴 배열 prices가 매개변수로 주어질 때, 가격이 떨어지지 않은 기간은 몇 초인지를 return하도록 solution 함수를 완성하세요.

제한 사항

- prices의 각 가격은 1 이상 10,000 이하인 자연수입니다.
- prices의 길이는 2 이상 100,000 이하입니다.

입출력 예

prices	return
[1, 2, 3, 2, 3]	[4, 3, 1, 1, 0]

입출력 예 설명

- 1초 시점의 ₩1은 끝까지 가격이 떨어지지 않았습니다.
- 2초 시점의 ₩2는 끝까지 가격이 떨어지지 않았습니다.
- 3초 시점의 ₩3은 1초뒤에 가격이 떨어집니다. 따라서 1초간 가격이 떨어지지 않은 것으로 봅니다.
- 4초 시점의 ₩2는 1초간 가격이 떨어지지 않았습니다.
- 5초 시점의 ₩3은 0초간 가격이 떨어지지 않았습니다.

문제 풀이

이 문제는 얼핏 보면 스택과 상관없어 보입니다. 하지만 이 문제는 prices의 원소보다 작은 값이 처음으로 등장하는 위치를 찾는 것으로, 각 원소가 들어 있는 위치와 짝이 되는 위치를 구하는 것으로 이해할 수 있습니다. 즉, 위치와 위치의 짝을 찾아야 하는 스택 문제입니다.

일반적인 구현으로 이 문제를 해결하려면, 각 원소별로 해당 원소보다 작은 값이 나올 때까지 선형 탐색을 해야 합니다. 즉, 배열 길이를 N이라고 했을 때, 각 원소별로 $O(N)$의 탐색 시간이 소요되고 원소 또한 N개이므로 총 $O(N^2)$의 시간 복잡도가 소요됩니다. N은 최대 100,000이므로 이 방법으로는 시간 제한을 통과하지 못합니다.

이를 스택으로 해결해보겠습니다. 짝을 찾아야 하는 것은 각 위치별로 들어 있는 원소보다 더 작은 값이 처음으로 등장하는 위치입니다. 하나의 원소를 검사할 시점에는 해당 위치의 짝을 찾지 못한 상태입니다. 따라서 스택에 원소의 인덱스를 넣어 줍니다.

다음 원소를 검사할 때 나타날 수 있는 경우의 수는 2개입니다.

1) 더 큰 원소를 만난 경우

스택에 들어 있는 인덱스에서 위치한 원소들은 더 작은 값이 등장해야 짝을 찾을 수 있으므로, 이때는 앞서 등장한 값이 직은 원소들은 아직 짝을 찾지 못합니다. 따라서 스택에 검사하는 인덱스를 넣어 줍니다.

2) 더 작은 원소를 만난 경우

이때는 스택에 들어 있는 인덱스에 위치한 원소 중 현재 검사하는 원소보다 큰 원소들이 짝을 찾게 됩니다. 따라서 이런 인덱스들을 스택에서 뽑아내어 정답을 채워 줍니다.

이제 이를 구현해봅시다. 우선 정답을 담을 배열 answer를 선언합니다.

```
public int[] solution(int[] prices) {
    int[] answer = new int[prices.length];

    return answer;
}
```

인덱스들의 짝을 찾기 위해 스택을 선언하고, 검사를 위해 모든 인덱스를 순회합니다.

```
Stack<Integer> stack = new Stack<>();
for (int i = 0; i < prices.length; i++) {
}
```

인덱스는 처음 검사하는 시점에서는 짝을 찾을 수 없습니다. 따라서 반복문 안에서는 각 인덱스를 스택에 넣어 줍니다.

```
for (int i = 0; i < prices.length; i++) {
    stack.push(i);
}
```

현재 검사하는 인덱스에 대한 짝은 찾을 수 없지만, 이전에 짝을 찾기 위해 스택에 넣었던 인덱스들은 짝을 찾아 줄 수 있습니다. 스택에 들어 있는 값이 현재 검사하는 원소보다 크다면, 이는 스택에 들어 있는 인덱스에 위치한 원소보다 작은 첫 번째 값이 현재 검사하는 원소라는 의미입니다. 따라서 다음과 같이 스택에서 현재 검사하는 원소보다 작은 값이 들어 있는 인덱스를 모두 뽑아 답을 구합니다.

```
for (int i = 0; i < prices.length; i++) {
    while (!stack.isEmpty() && prices[stack.peek()] > prices[i]) {
        int index = stack.pop();
        answer[index] = i - index;
    }

    stack.push(i);
}
```

현재 검사하는 원소는 i에, 짝을 찾은 원소는 스택에서 뽑은 위치인 index에 들어 있기 때문에 둘 사이의 거리는 i - index가 됩니다.

> **잠깐만요**
>
> 이렇게 구성하면 스택 내부의 원소를 모두 검사하는 것이 아니라 스택의 위쪽부터 검사합니다. 스택의 아래쪽에 작은 값이 깔려 있다면 검사하지 못할 것 같은데 괜찮을까요?
>
> 스택에서 뽑아내는 조건을 보면 검사하는 값보다 작은 경우를 검사하므로, 스택에 값을 push할 때는 스택의 맨 위쪽 값보다 항상 큰 값을 넣게 됩니다. 따라서 스택의 아래쪽에 작은 값이 깔려 있는 경우는 없습니다.

순회가 종료된 후 스택에 남아 있는 값들은 값이 떨어진 직이 없는 원소들의 인덱스입니다. 따라서 스택에 남아 있는 인덱스들은 순회 이후에 별도로 처리합니다.

```
while (!stack.isEmpty()) {
    int index = stack.pop();
    answer[index] = prices.length - index - 1;
}
```

이렇게 코드를 구성하면 한 번의 순회로 답을 얻을 수 있기 때문에 시간 복잡도는 O(N)이 됩니다.

```java
import java.util.Stack;

public class Solution {
    public int[] solution(int[] prices) {
        int[] answer = new int[prices.length];

        Stack<Integer> stack = new Stack<>();
        for (int i = 0; i < prices.length; i++) {
            while (!stack.isEmpty() && prices[stack.peek()] > prices[i]) {
                int index = stack.pop();
                answer[index] = i - index;
            }

            stack.push(i);
        }

        while (!stack.isEmpty()) {
            int index = stack.pop();
            answer[index] = prices.length - index - 1;
        }
        return answer;
    }
}
```

11.1.2 큐

큐(queue)는 스택과 비슷하게 생긴 자료 구조입니다. 스택이 긴 바구니였다면 큐는 긴 빨대입니다. 빨대는 양쪽이 뚫려 있기 때문에 한쪽으로는 원소가 삽입되고 다른 쪽으로는 빠져나가게 됩니다.

▼ 그림 11-3 큐의 원소 삽입 과정

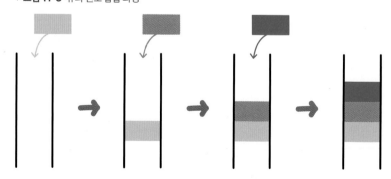

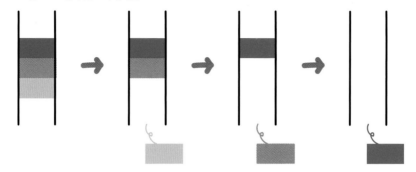

그림 11-4와 같이 큐에서 원소가 제거되는 순서는 원소를 삽입한 순서와 동일합니다. 이와 같이 먼저 삽입한 원소가 먼저 나오는 구조를 FIFO(First In First Out: 선입선출)라고 합니다.

자바에서 큐는 스택과는 다르게 인터페이스로 작성되어 있습니다. 따라서 자바에서 큐를 이용하려면 인터페이스 Queue를 구현하는 클래스를 사용해야 합니다. 이를 위해 가장 많이 활용되는 클래스는 LinkedList입니다. 다음과 같이 LinkedList 클래스를 사용하여 Queue를 선언할 수 있습니다.

```
Queue<Integer> queue = new LinkedList<>();
```

Queue 인터페이스가 제공하는 add()와 poll() 메서드를 사용하면 다음과 같이 원소를 삽입하고 제거할 수 있습니다.

```
Queue<Integer> queue = new LinkedList<>();

queue.add(1);
queue.add(2);
queue.add(3);
System.out.println(queue.poll());  // 1
System.out.println(queue.poll());  // 2

queue.add(4);
System.out.println(queue.poll());  // 3
System.out.println(queue.poll());  // 4
```

또 Stack과 마찬가지로 isEmpty() 메서드를 사용하여 자료 구조가 비어 있는지 확인할 수 있습니다.

```java
Queue<Integer> queue = new LinkedList<>();

queue.add(1);
queue.add(2);
queue.add(3);
System.out.println(queue.poll());      // 1
System.out.println(queue.poll());      // 2

queue.add(4);
System.out.println(queue.poll());      // 3
System.out.println(queue.isEmpty());   // false

System.out.println(queue.poll());      // 4
System.out.println(queue.isEmpty());   // true
```

기능 개발 - Level 2

URL https://school.programmers.co.kr/learn/courses/30/lessons/42586

프로그래머스 팀에서는 기능 개선 작업을 수행 중입니다. 각 기능은 진도가 100%일 때 서비스에 반영할 수 있습니다.

또, 각 기능의 개발 속도는 모두 다르기 때문에 뒤에 있는 기능이 앞에 있는 기능보다 먼저 개발될 수 있고, 이 때 뒤에 있는 기능은 앞에 있는 기능이 배포될 때 함께 배포됩니다.

먼저 배포되어야 하는 순서대로 작업의 진도가 적힌 정수 배열 progresses와 각 작업의 개발 속도가 적힌 정수 배열 speeds가 주어질 때 각 배포마다 몇 개의 기능이 배포되는지를 return하도록 solution 함수를 완성하세요.

제한 사항

- 작업의 개수(progresses, speeds배열의 길이)는 100개 이하입니다.
- 작업 진도는 100 미만의 자연수입니다.
- 작업 속도는 100 이하의 자연수입니다.
- 배포는 하루에 한 번만 할 수 있으며, 하루의 끝에 이루어진다고 가정합니다. 예를 들어 진도율이 95%인 작업의 개발 속도가 하루에 4%라면 배포는 2일 뒤에 이루어집니다.

입출력 예

progresses	speeds	return
[93, 30, 55]	[1, 30, 5]	[2, 1]
[95, 90, 99, 99, 80, 99]	[1, 1, 1, 1, 1, 1]	[1, 3, 2]

입출력 예 설명

입출력 예 #1

첫 번째 기능은 93% 완료되어 있고 하루에 1%씩 작업이 가능하므로 7일간 작업 후 배포가 가능합니다.

두 번째 기능은 30%가 완료되어 있고 하루에 30%씩 작업이 가능하므로 3일간 작업 후 배포가 가능합니다. 하지만 이전 첫 번째 기능이 아직 완성된 상태가 아니기 때문에 첫 번째 기능이 배포되는 7일째 배포됩니다.

세 번째 기능은 55%가 완료되어 있고 하루에 5%씩 작업이 가능하므로 9일간 작업 후 배포가 가능합니다.

따라서 7일째에 2개의 기능, 9일째에 1개의 기능이 배포됩니다.

입출력 예 #2

모든 기능이 하루에 1%씩 작업이 가능하므로, 작업이 끝나기까지 남은 일수는 각각 5일, 10일, 1일, 1일, 20일, 1일입니다. 어떤 기능이 먼저 완성되었더라도 앞에 있는 모든 기능이 완성되지 않으면 배포가 불가능합니다.

따라서 5일째에 1개의 기능, 10일째에 3개의 기능, 20일째에 2개의 기능이 배포됩니다.

이 문제에서는 앞선 작업이 완료되지 않으면 뒤의 작업을 완료할 수 없기 때문에 주어진 배열 progresses와 speeds를 차례대로 확인해야 합니다. 따라서 각 작업을 큐에 순서대로 넣어 놓고 하나씩 검사해 나갈 수 있습니다.

하나의 작업을 검사할 때 해당 작업이 종료되는 시점을 계산할 수 있습니다. 이 시점이 현재까지 흐른 시간보다 작거나 같으면 이전 작업과 함께 완료됩니다. 반대로 현재까지 흐른 시간보다 커지면 이전 작업이 완료된 이후에 추가 작업을 해야 하므로 이전 작업과는 다른 시점에 종료됩니다.

우선 다음과 같이 배열 progresses와 speeds를 순서대로 참조할 수 있도록 큐에 인덱스를 넣어 줍니다.

```
Queue<Integer> q = new LinkedList<>();
for (int i = 0; i < progresses.length; i++) {
    q.add(i);
}
```

모든 작업을 검사해야 하므로 다음과 같이 큐에 검사할 작업이 있으면 검사를 수행할 수 있도록 반복문을 작성하고, 검사해야 할 작업의 인덱스를 받아 옵니다.

```
while (!q.isEmpty()) {
    int index = q.poll();
    // index번째의 작업 검사
}
```

이 작업의 진행도는 progresses[index]이므로, 앞으로 100 - progresses[index]만큼 더 진행해야 합니다. 작업 속도는 speeds[index]입니다. 문제에 따라 배포는 하루에 한 번, 하루의 끝에 하므로 작업해야 하는 일 수 expiration은 다음과 같이 계산할 수 있습니다.

```
int expiration = (int) Math.ceil(
                (double) (100 - progresses[index]) / speeds[index]);
```

작업이 완료되는 시점을 현재까지 진행된 시간과 비교해야 합니다. 또 한 번에 완료되는 작업들은 묶어서 세어야 합니다. 이를 위해 현재 시간을 나타내는 days 변수와 얼마나 많은 작업이 동시에 완료되는지 세는 count 변수를 선언합니다.

```
int days = 0;
int count = 0;
while (!q.isEmpty()) {
```

또 동시에 완료되는 작의 개수를 저장할 result 변수도 선언합니다.

```
List<Integer> result = new ArrayList<>();
int days = 0;
int count = 0;
```

이제 expiration과 days를 비교하여 현재 검사하는 작업이 이전 작업들과 같이 종료되는지, 아니면 추가 작업이 필요한지 알 수 있습니다. 추가 작업이 필요하다면 다음과 같이 기존에 세고 있던 동시에 완료되는 작업 개수를 정답 리스트에 넣고, 진행된 시간을 업데이트합니다.

```
int expiration = (int) Math.ceil(
                (double) (100 - progresses[index]) / speeds[index]);
if (expiration > days) {
    if (days != 0) {
        result.add(count);
        count = 0;
    }
    days = expiration;
}
```

마지막으로 현재 작업을 셉니다.

```
if (expiration > days) {
    if (days != 0) {
        result.add(count);
        count = 0;
    }
    days = expiration;
}
count++;
```

모든 작업을 검사한 후에는 반복문 밖으로 나옵니다. 정답 리스트에 count를 기록하는 조건은 추가 작업이 필요한 작업이 등장했을 때이므로 마지막에 검사한 작업들은 정답 리스트 result에 기록되어 있지 않습니다. 따라서 남아 있는 count를 기록한 후 배열로 변환하여 반환합니다.

```java
result.add(count);
return result.stream().mapToInt(Integer::intValue).toArray();
```

이렇게 큐를 이용하여 작업을 순서대로 검사하는 문제를 풀어 보았습니다.

전체 코드   11장/기능개발.java

```java
import java.util.*;

public class Solution {
    public int[] solution(int[] progresses, int[] speeds) {
        Queue<Integer> q = new LinkedList<>();
        for (int i = 0; i < progresses.length; i++) {
            q.add(i);
        }

        List<Integer> result = new ArrayList<>();
        int days = 0;
        int count = 0;
        while (!q.isEmpty()) {
            int index = q.poll();
            int expiration = (int) Math.ceil(
                            (double) (100 - progresses[index]) / speeds[index]);
            if (expiration > days) {
                if (days != 0) {
                    result.add(count);
                    count = 0;
                }
                days = expiration;
            }
            count++;
        }

        result.add(count);
        return result.stream().mapToInt(Integer::intValue).toArray();
    }
}
```

다리를 지나는 트럭 - Level 2

URL https://school.programmers.co.kr/learn/courses/30/lessons/42583

트럭 여러 대가 강을 가로지르는 일차선 다리를 정해진 순으로 건너려 합니다. 모든 트럭이 다리를 건너려면 최소 몇 초가 걸리는지 알아내야 합니다. 다리에는 트럭이 최대 bridge_length대 올라갈 수 있으며, 다리는 weight 이하까지의 무게를 견딜 수 있습니다. 단, 다리에 완전히 오르지 않은 트럭의 무게는 무시합니다.

예를 들어, 트럭 2대가 올라갈 수 있고 무게를 10kg까지 견디는 다리가 있습니다. 무게가 [7, 4, 5, 6]kg인 트럭이 순서대로 최단 시간 안에 다리를 건너려면 다음과 같이 건너야 합니다.

경과 시간	다리를 지난 트럭	다리를 건너는 트럭	대기 트럭
0	[]	[]	[7,4,5,6]
1~2	[]	[7]	[4,5,6]
3	[7]	[4]	[5,6]
4	[7]	[4,5]	[6]
5	[7,4]	[5]	[6]
6~7	[7,4,5]	[6]	[]
8	[7,4,5,6]	[]	[]

따라서 모든 트럭이 다리를 지나려면 최소 8초가 걸립니다.

solution 함수의 매개변수로 다리에 올라갈 수 있는 트럭 수 bridge_length, 다리가 견딜 수 있는 무게 weight, 트럭별 무게 truck_weights가 주어집니다. 이때 모든 트럭이 다리를 건너려면 최소 몇 초가 걸리는지 return하도록 solution 함수를 완성하세요.

제한 조건

- bridge_length는 1 이상 10,000 이하입니다.
- weight는 1 이상 10,000 이하입니다.
- truck_weights의 길이는 1 이상 10,000 이하입니다.
- 모든 트럭의 무게는 1 이상 weight 이하입니다.

입출력 예

bridge_length	weight	truck_weights	return
2	10	[7,4,5,6]	8
100	100	[10]	101
100	100	[10,10,10,10,10,10,10,10,10,10]	110

문제 풀이

이 문제에서는 한 번에 다리를 지날 수 있는 트럭 개수와 무게가 제한되어 있습니다. 트럭이 순서대로 다리를 지나도록 해야 하는데, 무게와 트럭 개수를 잘 따져 가며 구현해야 합니다. 큐를 이용하면 이를 쉽게 구현할 수 있습니다.

우선 다리 길이만큼 원소 0을 가지고 있는 큐를 생성합니다. 0은 다리의 해당 위치에 트럭이 없다는 것을 의미합니다.

매시간마다 트럭이 올라갈 수 있는지 없는지는 다리 위에 있는 드릭 무게로 일 수 있습니다. 트럭이 올라갈 수 있다면 트럭 무게를 큐에 넣고, 올라갈 수 없다면 0을 큐에 넣어 줄 수 있습니다.

또 매시간마다 큐에서 원소를 하나씩 꺼냅니다. 트럭이 다리에서 내리는 차례라면 해당 트럭 무게가 나오고, 아니라면 0이 나옵니다.

이를 이용해서 다리 위에 있는 트럭 무게를 계산할 수 있습니다. 다리로 트럭이 들어갈 때 해당 트럭 무게를 누적시키고, 다리에서 트럭이 나올 때 해당 무게를 빼면 다리 위에 있는 트럭 무게를 알 수 있습니다. 다음은 문제 예시에 이 과정을 적용한 그림입니다.

▼ **그림 11-5** 큐로 표현된 다리를 이용한 예시 문제 해결

무게	다리		대기 중인 트럭
0	0	0	7 4 5 6
7	0	7	4 5 6
7	7	0	4 5 6
4	0	4	5 6
9	4	5	6
5	5	0	6
6	0	6	
6	6	0	
0	0	0	

대기 중인 트럭이 다리에 올라갈 때 무게가 증가하고, 다리에서 트럭이 나갈 때 무게가 감소하는 것을 볼 수 있습니다.

구현을 위해 우선 다리 무게를 나타내는 bridgeWeight 변수와 다리를 표현할 큐 bridge를 선언합니다.

```java
int bridgeWeight = 0;
Queue<Integer> bridge = new LinkedList<>();
```

가장 먼저 다리가 비어 있다는 것을 표현해야 합니다. 다음과 같이 다리 길이만큼 0으로 채워줍니다.

```java
for (int i = 0; i < bridgeLength; i++) {
    bridge.add(0);
}
```

소요된 시간을 나타내는 time 변수와 대기 중인 트럭의 인덱스를 나타내는 truckIndex를 선언합니다.

```java
int time = 0;
int truckIndex = 0;
```

truckIndex를 이용하여 대기 중인 트럭을 모두 큐에 넣어 주어야 합니다. 대기 중인 트럭을 검사하면 해당 트럭이 다리 위에 올라갈 수도 있고, 올라가지 않은 채로 다리 위의 트럭들이 전진할 수도 있습니다. 두 경우 모두 시간은 계속 흐르므로 다음과 같이 while 문으로 배열 truckWeights 끝까지 반복할 수 있도록 작성하고 매 루프마다 시간을 증가시킵니다.

```java
while (truckIndex < truckWeights.length) {
    // 트럭 처리

    time++;
}
```

매시간마다 다리 위의 트럭들은 전진합니다. 트럭이 다리에서 내려오는 차례이면 트럭 무게는 큐에서 나오고, 트럭이 다리에서 내려오지 않는다면 0이 나옵니다. 따라서 큐에서 나오는 값을 bridgeWeight 변수에서 빼게 되면 다리 위에 있는 트럭 무게를 알맞게 계산할 수 있습니다.

```
while (truckIndex < truckWeights.length) {
    bridgeWeight -= bridge.poll();

    time++;
}
```

다리 위의 트럭들이 한 칸씩 전진했으니 대기 중인 트럭이 올라올 수 있는지 검사해야 합니다.
대기 중인 트럭 무게는 다음과 같이 배열 truckWeights를 참조하여 얻을 수 있습니다.

```
while (truckIndex < truckWeights.length) {
    bridgeWeight -= bridge.poll();

    int truckWeight = truckWeights[truckIndex];

    time++;
}
```

대기 중인 트럭은 다리에 이미 올라온 트럭들의 무게와 합이 다리가 버틸 수 있는 무게보다 작
거나 같으면 올라갈 수 있습니다. 이 경우 다리 위에 해당 트럭을 올리고 다리 위에 있는 트럭
무게에 누적해주면 됩니다. 또 대기 중인 트럭의 인덱스인 truckIndex도 증가시켜 줍니다.

```
if (bridgeWeight + truckWeight <= weight) {
    bridge.add(truckWeight);
    bridgeWeight += truckWeight;
    truckIndex++;
}
```

트럭이 올라갈 수 없다면 다리 위에 빈 공간을 의미하는 0을 넣어 줍니다.

```
if (bridgeWeight + truckWeight <= weight) {
    bridge.add(truckWeight);
    bridgeWeight += truckWeight;
    truckIndex++;
} else {
    bridge.add(0);
}
```

반복문이 종료되면 대기 중인 트럭은 모두 다리를 지났거나 다리 위에 있게 됩니다. 따라서 다리 위 트럭이 모두 지나가서 다리가 빌 때까지 진행시켜야 합니다. 다리 위에 트럭이 없다면 다리 위 무게가 0이라는 의미이므로 이는 다음과 같이 작성할 수 있습니다.

```java
while (bridgeWeight > 0) {
    bridgeWeight -= bridge.poll();
    time++;
}
```

이렇게 계산된 경과 시간 time을 반환해주면 됩니다.

```java
return time;
```

전체 코드

```java
import java.util.LinkedList;
import java.util.Queue;

public class Solution {
    public int solution(int bridgeLength, int weight, int[] truckWeights) {
        int bridgeWeight = 0;
        Queue<Integer> bridge = new LinkedList<>();

        for (int i = 0; i < bridgeLength; i++) {
            bridge.add(0);
        }

        int time = 0;
        int truckIndex = 0;
        while (truckIndex < truckWeights.length) {
            bridgeWeight -= bridge.poll();

            int truckWeight = truckWeights[truckIndex];
            if (bridgeWeight + truckWeight <= weight) {
                bridge.add(truckWeight);
                bridgeWeight += truckWeight;
                truckIndex++;
            } else {
                bridge.add(0);
            }

            time++;
```

```
        }

        while (bridgeWeight > 0) {
            bridgeWeight -= bridge.poll();
            time++;
        }

        return time;
    }
}
```

11.1.3 덱

덱(dequeue)은 스택과 큐를 합쳐 놓은 자료 구조입니다. 덱도 큐처럼 빨대 모양이지만, 양쪽 구멍 모두 원소를 넣고 뺄 수 있습니다. 코딩 테스트에서 덱을 이용하는 문제는 거의 나오지 않으며 대부분의 경우 스택과 큐로 충분하므로 이런 자료 구조가 있다는 것만 알아 둡니다.

11.2 _{SECTION} 그래프와 트리

그래프와 트리는 코딩 테스트에서는 물론 실생활과도 밀접하게 연관되어 있는 자료 구조입니다. 이 자료 구조들의 특징을 살펴보고 문제를 풀어 봅시다.

11.2.1 그래프

그래프는 정점(vertex) 혹은 노드(node)와 간선(edge)으로 구성된 자료 구조입니다. 정점과 간선은 다음 그림과 같이 간선이 정점을 잇는 형태로 구성됩니다.

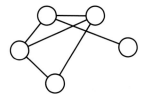

▼ **그림 11-6** 정점과 간선으로 구성된 그래프

◯: 정점 ─── : 간선

그래프의 종류

그래프에는 여러 종류기 있습니다. 그래프의 종류 중 간선 형태에 따른 대표적인 두 종류의 그래프를 알아봅시다.

무향 그래프

무향 그래프(undirected graph)는 간선에 방향이 없는 그래프를 의미합니다. 하나의 정점이 다른 정점과 방향이 없는 그래프로 이어져 있으면 두 정점이 서로 연결되어 있음을 의미합니다. 다음 무향 그래프를 살펴봅시다.

▼ **그림 11-7** 무향 그래프

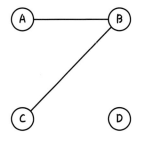

이 무향 그래프에서는 정점 B가 정점 A와 정점 C에 방향이 없는 간선으로 이어져 있습니다. 따라서 정점 B를 거치면 정점 A에서 정점 C로, 또 정점 C에서 정점 A로 이동할 수 있습니다. 이렇게 간선을 따라 다른 정점에 도달할 수 있으면 정점 A와 정점 C는 연결되어 있다고 하는데, 그 길을 **경로**라고 합니다.

반면 정점 D는 다른 정점들과 연결되어 있지 않습니다. 따라서 이 무향 그래프에서는 정점 A · B · C가 이어져 있고, 정점 D만 떨어져 있는 그래프가 됩니다.

방향 그래프

방향 그래프(directed graph)는 간선에 방향이 있는 그래프입니다. 무향 그래프와 달리 방향이 있는 간선은 해당 방향으로만 이동할 수 있습니다. 다음 방향 그래프를 살펴봅시다.

▼ **그림 11-8** 방향 그래프

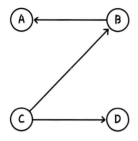

이 방향 그래프에는 정점 A에서 다른 정점으로 향하는 간선이 없습니다. 따라서 정점 A에서 출발하여 다른 정점으로 도달할 수 있는 경로가 없습니다.

반면 정점 C는 간선 방향을 따라가면 정점 A에 도달할 수 있습니다. 따라서 정점 C에서 출발하여 정점 A로 도달하는 경로는 존재한다고 할 수 있습니다.

그래프 나타내기

그래프를 나타내려면 정점을 나타낼 수 있어야 하고, 정점들이 어떻게 연결되어 있는지 나타내는 간선 정보를 표현할 수 있어야 합니다. 이렇게 그래프를 표현할 수 있는 방식 중 가장 대표적인 두 방식을 살펴봅시다. 두 방식은 장단점이 있으므로 문제 조건에 따라 적절한 방식을 선택하여 사용해야 합니다.

인접 행렬

인접 행렬(adjacency matrix)은 그래프를 가장 쉽게 표현하는 방식으로, 그래프를 정사각형 모양의 2차원 배열로 나타냅니다. 2차원 배열의 각 인덱스는 정점을 의미하고, 원소는 각 차원의 인덱스에 해당하는 정점 사이에 간선이 있는지 나타냅니다.

다음 무향 그래프를 살펴봅시다.

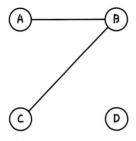

정점 개수가 4개이므로 이 그래프는 4×4 크기의 2차원 배열로 나타낼 수 있습니다. 정점 A를 인덱스 0, 정점 B를 1, 정점 C를 2, 정점 D를 3으로 나타내면 정점 A와 정점 B는 이어져 있으므로 2차원 배열의 [0, 1]과 [1, 0]의 원소는 true가 됩니다. 이 방식으로 간선 정보를 나타내면 앞의 무향 그래프는 다음 그림과 같이 표현됩니다.

▼ 그림 11-10 인접 행렬로 나타낸 무향 그래프

	A	B	C	D
A	F	T	F	F
B	T	F	T	F
C	F	T	F	F
D	F	F	F	F

인접 행렬 방식은 방향 그래프도 쉽게 나타낼 수 있습니다. 다음 방향 그래프를 살펴봅시다.

▼ 그림 11-11 방향 그래프

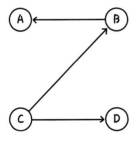

정점 B에서 정점 A로는 간선이 이어져 있지만 정점 A에서 정점 B로는 이어져 있지 않습니다. 이는 인접 행렬 방식에서 다음 그림과 같이 나타낼 수 있습니다.

▼ **그림 11-12** 인접 행렬로 나타낸 방향 그래프

	A	B	C	D
A	F	F	F	F
B	T	F	F	F
C	F	T	F	T
D	F	F	F	F

인접 행렬 방식은 2차원 배열 선언 후 간선 정보에 따라 원소만 넣으면 되기에 구현이 매우 쉽고, 두 정점 사이에 간선이 존재하는지 알려면 원소를 참조하면 되므로 상수 시간이 소요됩니다.

하지만 2차원 배열로 선언해야 한다는 점에서 정점 개수가 너무 많은 문제는 배열 할당을 하지 못할 수도 있고, 한 정점과 연결된 정점을 찾으려면 2차원 배열에서 하나의 열을 모두 순회해야 한다는 단점이 있습니다.

인접 리스트

인접 리스트(adjacency list)는 정점이 연결된 정점들을 리스트로 표현하는 방식입니다. 이 방식은 원소가 리스트인 1차원 배열로 그래프를 표현할 수 있습니다. 이 방식으로 무향 그래프를 나타내면 다음 그림과 같습니다.

▼ **그림 11-13** 인접 리스트로 나타낸 무향 그래프

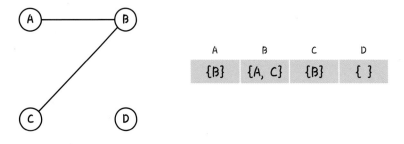

A	B	C	D
{B}	{A, C}	{B}	{ }

또 방향 그래프는 다음 그림과 같이 나타낼 수 있습니다.

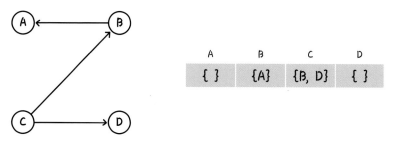
▼ **그림 11-14** 인접 리스트로 나타낸 방향 그래프

이처럼 인접 리스트 방식은 간선 정보만 담기 때문에 인접 행렬 방식에 비해서 필요한 메모리가 훨씬 적습니다. 따라서 정점 개수가 많은 문제에 적용할 수 있고, 특정 정점과 간선으로 연결된 정점들만 쉽게 순회할 수도 있습니다.

반면 임의의 두 정점 사이에 간선이 있는지 알려면 한 정점과 연결된 모든 정점을 순회하며 찾아보아야 합니다.

잠깐만요

인접 리스트 방식의 단점은 임의의 두 정점 사이에 간선 존재 여부를 검사할 때 연결된 모든 정점을 순회해야 한다는 것입니다. 이는 리스트 대신 집합(Set) 자료 구조를 이용하면 해결할 수 있습니다. 하지만 대부분의 문제는 임의의 두 정점 사이에 간선이 있는지 검사할 일이 없으므로 문제 조건에 따라 리스트나 집합을 알맞게 사용하면 됩니다.

그래프 탐색하기

대부분은 그래프의 정점이 문제에서 요구하는 데이터를 나타냅니다. 따라서 그래프 문제는 간선을 따라 정점을 순회하며 문제 조건에 맞는 정답을 찾게 됩니다. 그래프를 탐색하는 방법 중 가장 대표적인 두 방법이 6장에서 언급되었던 깊이 우선 탐색(Depth First Search, DFS)과 너비 우선 탐색(Breadth First Search, BFS)입니다.

두 탐색법은 12장에서 자세히 다루고, 이 장에서는 문제를 그래프로 표현하고 재귀를 이용한 간단한 깊이 우선 탐색을 통해 해결해보겠습니다.

순위 - Level 3

URL https://school.programmers.co.kr/learn/courses/30/lessons/49191

n명의 권투 선수가 권투 대회에 참여했고 각각 1번부터 n번까지 번호를 받았습니다. 권투 경기는 1:1 방식으로 진행되고, 만약 A 선수가 B 선수보다 실력이 좋다면 A 선수는 B 선수를 항상 이깁니다. 심판은 주어진 경기 결과를 가지고 선수들의 순위를 매기려 합니다. 하지만 몇몇 경기 결과를 분실하여 정확하게 순위를 매길 수 없습니다.

선수의 수 n, 경기 결과를 담은 2차원 배열 results가 매개변수로 주어질 때 정확하게 순위를 매길 수 있는 선수의 수를 return하도록 solution 함수를 작성해주세요.

제한 사항

- 선수의 수는 1명 이상 100명 이하입니다.
- 경기 결과는 1개 이상 4,500개 이하입니다.
- results 배열 각 행 [A, B]는 A 선수가 B 선수를 이겼다는 의미입니다.
- 모든 경기 결과에는 모순이 없습니다.

입출력 예

n	results	return
5	[[4, 3], [4, 2], [3, 2], [1, 2], [2, 5]]	2

입출력 예 설명

2번 선수는 [1, 3, 4] 선수에게 패배했고 5번 선수에게 승리했기 때문에 4위입니다.
5번 선수는 4위인 2번 선수에게 패배했기 때문에 5위입니다.

문제 풀이

선수 A가 선수 B를 이겼다는 것은 방향이 있는 정보입니다. 따라서 이 문제의 경기 결과는 방향 그래프로 나타낼 수 있습니다. 또 선수 수가 100명 이하이기 때문에 인접 행렬 방식으로 그래프를 충분히 표현할 수 있습니다.

한 선수의 경기 결과를 정하려면 해당 선수를 이긴 선수들과 해당 선수한테 진 선수들을 모두 결정해야 합니다. 이는 (이긴 선수들의 수 + 진 선수들의 수 + 1)이 전체 선수의 수가 되는지 검사해서 알 수 있습니다. 따라서 이긴 선수들의 수와 진 선수들의 수를 알아낼 수 있으면 문제는 해결됩니다.

문제에서 주어진 예시 입력을 방향 그래프로 나타내면 다음 그림과 같습니다.

▼ **그림 11-15** 방향 그래프로 나타난 예시 입력

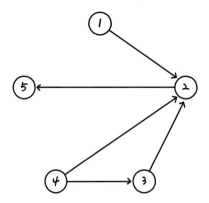

이 예시에서 2번 선수는 5번 선수에게 이기고, 나머지 선수들에게 패함으로써 순위가 결정되었습니다. 예시에서는 2번 선수의 경기 결과가 모두 있기 때문에 2번 선수의 경기 결과만 확인하면 됩니다. 하지만 다음과 같이 구성된 경기 결과를 생각해봅시다.

▼ **그림 11-16** 경기하지 않고도 순위가 결정되는 경기 결과

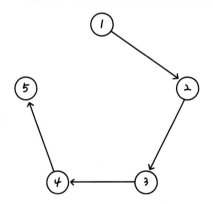

이 경기 결과에서 각 선수의 경기 결과는 하나밖에 남지 않았지만 모두 순위가 결정됩니다. 따라서 입력으로 들어온 경기 결과로 그래프를 구성하고 재귀를 이용하여 화살표를 따라가면서 이긴 선수 수와 진 선수 수를 세야 합니다.

가장 먼저 입력 데이터를 이용하여 그래프를 구성합니다. 입력 데이터는 선수 번호가 1부터 시작하므로 1을 빼서 0부터 시작하는 인덱스에 적합하게 변환합니다. 그래프는 한 선수가 다른 선수를 이겼는지 여부를 나타내기 위해 boolean 자료형의 2차원 배열로 선언합니다.

```
boolean[][] graph = new boolean[n][n];
for (int[] edge : results) {
    int u = edge[0] - 1;
    int v = edge[1] - 1;
    graph[u][v] = true;
}
```

한 선수가 이긴 선수들의 수를 세기 위해 화살표 방향으로 진행하며 만나는 정점 개수를 세는 countForward() 메서드를 선언합니다.

```
private int countForward(int u, boolean[][] graph, boolean[] isVisited) {
    int count = 1;

    // 재귀 진행

    return count;
}
```

이 메서드는 진행을 시작할 정점 u와 그래프를 나타내는 2차원 배열 graph, 각 정점을 방문한 적이 있는지 나타내는 배열 isVisited를 입력으로 받습니다. 한 번 센 정점은 다시 셀 필요가 없기 때문에 배열 isVisited를 사용하여 중복으로 개수를 세는 것을 방지할 수 있습니다.

이제 정점 u에서 출발하여 진행할 수 있는 다른 정점들을 찾아야 합니다. 다음과 같이 진행될 정점 v를 찾는 반복문을 작성합니다.

```
for (int v = 0; v < graph[u].length; v++) {
    // 진행할 수 있는지 검사 후 진행
}
```

정점 v는 정점 u와 연결된 간선이 있고, 이전에 방문한 적이 없으면 진행할 수 있는 정점이 됩니다. 따라서 다음과 같이 진행할 수 없는 경우를 처리하도록 합니다.

```
for (int v = 0; v < graph[u].length; v++) {
    if (!graph[u][v] || isVisited[v]) continue;
    // 진행
}
```

v로 진행하기 위해 다음과 같이 배열 isVisited에 v로 진행한다는 것을 기록하고 재귀 호출을 합니다.

```
for (int v = 0; v < graph[u].length; v++) {
    if (!graph[u][v] || isVisited[v]) continue;
    isVisited[v] = true;
    count += countForward(v, graph, isVisited);
}
```

이렇게 재귀 호출 결과를 count에 모두 누적하여 반환하면 정점 u에서 진행할 수 있는 모든 정점 개수를 반환할 수 있습니다.

countForward() 메서드는 화살표를 따라가며 정점을 세기 때문에 이를 이용하여 한 선수가 이긴 선수들의 수를 알 수 있습니다. 해당 선수가 진 경기 수를 알려면 화살표를 반대 방향으로 따라가면 됩니다.

graph[u][v]가 true일 경우 u가 v를 이긴 것입니다. 이는 반대로 graph[v][u]가 true일 경우 u는 v에 졌다는 의미입니다. 따라서 화살표를 반대로 따라가며 만나는 정점 개수를 세는 countBackward()는 countForward() 메서드와 유사하게 다음과 같이 구현할 수 있습니다.

```
private int countBackward(int u, boolean[][] graph, boolean[] isVisited) {
    int count = 1;

    for (int v = 0; v < graph.length; v++) {
        if (!graph[v][u] || isVisited[v]) continue;
        isVisited[v] = true;
        count += countBackward(v, graph, isVisited);
    }

    return count;
}
```

이제 한 선수가 이긴 경기 수와 진 경기 수를 모두 알 수 있게 되었습니다. solution() 메서드에서 그래프를 구성한 후 다음과 같이 모든 선수를 순회하며 이긴 경기 수와 진 경기 수를 구합니다.

```
for (int u = 0; u < n; u++) {
    int wins = countForward(u, graph, new boolean[n]) - 1;
    int loses = countBackward(u, graph, new boolean[n]) - 1;
}
```

배열 isVisited는 검사를 진행할 때마다 개수를 새로 세야 하므로 호출할 때 배열을 새로 할당하여 넘겨줄 수 있습니다. 또 countForward()와 countBackward() 메서드는 만나는 정점 개수를 세므로 검사하는 선수도 포함된 수를 반환합니다. 따라서 1을 빼서 실제 이긴 경기 수와 진 경기 수를 구할 수 있습니다.

마지막으로 이긴 경기 수와 진 경기 수를 이용하여 순위가 결정되는지 검사한 후 조건을 만족하는 선수 수를 세어 반환하면 됩니다.

```
int count = 0;
for (int u = 0; u < n; u++) {
    int wins = countForward(u, graph, new boolean[n]) - 1;
    int loses = countBackward(u, graph, new boolean[n]) - 1;
    if (wins + loses + 1 == n) {
        count++;
    }
}

return count;
```

이렇게 인접 행렬을 이용하면 그래프를 간단하게 나타낼 수 있고, 방향 그래프를 역방향으로도 쉽게 순회할 수 있습니다.

전체 코드   11장/순위.java

```
public class Solution {
    private int countForward(int u, boolean[][] graph, boolean[] isVisited) {
        int count = 1;

        for (int v = 0; v < graph[u].length; v++) {
            if (!graph[u][v] || isVisited[v]) continue;
            isVisited[v] = true;
            count += countForward(v, graph, isVisited);
        }
```

```
            return count;
    }

    private int countBackward(int u, boolean[][] graph, boolean[] isVisited) {
        int count = 1;

        for (int v = 0; v < graph.length; v++) {
            if (!graph[v][u] || isVisited[v]) continue;
            isVisited[v] = true;
            count += countBackward(v, graph, isVisited);
        }

        return count;
    }

    public int solution(int n, int[][] results) {
        boolean[][] graph = new boolean[n][n];
        for (int[] edge : results) {
            int u = edge[0] - 1;
            int v = edge[1] - 1;
            graph[u][v] = true;
        }

        int count = 0;
        for (int u = 0; u < n; u++) {
            int wins = countForward(u, graph, new boolean[n]) - 1;
            int loses = countBackward(u, graph, new boolean[n]) - 1;
            if (wins + loses + 1 == n) {
                count++;
            }
        }

        return count;
    }
}
```

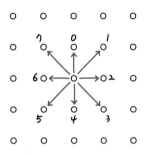

문제 48 방의 개수 - Level 5

URL https://programmers.co.kr/learn/courses/30/lessons/49190

원점 (0, 0)에서 시작해서 아래처럼 숫자가 적힌 방향으로 이동하며 선을 긋습니다.

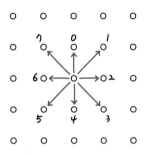

ex) 1일 때는 오른쪽 위로 이동

그림을 그릴 때, 사방이 막히면 방 하나로 셉니다.

이동하는 방향이 담긴 배열 arrows가 매개변수로 주어질 때, 방의 개수를 return하도록 solution 함수를 작성하세요.

제한 사항

- 배열 arrows의 크기는 1 이상 100,000 이하입니다.
- arrows의 원소는 0 이상 7 이하입니다.
- 방은 다른 방으로 둘러 싸여질 수 있습니다.

입출력 예

arrows	return
[6, 6, 6, 4, 4, 4, 2, 2, 2, 0, 0, 0, 1, 6, 5, 5, 3, 6, 0]	3

입출력 예 설명

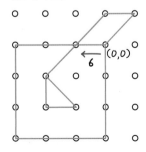

- (0,0)부터 시작해서 6(왼쪽)으로 3번 이동합니다. 그 이후 주어진 arrows를 따라 그립니다.
- 삼각형 (1), 큰 사각형(1), 평행사변형(1) = 3

문제 풀이

문제에서 주어지는 방향을 따라 좌표를 이동하며 간선을 그려야 합니다. 그렇게 그려진 그래프를 표현해야 하는데, 문제 조건을 보니 배열 크기는 10만까지 입력될 수 있습니다. 한 방향으로 10만 번 이동할 수 있으므로 이동할 수 있는 좌표 중 가장 큰 값은 10만이 됩니다. 또 음의 방향으로 10만 번 이동할 수도 있으므로 가장 작은 값은 10만이 됩니다.

즉, 이 그래프를 인접 행렬 그래프로 표현하려면 x축으로 20만, y축으로 20만의 크기를 할당해야 합니다. 이는 2차원 배열로 할당하기에 너무 큰 범위이므로 이 문제는 인접 행렬로 표현할 수 없는 그래프입니다.

인접 행렬 대신 인접 리스트를 이용하면 문제에서 입력되는 그래프를 표현할 수 있습니다. 인접 리스트로 그래프를 표현하려면 각 정점에 어떤 데이터가 필요하고 연결 정보를 어떻게 나타낼 것인지 생각해야 합니다.

이를 따져 보기 위해 문제를 어떻게 접근하면 좋을지 생각해봅시다. 문제에서 주어진 방향에 따라 간선을 이어 가며 정점들을 연결해보세요. 다음 그림과 같이 새로운 정점으로 간선이 이어질 때는 방이 생기지 않습니다.

▼ **그림 11-17** 새로운 정점으로 연결될 때

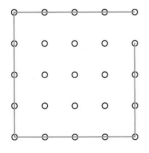

그러다 기존에 방문했던 정점에 도달하면 새로운 방이 생깁니다.

▼ **그림 11-18** 방문했던 정점과 이어질 때

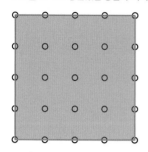

하지만 기존에 방문했던 정점으로 이동한다고 해서 무조건 새로운 방이 생기는 것은 아닙니다. 다음 그림과 같이 잇고자 하는 두 정점이 이미 이어져 있을 때는 간선에 변화가 없으므로 방이 생기지 않습니다.

▼ **그림 11-19** 기존에 있는 간선으로 이동할 때

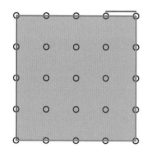

이를 정리하면 방이 생성되는 조건은 **기존에 방문했던 정점을 새로운 간선을 통해 방문할 때**가 됩니다.

또 생각해야 하는 것은 방이 생성되는 개수입니다. 상하좌우 네 방향으로만 이동하면 방은 무조건 하나씩 생성됩니다. 하지만 이 문제에서는 대각선으로 이동할 수도 있습니다.

▼ **그림 11-20** 정점이 대각선으로 연결된 상태

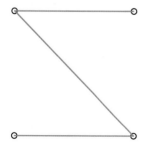

이 상태에서는 아직 만들어진 방이 하나도 없습니다. 하지만 여기에서 대각선으로 한 번 이동하면 다음 그림과 같이 한 번의 이동으로 2개의 방이 생성됩니다.

▼ **그림 11-21** 한 번에 2개의 방을 생성하는 대각선 이동

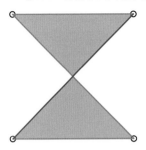

그림 11-21을 살펴보면 두 대각선이 만나는 가운데 교차점이 방을 생성하는 정점의 역할을 합니다. 마지막 대각선을 이동시키면 이 교차점을 지나는 순간 하나의 방이 생성되고, 이동이 완료되었을 때 다시 하나의 방이 생성됩니다.

따라서 가운데 교차점을 정점이라고 생각하면 2개의 방이 동시에 생성되는 것이 아니라, 한 번에 하나의 방씩 두 번 생성됩니다. 이를 위해 다음 그림과 같이 정점을 세분화할 수 있습니다.

▼ **그림 11-22** 세분화된 정점들

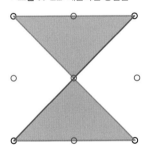

이렇게 정점을 세분화시키면 기존 이동 한 번은 두 번의 이동을 하게 되고, 대각선을 이동시키면 이 두 번의 이동이 각각 하나의 방을 생성하므로 모든 이동은 하나의 방을 생성하는 것으로 처리할 수 있습니다.

그래프를 인접 리스트로 표현하기 위해 다음과 같이 좌표 정보를 담은 정점 클래스 Vertex를 생성합니다.

```java
private static class Vertex {
    public final int x;
    public final int y;

    public Vertex(int x, int y) {
        this.x = x;
        this.y = y;
    }
}
```

방을 생성하는 조건을 검사하려면 해당 좌표에 정점이 있는지 알 수 있어야 합니다. 따라서 좌표 데이터 (x, y)를 이용하여 생성된 정점 클래스 Vertex의 객체가 있는지 확인할 수 있어야 합니다. 이를 위해 좌표 정보를 이용하여 문자열 id를 생성합니다.

```java
private static class Vertex {
    public final int x;
    public final int y;
    public final String id;

    public Vertex(int x, int y) {
        this.x = x;
        this.y = y;
        this.id = id(x, y);
    }

    public static String id(int x, int y) {
        return String.format("(%d, %d)", x, y);
    }
}
```

좌표로 id를 생성하는 메서드는 이후에 좌표를 구하고, 해당 좌표에 정점이 있는지 검사할 때 재사용할 수 있도록 public static 메서드로 정의합니다.

또 연결된 정점들도 id를 이용하여 저장합니다.

```java
private static class Vertex {
    public final int x;
    public final int y;
    public final String id;
    public final Set<String> connectedVertices;
```

```java
    public Vertex(int x, int y) {
        this.x = x;
        this.y = y;
        this.id = id(x, y);
        this.connectedVertices = new HashSet<>();
    }

    public static String id(int x, int y) {
        return String.format("(%d, %d)", x, y);
    }
}
```

인접 리스트 표현 방식이지만, 이 문제에서는 한 정점과 연결된 정점들을 순회하기보다 두 정점
이 연결되어 있는지 검사해야 하므로 Set을 이용하여 연결된 정점들을 저장합니다.

이제 solution() 메서드에서 좌표 id를 key로 하고, Vertex 클래스의 객체를 value로 하는
Map을 이용하여 좌표별로 생성된 정점 객체를 관리할 수 있습니다.

```java
public int solution(int[] arrows) {
    int count = 0;
    Map<String, Vertex> vertices = new HashMap<>();

    // 개수 세기

    return count;
}
```

맨 처음은 원점 (0, 0)에서 출발합니다. 다음과 같이 원점 객체를 생성하고 vertices에 넣어
줍니다.

```java
Vertex v = new Vertex(0, 0);
vertices.put(v.id, v);
```

이제 입력받은 방향들을 순회하며 좌표를 이동시켜야 합니다. 3장에서 살펴본 dx, dy를 이용하
면 문제의 여덟 방향은 다음과 같이 나타낼 수 있습니다.

```java
private static final int[] dx = {0, 1, 1, 1, 0, -1, -1, -1};
private static final int[] dy = {-1, -1, 0, 1, 1, 1, 0, -1};
```

다음과 같이 입력받은 방향들을 순회하며 이동한 좌표와 해당 좌표의 id를 구합니다.

```
for (int d : arrows) {
    int x = v.x + dx[d];
    int y = v.y + dy[d];
    String id = Vertex.id(x, y);
}
```

기존에 해당 좌표를 방문한 적이 없다면 새로운 정점 객체를 생성한 후 관리를 위해 vertices
에 넣어 주어야 합니다.

```
if (!vertices.containsKey(id)) {
    vertices.put(id, new Vertex(x, y));
}
```

해당 좌표를 방문한 적이 있다면 간선의 존재 유무를 확인해야 합니다. 기존에 간선이 없었다면
새로운 방이 생성될 수 있습니다.

```
if (!vertices.containsKey(id)) {
    vertices.put(id, new Vertex(x, y));
} else if (!v.connectedVertices.contains(id)) {
    count++;
}
```

검사가 끝난 후에는 간선을 이어 주고 새로운 좌표로 이동합니다.

```
Vertex u = vertices.get(id);
v.connectedVertices.add(u.id);
u.connectedVertices.add(v.id);
v = vertices.get(id);
```

⫿ 잠깐만요 ⫿

기존 간선이 있을 때는 새로 간선을 추가할 필요가 없습니다. 하지만 connectedVertices는 Set 자료 구조로 원
소를 중복해서 저장하지 않으므로 같은 값을 여러 번 추가해도 중복 없이 저장합니다. 또 HashSet을 이용하므로
시간 복잡도 또한 상수 시간이므로 추가해야 하는 경우와 그럴 필요가 없는 경우를 고민하며 로직을 분리하기보다
무조건 추가하는 것이 더 유리합니다.

좌표를 이동하면서 방을 생성할 수 있게 되었습니다. 앞서 하나의 방향 입력이 들어왔을 때, 실제로는 두 번 이동해서 한 번에 2개의 방이 생성되는 것을 해결하는 경우를 살펴보았습니다. 따라서 다음과 같이 이동 로직을 두 번 반복할 수 있게 처리합니다.

```java
for (int d : arrows) {
    for (int i = 0; i < 2; i++) {
        int x = v.x + dx[d];
        int y = v.y + dy[d];
        String id = Vertex.id(x, y);

        if (!vertices.containsKey(id)) {
            vertices.put(id, new Vertex(x, y));
        } else if (!v.connectedVertices.contains(id)) {
            count++;
        }

        Vertex u = vertices.get(id);
        v.connectedVertices.add(u.id);
        u.connectedVertices.add(v.id);
        v = vertices.get(id);
    }
}
```

이렇게 입력받은 방향으로 이동하며 정점을 관리하고 방을 생성할 수 있습니다.

전체 코드

11장/방의개수.java

```java
import java.util.*;

public class Solution {
    private static class Vertex {
        public final int x;
        public final int y;
        public final String id;
        public final Set<String> connectedVertices;

        public Vertex(int x, int y) {
            this.x = x;
            this.y = y;
            this.id = id(x, y);
            this.connectedVertices = new HashSet<>();
        }
```

```java
        public static String id(int x, int y) {
            return String.format("(%d, %d)", x, y);
        }
    }

    private static final int[] dx = {0, 1, 1, 1, 0, -1, -1, -1};
    private static final int[] dy = {-1, -1, 0, 1, 1, 1, 0, -1};

    public int solution(int[] arrows) {
        int count = 0;

        Map<String, Vertex> vertices = new HashMap<>();

        Vertex v = new Vertex(0, 0);
        vertices.put(v.id, v);
        for (int d : arrows) {
            for (int i = 0; i < 2; i++) {
                int x = v.x + dx[d];
                int y = v.y + dy[d];
                String id = Vertex.id(x, y);

                if (!vertices.containsKey(id)) {
                    vertices.put(id, new Vertex(x, y));
                } else if (!v.connectedVertices.contains(id)) {
                    count++;
                }

                Vertex u = vertices.get(id);
                v.connectedVertices.add(u.id);
                u.connectedVertices.add(v.id);
                v = vertices.get(id);
            }
        }

        return count;
    }
}
```

11.2.2 트리와 이진 트리

트리(tree)는 그래프의 일종인 자료 구조로 많은 용도로 사용됩니다. 트리에서는 정점 대신 노드(node)라는 용어를 많이 사용합니다. 노드는 계층 구조를 갖는데 한 노드의 상위 노드를 부모 노드, 하위 노드를 자식 노드라고 합니다. 하나의 노드는 최대 1개의 부모 노드와 여러 개의 자식 노드를 가질 수 있습니다.

▼ **그림 11-23** 노드의 계층 구조

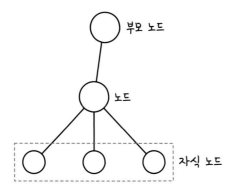

트리는 다음 그림과 같이 노드들이 계층 구조를 이루어 구성된 자료 구조입니다.

▼ **그림 11-24** 트리

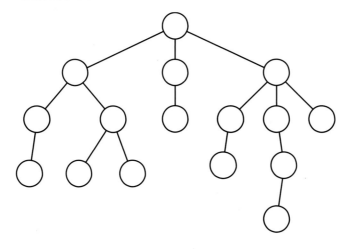

트리의 구조

다음은 트리의 구조와 사용되는 용어들입니다.

▼ **그림 11-25** 트리의 구조와 용어

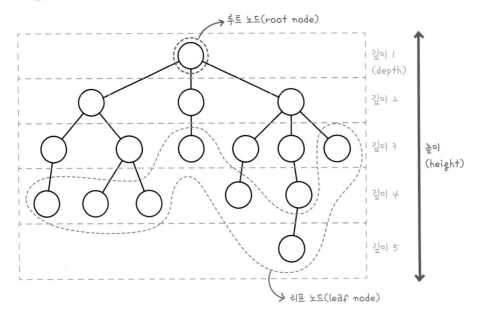

트리는 최상층에 단 하나의 노드가 있어야 합니다. 이 노드를 **루트 노드(root node)**라고 합니다. 트리를 구성하는 모든 노드는 이 루트 노드에서 파생된 자손 노드입니다. 루트 노드는 트리를 구성하는 노드 중 유일하게 부모 노드가 없는 노드입니다.

반대로 자식 노드가 없는 노드들을 **리프 노드(leaf node)**라고 합니다. 리프 노드는 트리에서 여러 개 있을 수 있습니다.

하나의 노드에서 자식 노드로 내려갈수록 트리에서의 깊이는 점점 깊어지며, 트리에서 가장 깊은 노드 깊이를 트리 **깊이(depth)** 또는 트리 **높이(height)**라고 합니다.

트리의 구현

트리는 재귀적 특성을 갖습니다. 트리를 구성하는 임의의 노드를 선택했을 때 해당 노드를 루트로 하는 트리를 원본 트리의 **서브 트리(subtree)**라고 합니다. 재귀적 특성이란 이 서브 트리 또한 트리 성질을 모두 지닌다는 것입니다.

▼ **그림 11-26** 트리의 특성을 유지하는 서브 트리

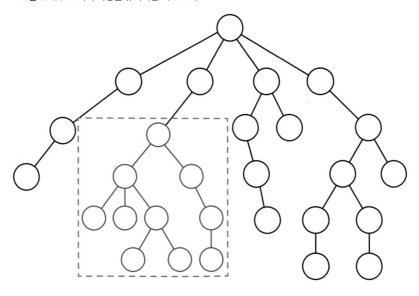

따라서 트리는 노드를 재귀적으로 정의함으로써 표현할 수 있습니다. 하나의 노드는 데이터, 부모 노드, 자식 노드를 가지므로 다음 클래스로 표현할 수 있습니다.

```
class Node {
    int data;
    Node parent;
    List<Node> children;
}
```

parent에 부모 노드, children에 자식 노드들을 넣어 줌으로써 하나의 루트 노드만으로 전체 트리 구조를 관리할 수 있습니다.

이진 트리

트리를 구성하는 모든 노드가 다음 그림과 같이 최대 2개의 자식 노드를 가질 때 이 트리를 **이진 트리(binary tree)**라고 합니다.

▼ 그림 11-27 이진 트리

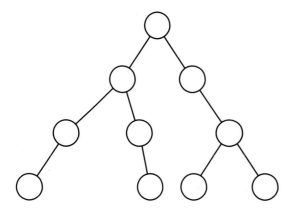

이진 트리의 노드들은 최대 2개의 자식 노드를 가지기 때문에 각 자식을 왼쪽 자식(left child)과 오른쪽 자식(right child)이라고 합니다. 따라서 이진 트리의 노드는 다음과 같이 자식을 리스트로 관리하는 대신 직접 두 자식을 가지고 있을 수 있습니다.

```
class Node {
    int data;
    Node parent;
    Node left;
    Node right;
}
```

> **잠깐만요**
>
> 이진 트리 크기가 크지 않다면 배열과 인덱스를 이용해서 관리할 수도 있습니다. 이 방법은 트리를 구성하기 간편한 대신 구현 전에 노드가 트리에서 갖는 인덱스를 우선 계산해야 합니다. 코딩 테스트에서는 클래스로 노드를 정의하는 것으로 충분히 문제를 해결할 수 있으므로 이 방법은 따로 다루지 않겠습니다.

이진 트리의 순회

일반적으로 트리는 여러 개의 자식을 가질 수 있으므로 재귀를 이용하여 쉽게 순회할 수 있습니다. 이진 트리도 트리이므로 같은 방식으로 순회할 수 있습니다. 하지만 재귀로 이진 트리를 순회하면서 노드를 방문하는 순서에 따라 순회 방식을 세 가지로 구분할 수 있습니다. 각 순회 방식을 살펴보기 위해 다음 이진 트리를 예시로 살펴봅시다.

▼ 그림 11-28 이진 트리

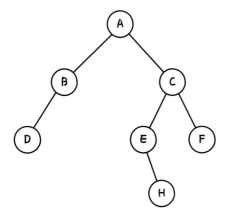

▼ **그림 11-28** 이진 트리

전위 순회

전위 순회(pre-order traversal)는 노드를 서브 트리 순회 전에 방문하는 순회 방식입니다. 즉, '노드 → 왼쪽 서브 트리 → 오른쪽 서브 트리' 순으로 순회를 진행합니다. 예시 이진 트리에서 전위 순회의 진행 순서를 살펴봅시다.

순회는 트리의 루트 노드에서 시작합니다. 전위 순회에서는 순회를 진행하기 전에 현재 위치한 노드를 우선 방문하므로 루트 노드인 A를 가장 먼저 방문합니다.

▼ **그림 11-29** 전위 순회 방문: A

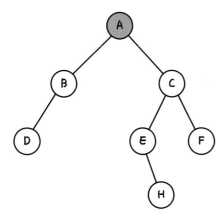

이후 왼쪽 서브 트리로 진행하여 왼쪽 서브 트리의 루트 노드인 B를 방문합니다.

▼ **그림 11-30** 전위 순회 방문: A-B

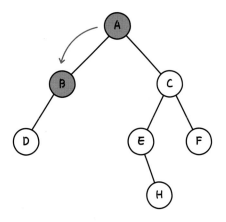

같은 방식으로 다시 왼쪽 서브 트리로 진행하여 노드 D를 방문합니다.

▼ **그림 11-31** 전위 순회 방문: A-B-D

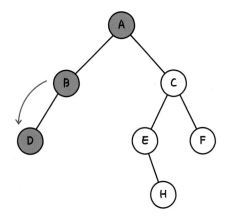

노드 D는 자식 노드가 없는 리프 노드이므로 재귀가 종료되고 노드 B로 돌아갑니다. 노드 B는
오른쪽 서브 트리가 없으므로 재귀를 종료하고 노드 A로 돌아갑니다.

▼ **그림 11-32** 전위 순회 방문: A-B-D 이후 A로 재귀 종료

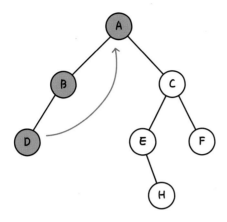

노드 A는 오른쪽 서브 트리가 있으므로 노드 C를 루트 노드로 하는 오른쪽 서브 트리로 전위 순회를 진행하고 노드 C를 방문합니다.

▼ **그림 11-33** 전위 순회 방문: A-B-D-C

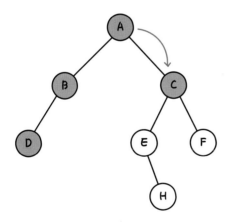

이런 방식으로 이진 트리의 나머지 노드들을 순회하면 전체 노드의 방문 순서는 'A→B→D→C→E→H→F'가 됩니다.

이와 같은 방식은 다음 재귀 메서드로 쉽게 구현할 수 있습니다.

```java
void pre(Node node) {
    if (node == null) return;

    // 노드 방문
    System.out.println(node.data);

    pre(node.left);
    pre(node.right);
}
```

전위 순회를 수행하는 재귀 메서드 pre()는 노드가 없을 때 재귀가 종료되고, 노드를 방문한 이후 왼쪽 자식 노드와 오른쪽 자식 노드로 순회를 진행하는 것을 확인할 수 있습니다.

중위 순회

중위 순회(in-order traversal)는 왼쪽 서브 트리 방문 이후 노드를 방문하고, 오른쪽 서브 트리를 방문하는 순회 방식입니다. 중위 순회를 이용하여 예시의 이진 트리를 방문하면 'D→B→A→E→H→C→F' 순서로 순회를 진행합니다.

중위 순회는 다음과 같이 구현할 수 있습니다.

```java
void in(Node node) {
    if (node == null) return;

    pre(node.left);

    // 노드 방문
    System.out.println(node.data);

    pre(node.right);
}
```

후위 순회

후위 순회(post-order traversal)는 양쪽 서브 트리를 모두 방문한 후 노드를 방문하는 순회 방식입니다. 후위 순회를 이용하여 예시의 이진 트리를 방문하면 'D→B→H→E→F→C→A' 순서로 순회를 진행합니다.

후위 순회는 다음과 같이 구현할 수 있습니다.

```
void post(Node node) {
    if (node == null) return;

    pre(node.left);
    pre(node.right);

    // 노드 방문
    System.out.println(node.data);
}
```

길 찾기 게임 - Level 3

URL https://school.programmers.co.kr/learn/courses/30/lessons/42892

전무로 승진한 라이언은 기분이 너무 좋아 프렌즈를 이끌고 특별 휴가를 가기로 했다.

내친김에 여행 계획까지 구상하던 라이언은 재미있는 게임을 생각해냈고 역시 전무로 승진할 만한 인재라고 스스로에게 감탄했다.

라이언이 구상한(그리고 아마도 라이언만 즐거울 만한) 게임은, 카카오 프렌즈를 두 팀으로 나누고, 각 팀이 같은 곳을 다른 순서로 방문하도록 해서 먼저 순회를 마친 팀이 승리하는 것이다.

그냥 지도를 주고 게임을 시작하면 재미가 덜해지므로, 라이언은 방문할 곳의 2차원 좌푯값을 구하고 각 장소를 이진 트리의 노드가 되도록 구성한 후, 순회 방법을 힌트로 주어 각 팀이 스스로 경로를 찾도록 할 계획이다.

라이언은 아래와 같은 특별한 규칙으로 트리 노드들을 구성한다.

• 트리를 구성하는 모든 노드의 x, y 좌푯값은 정수이다.
• 모든 노드는 서로 다른 x 값을 가진다.
• 같은 레벨(level)에 있는 노드는 같은 y 좌표를 가진다.
• 자식 노드의 y 값은 항상 부모 노드보다 작다.
• 임의의 노드 V의 왼쪽 서브 트리(left subtree)에 있는 모든 노드의 x 값은 V의 x 값보다 작다.
• 임의의 노드 V의 오른쪽 서브 트리(right subtree)에 있는 모든 노드의 x 값은 V의 x 값보다 크다.

아래 예시를 확인해보자.

라이언의 규칙에 맞게 이진 트리의 노드만 좌표 평면에 그리면 다음과 같다(이진 트리의 각 노드에는 1부터 N 까지 순서대로 번호가 붙어 있다).

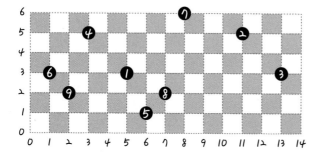

이제 노드를 잇는 간선(edge)을 모두 그리면 아래와 같은 모양이 된다.

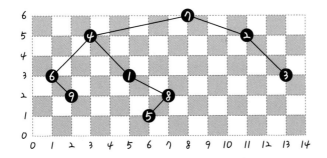

위 이진 트리에서 전위 순회(preorder), 후위 순회(postorder)를 한 결과는 다음과 같고, 이것은 각 팀이 방문해야 할 순서를 의미한다.

- 전위 순회 : 7, 4, 6, 9, 1, 8, 5, 2, 3
- 후위 순회 : 9, 6, 5, 8, 1, 4, 3, 2, 7

다행히 두 팀 모두 머리를 모아 분석한 끝에 라이언의 의도를 간신히 알아차렸다.

그러나 여전히 문제는 남아 있다. 노드의 수가 예시처럼 적다면 쉽게 해결할 수 있겠지만, 예상대로 라이언은 그렇게 할 생각이 전혀 없었다.

이제 당신이 나설 때가 되었다.

곤경에 빠진 카카오 프렌즈를 위해 이진 트리를 구성하는 노드들의 좌표가 담긴 배열 nodeinfo가 매개변수로 주어질 때, 노드들로 구성된 이진 트리를 전위 순회, 후위 순회한 결과를 2차원 배열에 순서대로 담아 return하도록 solution 함수를 완성하자.

제한 사항

- nodeinfo는 이진 트리를 구성하는 각 노드의 좌표가 1번 노드부터 순서대로 들어 있는 2차원 배열이다.
    - nodeinfo의 길이는 1 이상 10,000 이하이다.
    - nodeinfo[i] 는 i + 1번 노드의 좌표이며, [x축 좌표, y축 좌표] 순으로 늘어 있다.
    - 모든 노드의 좌푯값은 0 이상 100,000 이하인 정수이다.
    - 트리의 깊이가 1,000 이하인 경우만 입력으로 주어진다.
    - 모든 노드의 좌표는 문제에 주어진 규칙을 따르며, 잘못된 노드 위치가 주어지는 경우는 없다.

입출력 예

nodeinfo	result
[[5,3],[11,5],[13,3],[3,5],[6,1],[1,3],[8,6],[7,2],[2,2]]	[[7,4,6,9,1,8,5,2,3],[9,6,5,8,1,4,3,2,7]]

입출력 예 설명

입출력 예 #1

문제에 주어진 예시와 같다.

이 문제를 해결하려면 입력으로 주어진 nodeInfo를 이용하여 이진 트리를 구성하고, 전위 순회와 후위 순회를 수행해야 합니다. 순회를 수행하는 것은 간단한 재귀로 쉽게 해결할 수 있으므로 핵심은 이진 트리를 구성하는 것입니다.

문제에서 입력되는 노드들은 각각 x 좌표와 y 좌표를 가지고 있습니다. y 좌표를 이용하면 노드간의 계층 관계를 알 수 있습니다. 또 x 좌표를 이용하면 노드가 왼쪽 서브 트리에 있는지, 혹은 오른쪽 서브 트리에 있는지 알 수 있습니다.

다음 그림과 같이 두 노드 A · B가 있을 때, B의 y 좌표가 A의 y 좌표보다 작고 x 좌표 또한 작다면 노드 B는 노드 A의 왼쪽 서브 트리에 있다는 것입니다. 노드 A와 노드 B 둘뿐인 상황에서는 노드 B가 노드 A의 왼쪽 서브 트리의 루트 노드, 즉 노드 A의 왼쪽 자식이 됩니다.

▼ **그림 11-34** 노드 A·B가 트리를 구성하게 되는 과정

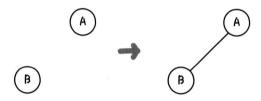

노드가 A, B뿐만 아니라 더 많이 있다면 노드 B가 노드 A의 왼쪽 자식인지 확실히 알 수 없게 됩니다. 다음 그림과 같이 노드 C가 노드 A와 노드 B 사이에 있을 수 있기 때문입니다.

▼ **그림 11-35** 노드 C가 노드 A와 노드 B 사이에 있는 경우

이 경우 노드 C는 노드 A의 왼쪽 자식이 되어야 합니다. 이 문제는 입력받은 노드 정보를 정렬함으로써 해결할 수 있습니다. y 좌표 값을 이용하여 노드 정보를 정렬한다면 먼저 나오는 노드는 트리의 윗부분에 위치합니다. 따라서 정렬한 노드 정보를 순서대로 순회했을 때 먼저 나오는 노드는 서브 트리의 루트 노드가 됩니다.

우선 이진 트리의 노드를 나타내는 Node 클래스를 다음과 같이 작성합니다.

```
private static class Node {
    public final int value;
    public final int x;
    public final int y;

    public Node left;
    public Node right;

    private Node(int value, int x, int y) {
        this.value = value;
        this.x = x;
        this.y = y;
    }
}
```

value는 노드 숫자를 나타내고 x, y는 노드가 위치하는 좌표를 나타냅니다. left와 right는 각각 왼쪽 자식과 오른쪽 자식입니다.

이제 solution() 메서드에서 입력받은 nodeInfo를 Node의 배열로 변환합니다.

```
Node[] nodes = new Node[nodeInfo.length];
for (int i = 0; i < nodes.length; i++) {
    nodes[i] = new Node(i + 1, nodeInfo[i][0], nodeInfo[i][1]);
}
```

이 배열을 트리의 윗부분부터 순회하기 위해 y 좌표로 내림차순 정렬을 합니다.

```
Arrays.sort(nodes, (a, b) -> b.y - a.y);
```

이제 노드 정보들이 정렬되었으므로 배열의 첫 노드부터 순회하며 트리를 구성할 수 있습니다. 다음과 같이 노드의 배열을 전달받아 트리를 구성하여 루트 노드를 반환하는 constructTree() 메서드를 작성합니다.

```
private Node constructTree(Node[] nodes) {
    Node root = nodes[0];

    // 트리 구성
```

```
        return root;
    }
```

노드의 배열은 y 좌표로 내림차순 정렬이 되어 있기 때문에 가장 앞에 있는 원소는 y 값이 가장 큰 노드인 루트 노드가 됩니다. 따라서 0번째 노드를 루트 노드로 잡고, 이를 기준으로 나머지 노드들을 x 좌표에 맞게 넣어 주면 됩니다.

노드를 트리에 넣고자 다음과 같이 루트 노드와 삽입할 노드를 전달받아 트리에 삽입하는 insert() 메서드를 작성합니다.

```
private void insert(Node root, Node node) {
    // x 좌표에 따라 root 노드가 나타내는 트리에 node 삽입
}
```

입력받은 두 노드의 x 좌표에 따라 node가 root의 왼쪽 서브 트리에 속할지, 오른쪽 서브 트리에 속할지 정해지므로 다음과 같이 x 좌표로 분기합니다.

```
if (node.x < root.x) {
    // 왼쪽 서브 트리에 삽입
} else {
    // 오른쪽 서브 트리에 삽입
}
```

우선 왼쪽 서브 트리를 살펴봅시다. 루트 노드의 왼쪽 서브 트리가 비어 있다면, node는 root의 왼쪽 서브 트리의 루트 노드가 됩니다.

```
if (root.left == null) {
    root.left = node;
}
```

왼쪽 서브 트리가 이미 생성되어 있다면 node는 왼쪽 서브 트리에서 다시 자신의 위치를 찾아야 합니다. 따라서 왼쪽 서브 트리에 node가 삽입될 수 있도록 재귀 호출을 수행합니다.

```
if (root.left == null) {
    root.left = node;
} else {
```

```
        insert(root.left, node);
    }
```

node의 x 좌표가 root의 x 좌표보다 클 때도 마찬가지로 서브 트리의 생성 여부에 따라 다음과 같이 작성할 수 있습니다.

```
if (root.right == null) {
    root.right = node;
} else {
    insert(root.right, node);
}
```

트리에 노드를 삽입하는 insert() 메서드가 완성되었으므로 constructTree() 메서드에서 이를 이용하여 모든 노드를 삽입할 수 있습니다.

```
private Node constructTree(Node[] nodes) {
    Node root = nodes[0];

    for (int i = 1; i < nodes.length; i++) {
        insert(root, nodes[i]);
    }

    return root;
}
```

이제 이진 트리가 모두 구성되었습니다. 만들어진 이진 트리를 전위 순회, 후위 순회를 하면서 방문하는 노드 값을 기록해야 합니다. 이를 위해 다음과 같이 전위 순회 메서드 pre()와 후위 순회 메서드 post()를 작성합니다.

```
private void pre(Node node, List<Integer> visits) {
    if (node == null) return;

    visits.add(node.value);
    pre(node.left, visits);
    pre(node.right, visits);
}

private void post(Node node, List<Integer> visits) {
    if (node == null) return;
```

```
        post(node.left, visits);
        post(node.right, visits);
        visits.add(node.value);
    }
```

이 두 메서드에서는 노드를 방문할 때 해당 노드 값을 리스트에 기록하도록 했습니다. 이를 이용하여 solution() 메서드에서 트리를 구성하고 두 순회를 수행할 수 있습니다.

```
Node root = constructTree(nodes);

List<Integer> preorder = new ArrayList<>();
pre(root, preorder);

List<Integer> postorder = new ArrayList<>();
post(root, postorder);
```

마지막으로 두 리스트를 배열로 변환하여 반환합니다.

```
return new int[][]{
        preorder.stream().mapToInt(Integer::intValue).toArray(),
        postorder.stream().mapToInt(Integer::intValue).toArray(),
};
```

이렇게 재귀를 이용하여 이진 트리를 구성하고 두 순회 방식을 구현해보았습니다.

전체 코드

11장/길찾기게임.java

```
import java.util.ArrayList;
import java.util.Arrays;
import java.util.List;

public class Solution {
    private static class Node {
        public final int value;
        public final int x;
        public final int y;

        public Node left;
        public Node right;

        private Node(int value, int x, int y) {
```

```java
            this.value = value;
            this.x = x;
            this.y = y;
        }
    }

    private void insert(Node root, Node node) {
        if (node.x < root.x) {
            if (root.left == null) {
                root.left = node;
            } else {
                insert(root.left, node);
            }
        } else {
            if (root.right == null) {
                root.right = node;
            } else {
                insert(root.right, node);
            }
        }
    }

    private Node constructTree(Node[] nodes) {
        Node root = nodes[0];

        for (int i = 1; i < nodes.length; i++) {
            insert(root, nodes[i]);
        }

        return root;
    }

    private void pre(Node node, List<Integer> visits) {
        if (node == null) return;

        visits.add(node.value);
        pre(node.left, visits);
        pre(node.right, visits);
    }

    private void post(Node node, List<Integer> visits) {
        if (node == null) return;

        post(node.left, visits);
```

```
            post(node.right, visits);
            visits.add(node.value);
    }

    public int[][] solution(int[][] nodeInfo) {
        Node[] nodes = new Node[nodeInfo.length];
        for (int i = 0; i < nodes.length; i++) {
            nodes[i] = new Node(i + 1, nodeInfo[i][0], nodeInfo[i][1]);
        }
        Arrays.sort(nodes, (a, b) -> b.y - a.y);

        Node root = constructTree(nodes);

        List<Integer> preorder = new ArrayList<>();
        pre(root, preorder);

        List<Integer> postorder = new ArrayList<>();
        post(root, postorder);

        return new int[][]{
                preorder.stream().mapToInt(Integer::intValue).toArray(),
                postorder.stream().mapToInt(Integer::intValue).toArray(),
        };
    }
}
```

11.3 잊을 만하면 나오는 자료 구조

SECTION

자료 구조 중에는 특수한 목적으로 설계된 자료 구조들이 있습니다. 이번에는 앞서 다루지 않은 새로운 자료 구조들을 알아봅시다.

11.3.1 우선순위 큐

우선순위 큐(priority queue)는 힙(heap)이라고도 하며, 특정 원소 중에서 최대 우선순위를 가지는 값을 효율적으로 구하려고 고안된 자료 구조입니다. 우선순위 큐는 원소의 삽입, 최대 우선순위 값 뽑기의 두 가지 연산을 지원합니다.

지원되는 연산에서 알 수 있듯이, 우선순위 큐에서는 최대 우선순위 값 이외의 원소는 알 수 없습니다. 그 대신 내부적으로 이진 트리를 사용하여 우선순위 큐 내의 원소 개수를 N이라고 했을 때, 원소 삽입과 최대 우선순위 값 뽑기 두 연산을 모두 $O(\log N)$의 시간 복잡도로 제공합니다.

무작위로 섞여 있는 원소들을 모두 우선순위 큐에 넣은 후 최대 우선순위 값을 계속해서 뽑아내면 원소들이 정렬되고, 시간 복잡도는 $O(N \log N)$이 됩니다. 이런 정렬 방법을 힙 정렬(heap sort)이라고 합니다.

자바에서는 우선순위 큐를 java.util 패키지의 PriorityQueue<E> 제네릭 클래스로 지원합니다. 또 Queue 인터페이스처럼 add() 메서드로 원소를 삽입하고, poll() 메서드로 최대 우선순위 값을 뽑아낼 수 있습니다. 다음 예제를 봅시다.

```
PriorityQueue<Integer> pq = new PriorityQueue<>();

pq.add(4);
pq.add(2);
pq.add(6);
pq.add(1);

System.out.println(pq.poll());  // 1
System.out.println(pq.poll());  // 2
System.out.println(pq.poll());  // 4
System.out.println(pq.poll());  // 6
```

이 예제에서는 우선순위 큐를 생성하고 정수 4개를 삽입합니다. poll() 메서드로 최대 우선순위 값을 뽑아내어 확인한 결과 1, 2, 4, 6이 나옵니다. 즉, 정수의 경우 작은 값일수록 높은 우선순위를 가집니다.

이 기준은 Comparator를 생성자에 넘겨서 직접 설정할 수도 있습니다. 다음과 같이 내림차순으로 정렬되는 Comparator를 사용하면 큰 값일수록 높은 우선순위를 갖게 할 수 있습니다.

```
PriorityQueue<Integer> pq = new PriorityQueue<>((a, b) -> b - a);

pq.add(4);
pq.add(2);
pq.add(6);
pq.add(1);

System.out.println(pq.poll());  // 6
System.out.println(pq.poll());  // 4
System.out.println(pq.poll());  // 2
System.out.println(pq.poll());  // 1
```

우선순위 큐는 작업의 시간 복잡도가 O(logN)으로 짧으므로, 최댓값 혹은 최솟값 등 우선순위에 따라 작업을 처리하는 문제에서 유용하게 사용할 수 있습니다.

문제 **50**

이중 우선순위 큐 - Level 3

URL https://programmers.co.kr/learn/courses/30/lessons/42628

이중 우선순위 큐는 다음 연산을 할 수 있는 자료 구조를 말합니다.

명령어	수신 탑(높이)
I 숫자	큐에 주어진 숫자를 삽입합니다.
D 1	큐에서 최댓값을 삭제합니다.
D -1	큐에서 최솟값을 삭제합니다.

이중 우선순위 큐가 할 연산 operations가 매개변수로 주어질 때, 모든 연산을 처리한 후 큐가 비어 있으면 [0,0] 비어 있지 않으면 [최댓값, 최솟값]을 return하도록 solution 함수를 구현해주세요.

제한 사항

- operations는 길이가 1 이상 1,000,000 이하인 문자열 배열입니다.
- operations의 원소는 큐가 수행할 연산을 나타냅니다.
    - 원소는 "명령어 데이터" 형식으로 주어집니다. - 최댓값/최솟값을 삭제하는 연산에서 최댓값/최솟값이 둘 이상인 경우, 하나만 삭제합니다.
- 빈 큐에 데이터를 삭제하라는 연산이 주어질 경우, 해당 연산은 무시합니다.

입출력 예

operations	return
["I 16", "I -5643", "D -1", "D 1", "D 1", "I 123", "D -1"]	[0,0]
["I -45", "I 653", "D 1", "I -642", "I 45", "I 97", "D 1", "D -1", "I 333"]	[333, -45]

입출력 예 설명

입출력 예 #1

- 16과 -5643을 삽입합니다.
- 최솟값을 삭제합니다. -5643이 삭제되고 16이 남아 있습니다.
- 최댓값을 삭제합니다. 16이 삭제되고 이중 우선순위 큐는 비어 있습니다.
- 우선순위 큐가 비어 있으므로 최댓값 삭제 연산이 무시됩니다.
- 123을 삽입합니다.
- 최솟값을 삭제합니다. 123이 삭제되고 이중 우선순위 큐는 비어 있습니다.

따라서 [0, 0]을 반환합니다.

- -45와 653을 삽입후 최댓값(653)을 삭제합니다. -45가 남아 있습니다.
- -642, 45, 97을 삽입 후 최댓값(97), 최솟값(-642)을 삭제합니다. -45와 45가 남아 있습니다.
- 333을 삽입합니다.

이중 우선순위 큐에 -45, 45, 333이 남아 있으므로, [333, -45]를 반환합니다.

문제 풀이

이 문제에서는 주어진 숫자 중에서 최댓값과 최솟값을 계속해서 찾아내야 합니다. 우선순위 큐를 이용하면 최댓값과 최솟값 중 하나를 관리할 수 있습니다. 그렇다면 2개의 우선순위 큐를 사용하면 최댓값과 최솟값을 모두 찾을 수 있을 것입니다.

2개의 우선순위 큐를 사용하면 최댓값이나 최솟값은 찾을 수 있지만 삭제할 때 문제가 발생합니다. 최댓값의 경우 최댓값을 관리하는 우선순위 큐에서는 쉽게 삭제가 가능하지만, 최솟값을 관리하는 우선순위 큐에서는 해당 값을 삭제할 수 없습니다.

관리 중인 값 개수를 별도로 관리하여 이를 해결할 수 있습니다. 값을 추가할 때 개수를 증가시켜 주고, 값을 제거할 때 개수를 감소시켜 주면 별도로 우선순위 큐에서 값을 제거하지 않아도 이중 우선순위 큐가 비어 있다는 것을 알 수 있습니다.

여러 값을 추가한 후 최댓값 삭제를 반복하면 이중 연결 리스트는 비워집니다. 이 경우 최댓값을 관리하는 우선순위 큐는 비워져 있지만 최솟값을 관리하는 우선순위 큐는 추가된 값을 모두 원소로 가지고 있습니다. 원소 개수가 0이므로 최솟값이 없다고 판단할 수 있지만 새로운 원소가 추가되었을 때 문제가 생길 수 있습니다.

우선순위 큐에 [2, 3, 5]가 들어 있는 상태에서 새로운 원소 6이 들어온다고 가정합시다. 이중 우선순위 큐가 비워져 있는 상태에서 6이 추가된 것이므로 최솟값은 6이어야 합니다. 하지만 최솟값을 관리하는 이중 우선순위 큐는 6보다 작은 2를 원소로 가지므로 2를 반환합니다. 이는 이중 우선순위 큐의 원소 개수가 0이 될 때 두 우선순위 큐를 모두 비우면 해결할 수 있습니다.

다음과 같이 이중 우선순위 큐를 나타내는 DoublyPriorityQueue 클래스를 선언합니다. 이 클래스는 관리하는 원소 개수 size와 최솟값을 관리하는 우선순위 큐 minPq, 최댓값을 관리하는 우선순위 큐 maxPq를 가지고 있습니다.

```java
private static class DoublyPriorityQueue {
    private int size = 0;
    private final PriorityQueue<Integer> minPq
            = new PriorityQueue<>();
    private final PriorityQueue<Integer> maxPq
            = new PriorityQueue<>((a, b) -> b - a);

}
```

이중 우선순위 큐에 값을 더하는 것은 두 우선순위 큐에 값을 모두 더하고 원소 개수를 증가시키는 것으로 구현할 수 있습니다.

```java
public void add(int value) {
    minPq.add(value);
    maxPq.add(value);
    size++;
}
```

최댓값을 제거하는 것은 maxPq에서 원소를 삭제하는 것으로 구현할 수 있습니다. 이때 관리하는 원소 개수에 유의합니다. 이중 우선순위 큐가 비워졌을 때는 두 우선순위 큐 또한 모두 비워주어야 합니다.

```java
public void removeMax() {
    if (size == 0) return;
    maxPq.poll();
    if (--size == 0) {
        maxPq.clear();
        minPq.clear();
    }
}
```

최솟값을 제거하는 것 또한 마찬가지로 구현할 수 있습니다.

```java
public void removeMin() {
    if (size == 0) return;
    minPq.poll();
    if (--size == 0) {
        maxPq.clear();
```

```
            minPq.clear();
        }
    }
```

이중 우선순위 큐에서는 최댓값과 최솟값을 알 수 있어야 합니다. 다음과 같이 maxPq와 minPq에서 최댓값과 최솟값을 구하는 max()와 min() 메서드를 작성합니다.

```
public int max() {
    if (size == 0) return 0;
    return maxPq.peek();
}

public int min() {
    if (size == 0) return 0;
    return minPq.peek();
}
```

solution() 메서드에서는 앞서 정의한 DoublyPriorityQueue를 이용하여 연산들을 처리할 수 있습니다. 가장 먼저 DoublyPriorityQueue 객체를 생성합니다.

```
DoublyPriorityQueue dpq = new DoublyPriorityQueue();
```

연산을 처리하기 위해 다음과 같이 각 연산을 명령어와 값으로 분리합니다.

```
for (String operation : operations) {
    String[] tokens = operation.split(" ");
    String command = tokens[0];
    String value = tokens[1];
    // 연산 처리
}
```

명령어가 I라면 정수로 변환한 후 이중 우선순위 큐에 넣고, D라면 값에 따라 최댓값 혹은 최솟값을 제거합니다.

```
switch (command) {
    case "I" -> dpq.add(Integer.parseInt(value));
    case "D" -> {
        if (value.equals("1")) {
```

```
                    dpq.removeMax();
            } else {
                    dpq.removeMin();
            }
        }
    }
}
```

마지막으로 이중 우선순위 큐에서 최댓값과 최솟값을 구해서 반환해줄 수 있습니다.

```
return new int[]{dpq.max(), dpq.min()};
```

이렇게 우선순위 큐를 이용하면 다양한 원소를 직접 우선순위를 설정하여 관리할 수 있습니다.

전체 코드   11장/이중우선순위큐.java

```
import java.util.PriorityQueue;

public class Solution {
    private static class DoublyPriorityQueue {
        private int size = 0;
        private final PriorityQueue<Integer> minPq
                = new PriorityQueue<>();
        private final PriorityQueue<Integer> maxPq
                = new PriorityQueue<>((a, b) -> b - a);

        public void add(int value) {
            minPq.add(value);
            maxPq.add(value);
            size++;
        }

        public void removeMax() {
            if (size == 0) return;
            maxPq.poll();
            if (--size == 0) {
                maxPq.clear();
                minPq.clear();
            }
        }

        public void removeMin() {
            if (size == 0) return;
            minPq.poll();
```

```java
            if (--size == 0) {
                maxPq.clear();
                minPq.clear();
            }
        }

        public int max() {
            if (size == 0) return 0;
            return maxPq.peek();
        }

        public int min() {
            if (size == 0) return 0;
            return minPq.peek();
        }
    }

    public int[] solution(String[] operations) {
        DoublyPriorityQueue dpq = new DoublyPriorityQueue();
        for (String operation : operations) {
            String[] tokens = operation.split(" ");
            String command = tokens[0];
            String value = tokens[1];
            switch (command) {
                case "I" -> dpq.add(Integer.parseInt(value));
                case "D" -> {
                    if (value.equals("1")) {
                        dpq.removeMax();
                    } else {
                        dpq.removeMin();
                    }
                }
            }
        }
        return new int[]{dpq.max(), dpq.min()};
    }
}
```

문제 51 디스크 컨트롤러 - Level 3

URL https://school.programmers.co.kr/learn/courses/30/lessons/42627

하드 디스크는 한 번에 하나의 작업만 수행할 수 있습니다. 디스크 컨트롤러를 구현하는 방법은 여러 가지가 있습니다. 가장 일반적인 방법은 요청이 들어온 순서대로 처리하는 것입니다.

예를 들어

- 0ms 시점에 3ms가 소요되는 A 작업 요청
- 1ms 시점에 9ms가 소요되는 B 작업 요청
- 2ms 시점에 6ms가 소요되는 C 작업 요청

와 같은 요청이 들어왔습니다. 이를 그림으로 표현하면 아래와 같습니다.

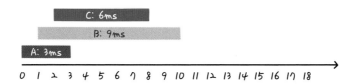

한 번에 하나의 요청만을 수행할 수 있기 때문에 각각의 작업을 요청받은 순서대로 처리하면 다음과 같이 처리됩니다.

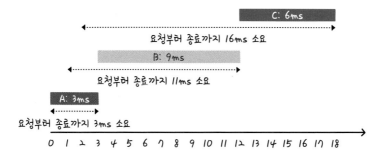

- A: 3ms 시점에 작업 완료(요청에서 종료까지: 3ms)
- B: 1ms부터 대기하다가, 3ms 시점에 작업을 시작해서 12ms 시점에 작업 완료(요청에서 종료까지: 11ms)
- C: 2ms부터 대기하다가, 12ms 시점에 작업을 시작해서 18ms 시점에 작업 완료(요청에서 종료까지: 16ms)

이때 각 작업의 요청부터 종료까지 걸린 시간의 평균은 10ms(= (3 + 11 + 16) / 3)이 됩니다.

하지만 A → C → B 순서대로 처리하면

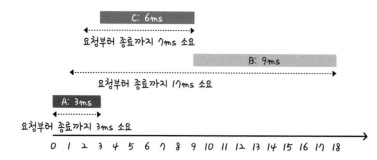

- A: 3ms 시섬에 삭업 완료(요청에서 종료까지: 3ms)
- C: 2ms부터 대기하다가, 3ms 시점에 작업을 시작해서 9ms 시점에 작업 완료(요청에서 종료까지: 7ms)
- B: 1ms부터 대기하다가, 9ms 시점에 작업을 시작해서 18ms 시점에 작업 완료(요청에서 종료까지: 17ms)

이렇게 A → C → B의 순서로 처리하면 각 작업의 요청부터 종료까지 걸린 시간의 평균은 9ms(= (3 + 7 + 17) / 3)이 됩니다.

각 작업에 대해 [작업이 요청되는 시점, 작업의 소요 시간]을 담은 2차원 배열 jobs가 매개변수로 주어질 때, 작업의 요청부터 종료까지 걸린 시간의 평균을 가장 줄이는 방법으로 처리하면 평균이 얼마가 되는지 return 하도록 solution 함수를 작성해주세요. (단, 소수점 이하의 수는 버립니다)

제한 사항

- jobs의 길이는 1 이상 500 이하입니다.
- jobs의 각 행은 하나의 작업에 대한 [작업이 요청되는 시점, 작업의 소요 시간] 입니다.
- 각 작업에 대해 작업이 요청되는 시간은 0 이상 1,000 이하입니다.
- 각 작업에 대해 작업의 소요 시간은 1 이상 1,000 이하입니다.
- 하드 디스크가 작업을 수행하고 있지 않을 때에는 먼저 요청이 들어온 작업부터 처리합니다.

입출력 예

jobs	return
[[0, 3], [1, 9], [2, 6]]	9

입출력 예 설명

문제에 주어진 예와 같습니다.

- 0ms 시점에 3ms 걸리는 작업 요청이 들어옵니다.
- 1ms 시점에 9ms 걸리는 작업 요청이 들어옵니다.
- 2ms 시점에 6ms 걸리는 작업 요청이 들어옵니다.

이 문제에서는 작업들의 대기 시간을 최소화시켜야 합니다. 이를 만족시키기 위해 문제에서 눈여겨보아야 할 것은 하드디스크가 작업을 수행하지 않을 때는 먼저 요청이 들어온 작업부터 처리한다는 조건입니다. 이 조건에 따라 하나의 작업이 끝나면 해당 시간에 수행 가능한 작업 중에서 하나를 선택하여 시작합니다.

평균 대기 시간을 줄이려면 작업 소요 시간이 짧은 작업부터 먼저 시작합니다. 소요 시간이 긴 작업을 먼저 시작한다면 금방 끝날 수 있는 다른 작업들도 함께 긴 소요 시간 동안 대기해야 합니다. 따라서 하나의 작업이 끝나는 시점에 바로 수행할 수 있는 작업 중 수행 시간이 가장 짧은 작업을 선택하여 시작하도록 합니다.

우선 하나의 작업을 나타내는 Job 클래스를 작성합니다.

```java
private static class Job {
    public final int start;
    public final int duration;

    private Job(int start, int duration) {
        this.start = start;
        this.duration = duration;
    }
}
```

잠깐만요

Job은 2개의 start와 duration 필드만 가진 클래스로, 두 필드는 solution( ) 메서드에서 매개변수로 전달받는 데이터를 그대로 담습니다. 따라서 문제를 해결하려고 굳이 Job 클래스를 작성할 필요는 없습니다.

하지만 jobs[0][0]처럼 배열에 인덱스로 접근하기보다 jobs[0].duration처럼 필드 이름으로 데이터에 접근하는 것이 가독성 측면에서 훨씬 유리하므로 클래스를 작성했습니다.

---

solution( ) 메서드에서 입력받은 작업 데이터를 Job 클래스의 객체 배열로 변환합니다.

```java
public int solution(int[][] rawJobs) {
    Job[] jobs = new Job[rawJobs.length];
    for (int i = 0; i < jobs.length; i++) {
        jobs[i] = new Job(rawJobs[i][0], rawJobs[i][1]);
    }

}
```

시간이 흐름에 따라 시작할 수 있는 작업들과 아직 시작할 수 없는 작업들이 나누어집니다. 따라서 작업의 시작 시간으로 배열을 정렬합니다.

```
Arrays.sort(jobs, Comparator.comparingInt(job -> job.start));
```

이제 작업들을 처리해야 합니다. 모든 작업을 순회해야 하는데, 이는 큐를 이용하면 직관적이고 편리하게 처리할 수 있습니다.

```
Queue<Job> q = new LinkedList<>(Arrays.asList(jobs));
```

시작할 수 있는 작업 중 가장 수행 시간이 짧은 작업을 선택해야 합니다. 이는 수행 시간이 작을수록 우선순위를 높게 취급하는 우선순위 큐를 이용하여 구할 수 있습니다. 다음과 같이 우선순위 큐를 작성합니다.

```
PriorityQueue<Job> pq = new PriorityQueue<>(
                        Comparator.comparingInt(job -> job.duration));
```

작업의 요청 시간부터 종료 시간까지 누적합을 나타내는 exec 변수와 현재 시간을 나타내는 time을 선언합니다.

```
int exec = 0;
int time = 0;
```

q에 들어 있는 작업들은 현재 시간이 아직 작업의 요청 시간에 도달하지 못한 작업들입니다. 또 pq에 들어 있는 작업들은 이미 요청 시간은 지났지만 아직 시작하지 못한 작업들입니다. 따라서 두 자료 구조에 작업이 남아 있다면 아직 처리해야 할 작업이 남아 있음을 의미합니다. 다음과 같이 작업이 남아 있을 때 작업들을 처리할 수 있도록 반복문을 작성합니다.

```
while (!q.isEmpty() || !pq.isEmpty()) {
    // 작업 처리
}
```

가장 먼저 시작할 수 있는 작업들을 골라내야 합니다. q에는 작업의 요청 시간 순으로 작업들이 들어 있기 때문에 다음과 같이 q에서 요청 시간이 지난 작업들을 뽑아내어 pq에 추가합니다.

```
while (!q.isEmpty() && q.peek().start <= time) {
    pq.add(q.poll());
}
```

pq가 비어 있다면 시작할 수 있는 작업이 없다는 의미입니다. 이때는 가장 요청 시간이 이른 작업인 q의 첫 번째 작업까지 대기합니다.

```
if (pq.isEmpty()) {
    time = q.peek().start;
    continue;
}
```

pq의 가장 앞 원소는 시작 가능한 작업 중 수행 시간이 가장 짧은 작업입니다. 따라서 다음과 같이 pq에서 꺼내 처리합니다.

```
Job job = pq.poll();
exec += time + job.duration - job.start;
time += job.duration;
```

모든 계산이 끝난 후에는 다음과 같이 총 수행 시간인 exec의 평균을 구하기 위해 작업 개수로 나누어 반환하면 됩니다.

```
return exec / jobs.length;
```

이렇게 우선순위 큐를 이용하면 우선순위를 가진 원소들을 쉽게 찾아낼 수 있습니다.

전체 코드

```java
import java.util.*;

public class Solution {
    private static class Job {
        public final int start;
        public final int duration;

        private Job(int start, int duration) {
            this.start = start;
            this.duration = duration;
        }
    }

    public int solution(int[][] rawJobs) {
        Job[] jobs = new Job[rawJobs.length];
        for (int i = 0; i < jobs.length; i++) {
            jobs[i] = new Job(rawJobs[i][0], rawJobs[i][1]);
        }
        Arrays.sort(jobs, Comparator.comparingInt(job -> job.start));

        Queue<Job> q = new LinkedList<>(Arrays.asList(jobs));
        PriorityQueue<Job> pq = new PriorityQueue<>(
                            Comparator.comparingInt(job -> job.duration));

        int exec = 0;
        int time = 0;
        while (!q.isEmpty() || !pq.isEmpty()) {
            while (!q.isEmpty() && q.peek().start <= time) {
                pq.add(q.poll());
            }

            if (pq.isEmpty()) {
                time = q.peek().start;
                continue;
            }

            Job job = pq.poll();
            exec += time + job.duration - job.start;
            time += job.duration;
        }

        return exec / jobs.length;
    }
}
```

11.3.2 투 포인터

투 포인터(two pointer)는 특정 조건을 만족하는 연속된 구간을 찾을 때 유용합니다. 투 포인터에서는 구간의 시작과 끝을 가리키는 두 포인터를 하나씩 이동시켜 가며 구간을 찾습니다.

 보석 쇼핑 - Level 3

URL https://school.programmers.co.kr/learn/courses/30/lessons/67258

[본 문제는 정확성과 효율성 테스트 각각 점수가 있는 문제입니다.]

개발자 출신으로 세계 최고의 갑부가 된 어피치는 스트레스를 받을 때면 이를 풀기 위해 오프라인 매장에 쇼핑을 하러 가곤 합니다.

어피치는 쇼핑을 할 때면 매장 진열대의 특정 범위의 물건들을 모두 싹쓸이 구매하는 습관이 있습니다.

어느 날 스트레스를 풀기 위해 보석 매장에 쇼핑을 하러 간 어피치는 이전처럼 진열대의 특정 범위의 보석을 모두 구매하되 특별히 아래 목적을 달성하고 싶었습니다.

"진열된 모든 종류의 보석을 적어도 1개 이상 포함하는 가장 짧은 구간을 찾아서 구매"

예를 들어 아래 진열대는 4종류의 보석(RUBY, DIA, EMERALD, SAPPHIRE) 8개가 진열된 예시입니다.

진열대 번호	1	2	3	4	5	6	7	8
보석 이름	DIA	RUBY	RUBY	DIA	DIA	EMERALD	SAPPHIRE	DIA

진열대의 3번부터 7번까지 5개의 보석을 구매하면 모든 종류의 보석을 적어도 하나 이상씩 포함하게 됩니다. 진열대의 3, 4, 6, 7번의 보석만 구매하는 것은 중간에 특정 구간(5번)이 빠지게 되므로 어피치의 쇼핑 습관에 맞지 않습니다.

진열대 번호 순서대로 보석들의 이름이 저장된 배열 gems가 매개변수로 주어집니다. 이때 모든 보석을 하나 이상 포함하는 가장 짧은 구간을 찾아서 return하도록 solution 함수를 완성해주세요.

가장 짧은 구간의 시작 진열대 번호와 끝 진열대 번호를 차례대로 배열에 담아서 return하도록 하며, 만약 가장 짧은 구간이 여러 개라면 시작 진열대 번호가 가장 작은 구간을 return합니다.

제한 사항

- gems 배열의 크기는 1 이상 100,000 이하입니다.
  - gems 배열의 각 원소는 진열대에 나열된 보석을 나타냅니다.
  - gems 배열에는 1번 진열대부터 진열대 번호 순서대로 보석 이름이 차례대로 저장되어 있습니다.
  - gems 배열의 각 원소는 길이가 1 이상 10 이하인 알파벳 대문자로만 구성된 문자열입니다.

입출력 예

gems	result
["DIA", "RUBY", "RUBY", "DIA", "DIA", "EMERALD", "SAPPHIRE", "DIA"]	[3, 7]
["AA", "AB", "AC", "AA", "AC"]	[1, 3]
["XYZ", "XYZ", "XYZ"]	[1, 1]
["ZZZ", "YYY", "NNNN", "YYY", "BBB"]	[1, 5]

입출력 예에 대한 설명

입출력 예 #1

문제 예시와 같습니다.

입출력 예 #2

3종류의 보석(AA, AB, AC)을 모두 포함하는 가장 짧은 구간은 [1, 3], [2, 4]가 있습니다.

시작 진열대 번호가 더 작은 [1, 3]을 return해줘야 합니다.

입출력 예 #3

1종류의 보석(XYZ)을 포함하는 가장 짧은 구간은 [1, 1], [2, 2], [3, 3]이 있습니다.

시작 진열대 번호가 가장 작은 [1, 1]을 return해줘야 합니다.

입출력 예 #4

4종류의 보석(ZZZ, YYY, NNNN, BBB)을 모두 포함하는 구간은 [1, 5]가 유일합니다.

그러므로 [1, 5]를 return해줘야 합니다.

문제 풀이

이 문제에서는 모든 보석을 하나 이상 포함하는 가장 짧은 구간을 찾아야 합니다. 구간의 시작점과 끝점을 하나씩 배열의 뒤로 옮겨 가면서 포함된 보석들을 구합니다.

시작점을 뒤로 옮길 때는 구간이 작아지므로 구간의 가장 앞에 있는 보석이 포함된 보석에서 제외됩니다. 끝점을 뒤로 옮길 때는 구간이 커지므로 구간의 가장 뒤에 있는 보석이 새로 포함됩니다.

시작점과 끝점 중 어떤 것을 옮겨야 할지 생각해봅시다. 시작점을 옮기는 것은 구간을 작아지게 하고, 끝점을 옮기는 것은 구간을 커지게 합니다. 따라서 이미 구간에 보석이 모두 포함된 상태라면 구간이 줄어들어도 보석을 모두 포함하고 있을 가능성이 있으므로 시작점을 옮기게 됩니다. 반대로 구간에 보석이 모두 포함된 상태가 아니라면 끝점을 옮겨 새로운 보석을 구간에 추가합니다.

먼저 정답 구간을 나타내는 두 start와 end 변수를 선언합니다. 배열의 처음부터 끝까지를 범위로 잡으면 항상 모든 보석을 포함하므로 배열의 전체 범위로 두 변수를 초기화합니다.

```
int start = 0;
int end = gems.length - 1;
```

구간이 모든 보석을 포함하고 있는지 검사하려면 전체 보석 종류를 알고 있어야 합니다. 다음과 같이 배열을 집합 자료 구조로 바꾸어 보석 종류를 알 수 있습니다.

```
Set<String> gemSet = new HashSet<>(List.of(gems));
```

이제 투 포인터를 활용하여 구간을 순회하며 검사해야 합니다. 다음과 같이 검사하는 구간을 나타내는 두 s와 e 변수를 선언하고, 해당 구간에 포함된 보석을 나타내는 includes를 선언합니다.

```
int s = 0;
int e = s;
Map<String, Integer> includes = new HashMap<>();
includes.put(gems[s], 1);
```

includes는 한 종류의 보석이 구간 내 얼마나 많이 포함되어 있는지 나타냅니다. 처음에는 배열의 가장 앞에 있는 보석을 하나 포함하고 있습니다.

이제 구간을 움직이면서 보석이 얼마나 포함되어 있는지 검사해야 합니다. 다음과 같이 유효한 구간일 때 검사를 수행할 수 있도록 반복문을 작성합니다.

```
while (s < gems.length) {
    // [s, e] 구간 검사
}
```

구간의 시작점이 배열 범위를 벗어나 버린다면 해당 구간은 유효하지 않습니다.

반복문 안에서는 구간 [s, e]가 보석을 모두 포함하고 있는지 검사해야 합니다. 이 구간 내에 있는 보석들은 includes에서 관리하고 있으므로 includes에 포함된 보석 개수를 전체 보석 개수와 비교함으로써 이를 검사할 수 있습니다.

```
if (includes.keySet().size() == gemSet.size()) {
    // 모든 보석 포함
}
```

이 경우 모든 보석을 포함하는 구간을 발견한 것입니다. 따라서 이번에 발견한 구간 [s, e]와 기존에 가지고 있던 구간 [start, end]의 길이를 비교하여 더 짧은 구간을 선택합니다.

```
if (e - s < end - start) {
    start = s;
    end = e;
}
```

구간 내 모든 보석이 포함되었다면 시작점을 뒤로 이동시켜 더 작은 구간을 검사해야 합니다. 다음과 같이 구간의 시작점에 있던 보석을 제거하고 시작점을 뒤로 이동시킵니다.

```
includes.put(gems[s], includes.get(gems[s]) - 1);
if (includes.get(gems[s]) == 0) {
    includes.remove(gems[s]);
}
s++;
```

구간 내 모든 보석이 포함되어 있지 않다면 끝점을 뒤로 이동시켜서 구간을 늘려야 합니다. 이때 끝점이 배열 범위 밖으로 나가지 않도록 유의하면서 이동시켜 줍니다. 배열 범위를 벗어난다면 남아 있는 구간으로는 모든 종류의 보석을 포함할 수 없으므로 구간 검사를 종료합니다.

```
if (includes.keySet().size() == gemSet.size()) {
    if (e - s < end - start) {
        start = s;
        end = e;
    }

    includes.put(gems[s], includes.get(gems[s]) - 1);
    if (includes.get(gems[s]) == 0) {
        includes.remove(gems[s]);
    }
    s++;
} else if (e < gems.length - 1) {
    e++;
```

```
            includes.put(gems[e], includes.getOrDefault(gems[e], 0) + 1);
    } else {
        break;
    }
```

이렇게 투 포인터의 구간 검사와 구간 이동을 모두 구현했습니다. 반복문이 종료되면 start와 end에는 문제 조건에 맞는 구간이 들어 있습니다. 다만 배열의 인덱스를 나타내므로 1을 더하여 반환합니다.

```
return new int[] {start + 1, end + 1};
```

투 포인터는 이렇게 구간을 나타내는 두 변수를 하나씩 뒤로 이동시켜 가면서 구간을 검사하는 알고리즘입니다.

전체 코드   11장/보석쇼핑.java

```
import java.util.*;

public class Solution {
    public int[] solution(String[] gems) {
        int start = 0;
        int end = gems.length - 1;

        Set<String> gemSet = new HashSet<>(List.of(gems));

        int s = 0;
        int e = s;
        Map<String, Integer> includes = new HashMap<>();
        includes.put(gems[s], 1);

        while (s < gems.length) {
            if (includes.keySet().size() == gemSet.size()) {
                if (e - s < end - start) {
                    start = s;
                    end = e;
                }

                includes.put(gems[s], includes.get(gems[s]) - 1);
                if (includes.get(gems[s]) == 0) {
                    includes.remove(gems[s]);
                }
                s++;
```

```
            } else if (e < gems.length - 1) {
                e++;
                includes.put(gems[e], includes.getOrDefault(gems[e], 0) + 1);
            } else {
                break;
            }
        }

        return new int[] {start + 1, end + 1};
    }
}
```

11.3.3 유니온 파인드

유니온 파인드(union find)는 서로소 집합(disjoint set) 자료 구조를 사용하는 알고리즘입니다. 서로소 집합은 공통된 원소를 가지고 있지 않은 2개 이상의 집합으로, 유니온 파인드에서는 모든 원소가 자신만 들어 있는 집합에 속한 상태로 시작합니다. 이후 원소들이 서로 연결되는 등 정보를 이용하여 집합이 점점 합쳐집니다.

서로소 집합의 구현은 트리를 이용합니다. 집합 내 각 원소들은 트리에서 노드로 표현되며, 트리에서 루트 노드가 같다면 같은 서로소 집합에 속합니다. 6개의 a, b, c, d, e, f 원소가 있다고 합시다. 처음에 이 원소들은 각각의 집합에 속해 있습니다. 이는 모든 원소가 별도의 트리를 구성하는 것으로 표현할 수 있습니다.

▼ 그림 11-36 초기 상태의 서로소 집합과 트리

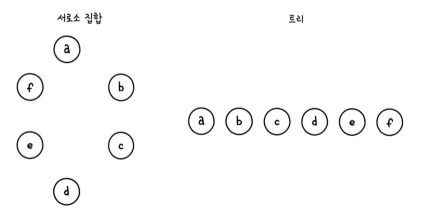

458

원소 a와 원소 b를 연결해봅시다. 서로소 집합에서는 두 원소를 하나의 집합에 넣습니다. 이는 트리에서 한 원소가 다른 원소의 자식 노드로 들어가게 해서 표현할 수 있습니다.

▼ **그림 11-37** 원소 a와 원소 b를 합친 경우의 표현

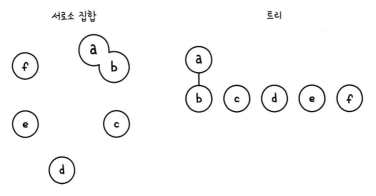

트리의 표현에서 노드 a와 노드 b는 모두 루트 노드가 a이므로 같은 서로소 집합에 속해 있음을 알 수 있습니다. 이제 노드 b와 노드 c를 합쳐 봅시다. 노드 b는 이미 부모 노드를 가지고 있으므로 노드 c의 자식 노드가 될 수 없습니다. 따라서 다음과 같이 노드 c가 노드 b의 자식 노드가 될 것입니다.

▼ **그림 11-38** 원소 a·b·c를 합친 경우의 표현

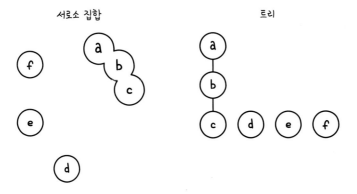

이렇게 노드를 하나씩 이어 나가다 모든 원소를 합치게 될 때, 최악의 경우 다음과 같이 트리가 일렬로 구성될 수 있습니다.

▼ **그림 11-39** 일렬로 구성된 트리

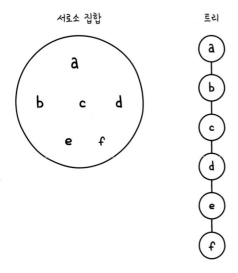

이 경우 모든 노드의 루트 노드는 a로 같기 때문에 서로소 집합은 잘 나타내지만, 실제로 같은 집합인지 검사하기 위해서는 원소 개수에 비례하는 시간 복잡도가 소요됩니다. 따라서 두 원소를 합칠 때 그저 한 트리의 루트를 노드의 자식으로 붙이기보다 더욱 효율적인 방식으로 합쳐야 합니다.

가장 간단하고 유용한 방식은 트리의 깊이를 이용하는 것입니다. 트리의 깊이가 더 얕은 트리의 루트 노드를 다른 쪽 트리에 있는 루트 노드의 자식 노드로 이어 줍니다. 이 방식대로 노드 a와 노드 b가 이어진 상태의 서로소 집합에 새로 노드 c를 추가하면 노드 a와 노드 b가 연결된 트리의 깊이는 2고 노드 c만 들어 있는 트리의 깊이는 1이므로, 노드 c가 루트 노드인 노드 a의 자식으로 들어갑니다.

▼ **그림 11-40** 트리의 깊이를 고려한 병합

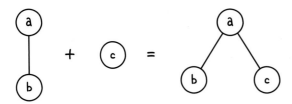

이 방식대로 트리를 구성하면 트리의 깊이는 합친 두 트리의 깊이가 같을 때만 증가합니다. 따라서 전체 원소 개수가 N일 때 O(logN)의 시간 복잡도 만에 두 원소가 같은 서로소 집합에 있는지 검사할 수 있습니다.

이는 다음과 같이 하나의 노드를 나타내는 클래스로 구현할 수 있습니다.

```java
private static class Node {
    private int depth = 1;
    private Node parent = null;

    public boolean isConnected(Node o) {
        return root() == o.root();
    }

    public void merge(Node o) {
        if (isConnected(o)) return;

        Node root1 = root();
        Node root2 = o.root();

        if (root1.depth > root2.depth) {
            root2.parent = root1;
        } else if (root1.depth < root2.depth) {
            root1.parent = root2;
        } else {
            root2.parent = root1;
            root1.depth += 1;
        }
    }

    private Node root() {
        if (parent == null) return this;
        return parent.root();
    }
}
```

또 다른 최적화 기법으로 서브 트리의 깊이에 따라 합치는 대신, 루트 노드를 구할 때 부모 노드를 루트 노드로 업데이트하는 방법이 있습니다. 이 방식을 이용하면 루트 노드를 제외한 모든 노드의 부모 노드가 바로 루트 노드가 되기 때문에 O(1) 만에 같은 집합에 속하는지를 검사할 수 있습니다. 이를 구현한 Node 클래스는 다음과 같습니다.

```
private static class Node {
    private Node parent = null;

    public boolean isConnected(Node o) {
        return root() == o.root();
    }

    public void merge(Node o) {
        if (isConnected(o)) return;
        o.root.parent = this;
    }

    private Node root() {
        if (parent == null) return this;
        return parent = parent.root();
    }
}
```

이 방식은 구현도 간단하고 시간 복잡도도 더 작기 때문에 많이 사용됩니다.

문제 ⑤③

섬 연결하기 - Level 3

URL https://school.programmers.co.kr/learn/courses/30/lessons/42861

n개의 섬 사이에 다리를 건설하는 비용(costs)이 주어질 때, 최소의 비용으로 모든 섬이 서로 통행 가능하도록 만들 때 필요한 최소 비용을 return하도록 solution을 완성하세요.

다리를 여러 번 건너더라도, 도달할 수만 있으면 통행 가능하다고 봅니다. 예를 들어 A 섬과 B 섬 사이에 다리가 있고, B 섬과 C 섬 사이에 다리가 있으면 A 섬과 C 섬은 서로 통행 가능합니다.

제한 사항

- 섬의 개수 n은 1 이상 100 이하입니다.
- costs의 길이는 ((n - 1) * n) / 2이하입니다.
- 임의의 i에 대해, costs[i][0] 와 costs[i][1]에는 다리가 연결되는 두 섬의 번호가 들어 있고, costs[i][2]에는 이 두 섬을 연결하는 다리를 건설할 때 드는 비용입니다.
- 같은 연결은 두 번 주어지지 않습니다. 또한 순서가 바뀌더라도 같은 연결로 봅니다. 즉 0과 1 사이를 연결하는 비용이 주어졌을 때, 1과 0의 비용이 주어지지 않습니다.
- 모든 섬 사이의 다리 건설 비용이 주어지지 않습니다. 이 경우, 두 섬 사이의 건설이 불가능한 것으로 봅니다.
- 연결할 수 없는 섬은 주어지지 않습니다.

입출력 예

n	costs	return
4	[[0,1,1],[0,2,2],[1,2,5],[1,3,1],[2,3,8]]	4

입출력 예 설명

costs를 그림으로 표현하면 다음과 같으며, 이때 초록색 경로로 연결하는 것이 가장 적은 비용으로 모두를 통행할 수 있도록 만드는 방법입니다.

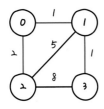

이것은 그래프에 포함된 정점을 최소 비용으로 모두 연결하는 문제입니다. 이 문제에서 이미 연결되어 있는 두 정점을 연결하는 것은 무의미합니다. 따라서 이전에 연결되지 않은 정점들을 계속해서 연결해야 합니다.

이렇게 계속 연결하다 보면 결국 모든 정점이 연결되고, 가장 효율적인 방식으로 연결했기 때문에 두 정점 사이의 경로는 하나만 있습니다. 이렇게 해서 구성된 정점들과 간선들은 트리 모양을 이룹니다. 이처럼 간선에 가중치가 있는 그래프에서 간선의 가중치 합이 최소가 되는 트리를 **최소 신장 트리(minimum spanning tree)**라고 합니다.

최소 신장 트리는 아주 간단한 방법으로 얻을 수 있습니다. 간선을 가중치 순으로 정렬한 후 순서대로 순회하면서 연결되지 않은 두 정점을 잇는 간선을 채택해 나가면 됩니다. 이 방식으로 최소 신장 트리를 구하는 것을 **크루스칼 알고리즘(kruskal algorithm)**이라고 합니다. 크루스칼 알고리즘은 두 정점이 연결되었는지 검사하기 위해 유니온 파인드를 활용합니다.

다음과 같이 서로소 집합의 노드를 나타내는 Node 클래스를 작성합니다.

```
private static class Node {
    private int depth = 1;
    private Node parent = null;

    public boolean isConnected(Node o) {
        return root() == o.root();
    }

    public void merge(Node o) {
        if (isConnected(o)) return;

        Node root1 = root();
        Node root2 = o.root();

        if (root1.depth > root2.depth) {
            root2.parent = root1;
        } else if (root1.depth < root2.depth) {
            root1.parent = root2;
        } else {
            root2.parent = root1;
            root1.depth += 1;
        }
    }
```

```
        }

        private Node root() {
            if (parent == null) return this;
            return parent.root();
        }
    }
```

또 입력받은 간선을 나타내는 Edge 클래스를 작성합니다.

```
private static class Edge {
    public final int u;
    public final int v;
    public final int cost;

    private Edge(int u, int v, int cost) {
        this.u = u;
        this.v = v;
        this.cost = cost;
    }
}
```

solution() 메서드에서는 간선을 비용 순으로 가지고 있어야 합니다. 다음과 같이 입력받은 배열 costs를 비용 순으로 정렬된 배열 Edge로 변환합니다.

```
Edge[] edges = Arrays.stream(costs)
        .map(edge -> new Edge(edge[0], edge[1], edge[2]))
        .sorted(Comparator.comparingInt(e -> e.cost))
        .toArray(Edge[]::new);
```

그래프의 각 정점을 나타내기 위해 다음과 같이 크기 n의 배열 nodes를 생성한 후 각 객체를 생성합니다.

```
Node[] nodes = new Node[n];
for (int i = 0; i < n; i++) {
    nodes[i] = new Node();
}
```

이제 모든 간선을 순회하며 연결되어 있지 않은 간선을 이어 주고 비용을 누적하면 됩니다. Node 클래스를 사용하면 두 노드가 연결되어 있는지 알 수 있고, 두 서로소 집합을 합치는 것도 merge() 메서드로 구현되어 있기 때문에 다음과 같이 작성할 수 있습니다.

```java
int totalCost = 0;
for (Edge edge : edges) {
    Node node1 = nodes[edge.u];
    Node node2 = nodes[edge.v];

    if (node1.isConnected(node2)) continue;
    node1.merge(node2);
    totalCost += edge.cost;
}

return totalCost;
```

이렇게 유니온 파인드를 활용한 크루스칼 알고리즘으로 문제를 해결했습니다.

전체 코드   11장/섬연결하기.java

```java
import java.util.Arrays;
import java.util.Comparator;

public class Solution {
    private static class Node {
        private int depth = 1;
        private Node parent = null;

        public boolean isConnected(Node o) {
            return root() == o.root();
        }

        public void merge(Node o) {
            if (isConnected(o)) return;

            Node root1 = root();
            Node root2 = o.root();

            if (root1.depth > root2.depth) {
                root2.parent = root1;
            } else if (root1.depth < root2.depth) {
                root1.parent = root2;
```

```
            } else {
                root2.parent = root1;
                root1.depth += 1;
            }
        }

        private Node root() {
            if (parent == null) return this;
            return parent.root();
        }
    }

    private static class Edge {
        public final int u;
        public final int v;
        public final int cost;

        private Edge(int u, int v, int cost) {
            this.u = u;
            this.v = v;
            this.cost = cost;
        }
    }

    public int solution(int n, int[][] costs) {
        Edge[] edges = Arrays.stream(costs)
                .map(edge -> new Edge(edge[0], edge[1], edge[2]))
                .sorted(Comparator.comparingInt(e -> e.cost))
                .toArray(Edge[]::new);

        Node[] nodes = new Node[n];
        for (int i = 0; i < n; i++) {
            nodes[i] = new Node();
        }

        int totalCost = 0;
        for (Edge edge : edges) {
            Node node1 = nodes[edge.u];
            Node node2 = nodes[edge.v];

            if (node1.isConnected(node2)) continue;
            node1.merge(node2);
            totalCost += edge.cost;
```

```
        }

        return totalCost;
    }
}
```

문제 54

호텔 방 배정 - Level 4

URL https://programmers.co.kr/learn/courses/30/lessons/64063

[본 문제는 정확성과 효율성 테스트 각각 점수가 있는 문제입니다.]

"스노우타운"에서 호텔을 운영하고 있는 "스카피"는 호텔에 투숙하려는 고객들에게 방을 배정하려 합니다. 호텔에는 방이 총 k개 있으며, 각각의 방은 1번부터 k번까지 번호로 구분하고 있습니다. 처음에는 모든 방이 비어 있으며 "스카피"는 다음과 같은 규칙에 따라 고객에게 방을 배정하려고 합니다.

1. 한 번에 한 명씩 신청한 순서대로 방을 배정합니다.
2. 고객은 투숙하기 원하는 방 번호를 제출합니다.
3. 고객이 원하는 방이 비어 있다면 즉시 배정합니다.
4. 고객이 원하는 방이 이미 배정되어 있으면 원하는 방보다 번호가 크면서 비어 있는 방 중 가장 번호가 작은 방을 배정합니다.

예를 들어, 방이 총 10개이고, 고객들이 원하는 방 번호가 순서대로 [1, 3, 4, 1, 3, 1]일 경우 다음과 같이 방을 배정받게 됩니다.

원하는 방 번호	배정된 방 번호
1	1
3	3
4	4
1	2
3	5
1	6

전체 방 개수 k와 고객들이 원하는 방 번호가 순서대로 들어 있는 배열 room_number가 매개변수로 주어질 때, 각 고객에게 배정되는 방 번호를 순서대로 배열에 담아 return하도록 solution 함수를 완성해주세요.

제한 사항

- k는 1 이상 1012 이하인 자연수입니다.
- room_number 배열의 크기는 1 이상 200,000 이하입니다.
- room_number 배열 각 원소들의 값은 1 이상 k 이하인 자연수입니다.
- room_number 배열은 모든 고객이 방을 배정받을 수 있는 경우만 입력으로 주어집니다.
  - 예를 들어, k = 5, room_number = [5, 5]와 같은 경우는 방을 배정받지 못하는 고객이 발생하므로 이런 경우는 입력으로 주어지지 않습니다.

k	room_number	result
10	[1,3,4,1,3,1]	[1,3,4,2,5,6]

입출력 예에 대한 설명

입출력 예 #1

문제의 예시와 같습니다.

첫 번째~세 번째 고객까지는 원하는 방이 비어 있으므로 즉시 배정받을 수 있습니다. 네 번째 고객의 경우 1번 방을 배정받기를 원했는데, 1번 방은 빈 방이 아니므로, 1번보다 번호가 크고 비어 있는 방 중에서 가장 번호가 작은 방을 배정해야 합니다. 1번 보다 번호가 크면서 비어 있는 방은 [2번, 5번, 6번...] 방이며, 이중 가장 번호가 작은 방은 2번 방입니다. 따라서 네 번째 고객은 2번 방을 배정받습니다. 마찬가지로 5, 6번째 고객은 각각 5번, 6번 방을 배정받게 됩니다.

문제 풀이

이 문제에서는 이미 등장한 방 번호가 다시 입력되었다면 인접한 방 번호 중 이미 등장한 번호들은 건너뛰고 등장하지 않은 방 번호를 찾아야 합니다. 따라서 연속한 방 번호들을 하나의 집합으로 관리하여 집합 내 방 번호가 등장했을 때 (집합 내 최댓값 + 1)을 새로운 방 번호로 부여할 수 있어야 합니다.

등장하는 방 번호를 서로소 집합의 원소로 하여 유니온 파인드를 진행하면 이를 구현할 수 있습니다. 이를 위해 다음과 같이 기존 Node 클래스에 노드가 가지는 최댓값을 나타내는 필드 max를 선언하고, 서로소 집합에서 최댓값을 구하는 max() 메서드를 작성합니다.

```
private static class Node {
    private int depth = 1;
    private Node parent = null;

    private long max;

    public Node(long value) {
        max = value;
    }

    public boolean isConnected(Node o) {
        return root() == o.root();
```

```
    }

    public long max() {
        return root().max;
    }

    public void merge(Node o) {
        if (isConnected(o)) return;

        Node root1 = root();
        Node root2 = o.root();

        if (root1.depth > root2.depth) {
            root2.parent = root1;
        } else if (root1.depth < root2.depth) {
            root1.parent = root2;
        } else {
            root2.parent = root1;
            root1.depth += 1;
        }

        root1.max = root2.max = Math.max(root1.max, root2.max);
    }

    private Node root() {
        if (parent == null) return this;
        return parent.root();
    }
}
```

solution() 메서드에서는 입력받은 방 번호를 순회하여 실제 배정받은 방 번호를 구해야 합니다. 우선 정답을 담을 수 있도록 List 변수 assigned를 선언하고, 이를 배열로 변환하여 반환하겠습니다.

```
List<Long> assigned = new ArrayList<>();

// 유니온 파인드 수행


return assigned.stream().mapToLong(Long::longValue).toArray();
```

이 문제에서는 방 번호가 1012까지 입력될 수 있으므로 배열로 원소를 모두 관리할 수 없습니다. 따라서 다음과 같이 방 번호에 대한 Node 객체를 담을 수 있도록 Map을 이용하여 서로소 집합의 원소를 관리합니다.

```
Map<Long, Node> nodes = new HashMap<>();
```

이제 입력받은 방 번호를 순회하여 방을 배정해봅시다. nodes에 입력받은 방 번호에 대한 Node 객체가 없다면 해당 방 번호는 등장한 적이 없습니다. 따라서 입력받은 방 번호를 그대로 배정할 수 있습니다.

하지만 nodes에 입력받은 방 번호가 있다면 이는 이미 배정된 방 번호이므로 해당 방 번호가 포함된 서로소 집합에서 가장 큰 값 + 1의 방 번호를 배정해야 합니다. 이렇게 배정되는 방 번호를 구할 수 있으며, 이는 다음과 같이 구현할 수 있습니다.

```
for (long number : roomNumbers) {
    if (nodes.containsKey(number)) {
        number = nodes.get(number).max() + 1;
    }

    // number 방 실제 배정하기

    assigned.add(number);
}
```

배정받는 방은 이미 등장한 방 번호일때만 달라지므로 해당 조건일 때만 방 번호를 변경하면 됩니다. 이렇게 구한 number는 실제로 배정되는 방이므로 정답 리스트 assigned에 넣어 줍니다.

number 방을 배정하게 되었으므로 이를 서로소 집합에서 처리해야 합니다. number는 새로 등장한 방 번호임이 확실하므로 다음과 같이 새로운 Node 객체를 생성하고 nodes에 넣어 줍니다.

```
Node node = new Node(number);
nodes.put(number, node);
```

또 연속한 방 번호들과 합쳐야 하므로 다음과 같이 이전 번호와 다음 번호의 노드들과 합칩니다.

```
if (nodes.containsKey(number - 1)) {
    node.merge(nodes.get(number - 1));
```

```
    }
    if (nodes.containsKey(number + 1)) {
        node.merge(nodes.get(number + 1));
    }
```

이렇게 하면 방을 배정하고, 인접하게 배정된 방을 하나의 집합으로 묶어 해당 집합 내 방 번호
가 입력되었을 때 배정될 수 있는 방 번호를 알 수 있습니다.

전체 코드   11장/호텔방배정.java

```java
import java.util.ArrayList;
import java.util.HashMap;
import java.util.List;
import java.util.Map;

public class Solution {
    private static class Node {
        private int depth = 1;
        private Node parent = null;

        private long max;

        public Node(long value) {
            max = value;
        }

        public boolean isConnected(Node o) {
            return root() == o.root();
        }

        public long max() {
            return root().max;
        }

        public void merge(Node o) {
            if (isConnected(o)) return;

            Node root1 = root();
            Node root2 = o.root();

            if (root1.depth > root2.depth) {
                root2.parent = root1;
            } else if (root1.depth < root2.depth) {
                root1.parent = root2;
```

```java
            } else {
                root2.parent = root1;
                root1.depth += 1;
            }

            root1.max = root2.max = Math.max(root1.max, root2.max);
        }

        private Node root() {
            if (parent == null) return this;
            return parent.root();
        }
    }

    public long[] solution(long k, long[] roomNumbers) {
        List<Long> assigned = new ArrayList<>();

        Map<Long, Node> nodes = new HashMap<>();
        for (long number : roomNumbers) {
            if (nodes.containsKey(number)) {
                number = nodes.get(number).max() + 1;
            }

            Node node = new Node(number);
            nodes.put(number, node);
            if (nodes.containsKey(number - 1)) {
                node.merge(nodes.get(number - 1));
            }
            if (nodes.containsKey(number + 1)) {
                node.merge(nodes.get(number + 1));
            }

            assigned.add(number);
        }

        return assigned.stream().mapToLong(Long::longValue).toArray();
    }
}
```

11.3.4 트라이

트라이(trie)는 트리의 일종으로, 문자열을 다루는 자료 구조입니다. 각 노드는 문자 하나와 문자열 완성 여부를 나타내며, 트라이를 어떤 경로로 타고 내려가는지에 따라 문자열이 조합됩니다. 예를 들어 ant, anti, aunt, any, but을 트라이로 나타내면 다음 그림과 같습니다.

▼ **그림 11-41** 트라이

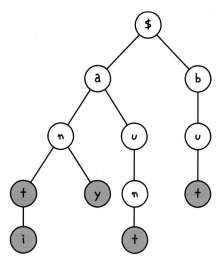

⬤ : 문자열이 완성되는 노드

이처럼 트라이는 알파벳에 따라 자식 노드를 선택해 가며 문자열을 탐색할 수 있습니다.

가사 검색 - Level 4

URL https://school.programmers.co.kr/learn/courses/30/lessons/60060

[본 문제는 정확성과 효율성 테스트 각각 점수가 있는 문제입니다.]

친구들로부터 천재 프로그래머로 불리는 "**프로도**"는 음악을 하는 친구로부터 자신이 좋아하는 노래 가사에 사용된 단어들 중에 특정 키워드가 몇 개 포함되어 있는지 궁금하니 프로그램으로 개발해달라는 제안을 받았습니다.

그 제안 사항 중, 키워드는 와일드카드 문자 중 하나인 '?'가 포함된 패턴 형태의 문자열을 뜻합니다. 와일드카드 문자인 '?'는 글자 하나를 의미하며, 어떤 문자에도 매치된다고 가정합니다. 예를 들어 "fro??"는 "frodo", "front", "frost" 등에 매치되지만 "frame", "frozen"에는 매치되지 않습니다.

가사에 사용된 모든 단어들이 담긴 배열 words와 찾고자 하는 키워드가 담긴 배열 queries가 주어질 때 키워드별로 매치된 단어가 몇 개인지 **순서대로** 배열에 담아 반환하도록 solution 함수를 완성해주세요.

가사 단어 제한 사항

- words의 길이(가사 단어의 개수)는 2 이상 100,000 이하입니다.
- 각 가사 단어의 길이는 1 이상 10,000 이하로 빈 문자열인 경우는 없습니다.
- 전체 가사 단어 길이의 합은 2 이상 1,000,000 이하입니다.
- 가사에 동일 단어가 여러 번 나올 경우 중복을 제거하고 words에는 하나로만 제공됩니다.
- 각 가사 단어는 오직 알파벳 소문자로만 구성되어 있으며, 특수 문자나 숫자는 포함하지 않는 것으로 가정합니다.

검색 키워드 제한 사항

- queries의 길이(검색 키워드 개수)는 2 이상 100,000 이하입니다.
- 각 검색 키워드의 길이는 1 이상 10,000 이하로 빈 문자열인 경우는 없습니다.
- 전체 검색 키워드 길이의 합은 2 이상 1,000,000 이하입니다.
- 검색 키워드는 중복될 수도 있습니다.
- 각 검색 키워드는 오직 알파벳 소문자와 와일드카드 문자인 '?' 로만 구성되어 있으며, 특수 문자나 숫자는 포함하지 않는 것으로 가정합니다.
- 검색 키워드는 와일드카드 문자인 '?'가 하나 이상 포함돼 있으며, '?'는 각 검색 키워드의 접두사 아니면 접미사 중 하나로만 주어집니다.
  - 예를 들어 "??odo", "fro??", "?????"는 가능한 키워드입니다.
  - 반면에 "frodo"('?'가 없음), "fr?do"('?'가 중간에 있음), "?ro??"('?'가 양쪽에 있음)는 불가능한 키워드입니다.

words	queries	result
["frodo", "front", "frost", "frozen", "frame", "kakao"]	["fro??", "????o", "fr???", "fro???", "pro?"]	[3, 2, 4, 1, 0]

입출력 예에 대한 설명

- "fro??"는 "frodo", "front", "frost"에 매치되므로 3입니다.
- "????o"는 "frodo", "kakao"에 매치되므로 2입니다.
- "fr???"는 "frodo", "front", "frost", "frame"에 매치되므로 4입니다.
- "fro???"는 "frozen"에 매치되므로 1입니다.
- "pro?"는 매치되는 가사 단어가 없으므로 0입니다.

문제 풀이

이 문제에서는 주어진 단어 중 쿼리에 해당하는 단어를 검색해야 합니다. 가장 먼저 떠오르는 방법은 정규표현식을 사용하는 방법일 것입니다. 쿼리의 ?를 .로 치환한 후 입력받은 각 단어에 대한 검사를 진행하면 쿼리에 일치하는 단어인지 알 수 있습니다. 하지만 이 방법은 쿼리별로 모든 단어를 순회해야 하기 때문에 단어 개수를 W, 단어 길이를 L, 쿼리 개수를 Q라고 한다면 $O(WLQ)$의 시간 복잡도가 소요됩니다. 전체 단어의 길이 합은 최대 1,000,000이므로 WL의 최대가 1,000,000이고, Q는 최대 100,000이므로 시간 제한을 통과하지 못하는 풀이임을 알 수 있습니다.

이렇게 여러 단어에서 일치하는 문자들을 검색할 때 트라이가 유용하게 활용됩니다. 우선 쿼리의 뒷부분에 ?가 나오는 경우를 생각해봅시다. 입력받은 단어들을 이용하여 트라이를 구성해놓으면 쿼리를 구성하는 문자로 노드를 하나씩 타고 내려갈 수 있습니다.

그런데 진행 중 ?를 만나면 ? 개수만큼 진행 후 완료되는 단어 개수를 세야 합니다. 이것을 완전 탐색으로 구현한다면 ??????처럼 ?가 연속해서 등장하는 쿼리를 검사할 때는 탐색 공간이 기하급수적으로 증가하게 됩니다. 이는 트라이를 구성하는 각 노드에 완성되는 단어까지 몇 개의 문자가 남았는지 정보를 저장해주면 해결할 수 있습니다.

예를 들어 입출력 예의 ["frodo", "front", "frost", "frozen", "frame", "kakao"]를 이용하여 구성된 트라이는 다음 그림과 같습니다.

▼ **그림 11-42** 예제 입력으로 구성된 트라이

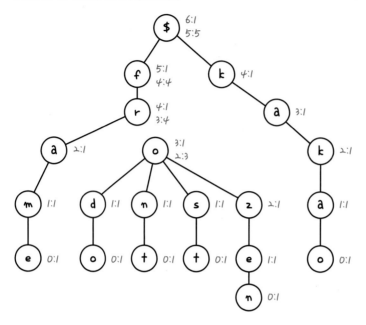

이렇게 트라이를 구성해 놓으면 ? 개수로 바로 몇 개의 단어가 일치하는지 검사할 수 있습니다. 예를 들어 fro??는 f-r-o로 진행한 후 ? 개수인 2만큼 진행되었을 때 완성되는 단어 개수를 확인하면 3개의 단어가 일치함을 확인할 수 있습니다.

▼ **그림 11-43** 쿼리 fro??의 검사 과정

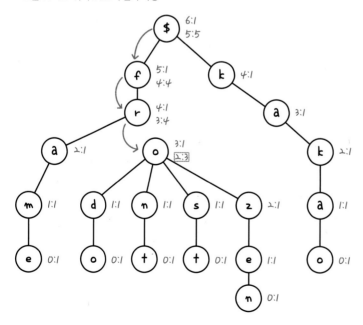

이런 트라이를 구현하기 위해 다음과 같이 ? 개수별로 완성되는 단어 개수를 나타내는 terminals와 자식 노드들을 나타내는 children을 갖는 Node 클래스를 작성합시다.

```java
private static class Node {
    private final Map<Integer, Integer> terminals = new HashMap<>();
    private final Map<Character, Node> children = new HashMap<>();
}
```

이 노드를 이용하여 트라이를 구성해봅시다. 트라이를 구성하려면 단어가 입력되어야 합니다. 또 하나의 노드는 단어의 한 문자를 나타냅니다. 따라서 단어 word와 단어 내 문자 인덱스 offset을 입력받아 트라이를 구성할 수 있습니다. 이를 위해 add() 메서드를 선언합니다.

```java
public void add(String word, int offset) {
}
```

우선 이 단어가 완성될 때까지 필요한 ? 개수를 구해봅시다. 현재 문자가 offset 위치에 있고, 단어 길이는 word.length()이므로 단어가 완성되기까지 필요한 ? 개수는 word.length() - offset으로 구할 수 있습니다. 이를 terminals에 누적시킵니다.

```java
int length = word.length() - offset;
terminals.put(length, terminals.getOrDefault(length, 0) + 1);
```

length는 단어가 완성되기까지 추가로 필요한 문자 개수입니다. 이 값이 0보다 크다면 아직 단어를 모두 트라이에 저장하지 않은 것이므로 다음과 같이 자식 노드에 이어서 트라이를 구성합니다.

```java
if (length > 0) {
    char c = word.charAt(offset);
    Node child = children.getOrDefault(c, new Node());
    child.add(word, offset + 1);
    children.put(c, child);
}
```

트라이가 구성되었으므로 트라이에서 단어를 검색해봅시다. 검색할 때도 마찬가지로 하나의 노드는 하나의 문자를 나타내므로 단어와 인덱스를 이용하여 노드를 순회해 나가야 합니다. 다음과 같이 쿼리에 해당하는 단어 개수를 반환하는 count( ) 메서드를 선언합시다.

```java
public int count(String query, int offset) {
}
```

쿼리에서 검사하는 문자가 ?라면 terminals를 이용하여 바로 개수를 구할 수 있습니다. ? 개수는 query.length( ) - offset이므로 다음과 같이 작성됩니다.

```java
if (query.charAt(offset) == '?') {
    return terminals.getOrDefault(query.length() - offset, 0);
}
```

쿼리에 해당하는 단어가 트라이에는 없을 수 있습니다. 다음과 같이 트라이에서 더 이상 탐색할 수 없는 경우에 대한 예외 처리를 합니다.

```java
char c = query.charAt(offset);
if (!children.containsKey(c)) return 0;
```

문자에 해당하는 자식 노드가 있다면 해당 노드로 탐색을 진행합니다.

```java
return children.get(c).count(query, offset + 1);
```

이제 트라이를 구성할 수 있고, ?로 끝나는 쿼리들을 검사할 수 있게 되었습니다. 하지만 아직 ?로 시작하는 쿼리에 대한 처리 방법은 생각하지 않았습니다. 문자열에서는 특정 패턴으로 시작하는 문자열을 뒤집을 경우 해당 패턴의 반전 패턴으로 끝나는 문자열이 됩니다.

이 문제의 쿼리 또한 마찬가지입니다. ?로 시작하는 쿼리들을 뒤집으면 ?로 끝나는 쿼리가 됩니다. 이 쿼리들은 당연히 뒤집힌 단어들을 나타내기 때문에 뒤집힌 단어들로 구성된 트라이를 하나 더 구성해야 합니다.

solution() 메서드에서 다음과 같이 순방향 단어들로 구성된 트라이와 뒤집힌 단어들로 구성된 트라이를 만들어 줍니다.

```
Node trie = new Node();
Node reversedTrie = new Node();
for (String word : words) {
    trie.add(word, 0);
    reversedTrie.add(new StringBuilder(word).reverse().toString(), 0);
}
```

쿼리는 ?가 앞에 있냐 뒤에 있냐에 따라 알맞은 트라이를 선택하여 검색을 진행하면 됩니다. 이를 위해 다음과 같이 count() 메서드를 작성합니다.

```
private int count(String query, Node trie, Node reversedTrie) {
    if (query.startsWith("?")) {
        return reversedTrie.count(new StringBuilder(query).reverse().toString(), 0);
    }

    return trie.count(query, 0);
}
```

다시 solution() 메서드에서는 queries에 속해 있는 모든 쿼리를 count() 메서드로 검색할 수 있습니다.

```
return Arrays.stream(queries)
        .mapToInt(query -> count(query, trie, reversedTrie))
        .toArray();
```

이렇게 트라이를 이용하면 빠르게 문자열을 검색할 수 있습니다.

```java
import java.util.Arrays;
import java.util.HashMap;
import java.util.Map;

public class Solution {
    private static class Node {
        private final Map<Integer, Integer> terminals = new HashMap<>();
        private final Map<Character, Node> children = new HashMap<>();

        public void add(String word, int offset) {
            int length = word.length() - offset;
            terminals.put(length, terminals.getOrDefault(length, 0) + 1);

            if (length > 0) {
                char c = word.charAt(offset);
                Node child = children.getOrDefault(c, new Node());
                child.add(word, offset + 1);
                children.put(c, child);
            }
        }

        public int count(String query, int offset) {
            if (query.charAt(offset) == '?') {
                return terminals.getOrDefault(query.length() - offset, 0);
            }

            char c = query.charAt(offset);
            if (!children.containsKey(c)) return 0;
            return children.get(c).count(query, offset + 1);
        }
    }

    private int count(String query, Node trie, Node reversedTrie) {
        if (query.startsWith("?")) {
            return reversedTrie.count(new StringBuilder(query).reverse().toString(), 0);
        }

        return trie.count(query, 0);
    }

    public int[] solution(String[] words, String[] queries) {
        Node trie = new Node();
```

```
        Node reversedTrie = new Node();
        for (String word : words) {
            trie.add(word, 0);
            reversedTrie.add(new StringBuilder(word).reverse().toString(), 0);
        }

        return Arrays.stream(queries)
                .mapToInt(query -> count(query, trie, reversedTrie))
                .toArray();
    }
}
```

이 장에서는 다양한 자료 구조를 살펴보았습니다. 각 자료 구조별로 해결할 수 있는 문제들이 다르므로 자료 구조를 활용하는 연습을 충분히 해보길 권장합니다.

구현

SECTION 1	주의해야 할 점
SECTION 2	문제에서 이야기하는 대로 만들기
SECTION 3	완전 탐색 기반으로 풀기
SECTION 4	그리디 알고리즘

코딩 테스트에서는 자료 구조나 알고리즘 외에도 문제를 구현하기 위한 로직을 얼마나 탄탄하게 구성하고, 이를 코드로 잘 옮길 수 있는지 확인하는 문제가 종종 출제됩니다. 이를 위해서는 여러 가지 경우의 수를 따져 보고, 자신의 생각을 코드로 작성할 수 있어야 합니다.

12.1 / 주의해야 할 점

시뮬레이션 혹은 구현 문제를 처음 접하면 생각나는 대로 코드를 작성하다 실수하는 경우가 많습니다. 이런 실수를 줄이려면 어떤 점에 주의해야 하는지 살펴봅시다.

12.1.1 구현이 어려운 문제인 이유

구현 문제는 이미 알고 있는 알고리즘이나 자료 구조를 응용하는 것뿐만 아니라 직접 문제를 해결할 수 있는 규칙을 세우고, 이를 코드로 옮겨야 합니다. 규칙을 복잡하게 설정해야 할수록, 그리고 작성해야 하는 코드가 복잡할수록 구현 문제를 풀 때 실수를 많이 합니다.

12.1.2 문제 나누어서 생각하기: 모듈화

실수를 줄이는 가장 쉬운 방법은 모듈화하는 것입니다. 코드를 한 번에 작성하지 않고, 역할별로 나누어 부분적으로 작성해 나가면 한 번에 한 가지만 집중할 수 있습니다. 모듈화 핵심은 코드를 역할별로 나눈다는 것입니다. 코드 역할을 고려하지 않고 단순히 코드를 짧게 분리시키기만 한다면 오히려 로직을 따라가고자 이곳저곳을 옮겨 다니며 코드를 읽어야 하므로 코드가 번잡해집니다.

모듈화에서 가장 작은 단위는 메서드입니다. 따라서 처음에는 역할별로 메서드를 분리하여 작성해봅시다. 하나의 메서드에서 하나의 작업만 처리할 수 있도록 한다면 메서드를 작성할 때 오로지 하나의 부분 로직에만 집중할 수 있습니다. 메서드를 작성할 때는 메서드가 동작할 수 있는 최소한의 매개변수를 받도록 합니다. 최소한의 매개변수를 정의할 수 있다는 것은 메서드 역할을 확실히 정의했다는 의미입니다. 따라서 메서드가 담당하는 역할에 따라 최소한의 매개변수를 찾고, 실제 구현에서도 해당 매개변수들만 사용할 수 있도록 합시다.

또 클래스를 분리하는 것도 아주 좋은 방법입니다. 데이터를 담는 클래스를 작성하고, 클래스의 메서드로 해당 클래스의 객체를 다루는 방법을 작성한다면 마찬가지로 하나의 부분 로직에만 집중할 수 있습니다. 클래스 또한 역할을 고려하여 최소한의 데이터와 메서드를 포함하도록 작성합니다. 하나의 클래스가 너무 많은 데이터와 메서드를 가진다면 여러 개의 클래스로 분리하는 것도 좋은 방법 중 하나입니다.

이렇게 메서드나 클래스를 역할별로 분리하여 작성하면 해당 메서드나 클래스를 작성할 때만 부분 로직을 신경 쓰면 됩니다. 일단 메서드나 클래스는 한 번 작성 완료하면 해당 부분의 로직은 더 이상 신경 쓰지 않아도 되고, 그 역할만 기억하고 다른 부분 로직을 작성할 때 사용하면 됩니다.

처음에는 메서드나 클래스를 역할별로 나누기 어려울 수 있습니다. 이때는 문제가 어떻게 구성되어 있는지 확인하고, 문제 자체를 나누어서 생각해봅시다. 처음부터 끝까지 하나의 로직으로만 구성되는 문제는 없습니다. 대부분의 문제는 단계별 로직으로 하나의 단계가 종료되면 다음 단계로 넘어가는 구조입니다. 이 단계별 구조를 파악하면 코드를 역할별로 분리할 수 있는 첫 번째 힌트가 될 것입니다.

12.1.3 디버깅 빨리하기

모듈화가 잘된 코드는 디버깅도 쉽게 할 수 있습니다. 코드가 단계별로, 또 역할별로 분리되어 있기 때문에 중간중간 로그를 찍어 보는 것만으로도 어떤 단계에서 어떤 역할이 제대로 동작하고 있는지 파악할 수 있습니다.

또 하나의 단계 혹은 역할을 하는 메서드나 클래스를 작성할 때마다 임의의 입력을 넣고 코드를 실행해보세요. 실행한 결과가 방금 작성한 메서드나 클래스의 역할에 부합한다면 작성한 코드가 정상적으로 동작한다고 믿고 다음 단계로 진행할 수 있습니다.

물론 직접 입력 데이터를 작성해야 하기 때문에 모든 경우의 수를 판단할 수는 없지만 간단한 실수나 로직상 문제는 초기에 잡아낼 수 있습니다. 이는 전체 코드를 작성하고 하나하나 디버깅하는 것보다 훨씬 빠르게 코드를 작성하는 것으로 이어집니다.

실무에서는 이렇게 역할별로 작성된 코드가 제 역할을 다 하고 있는지 검사하려고 테스트 코드를 작성합니다. 테스트 코드는 클래스나 메서드를 호출했을 때 원하는 결과가 나오는지 검사하는 코드로, 구현상 실수를 초기에 잡아내는 데 매우 효과적입니다. 코딩 테스트 문제를 풀 때 테스트 코드는 작성할 수 없지만, 이와 비슷하게 직접 입력 값을 입력하여 코드를 실행하며 단계적으로 로그를 찍어서 각 단계들이 제 역할을 다 하고 있는지 파악할 수 있습니다.

문제에서 이야기하는 대로 만들기

구현 문제는 규칙을 찾고 생각을 코드로 옮기는 문제입니다. 최적화나 기법을 활용하기 전에 문제의 요구 조건을 이해한 그대로 옮기는 것이 문제를 더욱 효율적으로 풀 수 있습니다. 처음부터 효율성을 고려하여 여러 가지 최적화를 시도하다 보면 문제 조건과 맞지 않는 최적화를 적용하거나 시간이 부족해질 수 있습니다.

12.2.1 규칙 찾아보기

구현 문제는 규칙을 꼼꼼히 명시해 놓습니다. 로직을 생각할 때 메인 규칙과 예외 상황에 적용되는 규칙을 찾고, 이를 문제의 요구 조건에서 확인하여 처리해야 합니다. 문제에서 제공하는 대부분의 규칙은 시간 복잡도와 관련된 입력 크기 제한이나 예외 경우를 제외하는 규칙들입니다. 이런 규칙들을 잘 살펴보지 않으면 실제로 입력에서는 주어지지 않는 예외 경우들을 처리하느라 시간을 허비할 수 있습니다.

12.2.2 다양한 문제 풀이

스킬 트리 - Level 2
URL https://school.programmers.co.kr/learn/courses/30/lessons/49993

선행 스킬이란 어떤 스킬을 배우기 전에 먼저 배워야 하는 스킬을 뜻합니다.

예를 들어 선행 스킬 순서가 스파크 → 라이트닝 볼트 → 썬더일 때 썬더를 배우려면 먼저 라이트닝 볼트를 배워야 하고, 라이트닝 볼트를 배우려면 먼저 스파크를 배워야 합니다.

위 순서에 없는 다른 스킬(힐링 등)은 순서에 상관없이 배울 수 있습니다. 따라서 스파크 → 힐링 → 라이트닝 볼트 → 썬더와 같은 스킬 트리는 가능하지만, 썬더 → 스파크나 라이트닝 볼트 → 스파크 → 힐링 → 썬더와 같은 스킬 트리는 불가능합니다.

선행 스킬 순서 skill과 유저들이 만든 스킬 트리(유저가 스킬을 배울 순서)를 담은 배열 skill_trees가 매개변수로 주어질 때, 가능한 스킬 트리 개수를 return하는 solution 함수를 작성해주세요.

제한 조건

- 스킬은 알파벳 대문자로 표기하며, 모든 문자열은 알파벳 대문자로만 이루어져 있습니다.
- 스킬 순서와 스킬 트리는 문자열로 표기합니다.
  - 예를 들어, C → B → D라면 "CBD"로 표기합니다.
- 선행 스킬 순서 skill의 길이는 1 이상 26 이하이며, 스킬은 중복해주어지지 않습니다.
- skill_trees는 길이 1 이상 20 이하인 배열입니다.
- skill_trees의 원소는 스킬을 나타내는 문자열입니다.
  - skill_trees의 원소는 길이가 2 이상 26 이하인 문자열이며, 스킬이 중복해주어지지 않습니다.

입출력 예

skill	skill_trees	return
"CBD"	["BACDE", "CBADF", "AECB", "BDA"]	2

입출력 예 설명

- "BACDE": B 스킬을 배우기 전에 C 스킬을 먼저 배워야 합니다. 불가능한 스킬 트리입니다.
- "CBADF": 가능한 스킬 트리입니다.
- "AECB": 가능한 스킬 트리입니다.
- "BDA": B 스킬을 배우기 전에 C 스킬을 먼저 배워야 합니다. 불가능한 스킬 트리입니다.

문제 풀이

가능한 스킬 트리가 되려면 skill에 주어진 알파벳이 skill에서 등장한 순서대로 나와야 합니다. 즉, skill에 포함되지 않은 문자들은 정답에 영향을 주지 않습니다. 따라서 skill에 포함되지 않은 문자들을 제거할 수 있습니다.

skill에 포함된 문자만 남은 문자열이 유효한 스킬 트리가 되려면 다음 검사를 통과해야 합니다.

1. skill에 등장한 순서가 유지되어야 합니다.

2. skill의 앞에서부터 나와야 하므로 skill 문자열의 앞부분, 즉 prefix가 되어야 합니다.

먼저 다음과 같이 입력되는 스킬 트리를 Stream으로 변환합니다. 이렇게 하면 변환 작업과 검사 작업을 간단하게 작성할 수 있습니다.

```
Arrays.stream(skillTrees)
```

> **잠깐만요**
>
> 통일된 코딩 스타일을 위해 매개변수 skill_trees 이름을 skillTrees로 변경했습니다.

정규표현식과 replaceAll() 메서드를 사용하여 skill에 등장하지 않는 문자들은 제거합니다. 정규표현식에서 [^abc]는 abc를 제외한 모든 문자이므로 abc 자리에 skill에 포함된 문자들을 넣어 주면 skill에 등장하지 않는 문자들을 쉽게 제거할 수 있습니다.

```
Arrays.stream(skillTrees)
        .map(s -> s.replaceAll("[^" + skill + "]", ""))
```

이제 skill에 포함되는 문자들만 남았습니다. 이 문자열이 skill의 prefix인지 filter()와 startsWith() 메서드로 검사합니다.

```
Arrays.stream(skillTrees)
        .map(s -> s.replaceAll("[^" + skill + "]", ""))
        .filter(skill::startsWith)
```

마지막으로 이렇게 검사를 통과한 원소 개수를 세어 반환합니다.

```
return (int) Arrays.stream(skillTrees)
        .map(s -> s.replaceAll("[^" + skill + "]", ""))
        .filter(skill::startsWith)
        .count();
```

이렇게 문제 조건을 이해하고, 단계별로 구현해서 문제를 간단하게 풀 수 있습니다.

```java
import java.util.Arrays;

public class Solution {
    public int solution(String skill, String[] skillTrees) {
        return (int) Arrays.stream(skillTrees)
                .map(s -> s.replaceAll("[^" + skill + "]", ""))
                .filter(skill::startsWith)
                .count();
    }
}
```

키패드 누르기 - Level 1

URL https://school.programmers.co.kr/learn/courses/30/lessons/67256

스마트폰 전화 키패드의 각 칸에 다음과 같이 숫자들이 적혀 있습니다.

이 전화 키패드에서 왼손과 오른손의 엄지손가락만을 이용해서 숫자만을 입력하려고 합니다.

맨 처음 왼손 엄지손가락은 * 키패드에 오른손 엄지손가락은 # 키패드 위치에서 시작하며, 엄지손가락을 사용하는 규칙은 다음과 같습니다.

1. 엄지손가락은 상하좌우 4가지 방향으로만 이동할 수 있으며 키패드 이동 한 칸은 거리로 1에 해당합니다.
2. 왼쪽 열의 3개의 숫자 1, 4, 7을 입력할 때는 왼손 엄지손가락을 사용합니다.
3. 오른쪽 열의 3개의 숫사 3, 6, 9를 입력할 때는 오른손 임지손가락을 사용합니다.
4. 가운데 열의 4개의 숫자 2, 5, 8, 0을 입력할 때는 두 엄지손가락의 현재 키패드의 위치에서 더 가까운 엄지손가락을 사용합니다.

   4-1. 만약 두 엄지손가락의 거리가 같다면, 오른손잡이는 오른손 엄지손가락, 왼손잡이는 왼손 엄지손가락을 사용합니다.

순서대로 누를 번호가 담긴 배열 numbers, 왼손잡이인지 오른손잡이인지를 나타내는 문자열 hand가 매개변수로 주어질 때, 각 번호를 누른 엄지손가락이 왼손인지 오른손인지를 나타내는 연속된 문자열 형태로 return하도록 solution 함수를 완성해주세요.

제한 사항

- numbers 배열의 크기는 1 이상 1,000 이하입니다.
- numbers 배열 원소의 값은 0 이상 9 이하인 정수입니다.
- hand는 "left" 또는 "right"입니다.
  - "left"는 왼손잡이, "right"는 오른손잡이를 의미합니다.
- 왼손 엄지손가락을 사용한 경우는 L, 오른손 엄지손가락을 사용한 경우는 R을 순서대로 이어 붙여 문자열 형태로 return해주세요.

입출력 예

numbers	hand	result
[1, 3, 4, 5, 8, 2, 1, 4, 5, 9, 5]	"right"	"LRLLLRLLRRL"
[7, 0, 8, 2, 8, 3, 1, 5, 7, 6, 2]	"left"	"LRLLRRLLLRR"
[1, 2, 3, 4, 5, 6, 7, 8, 9, 0]	"right"	"LLRLLRLLRL"

입출력 예에 대한 설명

입출력 예 #1

순서대로 눌러야 할 번호가 [1, 3, 4, 5, 8, 2, 1, 4, 5, 9, 5]이고, 오른손잡이입니다.

왼손 위치	오른손 위치	눌러야 할 숫자	사용한 손	설명
*	#	1	L	1은 왼손으로 누릅니다.
1	#	3	R	3은 오른손으로 누릅니다.
1	3	4	L	4는 왼손으로 누릅니다.
4	3	5	L	왼손 거리는 1, 오른손 거리는 2이므로 왼손으로 5를 누릅니다.
5	3	8	L	왼손 거리는 1, 오른손 거리는 3이므로 왼손으로 8을 누릅니다.
8	3	2	R	왼손 거리는 2, 오른손 거리는 1이므로 오른손으로 2를 누릅니다.
8	2	1	L	1은 왼손으로 누릅니다.
1	2	4	L	4는 왼손으로 누릅니다.
4	2	5	R	왼손 거리와 오른손 거리가 1로 같으므로, 오른손으로 5를 누릅니다.
4	5	9	R	9는 오른손으로 누릅니다.
4	9	5	L	왼손 거리는 1, 오른손 거리는 2이므로 왼손으로 5를 누릅니다.
5	9	-	-	

따라서 "LRLLLRLLRRL"을 return합니다.

입출력 예 #2

왼손잡이가 [7, 0, 8, 2, 8, 3, 1, 5, 7, 6, 2]를 순서대로 누르면 사용한 손은 "LRLLRRLLLRR"이 됩니다.

입출력 예 #3

오른손잡이가 [1, 2, 3, 4, 5, 6, 7, 8, 9, 0]을 순서대로 누르면 사용한 손은 "LLRLLRLLRL"이 됩니다.

이 문제에서는 왼손과 오른손 거리에 따라 알맞은 손을 찾아야 합니다. 이렇게 구현할 내용이 많을 때는 문제에 꼭 단계별로 접근해야 합니다. 우선 어느 쪽 손가락으로 키패드를 누를 것인지 파악하려면 숫자별로 키패드 위치를 파악해야 합니다. 이를 위해 키패드 숫자를 살펴봅시다.

1. 키패드 숫자의 위치 찾기

1부터 9까지 순서대로 있고, 0은 가장 아래 줄에 있습니다. 이를 x, y 좌표로 변환하면 다음과 같이 작성할 수 있습니다.

```
private int getX(int number) {
    if (number == 0) return 1;
    return (number - 1) % 3;
}

private int getY(int number) {
    if (number == 0) return 3;
    return (number - 1) / 3;
}
```

getX()와 getY() 메서드로 숫자를 키패드상의 위치로 변환할 수 있게 되었습니다.

2. 플레이어의 손 상태 나타내기

이제 손을 나타내 봅시다. 손은 현재 위치를 가지고 있어야 하며, 이 위치에 따라 키패드 숫자의 거리를 알 수 있어야 합니다. 여러 데이터와 동작하므로 Hand 클래스로 구현해주겠습니다. Hand 클래스에서 가지고 있어야 할 것들은 다음과 같습니다.

1. 해당 손만 담당하는 키패드 위치

2. 어느 쪽 손인지

3. 현재 엄지 손가락 위치

이를 다음과 같이 작성합니다.

```
private static class Hand {
    private final int baseX;
    public final String hand;
    public final float preference;
```

```
        private int x;
        private int y;

        public Hand(String hand, boolean isPreferred, int x) {
            this.hand = hand;
            this.baseX = x;
            this.preference = isPreferred ? 0.5f : 0;
            this.x = x;
            this.y = 3;
        }
    }
```

preference는 사용자가 오른손잡이인지 왼손잡이인지에 따라 결정되는 값입니다. 오른쪽
엄지 손가락과 왼쪽 엄지 손가락이 누르고자 하는 위치와 같은 거리에 있으면 사용자의 주
손에 따라 사용할 손이 결정됩니다. 주 손에서 계산되는 거리를 0.5만큼 뺀 값으로 계산하면
같은 거리일 때 주 손의 거리가 더 짧게 측정됩니다.

이처럼 거리는 x와 y 좌표를 사용하여 구한 값에서 preference 값을 빼야 합니다. 또 baseX
를 이용하여 해당 손만 누를 수 있는 번호는 따로 처리합니다. 이를 distance( ) 메서드에 구
현해보겠습니다.

```
public float distance(int x, int y) {
    if (x == baseX) return 0;
    int distance = Math.abs(x - this.x) + Math.abs(y - this.y);
    return distance - preference;
}
```

마지막으로 실제로 엄지 손가락 위치를 이동시켜 주는 move( ) 메서드를 작성합니다.

```
public void move(int x, int y) {
    this.x = x;
    this.y = y;
}
```

Hand 클래스 작성을 완료했습니다. 더 이상 Hand에서 처리하는 로직인 거리 구하기, 엄지 손
가락 움직이기 등 로직은 신경 쓰지 않아도 됩니다.

3. 키패드의 숫자 누르기

이제 각 손에서 계산한 거리에 따라 어느 손가락을 사용할지 정하고, 해당 손 위치를 번호 위치로 옮겨 줍니다. 이를 위한 press() 메서드를 다음과 같이 작성합니다.

```java
private Hand press(int number, Hand right, Hand left) {
    int x = getX(number);
    int y = getY(number);

    float rDistance = right.distance(x, y);
    float lDistance = left.distance(x, y);

    Hand hand = right;
    if (lDistance < rDistance) {
        hand = left;
    }
    hand.move(x, y);
    return hand;
}
```

이처럼 press() 메서드로 키패드 숫자가 입력되었을 때 어느 손으로 누를지 결정하고 누를 수 있게 되었습니다.

4. 입력 처리하기

solution() 메서드에서는 다음과 같이 오른손과 왼손을 정의합니다.

```java
Hand right = new Hand("R", hand.equals("right"), 2);
Hand left = new Hand("L", hand.equals("left"), 0);
```

입력되는 숫자를 순서대로 처리하기 위해 다음과 같이 Stream으로 변환합니다.

```java
Arrays.stream(numbers)
```

앞서 작성한 press()로 해당 번호를 누르고, 누른 손의 문자로 변환합니다.

```java
Arrays.stream(numbers)
        .mapToObj(n -> press(n, right, left).hand)
```

이제 Stream을 문자열로 변환하여 반환합니다.

```
return Arrays.stream(numbers)
        .mapToObj(n -> press(n, right, left).hand)
        .collect(Collectors.joining());
```

이처럼 복잡해보이는 문제도 천천히 단계별로 작성해나가다 보면 결국 쉽고 간단한 구현들의 조합이 됩니다. 처음부터 모든 것을 구현하려고 하지 말고 하나씩 구현해나가는 연습을 해보세요.

전체 코드

12장/키패드누르기.java

```java
import java.util.Arrays;
import java.util.stream.Collectors;

public class Solution {
    private static class Hand {
        private final int baseX;
        public final String hand;
        public final float preference;
        private int x;
        private int y;

        public Hand(String hand, boolean isPreferred, int x) {
            this.hand = hand;
            this.baseX = x;
            this.preference = isPreferred ? 0.5f : 0;
            this.x = x;
            this.y = 3;
        }

        public float distance(int x, int y) {
            if (x == baseX) return 0;
            int distance = Math.abs(x - this.x) + Math.abs(y - this.y);
            return distance - preference;
        }

        public void move(int x, int y) {
            this.x = x;
            this.y = y;
        }
    }
```

```java
    private int getX(int number) {
        if (number == 0) return 1;
        return (number - 1) % 3;
    }

    private int getY(int number) {
        if (number == 0) return 3;
        return (number - 1) / 3;
    }

    private Hand press(int number, Hand right, Hand left) {
        int x = getX(number);
        int y = getY(number);

        float rDistance = right.distance(x, y);
        float lDistance = left.distance(x, y);

        Hand hand = right;
        if (lDistance < rDistance) {
            hand = left;
        }
        hand.move(x, y);
        return hand;
    }

    public String solution(int[] numbers, String hand) {
        Hand right = new Hand("R", hand.equals("right"), 2);
        Hand left = new Hand("L", hand.equals("left"), 0);

        return Arrays.stream(numbers)
                .mapToObj(n -> press(n, right, left).hand)
                .collect(Collectors.joining());
    }
}
```

12.3 / 완전 탐색 기반으로 풀기

SECTION

6장에서 완전 탐색을 간략히 살펴본 적이 있습니다. 이번에는 자료 구조를 이용한 두 완전 탐색을 자세히 알아보고, 이를 이용한 구현 문제를 살펴보겠습니다.

완전 탐색에서는 상태 전이를 이용해서 탐색합니다. 주어진 숫자에 +1, −1 혹은 ×2를 적용하여 원하는 숫자를 찾는 경우를 생각해봅시다. 가장 처음 주어지는 숫자가 10이라면 탐색 공간은 다음 그림과 같이 구성됩니다.

▼ **그림 12-1** 탐색 공간

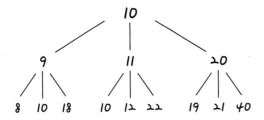

두 가지 완전 탐색 방법을 이용하여 각 탐색 방법이 그림 12-1의 탐색 공간을 어떻게 탐색해나가는지 살펴봅시다.

12.3.1 깊이 우선 탐색(DFS)

깊이 우선 탐색(Depth First Search, DFS)은 가장 기본적인 완전 탐색 알고리즘으로, 재귀를 이용하면 쉽게 구현할 수 있습니다. DFS는 **탐색 공간이 제한**되어 있고, **탐색 공간 내 탐색 목표가 있는지 검사**할 때 유용하게 사용됩니다.

DFS의 탐색 순서

DFS는 재귀로 구현되므로 재귀 특성을 갖습니다. 따라서 현재 검사하는 상태에서 **전이할 수 있는 상태가 있으면 해당 상태로 우선 전이**합니다.

1. 탐색 공간의 깊이 제한

DFS는 이런 재귀 특성 때문에 **탐색 공간의 깊이가 제한되어 있지 않은 문제에서는 적용하기 힘듭니다.** 예를 들어 앞의 예시 문제는 −1, +1 혹은 ×2를 무한히 진행할 수 있습니다. 이런 문제에서 DFS를 진행하면 다음 그림과 같이 원하는 값에 도달하지 못하고 잘못된 방향으로만 전이할 수도 있습니다.

▼ **그림 12-2** 잘못된 방향으로 전이되는 DFS

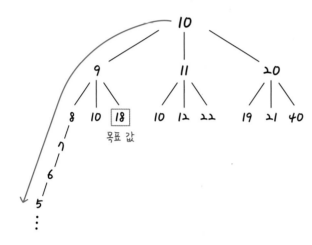

따라서 DFS는 탐색 공간 깊이가 제한되어 있어 모든 탐색 공간을 탐색할 수 있을 때만 적용해야 합니다.

2. 최단 경로를 찾지 못함

또 DFS는 목표 상태까지 최단 경로를 찾지 못합니다. 예시 문제의 탐색 깊이를 4로 제한해 봅시다. 전체 탐색 공간은 다음 그림과 같습니다.

▼ **그림 12-3** 탐색 깊이가 4일 때 전체 탐색 공간

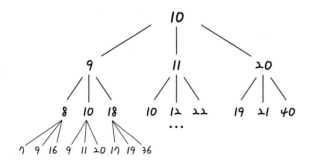

여기에서 20을 탐색하는 최단 경로는 다음 그림과 같이 10에서 바로 20으로 전이하는 경로입니다.

▼ **그림 12-4** 20을 탐색하는 최단 경로

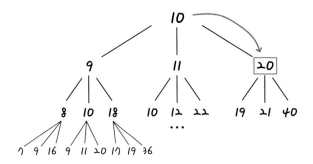

하지만 이를 DFS로 구현하면 전이 가능한 상태로 우선 전이하기 때문에 다음 그림과 같이 다른 경로의 20을 탐색하게 됩니다.

▼ **그림 12-5** DFS로 20을 탐색하는 경로

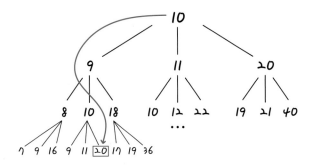

이처럼 DFS로는 탐색 공간 내 목표 상태가 있음은 확인할 수 있지만 해당 목표 상태로 가는 최단 경로는 찾지 못합니다.

3. 작은 공간 복잡도

이처럼 DFS는 탐색 공간의 제약도 있고 최단 경로도 찾을 수 없습니다. 그렇다면 왜 DFS를 알아야 할까요? DFS는 전이할 수 있으면 바로 전이하는 특성 덕분에 작은 공간 복잡도를 가지고 있습니다.

탐색 공간의 최대 깊이가 H일 때 DFS는 O(H)의 공간 복잡도를 소요합니다. 이는 굉장히 효율적인 공간 복잡도이며, 탐색 공간의 크기가 크지만 유한할 때 DFS를 적용할 수 있습니다.

12.3.2 DFS: 스택

DFS는 재귀로 구현됩니다. 재귀는 콜 스택이 쌓이는 형식이기 때문에 직접 스택으로 구현할 수도 있습니다. DFS를 스택으로 구현하는 것은 대부분 다음 코드 템플릿을 따릅니다.

```java
// (1) 방문 검사 배열
boolean[] isVisited = new boolean[N];

Stack<Integer> stack = new Stack<>();
// (2) 초기 상태
stack.add(/* initialState= */ 0);

// (3) 탐색 진행
while (!stack.isEmpty()) {
    int state = stack.pop();

    // (4) 중복 검사
    if (isVisited[state]) continue;
    isVisited[state] = true;

    // (5) 현재 상태 처리
    /* 현재 상태 state 처리 */

    // (6) 전이 상태 생성
    for (int next : getNextStates(state)) {
        // (7) 범위 검사
        if (!/* 범위 검사 조건 */) {
            // 문제 범위를 벗어나는 상태는 제외합니다.
            continue;
        }

        // (8) 유효성 검사
        if (!/* 유효성 검사 조건 */) {
            // 문제의 조건을 어기는 상태는 제외합니다.
            continue;
        }

        // (9) 상태 전이
        stack.push(next);
    }
}
```

이 DFS 코드 템플릿을 자세히 살펴봅시다.

1. 방문 검사 배열

순회하는 상태들의 방문 상태를 담는 배열을 정의합니다. 방문 검사 배열은 10장의 메모이제이션 배열처럼 상태를 구성하는 상태 변수 개수에 따라 결정되며, 해당 상태의 방문 여부를 담는 boolean 타입의 원소를 갖습니다.

탐색 공간이 너무 커서 배열로 모든 상태를 나타내기 힘들다면 Set을 이용하여 중복 검사를할 수 있습니다. 하지만 Set을 이용하고 상태를 나타내려고 State 클래스를 새로 작성한 경우라면 equals()와 hashCode() 메서드를 반드시 오버라이딩해야 합니다. 그렇지 않으면 같은 상태라고 하더라도 객체가 다를 경우 Set으로 중복 검사를 할 수 없습니다.

2. 초기 상태

스택에 탐색을 시작할 초기 상태를 넣어 줍니다. DFS는 해당 초기 상태부터 진행합니다.

3. 탐색 진행

스택에는 앞으로 탐색해야 할 탐색 공간이 들어 있습니다. 따라서 스택이 비워질 때까지 탐색을 진행함으로써 전체 탐색 공간을 탐색할 수 있습니다.

4. 중복 검사

DFS 진행 중 이전에 방문했던 상태를 다시 만날 수도 있습니다. 같은 상태를 두 번 검사하는 것을 방지하려고 중복 검사를 진행합니다.

5. 현재 상태 처리

정답 검사나 값 누적 등 현재 상태를 이용하는 내용을 처리합니다.

6. 전이 상태 생성

문제의 전이 조건을 이용하여 현재 상태에서 전이될 수 있는 다음 상태들을 생성합니다. 해당 상태들은 범위 검사와 유효성 검사를 이용하여 실제로 전이될 수 있는 상태인지 검사한 후 전이됩니다.

7. 범위 검사

전이 후보 상태가 문제에서 제시된 범위를 벗어나지 않는지 검사합니다. 범위를 벗어난다면 탐색할 필요도 없고 방문 검사 배열에도 담을 수 없기 때문에 다음 전이 후보 상태로 넘어갑니다.

8. 유효성 검사

전이 후보 상태가 유효한 조건인지 검사합니다. 문제 조건을 만족하지 않는 상태라면 실제로 존재할 수 없는 상태이므로 다음 전이 후보 상태로 넘어갑니다.

9. 상태 전이

범위 검사와 유효성 검사를 통과한 전이 후보 상태는 실제로 전이할 수 있는 상태로, 스택에 넣어서 탐색 공간에 추가합니다.

재귀를 이용하는 구현과 스택을 이용하는 구현은 재귀 호출을 할 때 발생하는 메서드 오버헤드를 제외하고는 성능상 큰 차이가 없습니다. 따라서 코딩 테스트에서 DFS 문제 대부분은 구현하기 더 편한 방식을 선택하여 사용하면 됩니다.

문제 58

타겟 넘버 - Level 2

URL https://school.programmers.co.kr/learn/courses/30/lessons/43165

n개의 음이 아닌 정수들이 있습니다. 이 정수들을 순서를 바꾸지 않고 적절히 더하거나 빼서 타깃 넘버를 만들려고 합니다. 예를 들어 [1, 1, 1, 1, 1]로 숫자 3을 만들려면 다음 다섯 방법을 쓸 수 있습니다.

-1+1+1+1+1 = 3

+1-1+1+1+1 = 3

+1+1-1+1+1 = 3

+1+1+1-1+1 = 3

+1+1+1+1-1 = 3

사용할 수 있는 숫자가 담긴 배열 numbers, 타깃 넘버 target이 매개변수로 주어질 때 숫자를 적절히 더하고 빼서 타깃 넘버를 만드는 방법의 수를 return하도록 solution 함수를 작성해주세요.

제한 사항

- 주어지는 숫자의 개수는 2개 이상 20개 이하입니다.
- 각 숫자는 1 이상 50 이하인 자연수입니다.
- 타깃 넘버는 1 이상 1000 이하인 자연수입니다.

입출력 예

numbers	target	return
[1, 1, 1, 1, 1]	3	5
[4, 1, 2, 1]	4	2

입출력 예 설명

입출력 예 #1

문제 예시와 같습니다.

입출력 예 #2

+4+1-2+1 = 4

+4-1+2-1 = 4

- 총 2가지 방법이 있으므로, 2를 return합니다.

이 문제에서는 상태가 전이될 때마다 앞에서부터 연산자를 결정할 수 있습니다. 따라서 하나의 상태는 연산자를 결정할 index 위치와 현재까지 결정된 연산자로 결정된 값 acc로 구성할 수 있습니다.

```
private static class State {
    public final int index;
    public final int acc;

    State(int index, int acc) {
        this.index = index;
        this.acc = acc;
    }
}
```

이제 템플릿을 따라 DFS를 작성해봅시다.

1. 방문 검사 배열

이 문제에서는 한 번 탐색할 때마다 탐색 공간에서 서로 다른 경로를 선택합니다. 또 서로 다른 방식으로 도달한 상태는 서로 다른 연산자를 쓰게 되므로 중복이 발생하지 않습니다. 따라서 중복 검사가 필요 없으므로 방문 검사 배열 또한 사용하지 않아도 됩니다.

2. 초기 상태

초기 상태는 아무런 연산자도 정해지지 않았고, 아무런 값도 누적되지 않았을 경우입니다. 따라서 다음과 같이 스택에 초기 상태를 넣어 줄 수 있습니다.

```
Stack<State> s = new Stack<>();
s.push(new State(0, 0));
```

3. 탐색 진행

전체 탐색 공간의 탐색을 진행합니다.

```
while (!s.isEmpty()) {
    State state = s.pop();
```

```
    // state 처리, 전이
}
```

4. 중복 검사

이 문제에서는 중복이 발생하지 않기 때문에 중복 검사가 필요하지 않습니다.

5. 현재 상태 처리

모든 연산자가 정해질 때는 탐색의 최대 깊이에 도달했을 경우입니다. 따라서 이 경우 타깃 넘버만큼 누적되었는지 검사하여 그 경우의 수를 세야 합니다.

```
int count = 0;

while (!s.isEmpty()) {
    State state = s.pop();

    if (state.index == numbers.length) {
        if (state.acc == target) count++;
        continue;
    }

    // 상태 전이
}
```

6. 전이 상태 생성

상태를 전이할 때는 연산자를 선택하게 됩니다. 따라서 +를 선택한 경우와 −를 선택한 경우로 전이할 수 있습니다.

```
// −를 선택한 경우
new State(state.index + 1, state.acc - numbers[state.index]);
// +를 선택한 경우
new State(state.index + 1, state.acc + numbers[state.index]);
```

7. 범위 검사

이 문제는 연산 중 나올 수 있는 값에 대해 별도의 범위가 정해져 있지 않기 때문에 범위 검사는 필요하지 않습니다.

8. 유효성 검사

연산 중 나올 수 있는 값은 모두 정수로 유효한 값이므로 유효성 검사는 필요하지 않습니다.

9. 상태 전이

범위 검사와 유효성 검사를 통과하지 못하는 전이 후보 상태가 없기 때문에 모든 후보 상태로 전이할 수 있습니다.

```
// +를 선택한 경우
s.push(new State(state.index + 1, state.acc - numbers[state.index]));
// -를 선택한 경우
s.push(new State(state.index + 1, state.acc + numbers[state.index]));
```

마지막으로 DFS를 이용하여 세어 준 경우의 수를 반환합니다.

```
return count;
```

이렇게 스택을 이용한 DFS로 문제를 해결할 수 있었습니다.

전체 코드

12장/타겟넘버.java

```java
import java.util.Stack;

public class Solution {
    private static class State {
        public final int index;
        public final int acc;

        State(int index, int acc) {
            this.index = index;
            this.acc = acc;
        }
    }
```

```java
public int solution(int[] numbers, int target) {
    Stack<State> s = new Stack<>();
    s.push(new State(0, 0));

    int count = 0;

    while (!s.isEmpty()) {
        State state = s.pop();

        if (state.index == numbers.length) {
            if (state.acc == target) count++;
            continue;
        }

        // +를 선택한 경우
        s.push(new State(state.index + 1, state.acc - numbers[state.index]));
        // -를 선택한 경우
        s.push(new State(state.index + 1, state.acc + numbers[state.index]));
    }

    return count;
}
```

네트워크 - Level 3

URL https://school.programmers.co.kr/learn/courses/30/lessons/43162

네트워크란 컴퓨터 상호 간에 정보를 교환할 수 있도록 연결된 형태를 의미합니다. 예를 들어 컴퓨터 A와 컴퓨터 B가 직접적으로 연결되어 있고, 컴퓨터 B와 컴퓨터 C가 직접적으로 연결되어 있을 때 컴퓨터 A와 컴퓨터 C도 간접적으로 연결되어 정보를 교환할 수 있습니다. 따라서 컴퓨터 A, B, C는 모두 같은 네트워크상에 있다고 할 수 있습니다.

컴퓨터의 개수 n, 연결에 대한 정보가 담긴 2차원 배열 computers가 매개변수로 주어질 때, 네트워크의 개수를 return하도록 solution 함수를 작성하세요.

제한 사항

- 컴퓨터의 개수 n은 1 이상 200 이하인 자연수입니다.
- 각 컴퓨터는 0부터 n-1인 정수로 표현합니다.
- i번 컴퓨터와 j번 컴퓨터가 연결되어 있으면 computers[i][j]를 1로 표현합니다.
- computer[i][i]는 항상 1입니다.

입출력 예

n	computers	return
3	[[1, 1, 0], [1, 1, 0], [0, 0, 1]]	2
3	[[1, 1, 0], [1, 1, 1], [0, 1, 1]]	1

입출력 예 설명

예제 #1

아래와 같이 2개의 네트워크가 있습니다.

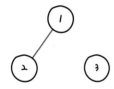

예제 #2

아래와 같이 1개의 네트워크가 있습니다.

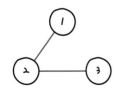

DFS를 이용하면 연결된 모든 노드를 순회할 수 있습니다. 이를 이용하여 하나의 노드에서 시작해서 연결된 노드를 모두 체크합니다. 이때 체크되지 않은 노드들은 연결되지 않은 노드들이므로 체크되지 않은 노드부터 다시 DFS를 진행할 수 있습니다.

우선 하나의 노드에서 시작해서 DFS를 진행하며, 연결된 노드들을 체크하는 visitAll() 메서드를 작성합니다. visitAll() 메서드는 DFS를 시작할 컴퓨터 번호와 컴퓨터 연결 상태를 나타내는 그래프를 매개변수로 입력받습니다.

```
private void visitAll(int computer, int[][] computers) {

}
```

이제 DFS 단계에 따라 작성하겠습니다.

1. 방문 검사 배열

이 문제에서 한 번의 DFS는 독립된 방문 배열을 가지지 않습니다. 모든 노드를 순회해야 하기 때문에 여러 번의 DFS는 하나의 방문 배열을 공유합니다. 이 방문 배열은 아래에서 다시 정의합니다.

2. 초기 상태

이 메서드에서는 computer와 연결된 모든 노드를 찾아야 합니다. DFS를 진행하고자 스택을 선언하고, 초기 상태로 computer를 넣어 줍니다.

```
Stack<Integer> stack = new Stack<>();
stack.push(computer);
```

3. 탐색 진행

탐색 공간을 순회하며 방문할 상태를 스택에서 가져옵니다.

```
while (!stack.isEmpty()) {
    int c = stack.pop();

}
```

4. 중복 검사

상태 c에 대한 중복 검사를 해야 합니다. 일반적으로 중복 검사를 위한 방문 배열은 DFS를 진행할 때 선언합니다. 이 문제에서는 연결된 노드들에 대한 정보를 visitAll() 메서드를 호출하는 쪽에서 알 수 있어야 방문하지 않은 다음 노드를 찾아낼 수 있습니다. 따라서 방문 배열 isVisited는 메서드의 매개변수로 외부에서 받아 오고, 이를 이용해서 중복 검사를 진행합니다.

```java
private void visitAll(int computer, int[][] computers, boolean[] isVisited) {
    Stack<Integer> stack = new Stack<>();
    stack.push(computer);

    while (!stack.isEmpty()) {
        int c = stack.pop();

        if (isVisited[c]) continue;
        isVisited[c] = true;

    }
}
```

5. 현재 상태 처리

이 메서드는 연결된 모든 노드를 방문해야 하는 것이 목적이므로 각 상태에 대해 특별한 처리는 하지 않아도 됩니다.

6. 전이 상태 생성

현재 상태 c에서 전이될 수 있는 상태는 c와 연결된 상태들입니다. 문제에서 주어지는 computers는 인접 행렬 그래프로, 다음과 같이 순회하며 전이 후보 상태들을 만들 수 있습니다.

```java
for (int next = 0; next < computers[c].length; next++) {

}
```

7. 범위 검사

범위 내 값들을 순회하므로 별도의 범위 검사는 필요하지 않습니다.

8. 유효성 검사

현재 상태 c와 전이 후보 상태 next가 연결된 노드이어야 합니다. 다음과 같이 연결되지 않은 전이 후보 상태는 전이 대상에서 제외시켜 줍니다.

```
for (int next = 0; next < computers[c].length; next++) {
    if (computers[c][next] == 0) continue;
}
```

9. 상태 전이

검사를 통과한 전이 후보 상태를 스택에 넣어 실제로 전이시킵니다.

```
for (int next = 0; next < computers[c].length; next++) {
    if (computers[c][next] == 0) continue;
    stack.push(next);
}
```

solution() 메서드에서는 전체 노드들에 대한 방문 정보를 가지고 있는 배열 isVisited와 네트워크 개수를 셀 answer 변수를 선언합니다.

```
boolean[] isVisited = new boolean[n];
int answer = 0;
```

이제 모든 노드를 순회하며 방문하지 않은 노드들에 대해 DFS를 수행하고, 수행한 횟수를 세어 반환합니다.

```
for (int i = 0; i < n; i++) {
    if (isVisited[i]) continue;
    visitAll(i, computers, isVisited);
    answer++;
}

return answer;
```

이 문제는 재귀를 이용한 완전 탐색으로도 해결할 수 있습니다. DFS는 재귀와 원리가 같으므로 대부분 구현하기 편한 방식으로 문제를 해결하면 됩니다.

```java
import java.util.Stack;

public class Solution {
    private void visitAll(int computer, int[][] computers, boolean[] isVisited) {
        Stack<Integer> stack = new Stack<>();
        stack.push(computer);

        while (!stack.isEmpty()) {
            int c = stack.pop();

            if (isVisited[c]) continue;
            isVisited[c] = true;

            for (int next = 0; next < computers[c].length; next++) {
                if (computers[c][next] == 0) continue;
                stack.push(next);
            }
        }
    }

    public int solution(int n, int[][] computers) {
        boolean[] isVisited = new boolean[n];
        int answer = 0;

        for (int i = 0; i < n; i++) {
            if (isVisited[i]) continue;
            visitAll(i, computers, isVisited);
            answer++;
        }

        return answer;
    }
}
```

12.3.3 너비 우선 탐색(BFS)

너비 우선 탐색(Breadth First Search, BFS)은 DFS처럼 완전 탐색 기법 중 하나로, 주로 최단 거리나 최단 시간 등 **목표 상태에 도달할 수 있는 가장 빠른 경로를 탐색**하는 데 활용됩니다.

BFS의 탐색 순서

BFS는 탐색 상태와 초기 상태 사이의 거리에 따라 주어진 탐색 공간을 탐색합니다. 즉, **초기 상태에서 가까운 상태부터 탐색**합니다. 따라서 목표 상태를 발견했다면, 해당 상태가 탐색 공간에 있는 여러 목표 상태 중 **최단 경로**에 있는 목표 상태라는 것을 알 수 있습니다.

▼ **그림 12-6** BFS의 탐색 순서

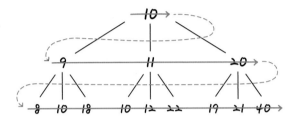

1. **탐색 공간의 깊이 제한 없음**

   BFS는 항상 최단 경로의 목표 상태를 찾아낼 수 있습니다. 따라서 탐색 공간이 아무리 깊더라도 목표 상태가 존재하기만 한다면 해당 목표 상태를 찾을 수 있습니다. 다만 목표 상태에 도달하기까지 시간 복잡도를 잘 따져 보아야 합니다.

2. **높은 공간 복잡도**

   BFS는 초기 상태의 거리에 따라 탐색을 진행합니다. 이때 같은 거리에 있는 모든 상태를 큐 자료 구조에 넣습니다. 이는 일반적으로 트리 높이보다 훨씬 큰 값으로 높은 공간 복잡도를 차지합니다. 따라서 탐색 공간에 목표 상태가 있는지 검사할 때는 DFS를, 최단 경로를 찾아야 할 때는 BFS를 사용합니다.

12.3.4 BFS: 큐

BFS는 큐 자료 구조를 이용해서 구현됩니다. DFS와 마찬가지로 큐가 탐색 공간을 나타내고, '상태를 전이시키며 탐색 공간에 추가하는 방식'으로 탐색이 진행됩니다. 다음은 BFS의 템플릿 코드입니다.

```
boolean[] isVisited = new boolean[N];

Queue<Integer> queue = new LinkedList<>();
```

```java
queue.add(/* initialState= */ 0);
isVisited[/* initialState= */ 0] = true;

while (!queue.isEmpty()) {
    int state = queue.poll();

    /* 현재 상태 state 처리 */

    for (int next : getNextStates(state)) {
        if (!/* 범위 검사 조건 */) {
            continue;
        }

        if (!/* 유효성 검사 */) {
            continue;
        }

        // 중복 검사
        if (isVisited[state]) {
            continue;
        }

        // 방문 처리
        isVisited[state] = true;
        queue.add(next);
    }
}
```

대부분 DFS의 코드와 동일합니다. 다만 두 가지 차이점이 있습니다. 하나는 탐색 공간의 자료 구조로 스택 대신 큐를 사용한다는 점입니다. 큐는 먼저 추가된 원소가 먼저 나오는 자료 구조로, 탐색을 진행할 때 초기 상태와 가까운 상태가 먼저 큐에 추가되기 때문에 BFS의 최단 경로를 찾을 수 있습니다.

다른 하나는 중복 검사 시점입니다. BFS에서는 큐에 넣는 순서대로 상태를 방문합니다. 따라서 큐에 넣으면서 방문 처리하기 때문에 큐에 불필요한 상태가 들어가는 것을 방지할 수 있습니다.

이에 따라 초기 상태를 큐에 넣어 줄 때 해당 상태에 대한 방문 처리를 합니다. 하지만 이 부분은 많은 경우 다시 초기 상태를 방문하더라도 더 이상 탐색이 진행되지 않기 때문에 생략되기도 합니다.

단어 변환 - Level 3

URL https://school.programmers.co.kr/learn/courses/30/lessons/43163

두 개의 단어 begin, target과 단어의 집합 words가 있습니다. 아래와 같은 규칙을 이용하여 begin에서 target으로 변환하는 가장 짧은 변환 과정을 찾으려고 합니다.

1. 한 번에 한 개의 알파벳만 바꿀 수 있습니다.
2. words에 있는 단어로만 변환할 수 있습니다.

예를 들어 begin이 "hit", target이 "cog", words가 ["hot","dot","dog","lot","log","cog"]라면 "hit" → "hot" → "dot" → "dog" → "cog"와 같이 4단계를 거쳐 변환할 수 있습니다.

두 개의 단어 begin, target과 단어의 집합 words가 매개변수로 주어질 때, 최소 몇 단계의 과정을 거쳐 begin을 target으로 변환할 수 있는지 return하도록 solution 함수를 작성해주세요.

제한 사항

- 각 단어는 알파벳 소문자로만 이루어져 있습니다.
- 각 단어의 길이는 3 이상 10 이하이며 모든 단어의 길이는 같습니다.
- words에는 3개 이상 50개 이하의 단어가 있으며 중복되는 단어는 없습니다.
- begin과 target은 같지 않습니다.
- 변환할 수 없는 경우에는 0를 return합니다.

입출력 예

begin	target	words	return
"hit"	"cog"	["hot", "dot", "dog", "lot", "log", "cog"]	4
"hit"	"cog"	["hot", "dot", "dog", "lot", "log"]	0

입출력 예 설명

예제 #1

문제에 나온 예와 같습니다.

예제 #2

target인 "cog"는 words 안에 없기 때문에 변환할 수 없습니다.

이 문제에서는 단어 변환 과정을 최소로 하여 목표 단어에 도달해야 합니다. 초기 상태부터 목표 단계까지 최단 경로를 찾는 문제이므로 BFS로 접근할 수 있습니다.

먼저 두 단어는 하나의 문자만 다를 때 변환될 수 있습니다. 따라서 이를 검사하는 isConvertable() 메서드를 다음과 같이 작성합니다.

```java
private boolean isConvertable(String src, String dst) {
    char[] srcArr = src.toCharArray();
    char[] dstArr = dst.toCharArray();

    int diff = 0;
    for (int i = 0; i < srcArr.length; i++) {
        if (srcArr[i] != dstArr[i]) diff++;
    }
    return diff == 1;
}
```

> **잠깐만요**
>
> 두 단어가 다르게 가지고 있는 문자를 모두 세기보다 다른 문자가 2개 이상이면 바로 변환할 수 없다고 반환하는 것이 조금 더 효율적입니다. 하지만 두 방법 모두 문자열 길이에 비례한 시간 복잡도를 가지고 있으므로 코딩 테스트에서 유의미한 차이는 아닙니다.
>
> 이렇게 시간 복잡도는 같지만 효율을 조금 높일 수 있는 최적화는 실수를 유발할 수 있어 우선 실수할 확률이 적은 간단한 코드를 작성하고 정답을 맞춘 후 최적화하는 것이 좋습니다.

1. 상태 정의

BFS 문제는 대부분 초기 상태에서 목표 상태까지 도달하는 최단 경로 길이를 찾아야 합니다. 이 문제의 경우 단어를 변환하는 횟수가 이에 해당합니다. 이 횟수는 상태와 함께 횟수를 세어 쉽게 구할 수 있습니다. 이 문제에서 하나의 상태는 단어이지만, 여기에 횟수를 포함하여 다음과 같이 작성할 수 있습니다.

```java
private static class State {
    public final String word;
    public final int step;

    private State(String word, int step) {
        this.word = word;
```

```
        this.step = step;
    }
}
```

변환 횟수 step은 정답을 구하고자 추적하는 변수일 뿐이지 상태 변수는 아닙니다. 따라서 이후에 상태에 대한 중복 검사는 word로만 합니다.

2. 방문 검사 배열

BFS를 위해 solution() 메서드에서 다음과 같이 방문 검사 배열 isVisited를 선언합니다. 이 배열은 변환 가능한 단어의 배열인 words에서 각 인덱스의 단어가 방문된 단어인지 나타냅니다.

```
boolean[] isVisited = new boolean[words.length];
```

3. 초기 상태

BFS에서 사용되는 큐를 선언하고 초기 상태를 넣어 줍니다. 초기 상태의 단어는 begin이며, 초기 단어에서 begin까지 변환 횟수가 0이기 때문에 step은 0이 됩니다.

```
Queue<State> queue = new LinkedList<>();
queue.add(new State(begin, 0));
```

잠깐만요

begin이라는 단어가 큐에 들어갔기 때문에 배열 words에서 begin의 인덱스를 찾아 방문 처리를 해야 합니다. 하지만 큐에 다시 들어간 begin이 나오기 전에 이미 begin에서 전이되는 상태들을 방문하기 때문에 정답을 찾는 데 영향을 주지 않습니다. 따라서 이 문제에서는 배열 words에서 begin 인덱스를 찾고, 해당 인덱스를 배열 isVisited에서 체크하는 것을 생략할 수 있습니다.

---

4. 탐색 진행

탐색 공간에 있는 상태를 순회하며 검사합니다.

```
while (!queue.isEmpty()) {
    State state = queue.poll();

}
```

5. 현재 상태 처리

받아 온 상태에 대한 검사로, 정답을 검사합니다. 해당 상태에 있는 단어가 target과 같으면 정답 상태에 도달한 것입니다. 이 경우 이때까지 센 변환 횟수를 반환합니다.

```
if (state.word.equals(target)) {
    return state.step;
}
```

6. 전이 상태 생성

정답이 아니라면 단어를 변환시켜 상태 전이를 수행합니다. words에 있는 모든 단어를 순회하며 전이할 수 있는 단어를 골라냅니다.

```
for (int i = 0; i < words.length; i++) {
    String next = words[i];

    // 상태 전이 검사 및 상태 전이
}
```

7. 유효성 검사

유효성 검사에서는 단어 next가 현재 상태에서 전이될 수 있는지 판단해야 합니다. 이는 isConvertable() 메서드로 검사할 수 있으므로 다음과 같이 유효성 검사를 추가합니다.

```
if (!isConvertable(state.word, next)) {
    continue;
}
```

8. 중복 검사

다음으로 배열 isVisited를 이용하여 중복 검사를 합니다.

```
if (isVisited[i]) {
    continue;
}
```

9. 방문 처리 & 상태 전이

이렇게 검사를 통과한 상태는 전이될 수 있는 상태로, 방문 처리를 하고 탐색 공간에 추가합니다.

```java
isVisited[i] = true;
queue.add(new State(next, state.step + 1));
```

모든 탐색 공간을 탐색했는데 정답 상태를 방문하지 못했다면 이는 단어를 변환할 수 있는 방법이 없는 것입니다. 따라서 이 경우에는 0을 반환합니다.

```java
return 0;
```

이렇게 BFS를 이용하여 목표 상태로 전이하는 최단 경로의 길이를 찾았습니다.

전체 코드   12장/단어변환.java

```java
import java.util.LinkedList;
import java.util.Queue;

public class Solution {
    private static class State {
        public final String word;
        public final int step;

        private State(String word, int step) {
            this.word = word;
            this.step = step;
        }
    }

    private boolean isConvertable(String src, String dst) {
        char[] srcArr = src.toCharArray();
        char[] dstArr = dst.toCharArray();

        int diff = 0;
        for (int i = 0; i < srcArr.length; i++) {
            if (srcArr[i] != dstArr[i]) diff++;
        }
        return diff == 1;
    }
```

```java
public int solution(String begin, String target, String[] words) {
    boolean[] isVisited = new boolean[words.length];

    Queue<State> queue = new LinkedList<>();
    queue.add(new State(begin, 0));

    while (!queue.isEmpty()) {
        State state = queue.poll();

        if (state.word.equals(target)) {
            return state.step;
        }

        for (int i = 0; i < words.length; i++) {
            String next = words[i];

            if (!isConvertable(state.word, next)) {
                continue;
            }

            if (isVisited[i]) {
                continue;
            }

            isVisited[i] = true;
            queue.add(new State(next, state.step + 1));
        }
    }

    return 0;
}
```

게임 맵 최단거리 - Level 3

URL https://school.programmers.co.kr/learn/courses/30/lessons/1844

ROR 게임은 두 팀으로 나누어서 진행하며, 상대 팀 진영을 먼저 파괴하면 이기는 게임입니다. 따라서, 각 팀은 상대 팀 진영에 최대한 빨리 도착하는 것이 유리합니다.

지금부터 당신은 한 팀의 팀원이 되어 게임을 진행하려고 합니다. 다음은 5 × 5 크기의 맵에, 당신의 캐릭터가 (행: 1, 열: 1) 위치에 있고, 상대 팀 진영은 (행: 5, 열: 5) 위치에 있는 경우의 예시입니다.

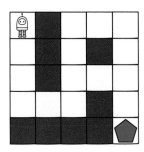

위 그림에서 검은색 부분은 벽으로 막혀 있어 갈 수 없는 길이며, 흰색 부분은 갈 수 있는 길입니다. 캐릭터가 움직일 때는 동, 서, 남, 북 방향으로 한 칸씩 이동하며, 게임 맵을 벗어난 길은 갈 수 없습니다.

아래 예시는 캐릭터가 상대 팀 진영으로 가는 두 가지 방법을 나타내고 있습니다.

• 첫 번째 방법은 11개의 칸을 지나서 상대 팀 진영에 도착했습니다.

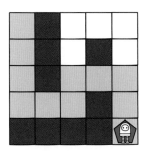

• 두 번째 방법은 15개의 칸을 지나서 상대팀 진영에 도착했습니다.

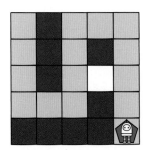

위 예시에서는 첫 번째 방법보다 더 빠르게 상대팀 진영에 도착하는 방법은 없으므로, 이 방법이 상대 팀 진영으로 가는 가장 빠른 방법입니다.

만약, 상대 팀이 자신의 팀 진영 주위에 벽을 세워 두었다면 상대 팀 진영에 도착하지 못할 수도 있습니다. 예를 들어, 다음과 같은 경우에 당신의 캐릭터는 상대 팀 진영에 도착할 수 없습니다.

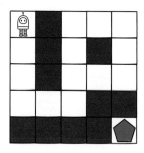

게임 맵의 상태 maps가 매개변수로 주어질 때, 캐릭터가 상대 팀 진영에 도착하기 위해서 지나가야 하는 칸의 개수의 **최솟값**을 return하도록 solution 함수를 완성해주세요. 단, 상대 팀 진영에 도착할 수 없을 때는 -1을 return해주세요.

제한 사항

- maps는 n x m 크기의 게임 맵의 상태가 들어 있는 2차원 배열로, n과 m은 각각 1 이상 100 이하의 자연수입니다.
    - n과 m은 서로 같을 수도, 다를 수도 있지만, n과 m이 모두 1인 경우는 입력으로 주어지지 않습니다.
- maps는 0과 1로만 이루어져 있으며, 0은 벽이 있는 자리, 1은 벽이 없는 자리를 나타냅니다.
- 처음에 캐릭터는 게임 맵의 좌측 상단인 (1, 1) 위치에 있으며, 상대방 진영은 게임 맵의 우측 하단인 (n, m) 위치에 있습니다.

입출력 예

maps	answer
[[1,0,1,1,1],[1,0,1,0,1],[1,0,1,1,1],[1,1,1,0,1],[0,0,0,0,1]]	11
[[1,0,1,1,1],[1,0,1,0,1],[1,0,1,1,1],[1,1,1,0,0],[0,0,0,0,1]]	-1

입출력 예 설명

입출력 예 #1

주어진 데이터는 다음과 같습니다.

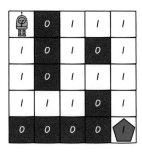

캐릭터가 적 팀의 진영까지 이동하는 가장 빠른 길은 다음 그림과 같습니다.

따라서 총 11칸을 캐릭터가 지나갔으므로 11을 return하면 됩니다.

입출력 예 #2

문제의 예시와 같으며, 상대 팀 진영에 도달할 방법이 없습니다. 따라서 -1을 return합니다.

문제 풀이

2차원 게임 맵에서 최단 거리를 찾는 문제입니다.

1. 상태 정의

2차원 지도에서 탐색을 진행해야 하므로 상태는 2차원 좌표인 x, y로 구성됩니다. 여기에 BFS를 위한 step 변수까지 포함하여 State 클래스는 다음과 같이 작성됩니다.

```
private static class State {
    public final int x;
    public final int y;
    public final int step;

    private State(int x, int y, int step) {
```

```
        this.x = x;
        this.y = y;
        this.step = step;
    }
}
```

상태는 2차원 지도에서 상하좌우로 진행될 수 있습니다. 이와 같은 좌표 변환은 dx, dy를 이용하면 쉽게 구현할 수 있습니다. 다음과 같이 배열 dx, dy를 선언합니다.

```
private static final int[] dx = {0, 1, 0, -1};
private static final int[] dy = {-1, 0, 1, 0};
```

2. 방문 검사 배열

solution( ) 메서드에서는 BFS를 진행합니다. 우선 2차원 배열에서 각 좌표의 방문 상태를 나타내는 isVisited를 게임 맵의 크기에 맞게 선언합니다.

```
boolean[][] isVisited = new boolean[maps.length][maps[0].length];
```

3. 초기 상태

BFS를 위해 큐를 선언하고, 초기 상태를 넣어 줍니다. 이 문제에서는 상태가 전이되면서 진행되는 칸 개수를 세야 합니다. 초기 상태는 한 칸으로 시작하기 때문에 step 변수는 1이 됩니다. 이때 초기 상태에 대한 중복 처리도 함께합니다.

```
Queue<State> queue = new LinkedList<>();
queue.add(new State(0, 0, 1));
isVisited[0][0] = true;
```

> **잠깐만요**
>
> 이 문제는 초기 상태를 다시 방문하더라도 정답에 영향을 주지 않으므로 초기 상태의 방문 처리를 생략할 수 있습니다. 책에서는 초기 상태의 방문 처리 구현이 간단하므로 함께 넣어 주었습니다.

4. 탐색 진행

모든 탐색 공간을 순회합니다.

```
while (!queue.isEmpty()) {
    State state = queue.poll();

}
```

5. 현재 상태 처리

먼저 상태에 대한 정답 처리를 합니다. 좌표가 게임 맵의 오른쪽 아래에 도달하는 것이 목표
상태입니다. 따라서 다음과 같이 목표 상태에 도달했는지 검사하고, 도달했다면 초기 상태부
터 세어 준 step을 반환합니다.

```
if (state.y == maps.length - 1 && state.x == maps[state.y].length - 1) {
    return state.step;
}
```

6. 전이 상태 생성

상태 전이는 dx, dy를 이용한 방향에 따른 좌표 변환으로 할 수 있습니다. 다음과 같이 배열
dx, dy를 이용하여 변환된 좌표를 계산합니다.

```
for (int d = 0; d < 4; d++) {
    int nx = state.x + dx[d];
    int ny = state.y + dy[d];

}
```

7. 범위 검사

전이 가능한 상태인지 알아보려면 가장 먼저 범위 검사를 해야 합니다. 다음과 같이 변환된
nx와 ny 좌표가 게임 맵의 범위에 들어오는지 검사합니다.

```
if (ny < 0 || ny >= maps.length || nx < 0 || nx >= maps[ny].length) {
    continue;
}
```

8. 유효성 검사

유효성 검사에서는 게임 맵 안에서 nx, ny가 벽이 없는 좌표인지 검사합니다.

```
if (maps[ny][nx] != 1) {
    continue;
}
```

9. 중복 검사

마지막으로 중복 검사에서는 이전에 방문한 적이 있는 좌표인지 검사합니다.

```
if (isVisited[ny][nx]) {
    continue;
}
```

10. 방문 처리 & 상태 전이

모든 검사를 통과했다면 전이 가능한 상태입니다. 다음과 같이 방문 처리를 하고, step 변수 값을 증가시켜 탐색 공간에 추가합니다.

```
isVisited[ny][nx] = true;
queue.add(new State(nx, ny, state.step + 1));
```

모든 탐색 공간을 탐색했는데 목표 상태를 발견하지 못했다면 목표 상태로 도달할 수 없는 경우, 즉 캐릭터가 상대 팀 진영에 도달할 수 없는 경우입니다. 이때는 -1을 반환합니다.

```
return -1;
```

이렇게 2차원 배열에서 최단 거리를 찾는 문제를 BFS를 이용해서 해결했습니다.

```java
import java.util.LinkedList;
import java.util.Queue;

public class Solution {
    private static class State {
        public final int x;
        public final int y;
        public final int step;

        private State(int x, int y, int step) {
            this.x = x;
            this.y = y;
            this.step = step;
        }
    }

    private static final int[] dx = {0, 1, 0, -1};
    private static final int[] dy = {-1, 0, 1, 0};

    public int solution(int[][] maps) {
        boolean[][] isVisited = new boolean[maps.length][maps[0].length];

        Queue<State> queue = new LinkedList<>();
        queue.add(new State(0, 0, 1));
        isVisited[0][0] = true;

        while (!queue.isEmpty()) {
            State state = queue.poll();

            if (state.y == maps.length - 1 && state.x == maps[state.y].length - 1) {
                return state.step;
            }

            for (int d = 0; d < 4; d++) {
                int nx = state.x + dx[d];
                int ny = state.y + dy[d];

                if (ny < 0 || ny >= maps.length || nx < 0 || nx >= maps[ny].length) {
                    continue;
                }

                if (maps[ny][nx] != 1) {
```

```
                continue;
            }

            if (isVisited[ny][nx]) {
                continue;
            }

            isVisited[ny][nx] = true;
            queue.add(new State(nx, ny, state.step + 1));
        }
    }

    return -1;
    }
}
```

2차원 배열에서 최단 거리나 최단 시간을 찾는 것은 BFS의 단골 소재입니다. 상태의 전이와 큐
를 이용하여 BFS를 구현하는 것에 익숙해집시다.

12.4 / 그리디 알고리즘
SECTION

마지막으로 살펴볼 구현 알고리즘은 그리디 알고리즘(Greedy Algorithm: 탐욕 알고리즘)입니
다. 그리디 알고리즘은 앞서 살펴본 완전 탐색과는 달리 모든 경우의 수를 살펴보지 않고도 최
적의 해를 구할 수 있는 알고리즘입니다.

12.4.1 현재 상황에서 최선

그리디 알고리즘에서는 하나의 상태에서 다른 상태로 전이할 때 가장 정답에 근접해지는 단 하
나의 상태로만 전이합니다. 예를 들어 5에 1이나 2를 더해서 11을 만드는 최선의 방법을 찾아
봅시다. 완전 탐색을 이용하면 10,000을 이용하는 경우부터 20,000을 이용하는 경우까지 모든
경우의 수를 살펴볼 것이므로 매우 비효율적으로 탐색하게 됩니다.

반면 그리디 알고리즘을 이용하면 탐색 중인 숫자와 목표 숫자의 차이를 이용해서 1을 더할지, 2를 더할지 결정할 수 있습니다. 두 수의 차가 2 이상이면 2를 더하고, 두 수의 차가 1일 때만 1을 더합니다. 이렇게 그리디 알고리즘은 현재 탐색하는 상태에서 최선의 상태로 전이해 나갑니다.

▼ **그림 12-7** 완전 탐색과 그리디 알고리즘의 탐색 공간

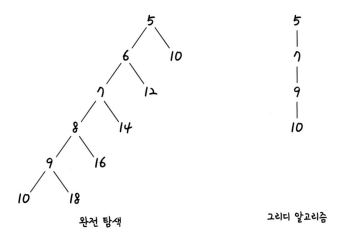

완전 탐색   그리디 알고리즘

12.4.2 결과적으로 최선인가?

하지만 현재 상태에서 최선의 상태로 전이를 하는 것이 독이 될 때가 있습니다. 이번에는 숫자 5에 2를 곱하거나 1을 더하여 14를 만드는 과정을 살펴봅시다. 5에서 2를 곱하면 10이 되고, 1을 더하면 6이 됩니다. 10으로 전이하는 것이 목표 숫자와의 차가 줄어들기 때문에 전이 상태 중에는 2를 곱하는 것이 최선의 상태로 선택됩니다.

하지만 실제로는 2를 곱하여 10으로 전이하면 이후에 1을 네 번 더해야 합니다. 반면 5에 1을 두 번 더하여 7을 만들면 이후에 2를 한 번 곱해 줌으로써 더욱 적은 연산으로 14를 만들 수 있습니다.

$$5 \xrightarrow{+1} 6 \xrightarrow{+1} 7 \xrightarrow{\times 2} 14$$

$$5 \xrightarrow{\times 2} 10 \xrightarrow{+1} 11 \xrightarrow{+1} 12 \xrightarrow{+1} 13 \xrightarrow{+1} 14$$

이처럼 하나의 상태에서 최선의 상태로 전이하더라도 이것이 문제를 해결할 수 있는 최선의 과정은 아닐 수 있습니다. 최선의 상태로 전이하는 것이 문제 정답으로 접근하는 최선의 전이인지 잘 파악해야 합니다.

12.4.3 다양한 문제 풀이

그리디 알고리즘을 이용하면 부분 문제의 최적해를 이용하여 전체 문제의 최적해를 찾을 수 있습니다. 몇 가지 문제에 그리디 알고리즘을 적용해봅시다.

체육복 - Level 1

URL https://programmers.co.kr/learn/courses/30/lessons/42862

점심시간에 도둑이 들어, 일부 학생이 체육복을 도난당했습니다. 다행히 여벌 체육복이 있는 학생이 이들에게 체육복을 빌려주려 합니다. 학생들의 번호는 체격 순으로 매겨져 있어, 바로 앞번호의 학생이나 바로 뒷번호의 학생에게만 체육복을 빌려줄 수 있습니다. 예를 들어, 4번 학생은 3번 학생이나 5번 학생에게만 체육복을 빌려줄 수 있습니다. 체육복이 없으면 수업을 들을 수 없기 때문에 체육복을 적절히 빌려 최대한 많은 학생이 체육 수업을 들어야 합니다.

전체 학생의 수 n, 체육복을 도난당한 학생들의 번호가 담긴 배열 lost, 여벌의 체육복을 가져온 학생들의 번호가 담긴 배열 reserve가 매개변수로 주어질 때, 체육 수업을 들을 수 있는 학생의 최댓값을 return하도록 solution 함수를 작성해주세요.

제한 사항

- 전체 학생의 수는 2명 이상 30명 이하입니다.
- 체육복을 도난당한 학생의 수는 1명 이상 n명 이하이고 중복되는 번호는 없습니다.
- 여벌의 체육복을 가져온 학생의 수는 1명 이상 n명 이하이고 중복되는 번호는 없습니다.
- 여벌 체육복이 있는 학생만 다른 학생에게 체육복을 빌려줄 수 있습니다.
- 여벌 체육복을 가져온 학생이 체육복을 도난당했을 수 있습니다. 이때 이 학생은 체육복을 하나만 도난당했다고 가정하며, 남은 체육복이 하나이기에 다른 학생에게는 체육복을 빌려줄 수 없습니다.

입출력 예

n	lost	reserve	return
5	[2, 4]	[1, 3, 5]	5
5	[2, 4]	[3]	4
3	[3]	[1]	2

입출력 예 설명

예제 #1

1번 학생이 2번 학생에게 체육복을 빌려주고, 3번 학생이나 5번 학생이 4번 학생에게 체육복을 빌려주면 학생 5명이 체육 수업을 들을 수 있습니다.

예제 #2

3번 학생이 2번 학생이나 4번 학생에게 체육복을 빌려주면 학생 4명이 체육 수업을 들을 수 있습니다.

이 문제에서 여벌의 체육복을 가져온 학생은 앞 번호나 뒤 번호의 학생에게만 체육복을 빌려줄
수 있습니다. 그렇다면 여벌의 체육복을 가져온 학생들이 어떤 학생에게 옷을 빌려줄지 구해야
합니다.

이는 물론 완전 탐색으로 구현할 수 있습니다. 예를 들어 3번 학생이 여벌의 체육복을 가져왔다
면 이를 2번 학생에게 빌려주는 경우나 4번 학생에게 빌려주는 경우를 모두 따져 볼 수 있을 것
입니다.

하지만 여벌의 체육복을 가져온 학생이 체육복을 빌려줄 수 있는 학생 중 번호가 가장 작은 학
생에게 빌려준다고 가정해봅시다. 이 가정이 문제 정답으로 접근하는 최선의 방법이 될 수 있을
까요?

1. 작은 문제의 최적해

여벌의 체육복을 가져오는 학생들을 번호 순서대로 순회하면 검사하는 번호는 점점 커지므
로 앞 번호 학생들은 빌릴 수 있는 기회가 한 번 사라져 더 이상 체육복을 빌릴 수 없습니다.
따라서 여벌의 체육복을 가져온 학생들이 빌려줄 수 있는 학생 중 가장 번호가 작은 학생에
게 빌려주는 방식으로 문제를 해결할 수 있습니다.

가장 먼저 학생들을 번호 순서대로 순회할 수 있도록 배열 lost와 reserve를 정렬합니다.

```
Arrays.sort(lost);
Arrays.sort(reserve);
```

문제 조건 중에 여벌의 체육복을 가져온 학생이 체육복을 도난당한 경우에는 체육복을 빌려
줄 수 없다고 명시되어 있습니다. 따라서 lost와 reserve에 모두 포함되어 있는 학생을 다
음과 같이 구합니다.

```
Set<Integer> owns = Arrays.stream(lost)
        .boxed()
        .collect(Collectors.toSet());
owns.retainAll(Arrays.stream(reserve)
        .boxed()
        .collect(Collectors.toSet()));
```

| 잠깐만요 |

이 코드에서는 stream을 이용해서 배열 lost와 reserve를 Set으로 변환하고, Set 인터페이스의 retainAll()
메서드로 두 Set의 교집합을 구합니다.

2. 체육복을 빌리는 학생들을 번호 순서대로 검사

배열 lost는 체육복을 빌려야 하는 학생들입니다. 이 배열은 앞쪽 원소부터 순서대로 살펴
보아야 합니다. 따라서 큐에 담아 배열에 담긴 순서대로 찾아볼 수 있도록 합시다.

```
Queue<Integer> q = new LinkedList<>();
for (int l : lost) q.add(l);
```

이제 배열 reserve를 순회하면서 큐에 담긴 체육복을 빌려야 하는 학생 중 몇 명에게 빌려
줄 수 있는지 셉시다. 다음과 같이 학생 수를 셀 변수 get을 선언하고 배열 reserve를 순
회합니다.

```
int get = 0;
for (int r : reserve) {
}
```

여벌의 체육복을 가지고 있는 학생 r이 체육복을 잃어버렸다면 이 학생은 체육복을 빌려주
지 못합니다.

```
if (owns.contains(r)) {
    continue;
}
```

큐에는 체육복을 빌려야 하는 학생이 들어 있습니다. 체육복을 빌려야 하는 학생 번호가 너
무 작으면 해당 학생은 체육복을 빌리지 못합니다. 또 체육복을 빌려야 하는 학생이 여벌의
체육복을 가지고 있다면 체육복을 빌릴 필요가 없습니다.

```
while (!q.isEmpty() && (q.peek() < r - 1 || owns.contains(q.peek()))) {
    q.poll();
}
```

큐의 peek( ) 메서드는 큐가 비어 있지 않은지 항상 확인해야 합니다. 따라서 isEmpty( ) 메서드로 안전하게 peek( ) 메서드를 호출합니다.

큐가 비게 된다면 더 이상 체육복이 필요한 학생이 없는 것이므로 탐색을 종료합니다.

```
if (q.isEmpty()) break;
```

이제 큐의 가장 앞에는 체육복을 가지고 있는 학생이 빌려줄 수 있는 번호이거나 그보다 큰 번호를 가지고 있는 학생이 있습니다. 체육복을 빌려줄 수 있는 번호라면 큐에서 해당 학생을 제거하고 체육복을 빌린 학생 수인 get을 증가시킵니다.

```
if (q.peek() <= r + 1) {
    q.poll();
    get++;
}
```

모든 탐색이 종료되었습니다. 전체 학생 수는 n, 체육복을 도난당한 학생 수는 lost.length, 그중 여벌의 체육복이 있던 학생 수는 owns.size(), 체육복을 빌린 학생 수는 get이므로 체육 수업에 참여할 수 있는 총 학생 수는 다음과 같이 계산됩니다.

```
return n - lost.length + owns.size() + get;
```

이처럼 최선의 상태로 전이하는 것이 전체의 최선일 경우에는 완전 탐색보다 그리디 알고리즘이 훨씬 빠른 탐색 속도를 보여 줍니다.

전체 코드

12장/체육복.java

```java
import java.util.*;
import java.util.stream.Collectors;

public class Solution {
    public int solution(int n, int[] lost, int[] reserve) {
        Arrays.sort(lost);
        Arrays.sort(reserve);

        Set<Integer> owns = Arrays.stream(lost)
```

```java
                .boxed()
                .collect(Collectors.toSet());
        owns.retainAll(Arrays.stream(reserve)
                .boxed()
                .collect(Collectors.toSet()));

        Queue<Integer> q = new LinkedList<>();
        for (int l : lost) q.add(l);

        int get = 0;
        for (int r : reserve) {
            if (owns.contains(r)) {
                continue;
            }

            while (!q.isEmpty() && (q.peek() < r - 1 || owns.contains(q.peek()))) {
                q.poll();
            }
            if (q.isEmpty()) break;

            if (q.peek() <= r + 1) {
                q.poll();
                get++;
            }
        }

        return n - lost.length + owns.size() + get;
    }
}
```

문제 63

큰 수 만들기 - Level 2

URL https://school.programmers.co.kr/learn/courses/30/lessons/42883

어떤 숫자에서 k개의 수를 제거했을 때 얻을 수 있는 가장 큰 숫자를 구하려 합니다.

예를 들어, 숫자 1924에서 수 두 개를 제거하면 [19, 12, 14, 92, 94, 24]를 만들 수 있습니다. 이 중 가장 큰 숫자는 94입니다.

문자열 형식으로 숫자 number와 제거할 수의 개수 k가 solution 함수의 매개변수로 주어집니다. number에서 k개의 수를 제거했을 때 만들 수 있는 수 중 가장 큰 숫자를 문자열 형태로 return하도록 solution 함수를 완성하세요.

제한 조건

- number는 2자리 이상, 1,000,000자리 이하인 숫자입니다.
- k는 1 이상 number의 자릿수 미만인 자연수입니다.

입출력 예

number	k	return
"1924"	2	"94"
"1231234"	3	"3234"
"4177252841"	4	"775841"

문제 풀이

이 문제에서는 입력받은 수 중 삭제할 k개의 숫자를 찾아야 합니다. 이를 완전 탐색이나 동적 프로그래밍을 이용하여 접근하면 number 자릿수를 N이라고 했을 때 경우의 수는 $_NC_k$개 발생합니다. 이 값이 최대일 때는 N = 1,000,000이고 k = 500,000일 때로 그 값은 표현할 수 없을 정도로 큰 값입니다.

1. 규칙 찾기

제거해야 하는 문자 개수가 항상 k개라는 것에 주목해봅시다. 어떤 문자를 없애더라도 총 k개의 문자를 없애게 되므로 남는 숫자의 자릿수는 같습니다. 같은 자릿수의 숫자끼리는 더 높은 자리의 숫자, 즉 앞에 있는 숫자가 클수록 큰 숫자입니다. 주어진 number에서 숫자를 지워 나가면서 더 큰 숫자가 앞에 있도록 해야 합니다. 따라서 number의 각 자릿수를 앞부터 살펴보면서 앞 숫자가 뒤 숫자보다 작다면 앞 숫자를 제거합니다.

이를 구현할 수 있는 가장 간편한 방법은 스택을 활용하는 것입니다. 스택을 활용하면 하나의 숫자를 스택에 들어 있는 원소들과 비교할 수 있습니다. 이때 스택에 들어 있는 숫자가 비교하는 숫자보다 작다면 스택에서 해당 숫자를 제거합니다.

예를 들어 다음 그림과 같이 k = 2고 number = 1924인 경우를 살펴봅시다. 제일 먼저 가장 앞선 숫자인 1을 검사합니다.

▼ **그림 12-9** k = 2, number = 1924인 경우

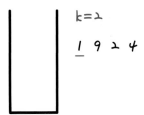

스택이 비어 있으므로 숫자 1은 바로 스택으로 들어갑니다. 이후 다음 숫자인 9를 검사합니다.

▼ **그림 12-10** 스택에 1이 푸시되고 9를 검사

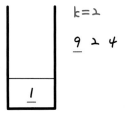

검사하는 숫자인 9가 스택에 들어 있는 1보다 큽니다. 따라서 1을 스택에서 제거하고 k가 1 감소합니다.

▼ **그림 12-11** 스택에서 1 제거

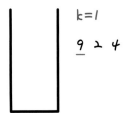

스택이 비어 있으므로 9가 푸시되고 다음 숫자인 2를 검사합니다.

▼ **그림 12-12** 9가 푸시되고 2 검사 시작

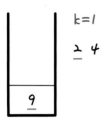

숫자 2는 스택의 9보다 작습니다. 따라서 별도의 처리 없이 2를 푸시합니다.

▼ **그림 12-13** 2가 푸시되고 4 검사 시작

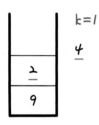

검사하는 숫자 4는 스택의 2보다 크므로 2를 스택에서 제거하고 k는 1 감소합니다.

▼ **그림 12-14** 2를 스택에서 제거

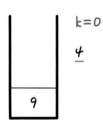

이제 k = 0이므로 더 이상 숫자를 제거할 수 없습니다. 따라서 남은 숫자를 모두 스택에 넣어 줍니다.

▼ **그림 12-15** k개의 숫자를 모두 제거한 이후 스택

스택 아래쪽이 더 앞선 자릿수이므로 정답은 94가 됨을 알 수 있습니다.

k가 3이었다면 마지막 4는 제거되지 않습니다. 따라서 스택에 모든 숫자가 들어간 이후에 제거되지 않은 k만큼 다시 스택에서 빼야 합니다.

2. 구현하기

이를 구현하기 위해 스택을 선언합니다.

```
Stack<Character> stack = new Stack<>();
```

이제 number의 모든 문자를 순회하며 검사를 진행합니다.

```
for (char c : number.toCharArray()) {
}
```

현재 검사하는 문자보다 스택 위에 있는 숫자가 작을 때는 스택에서 해당 문자를 제거해야합니다. 이는 k가 남아 있을 때만 진행되어야 하므로 다음과 같이 작성할 수 있습니다.

```
while (k > 0 && !stack.isEmpty() && c > stack.peek()) {
    stack.pop();
    k--;
}
```

앞선 숫자 중 현재 숫자보다 더 작은 숫자를 모두 제거했으니 현재 검사한 숫자를 스택에 넣습니다.

```
stack.push(c);
```

이제 모든 number에 포함된 모든 숫자를 순회하며 스택에 넣어 주었습니다. k가 남아 있다면 추가로 숫자를 지워야 합니다. 현재 숫자는 앞선 자리일수록 더욱 큰 숫자로 구성되어 있으므로 추가로 제거해야 할 숫자는 낮은 자릿수의 숫자이어야 합니다. 이는 스택 윗부분이므로 남아 있는 k만큼 스택에서 숫자를 제거합니다.

```java
while (k-- > 0) {
    stack.pop();
}
```

k개의 숫자를 모두 제거했습니다. 다음과 같이 스택에 남아 있는 숫자들로 문자열을 구성하여 반환합니다.

```java
return stack.stream()
        .map(String::valueOf)
        .collect(Collectors.joining());
```

전체 코드   12장/큰수만들기.java

```java
import java.util.Stack;
import java.util.stream.Collectors;

public class Solution {
    public String solution(String number, int k) {
        Stack<Character> stack = new Stack<>();
        for (char c : number.toCharArray()) {
            while (k > 0 && !stack.isEmpty() && c > stack.peek()) {
                stack.pop();
                k--;
            }
            stack.push(c);
        }

        while (k-- > 0) {
            stack.pop();
        }

        return stack.stream()
                .map(String::valueOf)
                .collect(Collectors.joining());
    }
}
```

문제 64

단속 카메라 - Level 3

URL https://school.programmers.co.kr/learn/courses/30/lessons/42884

고속도로를 이동하는 모든 차량이 고속도로를 이용하면서 단속용 카메라를 한 번은 만나도록 카메라를 설치하려고 합니다.

고속도로를 이동하는 차량의 경로 routes가 매개변수로 주어질 때, 모든 차량이 한 번은 단속용 카메라를 만나도록 하려면 최소 몇 대의 카메라를 설치해야 하는지를 return하도록 solution 함수를 완성하세요.

제한 사항

- 차량의 대수는 1대 이상 10,000대 이하입니다.
- routes에는 차량의 이동 경로가 포함되어 있으며 routes[i][0]에는 i번째 차량이 고속도로에 진입한 지점, routes[i][1]에는 i번째 차량이 고속도로에서 나간 지점이 적혀 있습니다.
- 차량의 진입/진출 지점에 카메라가 설치되어 있어도 카메라를 만난 것으로 간주합니다.
- 차량의 진입 지점, 진출 지점은 -30,000 이상 30,000 이하입니다.

입출력 예

routes	return
[[-20,-15], [-14,-5], [-18,-13], [-5,-3]]	2

입출력 예 설명

-5 지점에 카메라를 설치하면 두 번째, 네 번째 차량이 카메라를 만납니다.

-15 지점에 카메라를 설치하면 첫 번째, 세 번째 차량이 카메라를 만납니다.

문제 풀이

단속 카메라를 설치해야 할 지점을 잘 골라 최소한으로 설치해야 합니다. 이를 위해 하나의 단속 카메라로 최대한 여러 개의 이동 경로를 처리할 수 있어야 합니다. 이는 입력받은 이동 경로가 최대한 많이 겹치는 부분에 단속 카메라를 설치해야 함을 의미합니다. 이 위치는 어떻게 찾을 수 있을까요?

자동차 이동 경로는 시작 지점과 끝 지점이 있습니다. 이 사이에 단속 카메라가 있어야 하는데 끝 지점을 넘어가 버리는 순간 더 이상 단속 카메라를 만날 수 없습니다. 따라서 아무리 늦어도 끝 지점보다는 앞쪽에 단속 카메라가 설치되어 있어야 합니다.

이를 이용하면 자동차 이동 경로를 끝 지점을 기준으로 정렬했을 때 최대한 단속 카메라를 끝 지점에 맞추어 설치하면 된다는 것을 알 수 있습니다. 이동 경로를 끝 지점을 기준으로 정렬하면 세 가지 경우의 수가 발생합니다. 다음 그림을 살펴봅시다.

▼ **그림 12-16** 끝 지점을 기준으로 정렬했을 때 나타날 수 있는 세 가지 경우

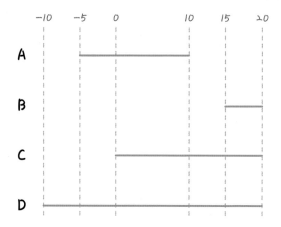

그림 12-16에서 B, C, D는 A보다 끝 지점이 뒤에 있습니다. B는 A가 끝난 후 시작하고, C는 A의 중간에 시작합니다. D는 A가 시작되기 이전에 시작합니다. 각 경우를 살펴보면 B는 A와 겹치는 부분이 없지만 C와 D는 겹치게 됨을 알 수 있습니다. 또 D는 A의 모든 구간에 걸쳐 겹치는 반면, C는 A의 중간부터 겹칩니다.

이때 C가 어디에서 시작하는지에 따라 겹치기 시작하는 구간이 달라집니다. 하지만 마지막으로 겹치는 부분은 A의 끝 지점으로 C가 어디에서 시작하는지와 무관하다는 것 또한 알 수 있습니다. 따라서 최대한 많은 구간과 겹치게 하려면 A의 끝 지점에 단속 카메라를 설치해야 합니다.

문제에서 주어진 끝 지점으로 정렬된 이동 경로들을 살펴봅시다.

▼ **그림 12-17** 끝 지점을 기준으로 정렬된 이동 경로들

첫 번째 구간인 [−20, −15]에서 굳이 단속 카메라를 구간 중간에 설치할 필요가 없습니다. 앞서 확인했듯이, 구간의 끝에 설치할수록 다른 구간과 겹칠 확률이 증가하기 때문입니다. 따라서

-15의 위치에 단속 카메라를 설치해도 이 단속 카메라는 두 번째 이동 경로인 [-18, -13]에서도 만나게 됩니다.

세 번째 구간인 [-13, -5]는 카메라를 만나지 않습니다. 마찬가지로 끝 지점인 -5에 단속 카메라를 설치하고, 이는 마지막 구간인 [-5, -3]도 만나면서 모든 이동 경로가 두 대의 단속 카메라를 설치하여 처리됩니다.

1. 끝 지점을 이용하여 이동 경로 정렬하기

이를 구현하기 위해 가장 먼저 끝 지점을 기준으로 이동 경로를 정렬합니다.

```
Arrays.sort(routes, Comparator.comparingInt(route -> route[1]));
```

이동 경로를 끝 지점으로 정렬했습니다. 이것으로 단속 카메라의 설치 위치는 점점 증가할 것이고 이동 경로의 끝 지점 또한 마찬가지입니다.

2. 단속 카메라 설치하기

단속 카메라의 설치 위치는 증가하는 방향으로 변하기 때문에 단속 카메라의 모든 설치 위치를 가지고 있을 필요 없이 마지막으로 설치한 단속 카메라의 위치만 관리하면 됩니다.

```
int last = Integer.MIN_VALUE;
```

이제 단속 카메라를 설치하기 위해 모든 이동 경로를 순회합니다.

```
for (int[] route : routes) {

}
```

직전에 설치한 단속 카메라가 경로에 포함되어 있으면 해당 경로는 이미 단속 카메라를 만났기 때문에 단속 카메라를 추가로 설치하지 않아도 됩니다.

```
if (last >= route[0] && last <= route[1]) continue;
```

단속 카메라를 만나지 못한 이동 경로일 경우 이동 경로의 끝 지점에 단속 카메라를 설치하고, 그 개수를 셉니다.

```java
int count = 0;
int last = Integer.MIN_VALUE;
for (int[] route : routes) {
    if (last >= route[0] && last <= route[1]) continue;
    last = route[1];
    count++;
}
```

모든 단속 카메라의 설치가 끝나면 설치된 단속 카메라 개수를 반환합니다.

```java
return count;
```

전체 코드   12장/단속카메라.java

```java
import java.util.Arrays;
import java.util.Comparator;

public class Solution {
    public int solution(int[][] routes) {
        Arrays.sort(routes, Comparator.comparingInt(route -> route[1]));

        int count = 0;
        int last = Integer.MIN_VALUE;
        for (int[] route : routes) {
            if (last >= route[0] && last <= route[1]) continue;
            last = route[1];
            count++;
        }
        return count;
    }
}
```

이 장에서는 직접 구현하는 문제들 위주로 살펴보았습니다. 구현은 프로그래밍할 때 분야를 막론하고 요구되는 중요한 스킬 중 하나입니다. 문제를 나누어 작은 부분부터 실수 없이 구현하는 연습을 많이 할수록 좋습니다.

도전: 카카오 2022
블라인드 테스트

이 장에서는 실제 코딩 테스트에 출시되었던 문제들을 앞서 살펴본 알고리즘과 자료 구조들을 이용해서 풀어 보겠습니다. 카카오 2022 블라인드 테스트는 총 7개의 문제를 5시간 동안 풀어야 했습니다. 출제된 문제들을 보면서 어떻게 풀어 나가는지 살펴봅시다.

 신고 결과 받기 - Level 1
URL https://school.programmers.co.kr/learn/courses/30/lessons/92334

신입 사원 무지는 게시판 불량 이용자를 신고하고 처리 결과를 메일로 발송하는 시스템을 개발하려 합니다. 무지가 개발하려는 시스템은 다음과 같습니다.

• 각 유저는 한 번에 한 명의 유저를 신고할 수 있습니다.
  - 신고 횟수에 제한은 없습니다. 서로 다른 유저를 계속해서 신고할 수 있습니다.
  - 한 유저를 여러 번 신고할 수도 있지만, 동일한 유저에 대한 신고 횟수는 1회로 처리됩니다.
• k번 이상 신고된 유저는 게시판 이용이 정지되며, 해당 유저를 신고한 모든 유저에게 정지 사실을 메일로 발송합니다.
  - 유저가 신고한 모든 내용을 취합하여 마지막에 한꺼번에 게시판 이용 정지를 시키면서 정지 메일을 발송합니다.

다음은 전체 유저 목록이 ["muzi", "frodo", "apeach", "neo"]이고, k = 2(즉, 2번 이상 신고당하면 이용 정지)인 경우의 예시입니다.

유저 ID	유저가 신고한 ID	설명
"muzi"	"frodo"	"muzi"가 "frodo"를 신고했습니다.
"apeach"	"frodo"	"apeach"가 "frodo"를 신고했습니다.
"frodo"	"neo"	"frodo"가 "neo"를 신고했습니다.
"muzi"	"neo"	"muzi"가 "neo"를 신고했습니다.
"apeach"	"muzi"	"apeach"가 "muzi"를 신고했습니다.

각 유저별로 신고당한 횟수는 다음과 같습니다.

유저 ID	신고당한 횟수
"muzi"	1
"frodo"	2
"apeach"	0
"neo"	2

위 예시에서는 2번 이상 신고당한 "frodo"와 "neo"의 게시판 이용이 정지됩니다. 이때 각 유저별로 신고한 아이디와 정지된 아이디를 정리하면 다음과 같습니다.

유저 ID	유저가 신고한 ID	정지된 ID
"muzi"	["frodo", "neo"]	["frodo", "neo"]
"frodo"	["neo"]	["neo"]
"apeach"	["muzi", "frodo"]	["frodo"]
"neo"	없음	없음

따라서 "muzi"는 처리 결과 메일을 2회, "frodo"와 "apeach"는 각각 처리 결과 메일을 1회 받게 됩니다.
이용자의 ID가 담긴 문자열 배열 id_list, 각 이용자가 신고한 이용자의 ID 정보가 담긴 문자열 배열 report, 정지 기준이 되는 신고 횟수 k가 매개변수로 주어질 때, 각 유저별로 처리 결과 메일을 받은 횟수를 배열에 담아 return하도록 solution 함수를 완성해주세요.

제한 사항

- 2 ≤ id_list의 길이 ≤ 1,000
  - 1 ≤ id_list의 원소 길이 ≤ 10
  - id_list의 원소는 이용자의 id를 나타내는 문자열이며 알파벳 소문자로만 이루어져 있습니다.
  - id_list에는 같은 아이디가 중복해서 들어 있지 않습니다.
- 1 ≤ report의 길이 ≤ 200,000
  - 3 ≤ report의 원소 길이 ≤ 21
  - report의 원소는 "이용자id 신고한id" 형태의 문자열입니다.
  - 예를 들어 "muzi frodo"의 경우 "muzi"가 "frodo"를 신고했다는 의미입니다.
  - id는 알파벳 소문자로만 이루어져 있습니다.
  - 이용자id와 신고한id는 공백(스페이스)하나로 구분되어 있습니다.
  - 자기 자신을 신고하는 경우는 없습니다.
- 1 ≤ k ≤ 200, k는 자연수입니다.
- return하는 배열은 id_list에 담긴 id 순서대로 각 유저가 받은 결과 메일 수를 담으면 됩니다.

입출력 예

id_list	report	k	result
["muzi", "frodo", "apeach", "neo"]	["muzi frodo","apeach frodo","frodo neo","muzi neo","apeach muzi"]	2	[2,1,1,0]
["con", "ryan"]	["ryan con", "ryan con", "ryan con", "ryan con"]	3	[0,0]

입출력 예 #1

문제의 예시와 같습니다.

입출력 예 #2

"ryan"이 "con"을 4번 신고했으나, 주어진 조건에 따라 한 유저가 같은 유저를 여러 번 신고한 경우는 신고 횟수 1회로 처리합니다. 따라서 "con"은 1회 신고당했습니다. 3번 이상 신고당한 이용자는 없으며, "con"과 "ryan"은 결과 메일을 받지 않습니다. 따라서 [0, 0]을 return합니다.

제한 시간 안내

정확성 테스트: 10초

문제 풀이

이 문제에서는 다음을 고려해야 합니다.

1. 한 유저가 신고한 유저의 집합

2. 한 유저가 신고당한 횟수

이를 이용하여 한 유저가 다른 유저를 여러 번 신고하는 것을 방지하고, 신고당한 횟수가 k번 이상인 유저들을 걸러 낼 수 있습니다.

1. 신고 횟수 세기

먼저 유저별로 어떤 유저들을 신고했는지 알아야 합니다. 이를 위해 Map과 Set을 조합하여 다음과 같이 선언합니다.

```
Map<String, Set<String>> reports = new HashMap<>();
for (String id : id_list) {
    reports.put(id, new HashSet<>());
}
```

Map의 key는 신고한 유저의 아이디입니다. value에는 이 유저가 신고한 유저들의 아이디가 Set의 형태로 들어갑니다. 모든 유저의 아이디를 순회하며 빈 Set을 넣어 주어서 이후에 유저를 신고했을 때 바로 Set에 넣어 줄 수 있도록 합니다.

각 유저별로 신고당한 횟수도 알고 있어야 하므로 다음과 같이 Map을 이용하여 신고당한 횟수를 셉시다.

```
Map<String, Integer> reported = new HashMap<>();
```

이제 신고 데이터를 처리하겠습니다. 모든 신고 데이터를 순회하며 문자열의 split() 메서드로 신고자와 신고 대상 유저를 분리합니다.

```
for (String r : report) {
    String[] tokens = r.split(" ");
    String reporter = tokens[0];
    String target = tokens[1];

    // 신고 처리
}
```

이미 reporter가 target을 신고한 적이 있다면 이 신고는 무시되어야 합니다. 따라서 reports에서 reporter가 신고한 내역이 담겨 있는 Set을 가져와 다음과 같이 검사합니다.

```
Set<String> set = reports.get(reporter);
if (set.contains(target)) continue;
```

reporter가 target을 신고한 내역이 없다면 신고 내역에 추가하고, target의 신고당한 횟수를 1 증가시킵니다.

```
set.add(target);
reported.putIfAbsent(target, 0);
reported.put(target, reported.get(target) + 1);
```

이제 reported에는 유저 아이디별 신고당한 횟수가 들어 있습니다.

2. 정지 대상 아이디 구하기

아이디별 신고당한 횟수를 k와 비교해서 정지 대상이 되는 유저들의 아이디를 구할 수 있습니다.

```
Set<String> banned = reported.keySet().stream()
        .filter(id -> reported.get(id) >= k)
        .collect(Collectors.toSet());
```

우선 reported에서 keySet()을 사용하여 신고당한 유저들의 아이디를 Set 형태로 받아 옵
니다. 이를 stream으로 변환시키고, filter() 메서드로 k번 이상 신고당한 유저들만 구합
니다. 이후 collect() 메서드를 사용하여 다시 Set으로 변환시키면 정지 대상이 되는 유저
들의 아이디를 Set 형태로 구할 수 있습니다.

마지막으로 모든 유저별로 신고한 유저 중 정지 대상이 된 유저들의 수를 세야 합니다. 이 또한
마찬가지로 Stream을 이용하여 간단히 작성할 수 있습니다.

```
return Arrays.stream(id_list)
        .mapToInt(id -> (int) reports.get(id).stream()
                    .filter(banned::contains)
                    .count())
        .toArray();
```

모든 유저가 있는 배열 id_list를 Stream으로 변환시켜 준 후, 해당 유저가 신고한 유저들의
아이디가 있는 reports를 참조하여 banned 집합에 포함된 아이디 개수를 셉니다. 이를 다시
toArray() 메서드를 사용하여 int[]로 변환합니다.

전체 코드 13장/신고결과받기.java

```
import java.util.*;
import java.util.stream.Collectors;

public class Solution {
    public int[] solution(String[] id_list, String[] report, int k) {
        Map<String, Set<String>> reports = new HashMap<>();
        for (String id : id_list) {
            reports.put(id, new HashSet<>());
        }

        Map<String, Integer> reported = new HashMap<>();

        for (String r : report) {
            String[] tokens = r.split(" ");
            String reporter = tokens[0];
```

```
            String target = tokens[1];

            Set<String> set = reports.get(reporter);
            if (set.contains(target)) continue;

            set.add(target);
            reported.putIfAbsent(target, 0);
            reported.put(target, reported.get(target) + 1);
        }

        Set<String> banned = reported.keySet().stream()
                .filter(id -> reported.get(id) >= k)
                .collect(Collectors.toSet());

        return Arrays.stream(id_list)
                .mapToInt(id -> (int) reports.get(id).stream()
                        .filter(banned::contains)
                        .count())
                .toArray();
    }
}
```

문제 66

k진수에서 소수 개수 구하기 - Level 2

URL https://school.programmers.co.kr/learn/courses/30/lessons/92335

양의 정수 n이 주어집니다. 이 숫자를 k진수로 바꿨을 때, 변환된 수 안에 아래 조건에 맞는 소수(prime number)가 몇 개인지 알아보려 합니다.

- 0P0처럼 소수 양쪽에 0이 있는 경우
- P0처럼 소수 오른쪽에만 0이 있고 왼쪽에는 아무것도 없는 경우
- 0P처럼 소수 왼쪽에만 0이 있고 오른쪽에는 아무것도 없는 경우
- P처럼 소수 양쪽에 아무것도 없는 경우
- 단, P는 각 자릿수에 0을 포함하지 않는 소수입니다.
  - 예를 들어, 101은 P가 될 수 없습니다.

예를 들어 437674를 3진수로 바꾸면 211020101011입니다. 여기서 찾을 수 있는 조건에 맞는 소수는 왼쪽부터 순서대로 211, 2, 11이 있으며, 총 3개입니다(211, 2, 11을 k진법으로 보았을 때가 아닌, 10진법으로 보았을 때 소수여야 한다는 점에 주의합니다). 211은 P0 형태에서 찾을 수 있으며, 2는 0P0에서, 11은 0P에서 찾을 수 있습니다.

정수 n과 k가 매개변수로 주어집니다. n을 k진수로 바꿨을 때, 변환된 수 안에서 찾을 수 있는 **위 조건에 맞는 소수**의 개수를 return하도록 solution 함수를 완성해주세요.

제한 사항

- 1 ≤ n ≤ 1,000,000
- 3 ≤ k ≤ 10

입출력 예

n	k	result
437674	3	3
110011	10	2

입출력 예 설명

입출력 예 #1

문제 예시와 같습니다.

입출력 예 #2

110011을 10진수로 바꾸면 110011입니다. 여기서 찾을 수 있는 조건에 맞는 소수는 11, 11 2개입니다. 이와 같이, 중복되는 소수를 발견하더라도 모두 따로 세어야 합니다.

문제 풀이

진법을 변환한 후 0을 기준으로 문자열을 분리하면 쉽게 해결할 수 있는 문제입니다. 하지만 주의해야 할 점이 있습니다. 입력될 수 있는 최대 수는 1,000,000으로, 이를 변환할 수 있는 가장 작은 진법인 3진수로 변환하면 1,212,210,202,001이 됩니다. 즉, 3진수로 변환했을 때 0이 포함되지 않는 가장 큰 숫자는 1,212,122,222,222입니다.

1. 진법 변환

소수 검사를 하려면 이 숫자를 정수형으로 변환해야 하는데 1,212,122,222,222는 1조가 넘는 큰 수이므로 int로 담을 수 없습니다. 따라서 이 문제에서는 **int 대신 long을 활용**해야 합니다.

Long 클래스의 parseLong() 메서드로 진법을 변환할 수 있으며, 문자열 분리는 String 클래스의 split() 메서드를 사용할 수 있습니다.

```
String[] tokens = Long.toString(n, k).split("0+");
```

배열 tokens에는 k진수로 변환되어 0을 기준으로 분리된 문자열들이 포함되어 있습니다. 예를 들어 n = 437674, k = 3인 경우 Long.toString(n, k)는 "211020101011"이 되며, 이 문자열이 split("0+")을 통해 ["211", "2", "1", "1", "11"]이 됩니다.

> **잠깐만요**
>
> split() 메서드에서 0을 기준으로 문자열을 분리하고자 "0" 대신 "0+"를 사용했습니다. "0"을 사용하여 split() 메서드를 호출한다면 "1001"처럼 0이 연속으로 등장하는 문자열은 ["1", "", "1"]처럼 연속된 0 사이의 빈 문자열도 반환합니다. 이렇게 되면 이후 소수 검사 이전에 빈 문자열을 검사하는 부분을 추가로 작성해야 합니다.
>
> 반면 정규표현식을 이용하여 "0+"를 기준으로 잡아 주면 00처럼 연속되는 0을 통째로 기준으로 잡기 때문에 ["1", "1"]처럼 빈 문자열이 반환되지 않습니다. 이후로 빈 문자열은 신경 쓸 필요가 없습니다.

2. 소수 개수 세기

다음으로 k진수 문자열들을 정수로 변환하여 소수 개수를 세야 합니다. 이를 위해 다음과 같이 소수를 검사할 isPrime() 메서드를 구현합니다.

```
private boolean isPrime(long v) {
    if (v <= 1) return false;
    for (long i = 2; i * i <= v; i++) {
```

```
            if (v % i == 0) return false;
        }
        return true;
    }
```

isPrime() 메서드에서 눈여겨보아야 할 점은 입력 값이 long형이라는 것입니다. 진법 변환된 숫자가 매우 클 수 있기 때문에 long형을 사용해야 그 값을 전부 담을 수 있습니다.

또 반복문 조건이 i * i <= v인 것도 중요합니다. i < v의 조건으로 검사를 진행하면 소수 검사에는 $O(v)$ 시간 복잡도가 소요됩니다. v로 전달될 수 있는 값은 최대 약 1조, 즉 10^{12}이므로 이는 시간 초과가 발생합니다.

두 수를 곱해서 v가 되려면 곱하는 두 수 중 작은 쪽이 항상 $\sqrt{v}$보다 작거나 같아야 합니다. 이를 이용하여 i * i <= v처럼 조건 검사를 하면 시간 복잡도를 $O(\sqrt{v})$로 줄일 수 있습니다. $\sqrt{v}$는 약 10^6으로 계산되므로 시간 초과가 나지 않습니다.

이제 isPrime() 메서드를 사용하여 소수 개수를 세어 반환하면 됩니다.

```
int count = 0;
for (String token : tokens) {
    if (isPrime(Long.parseLong(token))) count++;
}
return count;
```

자료형의 범위와 시간 복잡도를 생각하면서 적절하게 구현해주는 것으로 문제를 해결했습니다.

전체 코드   13장/K진수에서_소수개수_구하기.java

```
public class Solution {
    private boolean isPrime(long v) {
        if (v <= 1) return false;

        for (long i = 2; i * i <= v; i++) {
            if (v % i == 0) return false;
        }
        return true;
    }

    public int solution(int n, int k) {
```

```
        String[] tokens = Long.toString(n, k).split("0+");

        int count = 0;
        for (String token : tokens) {
            if (isPrime(Long.parseLong(token))) count++;
        }
        return count;
    }
}
```

주차 요금 계산 - Level 2

URL https://school.programmers.co.kr/learn/courses/30/lessons/92341

주차장의 요금표와 차량이 들어오고(입차) 나간(출차) 기록이 주어졌을 때, 차량별로 주차 요금을 계산하려고 합니다. 아래는 하나의 예시를 나타냅니다.

- 요금표

기본 시간(분)	기본 요금(원)	단위 시간(분)	단위 요금(원)
180	5000	10	600

- 입/출차 기록

시각(시:분)	차량 번호	내역
05:34	5961	입차
06:00	0000	입차
06:34	0000	출차
07:59	5961	출차
07:59	0148	입차
18:59	0000	입차
19:09	0148	출차
22:59	5961	입차
23:00	5961	출차

- 자동차별 주차 요금

차량 번호	누적 주차 시간(분)	주차 요금(원)
0000	34 + 300 = 334	$5000 + \lceil (334 - 180) / 10 \rceil \times 600 = 14600$
0148	670	$5000 + \lceil (670 - 180) / 10 \rceil \times 600 = 34400$
5961	145 + 1 = 146	5000

- 어떤 차량이 입차된 후에 출차된 내역이 없다면 23:59에 출차된 것으로 간주합니다.
  - 0000번 차량은 18:59에 입차된 이후, 출차된 내역이 없습니다. 따라서 23:59에 출차된 것으로 간주합니다.
- 00:00부터 23:59까지의 입/출차 내역을 바탕으로 차량별 누적 주차 시간을 계산하여 요금을 일괄로 정산합니다.
- 누적 주차 시간이 기본 시간 이하라면, 기본 요금을 청구합니다.

- 누적 주차 시간이 기본 시간을 초과하면, 기본 요금에 더해서, 초과한 시간에 대해서 단위 시간 마다 단위 요금을 청구합니다.
    - 초과한 시간이 단위 시간으로 나누어떨어지지 않으면, 올림합니다.
    - ⌈a⌉ : a보다 작지 않은 최소의 정수를 의미합니다. 즉, 올림을 의미합니다.

주차 요금을 나타내는 정수 배열 fees, 자동차의 입/출차 내역을 나타내는 문자열 배열 records가 매개변수로 주어집니다. **차량 번호가 작은 자동차부터** 청구할 주차 요금을 차례대로 정수 배열에 담아서 return하도록 solution 함수를 완성해주세요.

제한 사항

- fees의 길이 = 4
    - fees[0] = 기본 시간(분)
    - 1 ≤ fees[0] ≤ 1,439
    - fees[1] = 기본 요금(원)
    - 0 ≤ fees[1] ≤ 100,000
    - fees[2] = 단위 시간(분)
    - 1 ≤ fees[2] ≤ 1,439
    - fees[3] = 단위 요금(원)
    - 1 ≤ fees[3] ≤ 10,000
- 1 ≤ records의 길이 ≤ 1,000
    - records의 각 원소는 "시각 차량 번호 내역" 형식의 문자열입니다.
    - 시각, 차량 번호, 내역은 하나의 공백으로 구분되어 있습니다.
    - 시각은 차량이 입차되거나 출차된 시각을 나타내며, HH:MM 형식의 길이가 5인 문자열입니다.
        · HH:MM은 00:00부터 23:59까지 주어집니다.
        · 잘못된 시각("25:22", "09:65" 등)은 입력으로 주어지지 않습니다.
    - 차량 번호는 자동차를 구분하기 위한, '0'~'9'로 구성된 길이 4인 문자열입니다.
    - 내역은 길이 2 또는 3인 문자열로, IN 또는 OUT입니다. IN은 입차를, OUT은 출차를 의미합니다.
    - records의 원소들은 시각을 기준으로 오름차순으로 정렬되어 주어집니다.
    - records는 하루 동안의 입/출차된 기록만 담고 있으며, 입차된 차량이 다음날 출차되는 경우는 입력으로 주어지지 않습니다.
    - 같은 시각에, 같은 차량 번호의 내역이 2번 이상 나타내지 않습니다.
    - 마지막 시각(23:59)에 입차되는 경우는 입력으로 주어지지 않습니다.
    - 아래의 예를 포함하여, 잘못된 입력은 주어지지 않습니다.
        · 주차장에 없는 차량이 출차되는 경우
        · 주차장에 이미 있는 차량(차량 번호가 같은 차량)이 다시 입차되는 경우

입출력 예

fees	records	result
[180, 5000, 10, 600]	["05:34 5961 IN", "06:00 0000 IN", "06:34 0000 OUT", "07:59 5961 OUT", "07:59 0148 IN", "18:59 0000 IN", "19:09 0148 OUT", "22:59 5961 IN", "23:00 5961 OUT"]	[14600, 34400, 5000]
[120, 0, 60, 591]	["16:00 3961 IN","16:00 0202 IN","18:00 3961 OUT","18:00 0202 OUT","23:58 3961 IN"]	[0, 591]
[1, 461, 1, 10]	["00:00 1234 IN"]	[14841]

입출력 예 설명

입출력 예 #1

문제 예시와 같습니다.

입출력 예 #2

- 요금표

기본 시간(분)	기본 요금(원)	단위 시간(분)	단위 요금(원)
120	0	60	591

- 입/출차 기록

시각(시:분)	차량 번호	내역
16:00	3961	입차
16:00	0202	입차
18:00	3961	출차
18:00	0202	출차
23:58	3961	입차

- 자동차별 주차 요금

차량 번호	누적 주차 시간(분)	주차 요금(원)
0202	120	0
3961	120 + 1 = 121	$0 + \lceil (121 - 120) / 60 \rceil \times 591 = 591$

- 3961번 차량은 2번째 입차된 후에는 출차된 내역이 없으므로, 23:59에 출차되었다고 간주합니다.

입출력 예 #3

- 요금표

기본 시간(분)	기본 요금(원)	단위 시간(분)	단위 요금(원)
1	461	1	10

- 입/출차 기록

시각(시:분)	차량 번호	내역
00:00	1234	입차

- 자동차별 주차 요금

차량 번호	누적 주차 시간(분)	주차 요금(원)
1234	1439	$461 + \lceil (1439 - 1) / 1 \rceil \times 10 = 14841$

- 1234번 차량은 출차 내역이 없으므로, 23:59에 출차되었다고 간주합니다.

제한 시간 안내

정확성 테스트: 10초

문제 풀이

이 문제는 구현 문제로, 언뜻 보면 길고 복잡해보이지만 사실 여러 개의 작은 구현을 합쳐 큰 구현을 이루고 있습니다. 따라서 문제를 여러 단위로 나누어 부분적으로 구현해나가면 어려움 없이 해결할 수 있습니다.

문제를 살펴보면 다음과 같이 3개의 단위로 나눌 수 있습니다.

1. 시간 계산
2. 누적 시간에 따라 주차 요금 계산
3. 자동차별 주차 시간 누적

이 세 부분을 잘 구현하기만 하면 나머지 부분은 이를 이용하여 쉽게 구현해나갈 수 있습니다.

1. 시간 계산

시간을 다루는 문제에서 시간을 문자열 형태로 제공한다면 대부분 이를 정수로 변환하여 활용합니다. 이 문제에서는 시와 분으로 된 시각 문자열을 입력으로 전달합니다. 이 문자열을 시와 분으로 분리한 후 (시 × 60 + 분)처럼 분 단위로 나타날 수 있도록 변환해주면 쉽게 시간을 다룰 수 있습니다.

이를 위해 시각 문자열이 전달되었을 때 정수로 변환하여 반환하는 parseTime() 메서드를 다음과 같이 작성합니다.

```
private int parseTime(String time) {
    int hour = Integer.parseInt(time.substring(0, 2));
    int minute = Integer.parseInt(time.substring(3));
    return hour * 60 + minute;
}
```

2. 누적 시간에 따라 주차 요금 계산

다음으로 누적 시간에 따라 주차 요금을 계산하는 부분을 구현해봅시다. 주차 요금에는 기본 시간, 기본 요금, 단위 시간, 단위 요금의 기준이 있습니다. 따라서 이를 멤버 필드로 하는 Fee 클래스를 다음과 같이 작성합니다.

```
private static class Fee {
    private final int baseTime;
    private final int baseFee;
    private final int unitTime;
    private final int unitFee;

    public Fee(int baseTime, int baseFee, int unitTime, int unitFee) {
        this.baseTime = baseTime;
        this.baseFee = baseFee;
        this.unitTime = unitTime;
        this.unitFee = unitFee;
    }
}
```

Fee 클래스에는 주차 요금을 계산할 수 있는 기준들이 담겨 있습니다. 이제 주차 누적 시간이 주어지면 이 멤버 필드를 이용하여 주차 요금을 계산할 수 있습니다. 다음과 같이 Fee 클래스의 멤버 메서드로 누적 주차 시간이 주어졌을 때 주차 요금을 계산하는 cost() 메서드를 선언합니다.

```
public int cost(int time) {

    return 0;
}
```

주차 요금은 기본 요금부터 계산됩니다. 따라서 주차 요금을 나타내는 fee 변수를 기본 요금으로 초기화하고, 기본 시간을 주차 시간에서 제외하면 추가 시간에 대한 계산을 이어 나갈 수 있습니다.

```
int fee = baseFee;
time -= baseTime;
```

기본 시간 외에 추가되는 시간이 있다면 time에는 양의 값이 들어갑니다. 다음과 같이 추가 시간이 남아 있으면 반복적으로 단위 시간을 빼면서 단위 요금을 적용합니다.

```
while (time > 0) {
    fee += unitFee;
    time -= unitTime;
}
```

마지막으로 계산된 주차 요금을 반환합니다.

```
return fee;
```

이렇게 누적 주차 시간이 주어졌을 때 주차 요금을 계산할 수 있는 Fee 클래스를 작성했습니다.

```
private static class Fee {
    private final int baseTime;
    private final int baseFee;
    private final int unitTime;
    private final int unitFee;

    public Fee(int baseTime, int baseFee, int unitTime, int unitFee) {
        this.baseTime = baseTime;
        this.baseFee = baseFee;
        this.unitTime = unitTime;
        this.unitFee = unitFee;
    }

    public int cost(int time) {
        int fee = baseFee;
```

```
        time -= baseTime;

        while (time > 0) {
            fee += unitFee;
            time -= unitTime;
        }

        return fee;
    }
}
```

3. 자동차별 주차 시간 누적

이제 자동차별 입·출차를 할 때 주차 시간을 누적해주는 부분을 구현해봅시다. 자동차가 입차할 때는 입차 시간을 기록해두었다가 출차할 때 주차 시간을 계산하여 누적 주차 시간에 추가해야 합니다. 이는 자동차별로 독립적으로 수행되어야 하므로 다음과 같이 자동차를 나타내는 Car 클래스를 작성합니다.

```
private static class Car {
    public final String number;

    public Car(String number) {
        this.number = number;
    }
}
```

자동차에는 번호가 있으므로 번호를 사용하여 Car 객체를 생성할 수 있도록 하겠습니다. 먼저 입차를 구현해봅시다. 입차를 할 때는 입차 시각을 기록해두어야 합니다. 따라서 다음과 같이 입차 시각을 기록할 inTime 변수를 선언하고, 입차할 때는 입차 시각을 기록합니다.

```
private static class Car {
    public final String number;
    private int inTime = -1;

    public Car(String number) {
        this.number = number;
        this.fee = fee;
    }
```

```
    public void in(int time) {
        this.inTime = time;
    }
}
```

입차 시각을 나타내는 inTime은 -1로 초기화해서 해당 차량이 입차 중일 때와 아닐 때를 구분할 수 있도록 했습니다.

다음으로 출차를 구현해봅시다. 차량이 입차 상태가 아니면 출차는 할 수 없으므로 먼저 예외 처리를 합니다.

```
public void out(int time) {
    if (this.inTime == -1) return;

}
```

입차 중인 차량에서는 누적 주차 시간이 출차 시각과 입차 시각의 차이만큼 증가합니다. 또 더 이상 입차 상태가 아니므로 inTime을 다시 -1로 초기화합니다.

```
private static class Car {
    public final String number;
    private int inTime = -1;
    private int totalTime = 0;

    public Car(String number) {
        this.number = number;
    }

    public void in(int time) {
        this.inTime = time;
    }

    public void out(int time) {
        if (this.inTime == -1) return;
        totalTime += time - this.inTime;
        this.inTime = -1;
    }
}
```

마지막으로 누적된 주차 시간을 이용하여 주차 요금을 계산하는 cost() 메서드를 작성해봅시다. 앞서 주차 요금 계산을 구현했으므로 Fee 객체를 이용하면 다음과 같이 주차 요금을 간단하게 계산할 수 있습니다.

```java
private static class Car {
    public final String number;
    private final Fee fee;
    private int inTime = -1;
    private int totalTime = 0;

    public Car(String number, Fee fee) {
        this.number = number;
        this.fee = fee;
    }

    public void in(int time) {
        this.inTime = time;
    }

    public void out(int time) {
        if (this.inTime == -1) return;
        totalTime += time - this.inTime;
        this.inTime = -1;
    }

    public int cost() {
        return fee.cost(totalTime);
    }
}
```

이제 중요한 구현은 모두 완료했습니다. 남은 것은 배열 records를 순회하면서 Car 객체들을 잘 관리하며 입·출차에 따라 in(), out() 메서드를 호출해주는 것뿐입니다.

solution() 메서드에서는 가장 먼저 주차 요금을 계산하는 Fee 객체를 다음과 같이 생성할 수 있습니다.

```java
Fee fee = new Fee(fees[0], fees[1], fees[2], fees[3]);
```

자동차는 자동차 번호별로 관리되어야 합니다. 따라서 자동차 번호를 사용하여 해당 자동차를 나타내는 Car 객체를 참조할 수 있도록 Map을 생성합니다.

```
Map<String, Car> cars = new HashMap<>();
```

이제 배열 records를 순회하며 자동차의 입·출차를 처리해봅시다. 배열 records에 속한 원소 하나는 공백 문자를 기준으로 시각, 차량 번호, 내역으로 구성되어 있습니다.

split() 메서드를 사용하여 공백 문자를 기준으로 문자열을 분리하고, 앞서 작성한 parseTime() 메서드를 사용하면 시각을 정수로 변환할 수 있습니다. 차량 번호는 문자열을 그대로 사용할 수 있으며, 입차인지 여부는 분리된 마지막 문자열이 "IN"인지 비교 검사해서 알 수 있습니다.

```
for (String record : records) {
    String[] tokens = record.split(" ");
    int time = parseTime(tokens[0]);
    String number = tokens[1];
    boolean isIn = tokens[2].equals("IN");

}
```

해당 차량이 이번 기록에서 처음 등장한 기록이라면 다음과 같이 해당 차량에 대한 Car 객체를 생성합니다.

```
if (!cars.containsKey(number)) {
    cars.put(number, new Car(number, fee));
}
```

이후 차량 번호를 이용하여 Car 객체를 가져오고, 입·출차 여부에 따라 in() 혹은 out() 메서드를 호출해주면 Car 클래스에서 주차 시간이 누적됩니다.

```
Car car = cars.get(number);
if (isIn) {
    car.in(time);
} else {
    car.out(time);
}
```

문제에 따라 모든 입·출차 기록을 순회한 후 아직 입차 중인 차들을 23:59에 출차되었다고 간주합니다. 시각 23:59는 다음과 같이 parseTime()을 사용하여 정수로 변환할 수 있습니다.

```java
int endTime = parseTime("23:59");
```

아직 입차 중인 차량들에서만 out() 메서드를 호출할 수도 있겠지만, 앞서 out() 메서드를 구현할 때 주차 중이지 않은 차량인 경우 out() 메서드에서 아무런 행동도 하지 않도록 예외 처리를 해두었습니다. 따라서 모든 차량을 순회하며 endTime을 사용하여 out()을 호출하면 됩니다.

```java
for (Car car : cars.values()) {
    car.out(endTime);
}
```

이제 모든 차량의 누적 주차 시간이 계산되었습니다. 차량들의 주차 요금을 차량 번호 순으로 출력하기 위해 다음과 같이 cars에 속한 Car 객체들을 Stream으로 변환합니다.

```java
cars.values().stream()
```

이를 다음과 같이 차량 번호인 number를 기준으로 정렬합니다.

```java
cars.values().stream()
        .sorted(Comparator.comparing(car -> car.number))
```

이제 mapToInt()를 사용해서 주차 요금을 계산하여 IntStream으로 변환합니다.

```java
cars.values().stream()
        .sorted(Comparator.comparing(car -> car.number))
        .mapToInt(Car::cost)
```

마지막으로 toArray()를 호출해서 int[]로 변환하여 반환합니다.

```
return cars.values().stream()
        .sorted(Comparator.comparing(car -> car.number))
        .mapToInt(Car::cost)
        .toArray();
```

이처럼 언뜻 보기에 복잡해보이는 구현 문제라도 문제를 잘 나누어 조립하듯이 구현하면 어렵지 않게 해결할 수 있습니다.

전체 코드 13장/주차요금계산.java

```java
import java.util.Comparator;
import java.util.HashMap;
import java.util.Map;

public class Solution {
    private static class Fee {
        private final int baseTime;
        private final int baseFee;
        private final int unitTime;
        private final int unitFee;

        public Fee(int baseTime, int baseFee, int unitTime, int unitFee) {
            this.baseTime = baseTime;
            this.baseFee = baseFee;
            this.unitTime = unitTime;
            this.unitFee = unitFee;
        }

        public int cost(int time) {
            int fee = baseFee;
            time -= baseTime;

            while (time > 0) {
                fee += unitFee;
                time -= unitTime;
            }

            return fee;
        }
    }

    private static class Car {
```

```java
        public final String number;
        private final Fee fee;
        private int inTime = -1;
        private int totalTime = 0;

        public Car(String number, Fee fee) {
            this.number = number;
            this.fee = fee;
        }

        public void in(int time) {
            this.inTime = time;
        }

        public void out(int time) {
            if (this.inTime == -1) return;
            totalTime += time - this.inTime;
            this.inTime = -1;
        }

        public int cost() {
            return fee.cost(totalTime);
        }
    }

    private int parseTime(String time) {
        int hour = Integer.parseInt(time.substring(0, 2));
        int minute = Integer.parseInt(time.substring(3));
        return hour * 60 + minute;
    }

    public int[] solution(int[] fees, String[] records) {
        Fee fee = new Fee(fees[0], fees[1], fees[2], fees[3]);

        Map<String, Car> cars = new HashMap<>();
        for (String record : records) {
            String[] tokens = record.split(" ");
            int time = parseTime(tokens[0]);
            String number = tokens[1];
            boolean isIn = tokens[2].equals("IN");

            if (!cars.containsKey(number)) {
                cars.put(number, new Car(number, fee));
            }
```

```
            Car car = cars.get(number);
            if (isIn) {
                car.in(time);
            } else {
                car.out(time);
            }
        }

        int endTime = parseTime("23:59");
        for (Car car : cars.values()) {
            car.out(endTime);
        }

        return cars.values().stream()
                .sorted(Comparator.comparing(car -> car.number))
                .mapToInt(Car::cost)
                .toArray();
    }
}
```

양궁 대회 - Level 2

URL https://school.programmers.co.kr/learn/courses/30/lessons/92342

카카오 배 양궁대회가 열렸습니다.

라이언은 저번 카카오 배 양궁대회 우승자이고 이번 대회에도 결승전까지 올라왔습니다. 결승전 상대는 어피치입니다.

카카오 배 양궁대회 운영위원회는 한 선수의 연속 우승보다는 다양한 선수들이 양궁대회에서 우승하기를 원합니다. 따라서, 양궁대회 운영위원회는 결승전 규칙을 전 대회 우승자인 라이언에게 불리하게 다음과 같이 정했습니다.

1. 어피치가 화살 n발을 다 쏜 후에 라이언이 화살 n발을 쏩니다.
2. 점수를 계산합니다.
    1. 과녁판은 아래 사진처럼 생겼으며 가장 작은 원의 과녁 점수는 10점이고 가장 큰 원의 바깥쪽은 과녁 점수가 0점입니다.

    2. 만약, k(k는 1~10사이의 자연수)점을 어피치가 a발을 맞혔고 라이언이 b발을 맞혔을 경우 더 많은 화살을 k점에 맞힌 선수가 k 점을 가져갑니다. 단, a = b일 경우는 어피치가 k점을 가져갑니다. **k점을 여러 발 맞혀도 k점보다 많은 점수를 가져가는 게 아니고 k점만 가져가는 것을 유의하세요. 또한 a = b = 0인 경우, 즉, 라이언과 어피치 모두 k점에 단 하나의 화살도 맞히지 못한 경우는 어느 누구도 k점을 가져가지 않습니다.**
        *   예를 들어, 어피치가 10점을 2발 맞혔고 라이언도 10점을 2발 맞혔을 경우 어피치가 10점을 가져갑니다.
        *   다른 예로, 어피치가 10점을 0발 맞혔고 라이언이 10점을 2발 맞혔을 경우 라이언이 10점을 가져갑니다.
    3. 모든 과녁 점수에 대하여 각 선수의 최종 점수를 계산합니다.
3. 최종 점수가 더 높은 선수를 우승자로 결정합니다. 단, 최종 점수가 같을 경우 어피치를 우승자로 결정합니다.

현재 상황은 어피치가 화살 n발을 다 쏜 후이고 라이언이 화살을 쏠 차례입니다.

라이언은 어피치를 가장 큰 점수 차이로 이기기 위해서 n발의 화살을 어떤 과녁 점수에 맞혀야 하는지를 구하려고 합니다.

화살의 개수를 담은 자연수 n, 어피치가 맞힌 과녁 점수의 개수를 10점부터 0점까지 순서대로 담은 정수 배열 info가 매개변수로 주어집니다. 이때, 라이언이 가장 큰 점수 차이로 우승하기 위해 n발의 화살을 어떤 과녁 점수에 맞혀야 하는지를 10점부터 0점까지 순서대로 정수 배열에 담아 return하도록 solution 함수를 완성해주세요. 만약, 라이언이 우승할 수 없는 경우(무조건 지거나 비기는 경우)는 [-1]을 return해주세요.

제한 사항

- $1 \leq n \leq 10$
- info의 길이 = 11
    - $0 \leq$ info의 원소 $\leq n$
    - info의 원소 총합 = n
    - info의 i번째 원소는 과녁의 10 - i 점을 맞힌 화살 개수입니다(i는 0~10 사이의 정수입니다).
- 라이언이 우승할 방법이 있는 경우, return할 정수 배열의 길이는 11입니다.
    - $0 \leq$ return할 정수 배열의 원소 $\leq n$
    - return할 정수 배열의 원소 총합 = n (꼭 n발을 다 쏴야 합니다.)
    - return할 정수 배열의 i번째 원소는 과녁의 10 - i 점을 맞힌 화살 개수입니다(i는 0~10 사이의 정수입니다).
    - **라이언이 가장 큰 점수 차이로 우승할 수 있는 방법이 여러 가지일 경우, 가장 낮은 점수를 더 많이 맞힌 경우를 return해주세요.**
        - 가장 낮은 점수를 맞힌 개수가 같을 경우 계속해서 그다음으로 낮은 점수를 더 많이 맞힌 경우를 return해주세요.
        - 예를 들어, [2,3,1,0,0,0,0,1,3,0,0]과 [2,1,0,2,0,0,0,2,3,0,0]을 비교하면 [2,1,0,2,0,0,0,2,3,0,0]을 return해야 합니다.
        - 다른 예로, [0,0,2,3,4,1,0,0,0,0,0]과 [9,0,0,0,0,0,0,0,1,0,0]을 비교하면[9,0,0,0,0,0,0,0,1,0,0]를 return 해야 합니다.
- 라이언이 우승할 방법이 없는 경우, return 할 정수 배열의 길이는 1입니다.
    - 라이언이 어떻게 화살을 쏘든 **라이언의 점수가 어피치의 점수보다 낮거나 같으면 [-1]을 return해야 합니다.**

입출력 예

n	info	result
5	[2,1,1,1,0,0,0,0,0,0,0]	[0,2,2,0,1,0,0,0,0,0,0]
1	[1,0,0,0,0,0,0,0,0,0,0]	[-1]
9	[0,0,1,2,0,1,1,1,1,1,1]	[1,1,2,0,1,2,2,0,0,0,0]
10	[0,0,0,0,0,0,0,0,3,4,3]	[1,1,1,1,1,1,1,1,0,0,2]

입출력 예 설명

입출력 예 #1

어피치와 라이언이 아래와 같이 화살을 맞힐 경우,

과녁 점수	어피치가 맞힌 화살 개수	라이언이 맞힌 화살 개수	결과
10	2	3	라이언이 10점 획득
9	1	2	라이언이 9점 획득
8	1	0	어피치가 8점 획득
7	1	0	어피치가 7점 획득
6	0	0	
5	0	0	
4	0	0	
3	0	0	
2	0	0	
1	0	0	
0	0	0	

어피치의 최종 점수는 15점, 라이언의 최종 점수는 19점입니다. 4점 차이로 라이언이 우승합니다.

하지만 라이언이 아래와 같이 화살을 맞힐 경우 더 큰 점수 차로 우승할 수 있습니다.

과녁 점수	어피치가 맞힌 화살 개수	라이언이 맞힌 화살 개수	결과
10	2	0	어피치가 10점 획득
9	1	2	라이언이 9점 획득
8	1	2	라이언이 8점 획득
7	1	0	어피치가 7점 획득
6	0	1	라이언이 6점 획득
5	0	0	
4	0	0	
3	0	0	
2	0	0	
1	0	0	
0	0	0	

어피치의 최종 점수는 17점, 라이언의 최종 점수는 23점입니다. 6점 차이로 라이언이 우승합니다.

따라서 [0,2,2,0,1,0,0,0,0,0,0]을 return해야 합니다.

입출력 예 #2

라이언이 10점을 맞혀도 어피치가 10점을 가져가게 됩니다.

따라서, 라이언은 우승할 수 없기 때문에 [-1]을 return해야 합니다.

입출력 예 #3

어피치와 라이언이 아래와 같이 화살을 맞힐 경우,

과녁 점수	어피치가 맞힌 화살 개수	라이언이 맞힌 화살 개수	결과
10	0	1	라이언이 10점 획득
9	0	1	라이언이 9점 획득
8	1	2	라이언이 8점 획득
7	2	3	라이언이 7점 획득
6	0	0	
5	1	2	라이언이 5점 획득
4	1	0	어피치가 4점 획득
3	1	0	어피치가 3점 획득
2	1	0	어피치가 2점 획득
1	1	0	어피치가 1점 획득
0	1	0	어피치가 0점 획득

어피치의 최종 점수는 10점, 라이언의 최종 점수는 39점입니다. 29점 차이로 라이언이 우승합니다.

하지만 라이언이 아래와 같이 화살을 맞힐 경우,

과녁 점수	어피치가 맞힌 화살 개수	라이언이 맞힌 화살 개수	결과
10	0	1	라이언이 10점 획득
9	0	1	라이언이 9점 획득
8	1	2	라이언이 8점 획득
7	2	0	어피치가 7점 획득
6	0	1	라이언이 6점 획득
5	1	2	라이언이 5점 획득
4	1	2	라이언이 4점 획득
3	1	0	어피치가 3점 획득
2	1	0	어피치가 2점 획득
1	1	0	어피치가 1점 획득
0	1	0	어피치가 0점 획득

어피치의 최종 점수는 13점, 라이언의 최종 점수는 42점입니다. 이 경우도 29점 차이로 라이언이 우승합니다. 하지만, 첫 번째 경우와 두 번째 경우를 비교했을 때, 두 번째 경우가 두 경우 중 가장 낮은 점수인 4점을 더 많이 맞혔기 때문에 [1,1,2,3,0,2,0,0,0,0]이 아닌 [1,1,2,0,1,2,2,0,0,0,0]을 return해야 합니다.

입출력 예 #4

가장 큰 점수 차이로 이기는 경우 중에서 가장 낮은 점수를 가장 많이 맞힌, 10~3점을 한 발씩 맞히고 나머지 두 발을 0점에 맞히는 경우인 [1,1,1,1,1,1,1,1,0,0,2]를 return해야 합니다.

제한 시간 안내

정확성 테스트: 10초

문제 풀이

이 문제는 화살을 쏘는 점수를 전략적으로 잘 고르면 해결할 수 있을 것 같습니다. 하지만 문제의 제한 사항을 살펴보면 점수는 0부터 10까지 총 11개가 있고, 쏴야 하는 화살은 최대 10개입니다. 이를 중복 조합으로 계산해보면 $_{11}H_{10}$ = 184,756으로 굉장히 작은 경우의 수를 만들 수 있습니다. 따라서 전략적인 로직을 생각해내기보다 완전 탐색으로 모든 경우의 수를 탐색하는 것이 코딩 테스트에서 훨씬 코드를 빠르고 실수 없이 구현할 수 있는 방법입니다.

1. 기준 정하기

완전 탐색을 이용하면 n개의 화살이 점수를 맞추는 모든 경우의 수를 구할 수 있습니다. 따라서 점수를 내는 여러 가지 경우의 수 중에서 문제 조건에 가장 부합하는 조건을 찾는 기준을 세워 두면 정답을 구할 수 있습니다.

가장 먼저 두 경우를 비교할 수 있는 기준은 어피치의 점수 차를 비교하는 것입니다. 라이언은 가장 큰 점수 차이로 우승할 수 있는 방법을 찾으므로, 어피치와 점수 차를 구하여 이 값이 가장 큰 경우를 선택해야 합니다.

어피치가 맞춘 과녁 점수의 개수를 담은 배열 apeach와 라이언이 맞춘 과녁 점수의 개수를 담은 배열 ryan을 입력받아 점수 차를 계산하는 scoreDiff() 메서드는 다음과 같이 구현할 수 있습니다.

```
private int scoreDiff(int[] apeach, int[] ryan) {
    int diff = 0;
    for (int i = 0; i < apeach.length; i++) {
```

```
        if (apeach[i] == 0 && ryan[i] == 0) continue;

        if (apeach[i] >= ryan[i]) {
            diff -= 10 - i;
        } else {
            diff += 10 - i;
        }
    }
    return diff;
}
```

모든 과녁 점수를 순회하면서 어피치와 라이언 둘 다 해당 점수를 맞추지 못했을 때는 점수 차가 발생하지 않습니다. 어피치가 라이언보다 해당 점수를 더 많이 맞추거나 둘이 똑같이 맞추었을 경우에는 어피치가 점수를 얻으므로 라이언에게 불리하게 점수가 적용됩니다. 이는 점수 차를 나타내는 diff에서 해당 점수를 빼서 나타낼 수 있습니다.

반대로 라이언이 해당 점수를 어피치보다 더 많이 맞추었을 때는 라이언에게 유리하게 점수가 적용되므로 점수 차에 해당 점수를 더하면 됩니다.

다음 기준은 더 낮은 점수를 더 많이 맞춘 경우를 채택하는 것입니다. 이는 다음과 같이 더 낮은 점수가 들어 있는 점수 배열의 뒤쪽부터 살펴보며 맞춘 화살 개수가 다를 때 더 큰 점수 배열을 채택하도록 구현하면 됩니다.

기준 배열 base와 비교 대상 배열 comp를 입력받아 comp의 우선순위가 더 높으면 true를, base의 우선순위가 더 높으면 false를 반환하는 isPrior() 메서드를 다음과 같이 구현합니다.

```
private boolean isPrior(int[] base, int[] comp) {
    for (int i = 10; i >= 0; i--) {
        if (comp[i] == base[i]) continue;
        return comp[i] > base[i];
    }
    return false;
}
```

이렇게 두 경우를 비교하여 정답에 가까운 경우를 채택할 수 있도록 하는 2개의 메서드를 정의했습니다.

2. 완전 탐색

이제 완전 탐색을 이용하여 모든 경우의 수를 찾고, 앞서 정의한 두 메서드를 사용하여 가장 우선순위가 높은 경우를 찾으면 됩니다. 순열이나 조합과 같은 문제를 해결할 때는 재귀를 사용했습니다. 화살이 점수를 맞추는 경우를 찾기 위해 재귀를 정의해봅시다.

가장 먼저 상태를 정의해야 합니다. 재귀의 한 단계에서는 하나의 점수를 맞추는 화살 개수를 결정해야 합니다. 따라서 결정하려는 점수의 인덱스를 index, 과녁을 맞춘 화살 개수를 담는 배열을 hits, 더 쏴야 할 화살 개수를 n으로 상태를 구성합니다. 이때 라이언이 맞추는 점수의 배열을 반환하도록 정의할 수 있습니다.

▼ 표 13-1 양궁 대회 문제의 재귀 정의

상태	$(index, hits, n)$	배열 hits의 index번째부터 n개의 화살을 쏠 때 가장 우선순위가 높은 과녁 점수 배열
종료 조건	$(hits.length, hits, 0) = \begin{cases} null \rightarrow (\text{라이언이 지거나 비기는 경우}) \\ hits \rightarrow (\text{라이언이 이기는 경우}) \end{cases}$ $(hits.length, hits, n) = null$	• 모든 점수에 대한 화살 개수가 정해지면 종료 • 쏘지 않고 남은 화살이 있다면 유효하지 않은 경우이므로 null 반환 • 모든 화살을 소모했다면 라이언이 이기는 경우에만 배열 hits 반환
점화식	$(index, hits, n) =$ $\max_{hit=0}^{n} \left(hits[index] = hit; (index+1, hits, n-hit) \right)$	하나의 점수에 맞출 수 있는 화살은 최소 0개부터 최대 n개이므로 모든 경우를 시도해보면서 가장 우선순위가 높은 경우를 채택

이렇게 정의된 재귀에 따라 재귀를 수행하는 ryan() 메서드를 작성해봅시다. ryan() 메서드는 상태 변수인 index, hits, n과 함께 어피치의 화살 정보를 담은 apeach를 매개변수로 받습니다.

```
private int[] ryan(int index, int[] hits, int n, int[] apeach) {

    return result;
}
```

2-1. 종료 조건

가장 먼저 종료 조건을 작성해봅시다. 모든 화살이 결정되었을 때를 검사하여 남은 화살이 있다면 null을, 모든 화살을 다 사용했다면 라이언의 승리 여부에 따라 hits를 반환합니다. 이때 앞서 정의한 scoreDiff()를 사용하면 라이언의 승리 여부를 확인할 수 있습니다. 또 hits는 완전 탐색 과정 중 계속 수정되는 배열이므로 hits를 복사하여 넘겨주어야 합니다.

일반적으로 이와 같은 배열 복사는 모든 경우의 수에 대해 수행하면 시간 초과가 날 확률이 높습니다. 하지만 이 문제에서는 탐색 공간이 약 18만 개로 매우 작으므로 길이 11의 배열을 모든 경우의 수에 대해 복사한다고 해도 시간 초과가 발생하지 않습니다.

탐색 공간이 커 배열을 복사하기 어렵다면 Solution 클래스의 멤버 필드로 현재까지 찾은 가장 높은 우선순위를 가진 경우를 복사해 놓고, 더욱 높은 우선순위를 가진 경우를 찾았을 때만 배열을 복사하는 방식으로 구현할 수 있습니다.

```
if (index == hits.length) {
    if (n > 0) return null;
    if (scoreDiff(apeach, hits) <= 0) return null;
    return Arrays.copyOf(hits, hits.length);
}
```

2-2. 점화식

이제 점화식 부분을 구현해봅시다. 점화식에서는 화살을 0개부터 n개까지 사용하는 모든 경우를 탐색하며, 가장 큰 우선순위를 가진 경우를 찾아야 합니다. 이를 위해 현재까지 발견한 경우 중 가장 큰 점수 차를 나타내는 maxDiff와 화살을 맞추는 점수 배열 result를 다음과 같이 선언합니다.

```
int maxDiff = 0;
int[] result = null;
```

다음으로 점화식에 따라 다음과 같이 배열 hits에 index번째 점수에 맞춘 화살을 정해주고, 재귀로 가장 우선순위가 높은 경우를 구합니다.

```
for (int hit = 0; hit <= n; hit++) {
    hits[index] = hit;
    int[] ryan = ryan(index + 1, hits, n - hit, apeach);
}
```

이 배열이 null이라면 index번째에 hit개의 화살을 맞추었을 때는 정답이 될 수 없다는 의미이므로 다음 경우로 넘어갑니다.

```
for (int hit = 0; hit <= n; hit++) {
    hits[index] = hit;
    int[] ryan = ryan(index + 1, hits, n - hit, apeach);
    if (ryan == null) continue;

}
```

null이 아니라면 라이언이 이기는 경우가 반환된 것입니다. 이때는 우선순위가 가장 높은 경우를 채택해야 합니다. 가장 점수 차가 큰 경우가 가장 높은 우선순위를 가지며, 점수 차가 같다면 더 낮은 점수를 많이 맞추는 경우가 높은 우선순위를 가지게 됩니다. 이는 다음과 같이 작성할 수 있습니다.

```
int diff = scoreDiff(apeach, ryan);
if (diff > maxDiff || (diff == maxDiff && isPrior(result, ryan))) {
    maxDiff = diff;
    result = ryan;
}
```

이렇게 모든 경우를 순회하며 채택된 경우를 반환해주면 재귀 메서드 ryan()은 다음과 같이 작성됩니다.

```
private int[] ryan(int index, int[] hits, int n, int[] apeach) {
    if (index == hits.length) {
        if (n > 0) return null;
        if (scoreDiff(apeach, hits) <= 0) return null;
        return Arrays.copyOf(hits, hits.length);
    }

    int maxDiff = 0;
    int[] result = null;

    for (int hit = 0; hit <= n; hit++) {
        hits[index] = hit;
        int[] ryan = ryan(index + 1, hits, n - hit, apeach);
        if (ryan == null) continue;
```

```
        int diff = scoreDiff(apeach, ryan);
        if (diff > maxDiff || (diff == maxDiff && isPrior(result, ryan))) {
            maxDiff = diff;
            result = ryan;
        }
    }

    return result;
}
```

3. 정답 검사

solution() 메서드에서는 ryan() 메서드를 호출하여 정답이 되는 경우가 있는지 확인하고,
없다면 [−1]을 반환합니다.

```
public int[] solution(int n, int[] info) {
    int[] ryan = ryan(0, new int[11], n, info);
    if (ryan == null) {
        return new int[] { -1 };
    }
    return ryan;
}
```

이렇게 문제의 제한 사항으로 완전 탐색을 이용할 수 있다는 것을 파악하고, 재귀를 정의해서
문제를 해결했습니다.

전체 코드   13장/양궁대회.java

```
import java.util.Arrays;

public class Solution {
    private int scoreDiff(int[] apeach, int[] ryan) {
        int diff = 0;
        for (int i = 0; i < apeach.length; i++) {
            if (apeach[i] == 0 && ryan[i] == 0) continue;

            if (apeach[i] >= ryan[i]) {
                diff -= 10 - i;
            } else {
                diff += 10 - i;
            }
        }
```

```java
            return diff;
    }

    private boolean isPrior(int[] base, int[] comp) {
        for (int i = 10; i >= 0; i--) {
            if (comp[i] == base[i]) continue;
            return comp[i] > base[i];
        }
        return false;
    }

    private int[] ryan(int index, int[] hits, int n, int[] apeach) {
        if (index == hits.length) {
            if (n > 0) return null;
            if (scoreDiff(apeach, hits) <= 0) return null;
            return Arrays.copyOf(hits, hits.length);
        }

        int maxDiff = 0;
        int[] result = null;

        for (int hit = 0; hit <= n; hit++) {
            hits[index] = hit;
            int[] ryan = ryan(index + 1, hits, n - hit, apeach);
            if (ryan == null) continue;

            int diff = scoreDiff(apeach, ryan);
            if (diff > maxDiff || (diff == maxDiff && isPrior(result, ryan))) {
                maxDiff = diff;
                result = ryan;
            }
        }

        return result;
    }

    public int[] solution(int n, int[] info) {
        int[] ryan = ryan(0, new int[11], n, info);
        if (ryan == null) {
            return new int[] { -1 };
        }
        return ryan;
    }
}
```

582

문제 ⑥⑨ 양과 늑대 - Level 3

URL https://school.programmers.co.kr/learn/courses/30/lessons/92343

2진 트리 모양 초원의 각 노드에 늑대와 양이 한 마리씩 놓여 있습니다. 이 초원의 루트 노드에서 출발하여 각 노드를 돌아다니며 양을 모으려 합니다. 각 노드를 방문할 때 마다 해당 노드에 있던 양과 늑대가 당신을 따라오게 됩니다. 이때, 늑대는 양을 잡아먹을 기회를 노리고 있으며, 당신이 모은 양의 수보다 늑대의 수가 같거나 더 많아지면 바로 모든 양을 잡아먹어 버립니다. 당신은 중간에 양이 늑대에게 잡아먹히지 않도록 하면서 최대한 많은 수의 양을 모아서 다시 루트 노드로 돌아오려 합니다.

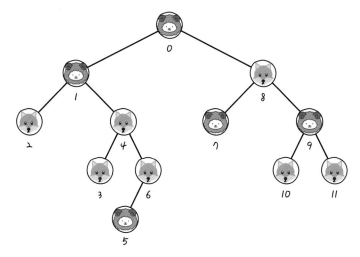

예를 들어 위 그림의 경우(루트 노드에는 항상 양이 있습니다) 0번 노드(루트 노드)에서 출발하면 양을 한 마리 모을 수 있습니다. 다음으로 1번 노드로 이동하면 당신이 모은 양은 두 마리가 됩니다. 이때, 바로 4번 노드로 이동하면 늑대 한 마리가 당신을 따라오게 됩니다. 아직은 양 2마리, 늑대 1마리로 양이 잡아먹히지 않지만, 이후에 갈 수 있는 아직 방문하지 않은 모든 노드(2, 3, 6, 8번)에는 늑대가 있습니다. 이어서 늑대가 있는 노드로 이동한다면(예를 들어 바로 6번 노드로 이동한다면) 양 2마리, 늑대 2마리가 되어 양이 모두 잡아먹힙니다. 여기서는 0번, 1번 노드를 방문하여 양을 2마리 모은 후, 8번 노드로 이동한 후(양 2마리 늑대 1마리) 이어서 7번, 9번 노드를 방문하면 양 4마리 늑대 1마리가 됩니다. 이제 4번, 6번 노드로 이동하면 양 4마리, 늑대 3마리가 되며, 이제 5번 노드로 이동할 수 있게 됩니다. 따라서 양을 최대 5마리 모을 수 있습니다.

각 노드에 있는 양 또는 늑대에 대한 정보가 담긴 배열 info, 2진 트리의 각 노드들의 연결 관계를 담은 2차원 배열 edges가 매개변수로 주어질 때, 문제에 제시된 조건에 따라 각 노드를 방문하면서 모을 수 있는 양은 최대 몇 마리인지 return하도록 solution 함수를 완성해주세요.

제한 사항

- 2 ≤ info의 길이 ≤ 17
  - info의 원소는 0 또는 1 입니다.
  - info[i]는 i번 노드에 있는 양 또는 늑대를 나타냅니다.
  - 0은 양, 1은 늑대를 의미합니다.
  - info[0]의 값은 항상 0입니다. 즉, 0번 노드(루트 노드)에는 항상 양이 있습니다.
- edges의 세로(행) 길이 = info의 길이 - 1
  - edges의 가로(열) 길이 = 2
  - edges의 각 행은 [부모 노드 번호, 자식 노드 번호] 형태로, 서로 연결된 두 노드를 나타냅니다.
  - 동일한 간선에 대한 정보가 중복해서 주어지지 않습니다.
  - 항상 하나의 이진 트리 형태로 입력이 주어지며, 잘못된 데이터가 주어지는 경우는 없습니다.
  - 0번 노드는 항상 루트 노드입니다.

입출력 예

info	edges	result
[0,0,1,1,1,0,1,0,1,0,1,1]	[[0,1],[1,2],[1,4],[0,8],[8,7],[9,10],[9,11],[4,3],[6,5],[4,6],[8,9]]	5
[0,1,0,1,1,0,1,0,0,1,0]	[[0,1],[0,2],[1,3],[1,4],[2,5],[2,6],[3,7],[4,8],[6,9],[9,10]]	5

입출력 예 설명

입출력 예 #1

문제의 예시와 같습니다.

입출력 예 #2

주어진 입력은 다음 그림과 같습니다.

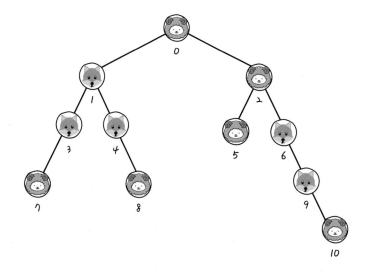

0번-2번-5번-1번-4번-8번-3번-7번 노드순으로 이동하면 양 5마리 늑대 3마리가 됩니다. 여기서 6번, 9번 노드로 이동하면 양 5마리, 늑대 5마리가 되어 양이 모두 잡아먹히게 됩니다. 따라서 늑대에게 잡아먹히지 않도록 하면서 최대로 모을 수 있는 양은 5마리입니다.

제한 시간 안내

정확성 테스트: 10초

문제 풀이

문제의 그림에서 알 수 있듯이 트리를 이용한 문제입니다. 문제의 입력으로 트리를 구성한 후 가장 많은 양을 모을 수 있는 방법을 찾아야 합니다. 우선 문제의 제한 사항을 살펴봅시다. 트리의 총 노드 개수는 17로 매우 작습니다. 따라서 완전 탐색으로 모든 경우의 수를 탐색하며 정답을 구할 수 있습니다.

이 문제에서는 노드를 방문하는 순서에 따라 이후에 방문할 수 있는 노드들이 달라집니다. 따라서 방문할 수 있는 후보 노드를 구하고, 후보 노드들을 차례대로 하나씩 방문해보며 가장 많은 양을 모을 수 있는 방법을 채택합니다.

예를 들어 문제의 예시인 다음 그림을 살펴봅시다.

▼ **그림 13-1** 문제의 입출력 예 #2

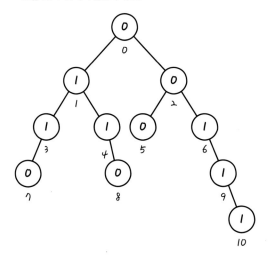

가장 처음 방문할 수 있는 노드는 0번 노드뿐이므로 후보 노드에는 0번 노드만 들어 있는 상태로 탐색을 시작합니다.

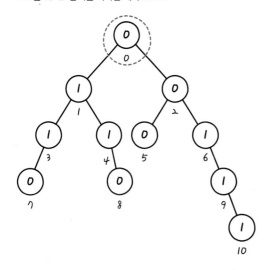

후보 노드가 0뿐이므로 0번 노드로 진행합니다. 0번 노드에서 진행할 수 있는 자식 노드는 1번 노드와 2번 노드이므로 이 두 노드가 후보 노드가 됩니다.

▼ **그림 13-3** 0번 노드를 방문함에 따라 1번, 2번 노드가 후보 노드가 됨

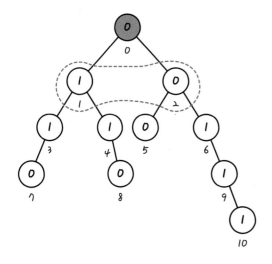

0번 노드를 방문하면서 양이 1마리가 되었습니다. 후보 노드 중 1번 노드로 진행하면 늑대를 모으게 되고 늑대와 양의 개수가 같아져 늑대가 양을 모두 잡아먹게 됩니다. 따라서 1번 노드로는 진행할 수 없습니다.

2번 노드는 양이므로 진행할 수 있는 노드입니다. 따라서 2번 노드로 진행하면서 양이 2마리가 됩니다. 이제 2번 노드를 통해 5번 노드와 6번 노드가 후보 노드에 추가됩니다. 따라서 후보 노드는 1번, 5번, 6번 노드가 됩니다.

▼ **그림 13-4** 2번 노드를 방문하면서 5번, 6번 노드가 후보 노드에 추가됨

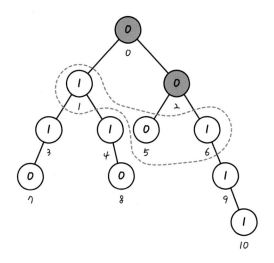

현재까지 모은 양의 개수는 2마리고, 늑대는 0마리입니다. 따라서 늑대 노드를 방문할 수 있습니다. 후보 노드 중 1번 노드로 진행하면 3번 노드와 4번 노드가 후보 노드에 추가됩니다.

▼ **그림 13-5** 1번 노드를 방문하면서 3번, 4번 노드가 후보 노드에 추가됨

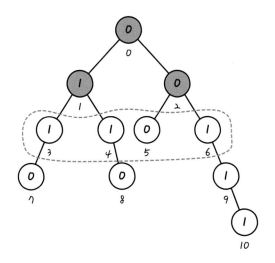

이를 반복하면 양을 모을 수 있는 모든 경우를 탐색하게 됩니다. 그중 가장 많은 양을 모으는 경우의 양 개수를 구합니다.

1. 트리 구성

문제에서는 트리를 간선의 배열로 입력받습니다. 다음과 같이 인접 행렬 방식으로 쉽게 트리를 나타낼 수 있습니다.

```java
boolean[][] tree = new boolean[info.length][info.length];
for (int[] edge : edges) {
    tree[edge[0]][edge[1]]= true;
}
```

앞 예시 입력에서 인접 행렬 방식으로 나타낸 트리는 다음과 같습니다. tree[u][v]가 1이라는 것은 u가 v의 부모 노드라는 의미입니다.

▼ 그림 13-6 인접 행렬 방식으로 나타낸 예시 트리

	0	1	2	3	4	5	6	7	8	9	10
0	0	1	1	0	0	0	0	0	0	0	0
1	0	0	0	1	1	0	0	0	0	0	0
2	0	0	0	0	0	1	1	0	0	0	0
3	0	0	0	0	0	0	0	1	0	0	0
4	0	0	0	0	0	0	0	0	1	0	0
5	0	0	0	0	0	0	0	0	0	0	0
6	0	0	0	0	0	0	0	0	1	0	0
7	0	0	0	0	0	0	0	0	0	0	0
8	0	0	0	0	0	0	0	0	0	0	0
9	0	0	0	0	0	0	0	0	0	0	1
10	0	0	0	0	0	0	0	0	0	0	0

2. 후보 노드 구하기

앞서 살펴본 풀이 로직은 하나의 노드를 방문하면서 후보 노드를 늘리고, 후보 노드를 순회하며 탐색하는 두 부분으로 구성되어 있습니다. 가장 먼저 하나의 노드를 방문하며 후보 노드를 늘리는 부분을 살펴봅시다.

완전 탐색은 모든 경우의 수를 확인하기 때문에 후보 노드에 포함된 노드 순서와 상관없이 탐색할 수 있습니다. 따라서 후보 노드는 Set을 이용하여 관리하겠습니다. 방문하려는 노드는 node, 방문 후보 노드는 nodes, 트리 tree를 입력받아 새로운 후보 노드를 반환하는 메서드는 getNextNodes()로 다음과 같이 선언합니다.

```
private Set<Integer> getNextNodes(int node, Set<Integer> nodes, boolean[][] tree) {

}
```

가장 먼저 방문하는 노드인 node를 제외한 기존 후보 노드들은 모두 유지되어야 합니다. 따라서 다음과 같이 새로운 방문 후보 노드들을 담을 nextNodes를 nodes를 이용하여 생성하고, node는 제거합니다.

```
Set<Integer> nextNodes = new HashSet<>(nodes);
nextNodes.remove(node);
```

다음으로 tree를 순회하며 node의 자식 노드들을 nextNodes에 추가합니다.

```
for (int next = 0; next < tree[node].length; next++) {
    if (!tree[node][next]) continue;
    nextNodes.add(next);
}
```

이렇게 새로 접근할 수 있는 노드들이 추가된 nextNodes를 반환하면 node를 방문하면서 새로 방문할 수 있게 된 노드들을 포함한 후보 노드들을 구할 수 있습니다.

```
private Set<Integer> getNextNodes(int node, Set<Integer> nodes, boolean[][] tree) {
    Set<Integer> nextNodes = new HashSet<>(nodes);
    nextNodes.remove(node);

    for (int next = 0; next < tree[node].length; next++) {
        if (!tree[node][next]) continue;
        nextNodes.add(next);
    }
    return nextNodes;
}
```

3. 완전 탐색

앞서 살펴본 완전 탐색 로직에 따라 완전 탐색을 구현해봅시다. 하나의 로직을 이용하여 단계별로 탐색을 진행하므로 재귀로 완전 탐색을 구현할 수 있습니다. 탐색을 진행하며 후보 노드, 양 개수, 늑대 개수가 달라지므로 상태 변수는 후보 노드 nodes, 양 개수 sheep, 늑대 개수 wolf가 되며, 이때 가장 많이 얻을 수 있는 양 개수로 정의됩니다. 이를 이용하면 완전 탐색을 위한 재귀는 다음과 같이 정의할 수 있습니다.

▼ 표 13-2 양과 늑대 문제의 재귀 정의

상태	(nodes, sheep, wolf)	nodes에 속한 노드 중 하나를 가장 먼저 방문하여 최대로 얻을 수 있는 양 개수
종료 조건	({}, sheep, wolf) = sheep	더 이상 방문할 수 있는 노드가 없다면 현재까지 모은 양 개수가 최대로 모은 양 개수
점화식	$(nodes, sheep, wolf) =$ $$\max_{node}^{nodes} \begin{cases} (getNextNodes(node, nodes, tree), sheep+1, wolf) - \\ (getNextNodes(node, nodes, tree), sheep, wolf+1) - \\ 0 \cdot \end{cases}$$	→ node가 양인 경우 → node가 늑대이면서 sheep > wolf + 1인 경우 → node가 늑대이면서 sheep <= wolf + 1인 경우

이에 따라 재귀 메서드 getMaxSheep( )은 다음과 같이 작성할 수 있습니다.

```java
private int getMaxSheep(Set<Integer> nodes, int sheep, int wolf,
                        int[] info, boolean[][] tree) {
    int maxSheep = sheep;

    for (int node : nodes) {
        int nextSheep = sheep;
        int nextWolf = wolf;

        if (info[node] == 0) {
            nextSheep += 1;
        } else {
            nextWolf += 1;
        }

        if (nextWolf >= nextSheep) continue;

        int s = getMaxSheep(getNextNodes(node, nodes, tree),
                nextSheep, nextWolf, info, tree);
        if (s > maxSheep) {
            maxSheep = s;
        }
    }

    return maxSheep;
}
```

종료 조건인 nodes가 비어 있을 때는 for 문을 돌지 않으므로 바로 sheep 값이 들어 있는 maxSheep이 반환됩니다.

마지막으로 solution() 메서드에서는 트리를 구성하고, 가장 처음 방문하는 노드인 0번 노드를 후보 노드에 포함시켜 getMaxSheep() 메서드를 호출해서 그 결과를 반환합니다.

```java
public int solution(int[] info, int[][] edges) {
    boolean[][] tree = new boolean[info.length][info.length];
    for (int[] edge : edges) {
        tree[edge[0]][edge[1]] = true;
    }

    Set<Integer> nodes = new HashSet<>();
    nodes.add(0);

    return getMaxSheep(nodes, 0, 0, info, tree);
}
```

이렇게 트리와 완전 탐색을 이용하여 문제를 해결할 수 있습니다.

전체 코드

13장/양과늑대.java

```java
import java.util.HashSet;
import java.util.Set;

public class Solution {
    private Set<Integer> getNextNodes(int node, Set<Integer> nodes,
                                      boolean[][] tree) {
        Set<Integer> nextNodes = new HashSet<>(nodes);
        nextNodes.remove(node);

        for (int next = 0; next < tree[node].length; next++) {
            if (!tree[node][next]) continue;
            nextNodes.add(next);
        }
        return nextNodes;
    }

    private int getMaxSheep(Set<Integer> nodes, int sheep, int wolf,
                            int[] info, boolean[][] tree) {
        int maxSheep = sheep;

        for (int node : nodes) {
```

```
            int nextSheep = sheep;
            int nextWolf = wolf;

            if (info[node] == 0) {
                nextSheep += 1;
            } else {
                nextWolf += 1;
            }

            if (nextWolf >= nextSheep) continue;

            int s = getMaxSheep(getNextNodes(node, nodes, tree),
                    nextSheep, nextWolf, info, tree);
            if (s > maxSheep) {
                maxSheep = s;
            }
        }

        return maxSheep;
    }

    public int solution(int[] info, int[][] edges) {
        boolean[][] tree = new boolean[info.length][info.length];
        for (int[] edge : edges) {
            tree[edge[0]][edge[1]] = true;
        }

        Set<Integer> nodes = new HashSet<>();
        nodes.add(0);

        return getMaxSheep(nodes, 0, 0, info, tree);
    }
}
```

문제 **70**

파괴되지 않은 건물 - Level 3

URL https://school.programmers.co.kr/learn/courses/30/lessons/92344

[본 문제는 정확성과 효율성 테스트 각각 점수가 있는 문제입니다.]

N x M 크기의 행렬 모양의 게임 맵이 있습니다. 이 맵에는 내구도를 가진 건물이 각 칸마다 하나씩 있습니다. 적은 이 건물들을 공격하여 파괴하려고 합니다. 건물은 적의 공격을 받으면 내구도가 감소하고 내구도가 0 이하가 되면 파괴됩니다. 반대로, 아군은 회복 스킬을 사용하여 건물들의 내구도를 높이려고 합니다.

적의 공격과 아군의 회복 스킬은 항상 직사각형 모양입니다.

예를 들어 아래 사진은 크기가 4 × 5인 맵에 내구도가 5인 건물들이 있는 상태입니다.

	0	1	2	3	4
0	5	5	5	5	5
1	5	5	5	5	5
2	5	5	5	5	5
3	5	5	5	5	5

첫 번째로 적이 맵의 **(0,0)부터 (3,4)까지 공격하여 4만큼** 건물의 내구도를 낮추면 아래와 같은 상태가 됩니다.

	0	1	2	3	4
0	1	1	1	1	1
1	1	1	1	1	1
2	1	1	1	1	1
3	1	1	1	1	1

두 번째로 적이 맵의 **(2,0)부터 (2,3)까지 공격하여 2만큼** 건물의 내구도를 낮추면 아래와 같이 4개의 건물이 파괴되는 상태가 됩니다.

	0	1	2	3	4
0	1	1	1	1	1
1	1	1	1	1	1
2	-1	-1	-1	-1	1
3	1	1	1	1	1

세 번째로 아군이 맵의 **(1,0)부터 (3,1)까지 회복하여 2만큼** 건물의 내구도를 높이면 아래와 같이 **2개의 건물이 파괴되었다가 복구**되고 2개의 건물만 파괴되어 있는 상태가 됩니다.

	0	1	2	3	4
0	1	1	1	1	1
1	3	3	1	1	1
2	1	1	-1	-1	1
3	3	3	1	1	1

마지막으로 적이 맵의 **(0,1)부터 (3,3)까지 공격하여 1만큼** 건물의 내구도를 낮추면 아래와 같이 8개의 건물이 더 파괴되어 총 10개의 건물이 파괴된 상태가 됩니다. **(내구도가 0 이하가 된 이미 파괴된 건물도, 공격을 받으면 계속해서 내구도가 하락하는 것에 유의해주세요.)**

	0	1	2	3	4
0	1	0	0	0	1
1	3	2	0	0	1
2	1	0	-2	-2	1
3	3	2	0	0	1

최종적으로 총 10개의 건물이 파괴되지 않았습니다.

건물의 내구도를 나타내는 2차원 정수 배열 board와 적의 공격 혹은 아군의 회복 스킬을 나타내는 2차원 정수 배열 skill이 매개변수로 주어집니다. 적의 공격 혹은 아군의 회복 스킬이 모두 끝난 뒤 파괴되지 않은 건물의 개수를 return하는 solution 함수를 완성해주세요.

제한 사항

- 1 ≤ board의 행의 길이 (= N) ≤ 1,000
- 1 ≤ board의 열의 길이 (= M) ≤ 1,000
- 1 ≤ board의 원소 (각 건물의 내구도) ≤ 1,000
- 1 ≤ skill의 행의 길이 ≤ 250,000
- skill의 열의 길이 = 6
- skill의 각 행은 [type, r1, c1, r2, c2, degree] 형태를 가지고 있습니다.
  - type은 1 혹은 2입니다.
    - type이 1일 경우는 적의 공격을 의미합니다. 건물의 내구도를 낮춥니다.
    - type이 2일 경우는 아군의 회복 스킬을 의미합니다. 건물의 내구도를 높입니다.
  - (r1, c1)부터 (r2, c2)까지 직사각형 모양의 범위 안에 있는 건물의 내구도를 degree만큼 낮추거나 높인다는 뜻입니다.

- 0 ≤ r1 ≤ r2 < board의 행의 길이
- 0 ≤ c1 ≤ c2 < board의 열의 길이
- 1 ≤ degree ≤ 500
- type이 1이면 degree만큼 건물의 내구도를 낮춥니다.
- type이 2이면 degree만큼 건물의 내구도를 높입니다.

- 건물은 파괴되었다가 회복 스킬을 받아 내구도가 1이상이 되면 파괴되지 않은 상태가 됩니다. 즉, 최종적으로 건물의 내구도가 1이상이면 파괴되지 않은 건물입니다.

정확성 테스트 케이스 제한 사항

- 1 ≤ board의 행의 길이 (= N) ≤ 100
- 1 ≤ board의 열의 길이 (= M) ≤ 100
- 1 ≤ board의 원소 (각 건물의 내구도) ≤ 100
- 1 ≤ skill의 행의 길이 ≤ 100
  - 1 ≤ degree ≤ 100

효율성 테스트 케이스 제한 사항

- 주어진 조건 외 추가 제한 사항 없습니다.

입출력 예

board	skill	result
[[5,5,5,5,5],[5,5,5,5,5],[5,5,5,5,5],[5,5,5,5,5]]	[[1,0,0,3,4,4],[1,2,0,2,3,2],[2,1,0,3,1,2],[1,0,1,3,3,1]]	10
[[1,2,3],[4,5,6],[7,8,9]]	[[1,1,1,2,2,4],[1,0,0,1,1,2],[2,2,0,2,0,100]]	6

입출력 예 설명

입출력 예 #1

문제 예시와 같습니다.

입출력 예 #2

<초기 맵 상태>

첫 번째로 적이 맵의 **(1,1)부터 (2,2)까지 공격하여 4만큼** 건물의 내구도를 낮추면 아래와 같은 상태가 됩니다.

	0	1	2
0	1	2	3
1	4	1	2
2	7	4	5

두 번째로 적이 맵의 **(0,0)부터 (1,1)까지 공격하여 2만큼** 건물의 내구도를 낮추면 아래와 같은 상태가 됩니다.

	0	1	2
0	-1	0	3
1	2	-1	2
2	7	4	5

마지막으로 아군이 맵의 **(2,0)부터 (2,0)까지 회복하여 100만큼** 건물의 내구도를 높이면 아래와 같은 상황이 됩니다.

	0	1	2
0	-1	0	3
1	2	-1	2
2	107	4	5

총, 6개의 건물이 파괴되지 않았습니다. 따라서 6을 return해야 합니다.

제한 시간 안내

정확성 테스트: 10초

효율성 테스트: 언어별로 작성된 정답 코드의 실행 시간의 적정 배수

문제 풀이

이 문제는 제한 사항이 둘로 나누어져 있습니다. 정확성 테스트 케이스 제한 사항과 효율성 테스트 케이스 제한 사항이 있는데, 효율성 테스트 케이스 제한 사항이 훨씬 크다는 것을 알 수 있습니다.

1. 효율 생각하기

이 문제를 skill의 각 행마다 직접 영향을 받는 모든 원소를 순회하며 내구도를 업데이트하는 '구현'으로 푼다면 한 번의 업데이트마다 배열 크기에 비례하는 O(NM)의 시간 복잡도가 소요됩니다. 배열 skill의 길이를 S라고 한다면 총 O(NMS)의 시간 복잡도가 소요되는 것입니다.

정확성 테스트 케이스의 경우 N의 최댓값이 100, M의 최댓값이 100, S의 최댓값이 100입니다. 따라서 시간 복잡도 O(NMS)는 약 1,000,000으로 계산되어 시간 제한을 통과합니다.

하지만 효율성 테스트의 경우 N의 최댓값이 1,000, M의 최댓값이 1,000, S의 최댓값이 250,000이므로 시간 복잡도 O(NMS)는 250,000,000,000이 됩니다. 즉, 2500억으로 계산되어 시간 제한을 통과하지 못하므로 '구현'이 아닌 더욱 효율적인 방법으로 문제를 풀어야 합니다.

입력되는 배열 skill은 모두 순회해야 하므로 한 번의 순회에 소요되는 시간 복잡도를 줄여야 합니다. 하나의 스킬 행을 처리할 때 입력되는 범위가 항상 직사각형인 것에 주목하면 이 범위를 모두 순회하는 대신 더욱 효율적으로 표시할 수 있는 방법을 떠올릴 수 있습니다.

1-1. 단순화시켜 생각하기

문제를 1차원 배열로 단순화시켜 생각해봅시다. 다음과 같이 0으로 채워진 5칸짜리 1차원 배열이 있다고 가정합시다.

▼ **그림 13-7** 5칸짜리 1차원 배열

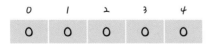

1번부터 3번까지 건물이 3을 회복시키는 것을 직접 구현하려면 다음과 같이 기록해야 합니다.

▼ **그림 13-8** 1번부터 3번까지 건물에 3 회복

하지만 항상 구간이 연속적이라는 것을 이용하면 다음과 같이 표현할 수 있습니다.

▼ **그림 13-9** 효율적으로 나타낸 1번부터 3번까지 건물에 3 회복

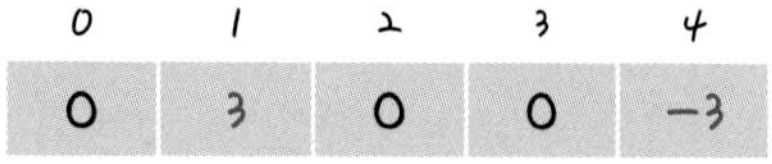

효율적으로 표현한 배열에서 각 원소는 해당 인덱스와 이후 인덱스에 있는 원소들에 모두 영향을 미칩니다. 따라서 1번 원소의 3은 이후의 2번, 3번, 4번 원소에 3을 추가하라는 의미이며, 4번 원소의 −3은 4번과 그 이후 원소에 3을 빼라는 의미입니다. 이렇게 스킬을 기록할 경우 범위의 시작과 끝만 표시하면 되므로 하나의 스킬당 상수 시간이 소요됩니다.

모든 스킬을 기록한 후 다음과 같이 배열이 구성되었다고 합시다.

▼ **그림 13-10** 모든 스킬이 기록된 배열

이를 이용해서 각 원소가 스킬에 의해 영향받은 내구도 수치를 계산하면 다음과 같습니다.

▼ **그림 13-11** 스킬을 기록한 배열로 계산한 내구도 수치

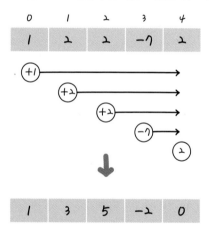

이 배열은 어떻게 계산할 수 있을까요? 원소 하나당 배열을 모두 반복하지 않고 앞의 원소를 한 칸 뒤 원소로 누적시키는 방식으로 O(N) 만에 구할 수 있습니다.

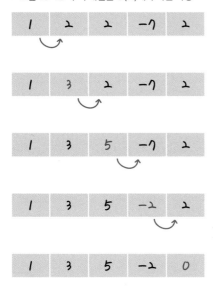

이와 같이 원본 배열의 원소들을 누적하여 구성된 배열을 **누적 배열**이라고 합니다. 누적 배열은 값을 누적해서 만드는 데 O(N)의 시간 복잡도가 소요되지만 **원본 배열의 구간 합을 상수 시간**에 구할 수 있습니다. **누적 배열을 acc 라고 할 때 구간 [s, e]의 합은 acc[e] - acc[s-1]**로 간단하게 구할 수 있습니다. 따라서 구간의 합을 여러 번 구해야 하는 문제에서 유용하게 사용할 수 있습니다.

예를 들어 원본 배열이 [1, 2, 2, -7, 2]인 배열에서 [0, 3]의 구간 합을 구하는 경우를 생각해봅시다. 1 + 2 + 2 - 7 = -2가 구간 합임을 알 수 있습니다. 이처럼 원본 배열만 이용하면 구간에 속한 모든 원소를 순회해야 합니다. 반면 원본 배열의 누적 배열 [1, 3, 5, -2, 0]을 이용하면 4번 원소인 -2가 구간 합임을 바로 알 수 있습니다.

[2, 4]처럼 구간의 시작 지점이 배열 중간일 때는 누적 배열에서 구간의 끝 지점까지 합에서 구간의 시작 지점 직전까지 합을 빼 주면 됩니다. 즉, 누적 배열에서 구간의 끝 지점 합인 0에서 시작 지점 직전까지 합인 3을 빼 주면 [2, 4]의 구간 합은 -3임을 상수 시간에 알 수 있습니다.

1-2. 2차원으로 확장해서 생각하기

이제 이를 2차원으로 확장해봅시다. 2차원 배열 arr에서 (x_1, y_1) 위치의 원소는 해당 위치 이후의 모든 원소에 영향을 미칩니다.

▼ **그림 13-13** (x_1, y_1) 위치의 원소 v가 영향을 미치는 범위

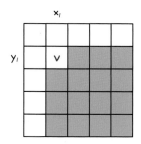

하지만 문제에서는 범위의 끝 지점이 있으므로 배열 끝까지 영향을 미치면 안 됩니다. 이를 위해 x축부터 범위의 끝을 처리해봅시다. x축의 범위가 x_2까지일 때 x_2 이후의 원소들이 v의 영향을 받지 않게 하려고 다음과 같이 (x_2+1, y_1) 위치에 −v를 넣어 줄 수 있습니다.

▼ **그림 13-14** (x_2+1, y_1)에 -v를 넣어 v의 영향을 받는 범위 제한

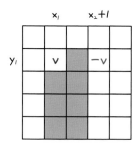

마찬가지로 (x_1, y_2+1)에 −v를 넣어 봅시다.

▼ **그림 13-15** (x_1, y_2+1)에 -v를 넣었을 때 영향받는 범위

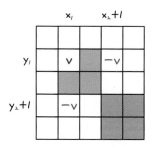

그림 13−15에서 초록색 부분은 (x_1, y_1), (x_2+1, y_1), (x_1, y_2+1)의 영향을 모두 받습니다. 따라서 +v −v −v = −v로 계산됩니다. 이를 해결하기 위해 (x_2+1, y_2+1) 위치에 추가로 v를 넣어 주어야 합니다.

▼ **그림 13-16** (x_2+1, y_2+1)에 v를 넣었을 때 영향받는 범위

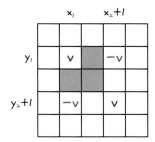

이처럼 스킬 범위에 따라 4개의 원소 값을 업데이트해주는 것으로 하나의 스킬을 처리할 수 있습니다. 이는 다음과 같이 간단하게 구현할 수 있습니다.

```
int[][] changes = new int[board.length + 1][board[0].length + 1];

for (int[] skill : skills) {
    int type = skill[0];
    int r1 = skill[1];
    int c1 = skill[2];
    int r2 = skill[3] + 1;
    int c2 = skill[4] + 1;
    int degree = skill[5];
    if (type == 1) degree = -degree;

    changes[r1][c1] += degree;
    changes[r2][c1] -= degree;
    changes[r1][c2] -= degree;
    changes[r2][c2] += degree;
}
```

┤ 잠깐만요 ├

가독성을 위해 기존의 매개변수 skill의 이름을 skills로 변경했습니다.

┤ 잠깐만요 ├

범위의 끝 지점에 degree를 넣어 주기 위해 changes 2차원 배열의 크기를 원본 배열보다 1씩 크게 생성했습니다.

2. 각 원소가 영향받는 정도 구하기

이 과정이 완료되면 스킬의 영향을 효율적으로 표시한 2차원 배열이 완성됩니다. 이제 각 원소를 누적하여 각 원소들이 실제로 영향받는 정도를 계산해야 합니다.

(x, y) 위치의 원소를 누적하는 경우를 생각해봅시다. (x, y) 값은 다음 그림과 같이 배열의 처음부터 (x, y)까지 원소들의 합이 되어야 합니다.

▼ **그림 13-17** (x, y)에 누적되어야 하는 범위

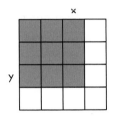

이 위치는 다음 세 범위를 이용해서 구할 수 있습니다.

▼ **그림 13-18** (x, y)까지 누적합을 구하는 3개의 범위

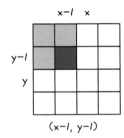
(x-1, y-1)

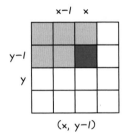
(x, y-1)

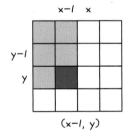
(x-1, y)

그림 13-18에서 (x, y-1)까지 누적된 값에 (x-1, y)까지 누적된 값을 더하면 오른쪽과 아래쪽의 범위는 한 번씩 누적되고, (x-1, y-1)까지 범위는 두 번 누적됩니다. 따라서 (x-1, y-1)까지 누적 합을 빼면 (x, y)까지 누적합을 상수 시간에 구할 수 있습니다.

이를 이용해서 skills를 기록한 배열 changes의 누적 배열을 구합니다.

```
for (int y = 0; y < changes.length; y++) {
    for (int x = 0; x < changes[y].length; x++) {
        int left = x > 0 ? changes[y][x - 1] : 0;
        int up = y > 0 ? changes[y - 1][x] : 0;
        int diag = x > 0 && y > 0 ? changes[y - 1][x - 1] : 0;
```

```
            changes[y][x] += left + up - diag;
        }
    }
```

3. 파괴되지 않은 건물 세기

이렇게 누적 배열을 구하면, 이제 모든 원소를 순회하며 초기 내구도에 적용하여 파괴되지 않은 건물 개수를 세어 반환해주면 됩니다.

```
int safe = 0;
for (int y = 0; y < board.length; y++) {
    for (int x = 0; x < board[y].length; x++) {
        if (board[y][x] + changes[y][x] > 0) safe++;
    }
}
return safe;
```

이번 문제는 배열을 이용해서 누적합을 효율적으로 구현해야 하는 문제였습니다. 시간 복잡도를 따져 어디에서 효율을 높일 수 있을지 고민하다 보면 힌트를 얻을 수 있는 경우가 많으므로 문제의 제한 사항을 눈여겨보세요.

전체 코드   13장/파괴되지_않은_건물.java

```
public class Solution {
    public int solution(int[][] board, int[][] skills) {
        int[][] changes = new int[board.length + 1][board[0].length + 1];

        for (int[] skill : skills) {
            int type = skill[0];
            int r1 = skill[1];
            int c1 = skill[2];
            int r2 = skill[3] + 1;
            int c2 = skill[4] + 1;
            int degree = skill[5];
            if (type == 1) degree = -degree;

            changes[r1][c1] += degree;
            changes[r2][c1] -= degree;
            changes[r1][c2] -= degree;
            changes[r2][c2] += degree;
```

```
        }

        for (int y = 0; y < changes.length; y++) {
            for (int x = 0; x < changes[y].length; x++) {
                int left = x > 0 ? changes[y][x - 1] : 0;
                int up = y > 0 ? changes[y - 1][x] : 0;
                int diag = x > 0 && y > 0 ? changes[y - 1][x - 1] : 0;

                changes[y][x] += left + up - diag;
            }
        }

        int safe = 0;
        for (int y = 0; y < board.length; y++) {
            for (int x = 0; x < board[y].length; x++) {
                if (board[y][x] + changes[y][x] > 0) safe++;
            }
        }
        return safe;
    }
}
```

사라지는 발판 - Level 3

URL https://school.programmers.co.kr/learn/courses/30/lessons/92345

플레이어 A와 플레이어 B가 서로 게임을 합니다. 당신은 이 게임이 끝날 때까지 양 플레이어가 캐릭터를 몇 번 움직이게 될지 예측하려고 합니다.

각 플레이어는 자신의 캐릭터 하나를 보드 위에 올려놓고 게임을 시작합니다. 게임 보드는 1 × 1 크기 정사각형 격자로 이루어져 있으며, 보드 안에는 발판이 있는 부분과 없는 부분이 있습니다. 발판이 있는 곳에만 캐릭터가 서 있을 수 있으며, 처음 캐릭터를 올려놓는 곳은 항상 발판이 있는 곳입니다. 캐릭터는 발판이 있는 곳으로만 이동할 수 있으며, 보드 밖으로 이동할 수 없습니다. 밟고 있던 발판은 그 위에 있던 캐릭터가 다른 곳으로 이동하여 다른 발판을 밟음과 동시에 사라집니다. 양 플레이어는 번갈아가며 자기 차례에 자신의 캐릭터를 상하좌우로 인접한 4개의 칸 중에서 발판이 있는 칸으로 옮겨야 합니다.

다음과 같은 2가지 상황에서 패자와 승자가 정해지며, 게임이 종료됩니다.

- 움직일 차례인데 캐릭터의 상하좌우 주변 4칸이 모두 발판이 없거나 보드 밖이라서 이동할 수 없는 경우, 해당 차례 플레이어는 패배합니다.
- 두 캐릭터가 같은 발판 위에 있을 때, 상대 플레이어의 캐릭터가 다른 발판으로 이동하여 자신의 캐릭터가 서 있던 발판이 사라지게 되면 패배합니다.

게임은 항상 플레이어 A가 먼저 시작합니다. 양 플레이어는 최적의 플레이를 합니다. 즉, 이길 수 있는 플레이어는 최대한 빨리 승리하도록 플레이하고, 질 수밖에 없는 플레이어는 최대한 오래 버티도록 플레이합니다. '이길 수 있는 플레이어'는 실수만 하지 않는다면 항상 이기는 플레이어를 의미하며, '질 수밖에 없는 플레이어'는 최선을 다해도 상대가 실수하지 않으면 항상 질 수밖에 없는 플레이어를 의미합니다. 최대한 오래 버틴다는 것은 양 플레이어가 캐릭터를 움직이는 횟수를 최대화한다는 것을 의미합니다.

아래 그림은 초기 보드의 상태와 각 플레이어의 위치를 나타내는 예시입니다.

위와 같은 경우, 플레이어 A는 실수만 하지 않는다면 항상 이길 수 있습니다. 따라서 플레이어 A는 이길 수 있는 플레이어이며, B는 질 수밖에 없는 플레이어입니다. 다음은 A와 B가 최적의 플레이를 하는 과정을 나타냅니다.

1. 플레이어 A가 초기 위치 (1, 0)에서 (1, 1)로 이동합니다. **플레이어 A가 (0, 0)이나 (2, 0)으로 이동할 경우 승리를 보장할 수 없습니다. 따라서 무조건 이길 방법이 있는 (1, 1)로 이동합니다.**

2. 플레이어 B는 (1, 1)로 이동할 경우, 바로 다음 차례에 A가 위 또는 아래 방향으로 이동하면 발판이 없어져 패배하게 됩니다. **질 수밖에 없는 플레이어는 최대한 오래 버티도록 플레이하기 때문에 (1, 1)로 이동하지 않습니다.** (1, 2)에서 위쪽 칸인 (0, 2)로 이동합니다.

3. A가 (1, 1)에서 (0, 1)로 이동합니다.

4. B에게는 남은 선택지가 (0, 1)밖에 없습니다. 따라서 (0, 2)에서 (0, 1)로 이동합니다.

5. A가 (0, 1)에서 (0, 0)으로 이동합니다. 이동을 완료함과 동시에 B가 서 있던 (0, 1)의 발판이 사라집니다. B가 패배합니다.

6. 만약 과정 2에서 B가 아래쪽 칸인 (2, 2)로 이동하더라도 A는 (2, 1)로 이동하면 됩니다. 이후 B가 (2, 1)로 이동, 다음 차례에 A가 (2, 0)으로 이동하면 B가 패배합니다.

위 예시에서 양 플레이어가 최적의 플레이를 했을 경우, 캐릭터의 이동 횟수 합은 5입니다. 최적의 플레이를 하는 방법은 여러 가지일 수 있으나, 이동한 횟수는 모두 5로 같습니다.

게임 보드의 초기 상태를 나타내는 2차원 정수 배열 board와 플레이어 A의 캐릭터 초기 위치를 나타내는 정수 배열 aloc, 플레이어 B의 캐릭터 초기 위치를 나타내는 정수 배열 bloc이 매개변수로 주어집니다. 양 플레이어가 최적의 플레이를 했을 때, 두 캐릭터가 움직인 횟수의 합을 return하도록 solution 함수를 완성해주세요.

제한 사항

- 1 ≤ board의 세로 길이 ≤ 5
- 1 ≤ board의 가로 길이 ≤ 5
- board의 원소는 0 또는 1입니다.
    - 0은 발판이 없음을, 1은 발판이 있음을 나타냅니다.
    - 게임 보드의 좌측 상단 좌표는 (0, 0), 우측 하단 좌표는 (board의 세로 길이 - 1, board의 가로 길이 - 1)입니다.
- aloc과 bloc은 각각 플레이어 A의 캐릭터와 플레이어 B의 캐릭터 초기 위치를 나타내는 좌푯값이며 [r, c] 형태입니다.
    - r은 몇 번째 행인지를 나타냅니다.
    - 0 ≤ r < board의 세로 길이
    - c는 몇 번째 열인지를 나타냅니다.
    - 0 ≤ c < board의 가로 길이
    - 초기 보드의 aloc과 bloc 위치는 항상 발판이 있는 곳입니다.
    - aloc과 bloc이 같을 수 있습니다.
- 상대 플레이어의 캐릭터가 있는 칸으로 이동할 수 있습니다.

입출력 예

board	aloc	bloc	result
[[1, 1, 1], [1, 1, 1], [1, 1, 1]]	[1, 0]	[1, 2]	5
[[1, 1, 1], [1, 0, 1], [1, 1, 1]]	[1, 0]	[1, 2]	4
[[1, 1, 1, 1, 1]]	[0, 0]	[0, 4]	4
[[1]]	[0, 0]	[0, 0]	0

입출력 예 설명

입출력 예 #1

문제 예시와 같습니다.

입출력 예 #2

주어진 조건을 그림으로 나타내면 아래와 같습니다.

항상 이기는 플레이어는 B, 항상 지는 플레이어는 A입니다.

다음은 B가 이기는 방법 중 하나입니다.

1. A가 (1, 0)에서 (0, 0)으로 이동
2. B가 (1, 2)에서 (2, 2)로 이동
3. A가 (0, 0)에서 (0, 1)로 이동
4. B가 (2, 2)에서 (2, 1)로 이동
5. A가 (0, 1)에서 (0, 2)로 이동
6. B가 (2, 1)에서 (2, 0)으로 이동
7. A는 더 이상 이동할 수 없어 패배합니다.

위와 같이 플레이할 경우 이동 횟수 6번 만에 게임을 B의 승리로 끝낼 수 있습니다.

B가 다음과 같이 플레이할 경우 게임을 더 빨리 끝낼 수 있습니다. 이길 수 있는 플레이어는 최대한 빨리 게임을 끝내려 하기 때문에 위 방법 대신 아래 방법을 선택합니다.

1. A가 (1, 0)에서 (0, 0)으로 이동
2. B가 (1, 2)에서 (0, 2)로 이동
3. A가 (0, 0)에서 (0, 1)로 이동
4. B가 (0, 2)에서 (0, 1)로 이동

5. A는 더 이상 이동할 수 없어 패배합니다.

위와 같이 플레이할 경우 이동 횟수 4번 만에 게임을 B의 승리로 끝낼 수 있습니다. 따라서 4를 return합니다.

입출력 예 #3

양 플레이어는 매 차례마다 한 가지 선택지밖에 고를 수 없습니다. 그 결과, (0, 2)에서 어디로도 이동할 수 없는 A가 패배합니다. 양 플레이어가 캐릭터를 움직인 횟수의 합은 4입니다.

입출력 예 #4

게임을 시작하는 플레이어 A가 처음부터 어디로도 이동할 수 없는 상태입니다. 따라서 A의 패배이며, 이동 횟수의 합은 0입니다.

제한 시간 안내

정확성 테스트: 10초

[**문제 풀이**]

이렇게 두 명의 플레이어가 서로 번갈아 가며 턴을 진행하는 문제를 처음 접하면 흔히 하는 실수가 있습니다. 바로 두 명의 전략을 다르게 구현하려고 하는 것입니다. 승리하는 플레이어와 패배하는 플레이어는 서로 다른 전략을 써야 하기 때문에 누가 승리할지 구하고, 그럴 경우 몇 번 이동해야 하는지 구하려고 합니다.

하지만 두 플레이어는 사용하는 전략이 같습니다. 이기는 경우는 더욱 빨리 이기는 방향으로, 지는 경우는 더욱 늦게 지는 방향으로 이동하는 것이 둘의 공통된 전략입니다. 즉, 핵심은 이기는 플레이어와 지는 플레이어가 다른 전략을 사용한다는 것이 아니라 두 플레이어 모두 같은 전략을 사용해서 게임을 진행한다는 것입니다.

1. 플레이어의 전략

한 플레이어가 (x, y) 위치에 있다고 합시다. 이 플레이어는 상하좌우 중 하나를 선택해서 이동할 수 있을 것입니다.

▼ **그림 13-19** (x, y)에서 이동할 수 있는 경우

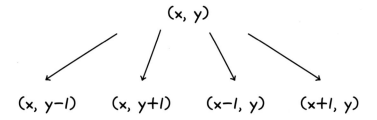

다음 그림과 같이 각 경우에 승리 여부와 턴 개수가 정해진다고 합시다.

▼ **그림 13-20** (x, y)에서 이동하는 경우별 결과

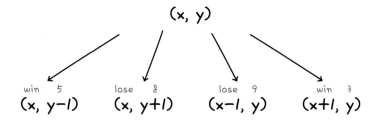

이를 이용하면 플레이어의 (x, y) 위치에서 승리 여부와 턴 개수를 재귀적으로 구할 수 있습니다. 그림 13-20에서 알 수 있듯이 (x, y−1)로 이동하거나 (x−1, y)로 이동하면 이 플레이어는 승리할 수 있습니다. 따라서 승리하는 두 경우 중 턴 개수가 더 작은 (x, y−1)을 선택하게 되고, 이 위치로 이동하는 1회의 이동 횟수까지 더해서 다음과 같이 결과가 정해집니다.

▼ **그림 13-21** (x, y)에서 결과

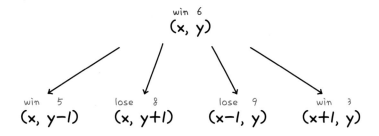

이 방식을 적용하여 재귀적으로 경기 결과를 구해 나갈 수 있습니다.

이제 한 가지 생각해야 할 점은 두 플레이어가 턴을 번갈아 가며 이동한다는 것입니다. 따라서 한 명의 플레이어 위치만 재귀적으로 넘기는 것이 아니라 상대 위치도 같이 가지고 있어야 합니다. 이를 이용하면 재귀 상태는 플레이어 위치 player, 상대방 위치 opponent, 발판

상태 board로 구성할 수 있으며, player 승리 여부와 그때 사용되는 이동 횟수를 반환하는 것으로 정의할 수 있습니다. 따라서 재귀는 다음과 같이 정의됩니다.

▼ **표 13-3** 사라지는 발판 문제의 재귀 정의

상태	(player, opponent, board)	player 승리 여부와 최적 이동 횟수
종료 조건	board[player.y][player.x] == 0 → {lose, 0} player 이동 불가 → {lose, 0}	현재 위치에 발판이 없거나 이동할 수 있는 발판이 없으면 패배
점화식	(player, opponent, board) = (opponent, player↑, board) (opponent, player↓, board) (opponent, player←, board) (opponent, player→, board) 에서 승리하는 경우 중 최소 이동 횟수 승리하는 경우가 없으면 최대 이동 횟수	

2. 재귀 구현

가장 먼저 플레이어 위치를 나타낼 수 있는 클래스를 다음과 같이 작성합니다.

```
private static class Coord {
    public final int x;
    public final int y;

    private Coord(int x, int y) {
        this.x = x;
        this.y = y;
    }
}
```

재귀 메서드에서는 플레이어 승리 여부와 이동 횟수를 반환해야 합니다. 따라서 두 데이터를 Result 클래스로 묶어서 메서드의 반환 결과로 사용할 수 있게 합시다.

```
private static class Result {
    public final boolean win;
    public final int turns;

    private Result(boolean win, int turns) {
```

```
        this.win = win;
        this.turns = turns;
    }
}
```

Result와 Coord 클래스를 이용하면 다음과 같이 재귀 메서드 game()을 선언할 수 있습니다.

```
private Result game(Coord player, Coord opponent, int[][] board) {

}
```

2-1. 종료 조건

종료 조건 중 현재 위치에 발판이 없을 경우 패배하는 것은 바로 검사할 수 있습니다. 다음과 같이 해당 종료 조건을 추가합니다.

```
if (board[player.y][player.x] == 0) {
    return new Result(false, 0);
}
```

2-2. 점화식

이제 재귀 호출로 이길 수 있는 경우가 있는지 살펴보고, 최적의 이동 횟수를 구해야 합니다. 승리할 수 있다면 승리하는 경우 중 가장 적은 이동 횟수를 선택해야 하고, 승리하는 경우가 없다면 가장 큰 이동 횟수를 선택해야 합니다.

따라서 다음과 같이 승리 여부를 나타내는 win, 승리하는 경우 중 가장 적은 이동 횟수를 나타내는 winTurns, 승리하는 경우가 없을 때 가장 큰 이동 횟수를 나타내는 loseTurns를 선언합니다.

```
boolean win = false;
int winTurns = Integer.MAX_VALUE;
int loseTurns = Integer.MIN_VALUE;
```

재귀 호출을 하면 턴을 다음 플레이어에게 넘기는 것입니다. 턴을 넘기기 전에 플레이어가 이동하므로 현재 플레이어 위치의 발판은 사라집니다. 재귀 호출이 종료된 이후에는 다른 경우를 탐색하기 위해 현재 플레이어 위치의 발판을 다시 복구합니다. 따라서 재귀 전후로 현재 플레이어 위치의 발판을 제거하고 다시 복구합니다.

```
board[player.y][player.x] = 0;

// 재귀 호출

board[player.y][player.x] = 1;
```

이제 재귀 호출을 작성해봅시다. 플레이어는 상하좌우로 이동할 수 있습니다. 이를 위해 dx, dy를 game() 메서드의 위쪽에 선언합니다.

```
private static final int[] dx = {0, 0, -1, 1};
private static final int[] dy = {-1, 1, 0, 0};

private Result game(Coord player, Coord opponent,
    ...
```

정의한 네 방향을 돌며 플레이어가 이동할 위치를 구합니다.

```
for (int d = 0; d < 4; d++) {
    int nx = player.x + dx[d];
    int ny = player.y + dy[d];
}
```

위치가 배열 범위를 벗어나는 경우와 발판이 없어 이동하지 못하는 경우를 걸러 줍니다.

```
if (ny < 0 || ny >= board.length || nx < 0 || nx >= board[ny].length) {
    continue;
}
if (board[ny][nx] == 0) {
    continue;
}
```

이동한 위치를 이용하여 재귀 호출을 수행합니다. 이때 상대 플레이어에게 턴을 넘기므로 opponent를 player 매개변수 위치로 넘겨줍니다.

```
Result result = game(opponent, new Coord(nx, ny), board);
```

재귀 호출을 했을 때 나오는 결과는 상대 플레이어의 결과입니다. 즉, 승리가 반환되었으면 현재 플레이어는 패배하는 결과입니다. 현재 플레이어가 승리할 때는 가장 적은 이동 횟수를 찾아야 하므로 다음과 같이 상대 플레이어가 졌을 경우를 검사합니다.

```
if (!result.win) {
    win = true;
    winTurns = Math.min(winTurns, result.turns);
}
```

승리하는 경우를 아직 발견하지 못했다면 최대 이동 횟수를 업데이트해야 합니다. 따라서 다음과 같이 처리합니다.

```
if (!result.win) {
    win = true;
    winTurns = Math.min(winTurns, result.turns);
} else if (!win) {
    loseTurns = Math.max(loseTurns, result.turns);
}
```

모든 방향으로 검사가 종료된 후 승리가 있을 때는 win에 true를 기록합니다. 이때는 가장 적은 이동 횟수인 winTurns에 다음 턴으로 넘기는 이동 횟수 1을 추가하여 반환할 수 있습니다.

```
if (win) {
    return new Result(true, winTurns + 1);
}
```

승리하지 못했다면 패배하는 이동밖에 없을 수도 있고, 이동하지 못하는 경우밖에 없을 수도 있습니다. 이동하지 못하는 경우에는 loseTurns에 초깃값인 Integer.MAX_VALUE가 들어 있습니다. 따라서 다음과 같이 패배하는 이동밖에 없는 경우와 이동하지 못해서 패배하는 경우를 처리합니다.

```
    if (loseTurns == Integer.MIN_VALUE) {
        return new Result(false, 0);
    }

    return new Result(false, loseTurns + 1);
```

3. 정답 구하기

마지막으로 solution() 메서드에서는 두 플레이어 위치를 Coord 객체로 생성하여 game()
메서드를 호출한 후 반환된 최적 이동 횟수를 반환하면 됩니다.

```
public int solution(int[][] board, int[] aloc, int[] bloc) {
    return game(new Coord(aloc[1], aloc[0]),
                new Coord(bloc[1], bloc[0]), board).turns;
}
```

이렇게 두 플레이어가 같은 전략으로 게임을 진행하는 경우는 전략을 수행하는 플레이어를 번
갈아 가며 하나의 재귀 메서드로 구현할 수 있습니다.

전체 코드
13장/사라지는발판.java

```
public class Solution {
    private static class Coord {
        public final int x;
        public final int y;

        private Coord(int x, int y) {
            this.x = x;
            this.y = y;
        }
    }

    private static class Result {
        public final boolean win;
        public final int turns;

        private Result(boolean win, int turns) {
            this.win = win;
            this.turns = turns;
        }
    }
```

```java
private static final int[] dx = {0, 0, -1, 1};
private static final int[] dy = {-1, 1, 0, 0};

private Result game(Coord player, Coord opponent, int[][] board) {
    if (board[player.y][player.x] == 0) {
        return new Result(false, 0);
    }

    boolean win = false;
    int winTurns = Integer.MAX_VALUE;
    int loseTurns = Integer.MIN_VALUE;

    board[player.y][player.x] = 0;
    for (int d = 0; d < 4; d++) {
        int nx = player.x + dx[d];
        int ny = player.y + dy[d];

        if (ny < 0 || ny >= board.length || nx < 0 || nx >= board[ny].length) {
            continue;
        }
        if (board[ny][nx] == 0) {
            continue;
        }
        Result result = game(opponent, new Coord(nx, ny), board);
        if (!result.win) {
            win = true;
            winTurns = Math.min(winTurns, result.turns);
        } else if (!win) {
            loseTurns = Math.max(loseTurns, result.turns);
        }
    }
    board[player.y][player.x] = 1;

    if (win) {
        return new Result(true, winTurns + 1);
    }

    if (loseTurns == Integer.MIN_VALUE) {
        return new Result(false, 0);
    }

    return new Result(false, loseTurns + 1);
```

```
        }

    public int solution(int[][] board, int[] aloc, int[] bloc) {
        return game(new Coord(aloc[1], aloc[0]),
                    new Coord(bloc[1], bloc[0]), board).turns;
    }
}
```

이 장에서는 실제 카카오의 코딩 테스트를 풀어 보았습니다. 문제를 파악하고 구현 과정을 정리하고 시간 복잡도를 이용하여 풀이를 유추하면서, 다양한 코딩 테스트 문제들을 해결해나가는 연습을 꾸준히 해야 합니다.

코딩전문역량인증시험, PCCP 모의고사

SECTION 1   PCCP 모의고사 1회

SECTION 2   PCCP 모의고사 2회

프로그래머스에서 국내 최초로 코딩 역량을 객관적으로 측정하기 위한 민간자격인증 시험으로 PCCP(Programmers Certified Coding Professional, 코딩전문역량인증시험), 그리고 PCCE(Programmers Certified Coding Essential, 코딩필수역량인증시험)를 출시했습니다. 이 장에서는 그중 코딩전문역량인증시험인 PCCP 모의고사 2회분의 문제 풀이를 진행합니다. PCCP는 파이썬, 자바, 자바스크립트, C++ 중 1개 언어를 선택할 수 있고, 총 4문제가 출제되며, 제한 시간은 120분입니다. 1,000점 만점 기준에서 400점 이상 획득하면 합격이며, 점수에 따라 인증 등급(LV.1~LV.5)이 부여됩니다.

문제의 출제 범위는 다음과 같습니다.

- 기본 프로그램 구현

- 초급 자료 구조/알고리즘(문자열, 배열, 그리디, 정렬 등)

- 중급 자료 구조/알고리즘(스택, 큐, 덱, 해시, 이진 탐색, DFS/BFS 등)

- 고급 자료 구조/알고리즘(그래프, 트리, 힙, 동적 프로그래밍 등)

모의고사는 총 2회분이며, 각 회차별 문제를 풀어 보면서 어떤 느낌으로 접근해야 하는지 설명해 나갈 것입니다. 난이도 자체는 Level 2~Level 3 수준으로 배치되어 있지만, 카카오 문제에서도 문제 이해와 시간 분배가 중요한 것처럼 PCCP 역시 동일하게 문제를 정확히 이해하고 어떤 알고리즘을 사용해야 할지 빠르게 판단하는 것이 중요합니다.

자격증 관련 자세한 내용은 https://certi.programmers.co.kr/을 참고하세요.

14.1 / PCCP 모의고사 1회
SECTION

 문제 72 **외톨이 알파벳 - Level 1**
URL https://school.programmers.co.kr/learn/courses/15008/lessons/121683

알파벳 소문자로만 이루어진 어떤 문자열에서 2회 이상 나타난 알파벳이 2개 이상의 부분으로 나뉘어 있으면 외톨이 알파벳이라고 정의합니다.

문자열 "edeaaabbccd"를 예시로 들어보면,

- a는 2회 이상 나타나지만, 하나의 덩어리로 뭉쳐 있으므로 외톨이 알파벳이 아닙니다.
  - "ede(aaa)bbccd"
- b, c도 a와 같은 이유로 외톨이 알파벳이 아닙니다.
- d는 2회 나타나면서, 2개의 부분으로 나뉘어 있으므로 외톨이 알파벳입니다.
  - "e(d)eaaabbcc(d)"
- e도 d와 같은 이유로 외톨이 알파벳입니다.

문자열 "eeddee"를 예시로 들어보면

- e는 4회 나타나면서, 2개의 부분으로 나뉘어 있으므로 외톨이 알파벳입니다.
  - "(ee)dd(ee)"
- d는 2회 나타나지만, 하나의 덩어리로 뭉쳐 있으므로 외톨이 알파벳이 아닙니다.
  - "ee(dd)ee"

문자열 input_string이 주어졌을 때, 외톨이 알파벳들을 **알파벳순으로** 이어 붙인 문자열을 return하도록 solution 함수를 완성해주세요. 만약, 외톨이 알파벳이 없다면 문자열 "N"을 return합니다.

제한 사항

- 1 ≤ input_string의 길이 ≤ 2,600
- input_string은 알파벳 소문자로만 구성되어 있습니다.

입출력 예

input_string	result
"edeaaabbccd"	"de"
"eeddee"	"e"
"string"	"N"
"zbzbz"	"bz"

입출력 예 설명

입출력 예 #1

- 문제 예시와 같습니다.
- 외톨이 알파벳인 e, d를 알파벳순으로 이어 붙여 문자열을 만들면 "de"가 됩니다.

입출력 예 #2

- 문제 예시와 같습니다.

입출력 예 #3

- 모든 문자들이 한 번씩만 등장하므로 외톨이 알파벳이 없습니다.

입출력 예 #4

- 외톨이 알파벳인 z, b를 알파벳순으로 이어 붙여 문자열을 만들면 "bz"가 됩니다.

문제 풀이

문자열 문제로, 멀리 떨어진 문자가 있는지 검사해야 합니다. 직접 문자열을 순회하며 멀리 떨어진 문자들을 구해도 되지만, 정규표현식을 이용하면 문제를 훨씬 간단하게 풀 수 있습니다.

예시 문자열 "abcba"에서 문자 b는 외톨이 알파벳입니다.

abcba

이 알파벳을 기준으로 문자열을 나누었을 때는 다음과 같이 3개의 문자열로 나누어집니다.

a c a

반면 문자 c는 외톨이 알파벳이 아니며, 이를 기준으로 문자열을 나누었을 때는 다음과 같이 2개의 문자열로 나누어집니다.

ab ba

이처럼 하나의 알파벳이 문자열에 떨어져 등장하는 경우에는 해당 알파벳을 기준으로 문자열을 나누면 **3개 이상의 문자열**로 나누어집니다. 따라서 **문자열의 split() 메서드를 사용하여 기준 문자로 문자열을 자르고, 나눈 문자열 개수를 셈**으로써 해당 문자가 여러 번 등장했는지 여부를 알 수 있습니다.

하지만 주의해야 할 점이 있습니다. 예시 문자열 "abcba"에서 문자 a처럼 문자열 시작이나 끝에 있는 문자는 해당 문자를 기준으로 문자열을 자르면, 다음과 같이 나누어진 문자열에 빈 문자열은 포함되지 않습니다.

bcb

이는 원본 문자열의 앞뒤로 알파벳이 아닌 임의의 문자를 추가하면 해결할 수 있습니다. 예를 들어 문자 .을 원본 문자열 앞뒤로 추가했다면 원본 문자열은 다음과 같습니다.

.abcba.

이를 a를 기준으로 나누면 다음과 같이 3개의 문자열로 나누어집니다.

. bcb .

이를 이용해서 모든 소문자를 순회하며 여러 번 등장한 문자로 구성된 문자열을 반환합니다.

전체 코드   14장/외톨이알파벳.java

```java
public class Solution {
    public String solution(String inputString) {
        inputString = "." + inputString + ".";

        StringBuilder builder = new StringBuilder();
        for (char c = 'a'; c <= 'z'; c++) {
            if (inputString.split(c + "+").length < 3) {
                continue;
            }
            builder.append(c);
        }

        if (builder.length() == 0) return "N";
        return builder.toString();
    }
}
```

문제 73

체육대회 - Level 2

URL https://school.programmers.co.kr/learn/courses/15008/lessons/121684

당신이 다니는 학교는 매년 체육대회를 합니다. 체육대회는 여러 종목에 대해 각 반의 해당 종목 대표가 1명씩 나와 대결을 하며, 한 학생은 최대 한 개의 종목 대표만 할 수 있습니다. 당신의 반에서도 한 종목당 1명의 대표를 뽑으려고 합니다. 학생들마다 각 종목에 대한 능력이 다르지만 이 능력은 수치화되어 있어 미리 알 수 있습니다. 당신의 반의 전략은 각 종목 대표의 해당 종목에 대한 능력치의 합을 최대화하는 것입니다.

다음은 당신의 반 학생이 5명이고, 종목의 개수가 3개이며, 각 종목에 대한 학생들의 능력치가 아래 표와 같을 때, 각 종목의 대표를 뽑는 예시입니다.

	테니스	탁구	수영
석환	40	10	10
영재	20	5	0
인용	30	30	30
정현	70	0	70
준모	100	100	100

테니스 대표로 준모, 탁구 대표로 인용, 수영 대표로 정현을 뽑는다면, 세 명의 각 종목에 대한 능력치의 합은 200(=100 + 30 + 70)이 됩니다.

하지만 테니스 대표로 석환, 탁구 대표로 준모, 수영 대표로 정현을 뽑는다면 세 명의 각 종목에 대한 능력치 합은 210(=40 + 100 + 70)이 됩니다. 이 경우가 당신의 반의 각 종목 대표의 능력치 합이 최대가 되는 경우입니다.

당신의 반 학생들의 각 종목에 대한 능력치를 나타내는 2차원 정수 배열 ability가 주어졌을 때, 선발된 대표들의 해당 종목에 대한 능력치 합의 최댓값을 return하는 solution 함수를 완성하세요.

제한 사항

- 1 ≤ ability의 행의 길이 = 학생 수 ≤ 10
- 1 ≤ ability의 열의 길이 = 종목 수 ≤ ability의 행의 길이
- 0 ≤ ability[i][j] ≤ 10,000
  - ability[i][j]는 i+1번 학생의 j + 1번 종목에 대한 능력치를 의미합니다.

입출력 예

ability	result
[[40, 10, 10], [20, 5, 0], [30, 30, 30], [70, 0, 70], [100, 100, 100]]	210
[[20, 30], [30, 20], [20, 30]]	60

입출력 예 설명

입출력 예 #1

- 문제 예시와 같습니다.

입출력 예 #2

- 1번 학생이 2번 종목을, 2번 학생이 1번 종목의 대표로 참가하는 경우에 대표들의 해당 종목에 대한 능력치의 합이 최대가 되며, 이는 60입니다.

문제 풀이

이 문제에서는 종목에 대한 능력치 합이 최대가 되도록 종목 대표 학생들을 선발해야 합니다. 학생들은 하나의 종목에 중복되지 않게 선발되거나 어떤 종목에도 출전하지 않을 수 있습니다. 학생이 4명이고 종목 수가 3개일 때 탐색 과정을 그림으로 나타내면 다음 그림과 같습니다.

▼ **그림 14-1** 학생 4명, 종목 3개일 때 탐색 과정

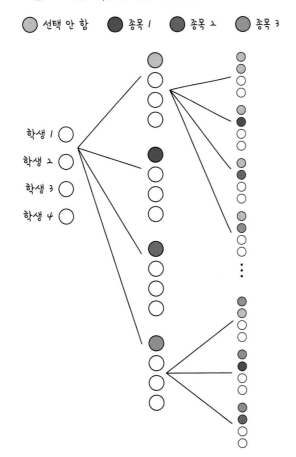

이 탐색 과정에서는 학생들이 어떤 종목을 선택할지 차례대로 선택합니다. 그림 14-1에서 다음 두 경우를 조금 더 자세히 살펴봅시다.

▼ **그림 14-2** 학생 4명, 종목 3개일 때 발생하는 중복

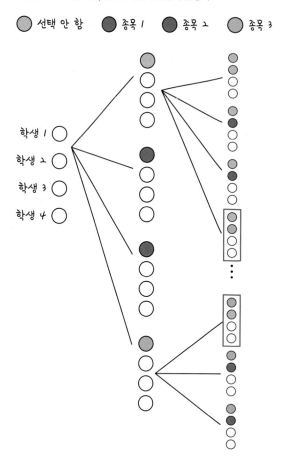

박스 표기된 두 경우에 학생 1과 학생 2는 서로 다른 종목을 선택했지만 3개의 종목 중에서 종목 3만 선택된 상황입니다. 이에 따라 남은 두 학생은 종목을 선택하지 않거나 종목 1, 종목 2 중에서 선택해야 합니다. 즉, 남은 두 학생이 선택할 종목을 탐색하는 과정은 두 경우가 동일하며 이는 중복 문제가 됩니다.

이렇게 중복 문제가 발생할 때는 메모이제이션을 적용할 수 있습니다. 따라서 재귀를 이용한 완전 탐색으로 풀이를 구현하고, 여기에 메모이제이션을 적용해서 동적 프로그래밍으로 문제를 해결할 수 있습니다.

먼저 완전 탐색을 구현하기 위해 재귀를 정의해봅시다. 출전할 종목을 학생들이 차례대로 고르기 위해 몇 번째 학생이 종목을 선택할 차례인지 나타내는 student와 어떤 종목이 정해졌는지를 나타내는 isChosen을 상태 변수로 구성합니다. 그리고 해당 학생들이 아직 선택되지 않은 종목들을 이용하여 얻을 수 있는 최대 능력치를 반환하도록 상태를 정의할 수 있습니다. 이를 이용하면 재귀는 다음과 같이 정의됩니다.

▼ **표 14-1** 체육대회 문제의 재귀 정의

상태	(student, isChosen)	student 이후의 학생들이 isChosen에 기록되지 않은 종목들을 이용하여 얻을 수 있는 최대 능력치
종료 조건	(N, isChosen) = 0 N은 총 학생 수	종목을 선택할 수 있는 학생이 없으면 얻을 수 있는 점수도 없음
점화식	(student, isChosen) = max(종료 선택 후 (student+1, isChosen))	

이 재귀 정의에 따라 다음과 같이 상태 변수 student, isChosen과 학생별 능력치 ability를 매개변수로 전달받아 최대 능력치 합을 반환하는 max( ) 메서드를 선언하고 종료 조건을 작성합니다.

```
private int max(int student, boolean[] isChosen, int[][] ability) {
    if (student == ability.length) return 0;

}
```

이제 점화식에 따라 재귀를 작성합니다. 학생이 출전할 수 있는 모든 종목을 순회하며 가장 큰 능력치 합을 얻을 수 있는 경우를 선택해야 합니다. 이때 학생이 종목을 선택하지 않을 수도 있습니다. 따라서 다음과 같이 종목을 선택하지 않는 경우를 재귀 호출하고, 이때 능력치 합으로 최댓값을 초기화합니다.

```
int max = max(student + 1, isChosen, ability);
```

이제 배열 isChosen을 순회하며 선택되지 않은 종목을 찾아 재귀 호출을 수행합니다. 이때 얻을 수 있는 능력치 합이 이전까지 찾은 최대 능력치 합보다 크다면 최댓값을 업데이트합니다.

```
for (int i = 0; i < ability[student].length; i++) {
    if (isChosen[i]) continue;
    isChosen[i] = true;
```

```
        int score = max(student + 1, isChosen, ability) + ability[student][i];
        if (score > max) {
            max = score;
        }
        isChosen[i] = false;
    }
```

이렇게 찾은 최대 능력치 합을 반환하면 재귀를 이용한 완전 탐색이 완성됩니다.

```
    return max;
```

이 문제의 경우 별도로 명시된 시간 제한이 없으며 효율성 테스트 없이 정확성 테스트만 있습니다. 따라서 완전 탐색만 구현하여 제출해도 통과됩니다. 하지만 여기에 메모이제이션을 적용하면 훨씬 효율적으로 풀이를 할 수 있습니다.

메모이제이션은 하나의 상태가 나타내는 부분 문제의 답을 기록하여 재사용하는 것입니다. 이전에는 상태 변수의 개수를 이용하여 다차원 배열을 만들어 메모이제이션 배열을 선언했습니다. 하지만 이 문제에서는 isChosen이 배열이기 때문에 하나의 차원으로 표현하지 못합니다.

이때는 Map을 사용하면 간편합니다. 상태 변수 student와 isChosen으로 하나의 상태를 나타내는 key를 만들고 Map의 해당 key에 부분 문제의 답을 value로 넣으면 메모이제이션을 적용할 수 있습니다.

이렇게 key를 구성하는 가장 간단한 방법은 문자열로 구성하는 것입니다. 다음과 같이 배열 student와 isChosen을 문자열로 구성하면 상태별로 다르게 구성되는 문자열을 얻을 수 있습니다.

```
    private String toString(int student, boolean[] isChosen) {
        return student + Arrays.toString(isChosen);
    }
```

메모이제이션을 위한 Map 또한 다음과 같이 선언합니다.

```
    private final Map<String, Integer> mem = new HashMap<>();
```

이제 max( ) 메서드에 다음과 같이 메모이제이션을 적용할 수 있습니다.

```
private int max(int student, boolean[] isChosen, int[][] ability) {
    if (student == ability.length) return 0;
    String memKey = toString(student, isChosen);
    if (mem.containsKey(memKey)) return mem.get(memKey);

    int max = max(student + 1, isChosen, ability);

    for (int i = 0; i < ability[student].length; i++) {
        if (isChosen[i]) continue;
        isChosen[i] = true;
        int score = max(student + 1, isChosen, ability) + ability[student][i];
        if (score > max) {
            max = score;
        }
        isChosen[i] = false;
    }

    mem.put(memKey, max);
    return max;
}
```

solution( )에서는 메모이제이션이 적용된 동적 프로그래밍 메서드인 max( )를 호출하여 정답을 구해서 반환할 수 있습니다.

```
public int solution(int[][] ability) {
    return max(0, new boolean[ability.length], ability);
}
```

이렇게 동적 프로그래밍을 이용한 문제를 풀어 보았습니다. 이 문제는 완전 탐색으로도 구현할 수 있지만, 완전 탐색에 간단한 메모이제이션만 적용해도 굉장히 효율적인 코드가 됩니다.

```java
import java.util.Arrays;
import java.util.HashMap;
import java.util.Map;

public class Solution {
    private final Map<String, Integer> mem = new HashMap<>();

    private String toString(int student, boolean[] isChosen) {
        return student + Arrays.toString(isChosen);
    }

    private int max(int student, boolean[] isChosen, int[][] ability) {
        if (student == ability.length) return 0;
        String memKey = toString(student, isChosen);
        if (mem.containsKey(memKey)) return mem.get(memKey);

        int max = max(student + 1, isChosen, ability);

        for (int i = 0; i < ability[student].length; i++) {
            if (isChosen[i]) continue;
            isChosen[i] = true;
            int score = max(student + 1, isChosen, ability) + ability[student][i];
            if (score > max) {
                max = score;
            }
            isChosen[i] = false;
        }

        mem.put(memKey, max);
        return max;
    }

    public int solution(int[][] ability) {
        return max(0, new boolean[ability.length], ability);
    }
}
```

유전 법칙 - Level 2

URL https://school.programmers.co.kr/learn/courses/15008/lessons/121685

멘델은 완두콩을 이용하여 7년간 실험한 결과, 다음과 같은 특별한 법칙을 발견하였습니다.

1. 둥근 완두 순종(RR)을 자가 수분, 즉 같은 유전자끼리 교배할 경우, 다음 세대에 둥근 완두 순종 형질만 나타난다.

2. 주름진 완두 순종(rr)을 자가 수분할 경우, 다음 세대에 주름진 완두 순종 형질만 나타난다.

3. 두 순종을 교배한 잡종(Rr)을 자가 수분할 경우, 다음 세대의 형질은 RR:Rr:rr=1:2:1의 비율로 나타난다. (아래 그림 참조)

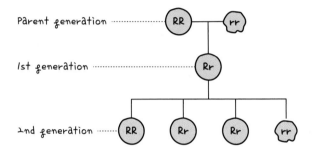

멘델의 법칙을 공부한 진송이는 직접 완두콩의 자가 수분 실험을 진행했습니다. 진송이의 실험에서 완두콩 한 개를 자가 수분한 결과는 다음과 같습니다.

1. 각 완두콩은 자가 수분해서 정확히 4개의 완두콩 후손을 남긴다.

2. 잡종 완두콩(Rr)은 자가 수분해서 첫째는 RR, 둘째와 셋째는 Rr, 넷째는 rr 형질의 후손을 남긴다.

3. 순종 완두콩(RR, rr)은 자가 수분해서 자신과 같은 형질의 후손을 남긴다.

잡종 완두콩(Rr) 1대부터 시작한 가계도로 그려보면 다음 그림과 같습니다.

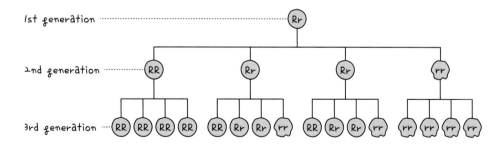

진송이는 이러한 완두콩의 자가 수분 실험 결과를 정리하고 싶어합니다. 하지만 세대를 거듭할수록 완두콩의 수가 너무 많아져 모든 가계도를 기록하기 어려워졌습니다. 진송이는 가계도를 전부 기록하는 것 대신, 완두콩의 세대와 해당 세대에서 몇 번째 개체인지를 알면 형질을 바로 계산하는 프로그램을 만들려 합니다.

각 세대에서 맨 왼쪽 개체부터 첫 번째, 두 번째, 세 번째, ... 개체로 나타냅니다. 예를 들어 두 번째 그림에서 2세대의 네 번째 개체의 형질은 "rr"이며, 3세대의 9번째 개체의 형질은 "RR"입니다.

형질을 알고 싶은 완두콩의 세대를 나타내는 정수 n과, 해당 완두콩이 세대 내에서 몇 번째 개체인지를 나타내는 정수 p가 2차원 정수 배열 queries의 원소로 주어집니다. queries에 담긴 순서대로 n세대의 p 번째 개체의 형질을 문자열 배열에 담아서 return하도록 solution 함수를 완성해주세요.

제한 사항

- 1 ≤ queries의 길이(쿼리의 개수) ≤ 5
- queries의 원소는 [n, p] 형태입니다.
  - $1 \leq n \leq 16$
  - $1 \leq p \leq 4^{n-1}$

입출력 예

queries	result
[[3, 5]]	["RR"]
[[3, 8], [2, 2]]	["rr", "Rr"]
[[3, 1], [2, 3], [3, 9]]	["RR", "Rr", "RR"]
[[4, 26]]	["Rr"]

입출력 예 설명

입출력 예 #1

- 본문의 가계도를 참고하면 3세대의 5번째 개체의 형질이 RR임을 알 수 있습니다.

입출력 예 #2

- 본문의 가계도를 참고하면 3세대의 8번째 개체의 형질이 rr임을 알 수 있습니다.
- 본문의 가계도를 참고하면 2세대의 2번째 개체의 형질이 Rr임을 알 수 있습니다.

입출력 예 #3

- 본문의 가계도를 참고하면 3세대의 1번째 개체의 형질이 RR임을 알 수 있습니다.
- 본문의 가계도를 참고하면 2세대의 3번째 개체의 형질이 Rr임을 알 수 있습니다.
- 본문의 가계도를 참고하면 3세대의 9번째 개체의 형질이 RR임을 알 수 있습니다.

입출력 예 #4

- 4세대의 26번째 개체는 3세대의 7번째 개체(Rr)의 둘째 후손으로, 형질은 Rr이 됩니다.

문제 풀이

문제를 살펴보면 유전 형질 RR에서는 RR을 갖는 후손만 생성됩니다. 또 rr에서는 rr을 갖는 후손만 생성됩니다. 한 세대가 지나면 하나의 완두콩에서 4개의 후손이 발생하므로 한 세대에 속한 완두콩을 4개의 그룹으로 나눌 수 있습니다. 다음 그림과 같이 첫 번째 세대를 제외한 나머지 세대에서 첫 번째와 마지막 그룹은 항상 RR과 rr로 정해집니다.

▼ **그림 14-3** 각 세대의 첫 번째 그룹과 마지막 그룹의 유전 형질

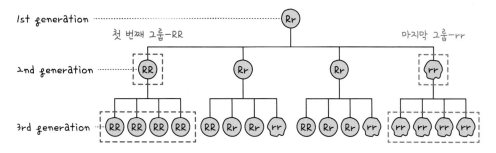

확인하려는 완두콩이 속한 세대가 n일 경우 해당 세대에는 4^{n-1}개의 완두콩이 있으며, 하나의 그룹에는 4^{n-2}개의 완두콩이 속합니다. 따라서 확인하려는 완두콩의 세대에서 몇 번째 개체인지 나타내는 정수 p를 4^{n-2}로 나눈 몫을 이용하여 몇 번째 그룹인지 판별합니다. 첫 번째이거나 마지막 그룹에 속한다면 유전 형질을 바로 확정할 수 있습니다.

두 번째이거나 세 번째 그룹에 속한다면 계산을 더 해야 합니다. 다음 그림을 살펴보면 1세대에서 2세대의 두 번째와 세 번째 그룹으로 진행되는 모양과 2세대에서 3세대로 진행되는 모습이 같습니다. 이런 성질을 이용하면 재귀로 문제를 해결할 수 있습니다.

▼ **그림 14-4** 두 번째와 세 번째 그룹의 재귀적 성질

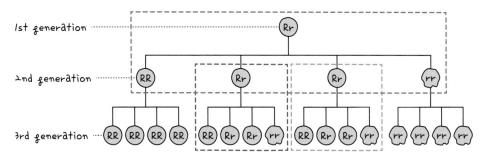

재귀로 해결하고자 하는 문제는 n세대에서 p번째 완두콩의 유전 형질을 찾는 것입니다. 따라서 재귀 상태는 세대 n과 완두콩이 몇 번째 개체인지 나타내는 p로 구성되며, 이 상태는 이 완두콩의 유전 형질을 나타냅니다. 이때 편의를 위해 p는 0부터 시작한다고 가정하면 다음과 같이 재귀를 정의할 수 있습니다.

▼ 표 14-2 유전 법칙 문제의 재귀 정의

상태	(n, p)	n 세대에서 p번째 완두콩의 유전 형질
종료 조건	$(1, p) = $ "Rr"	• 첫 번째 세대는 항상 "Rr"
	$(n, 0 \sim 4n\text{-}2\text{-}1) = $ "RR"	• 첫 번째 그룹은 항상 "RR"
	$(n, 3 * 4n\text{-}2 \sim) = $ "rr"	• 마지막 그룹은 항상 "rr"
점화식	$(n, p) = (n-1, p \% 4^{n-2})$	

이렇게 정의한 재귀에 따라 다음과 같이 재귀 메서드 find()를 작성할 수 있습니다.

```java
private String find(int n, int p) {
    if (n == 1) return "Rr";

    int slice = (int) Math.pow(4, n - 2);
    int group = p / slice;

    if (group == 0) return "RR";
    if (group == 3) return "rr";
    return find(n - 1, p % slice);
}
```

이제 solution() 메서드에서는 queries를 순회하며 각 완두콩이 어떤 유전 형질을 가지고 있는지 배열로 구성하여 반환하면 됩니다.

```java
public String[] solution(int[][] queries) {
    return Arrays.stream(queries)
            .map(query -> find(query[0], query[1] - 1))
            .toArray(String[]::new);
}
```

이때 p가 0부터 시작할 수 있도록 query[1] - 1을 해주는 것에 유의하세요.

전체 코드

```java
import java.util.Arrays;

public class Solution {
    private String find(int n, int p) {
        if (n == 1) return "Rr";

        int slice = (int) Math.pow(4, n - 2);
        int group = p / slice;

        if (group == 0) return "RR";
        if (group == 3) return "rr";
        return find(n - 1, p % slice);
    }

    public String[] solution(int[][] queries) {
        return Arrays.stream(queries)
                .map(query -> find(query[0], query[1] - 1))
                .toArray(String[]::new);
    }
}
```

운영체제 - Level 3

URL https://school.programmers.co.kr/learn/courses/15008/lessons/121686

개발자 준모는 운영체제를 만들었습니다. 준모가 만든 운영체제는 프로그램의 우선순위와 호출된 시각에 따라 실행 순서를 결정합니다. 모든 프로그램에는 1부터 10까지의 점수가 매겨져 있으며, 이 점수가 낮을수록 우선순위가 높은 프로그램입니다. 각 프로그램들은 실행 시간이 정해져 있으며 프로그램이 호출되면 대기 상태에 있다가 자신의 순서가 되면 실행 시간 동안 실행된 뒤 종료됩니다.

준모가 만든 운영체제는 호출된 프로그램들 중 우선순위가 가장 높은 프로그램을 먼저 실행합니다. 호출된 각 프로그램은 자신보다 우선순위가 높은 호출된 프로그램이 모두 종료된 후에 실행됩니다. 단, 실행 중인 프로그램보다 우선순위가 높은 프로그램이 호출되어도 실행 중이던 프로그램은 중단되지 않고 종료될 때까지 계속 실행됩니다. 또한, 우선순위가 같은 프로그램들 중에서는 먼저 호출된 프로그램이 먼저 실행됩니다.

다음은 1번부터 4번까지의 4개의 프로그램이 호출된 예시입니다.

예를 들어 1번부터 4번까지 4개의 프로그램 점수가 순서대로 2, 1, 3, 3이며, 호출된 시각은 0, 5, 5, 12초이고, 수행시간은 10, 5, 3, 2라고 가정해봅시다.

1. 1번 프로그램이 0초에 호출될 때 실행 중인 프로그램이 없으므로, 0초에 1번 프로그램이 바로 실행됩니다. 1번 프로그램은 10초에 종료되며, 2, 3번 프로그램이 새로 호출됐습니다.

2. 호출된 2, 3번 프로그램 중 2번 프로그램의 점수가 1로 우선순위가 높습니다. 2번 프로그램은 5초에 호출되어 10초에 실행될 때까지 5초 동안 대기했습니다. 2번 프로그램은 15초에 종료되며, 4번 프로그램이 새로 호출됐습니다.

3. 호출된 3, 4번 프로그램은 점수가 같지만, 3번 프로그램이 먼저 호출되었기 때문에 3번 프로그램이 먼저 실행됩니다. 3번 프로그램은 5초에 호출되어 15초에 실행될 때까지 10초 동안 대기했습니다. 3번 프로그램은 18초에 종료됩니다.

4. 4번 프로그램이 마지막으로 실행되며, 4번 프로그램은 12초에 호출되어 18초에 실행될 때까지 6초 동안 대기했습니다. 4번 프로그램은 20초에 종료됩니다.

모든 프로그램이 종료되는 시각은 20초이며, 각 프로그램이 대기한 시간은 순서대로 0, 5, 10, 6초입니다. 점수가 1인 프로그램의 대기 시간 합은 5이고, 점수가 3인 프로그램의 대기 시간 합은 16 임을 알 수 있습니다.

프로그램들의 정보를 나타내는 2차원 정수 배열 program이 주어질 때, 모든 프로그램들이 종료되는 시각과 프로그램의 점수마다 대기 시간의 합을 정수 배열에 담아 return하는 solution 함수를 완성하세요. return

해야 하는 answer 배열은 길이가 11인 정수 배열입니다. answer[0]은 모든 프로그램들이 종료되는 시각을 의미하며, answer[i](1 ≤ i ≤ 10)는 프로그램의 점수가 i인 프로그램들의 대기 시간의 합을 의미합니다.

제한 사항

- 1 ≤ program의 길이 ≤ 100,000
- program[i]은 i+1번 프로그램의 정보를 의미하며, [a, b, c]의 형태로 주어집니다.
  - a는 프로그램의 점수를 의미하며, 1 ≤ a ≤ 10을 만족합니다.
  - b는 프로그램이 호출된 시각을 의미하며, 0 ≤ b ≤ 10,000,000을 만족합니다.
  - c는 프로그램의 실행 시간을 의미하며, 1 ≤ c ≤ 1,000을 만족합니다.
  - a, b쌍이 중복되는 프로그램은 입력으로 주어지지 않습니다. 즉, 호출된 시각이 같으면서 점수도 같은 프로그램은 없습니다.

입출력 예

program	result(answer)
[[2, 0, 10], [1, 5, 5], [3, 5, 3], [3, 12, 2]]	[20, 5, 0, 16, 0, 0, 0, 0, 0, 0, 0]
[[3, 6, 4], [4, 2, 5], [1, 0, 5], [5, 0, 5]]	[19, 0, 0, 4, 3, 14, 0, 0, 0, 0, 0]

입출력 예 설명

입출력 예 #1

- 문제 예시와 같습니다.

입출력 예 #2

- 그림으로 나타내면 아래 그림과 같습니다.

문제 풀이

이 문제에서는 시간이 지나면서 프로그램이 호출되고 대기 상태에 들어갑니다. 대기 중인 프로그램 사이에서는 우선순위에 따라 실행될 프로그램이 정해집니다. 따라서 다음 그림과 같이 전체 프로그램을 시간 순서에 따라 큐에 담아 놓고, 호출된 프로그램들을 우선순위 큐에 담아 실행할 프로그램을 구할 수 있습니다.

▼ **그림 14-5** 실행할 프로그램을 선택하는 과정

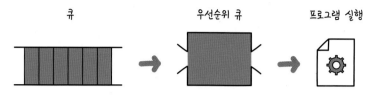

큐   우선순위 큐   프로그램 실행

이를 구현하고자 우선 하나의 프로그램을 나타내는 Program 클래스를 작성합니다.

```java
private static class Program {
    public final int priority;
    public final int calledAt;
    public final int executionTime;

    public Program(int priority, int calledAt, int executionTime) {
        this.priority = priority;
        this.calledAt = calledAt;
        this.executionTime = executionTime;
    }
}
```

solution() 메서드에서는 매개변수로 전달받은 배열 program을 다음과 같이 Queue로 변환합니다.

```java
Queue<Program> programs = Arrays.stream(program)
        .map(p -> new Program(p[0], p[1], p[2]))
        .sorted(Comparator.comparingInt(p -> p.calledAt))
        .collect(Collectors.toCollection(LinkedList::new));
```

이제 대기 중인 프로그램 중 우선순위가 높은 프로그램을 찾을 수 있도록 다음과 같이 PriorityQueue를 구성합니다.

```java
PriorityQueue<Program> pq = new PriorityQueue<>((a, b) -> {
    if (a.priority != b.priority) {
        return a.priority - b.priority;
    }
    return a.calledAt - b.calledAt;
});
```

정답을 저장할 배열 waitTimes와 시간을 나타내는 time 변수를 선언하고, 아직 실행되지 않은 프로그램이 있으면 계속 진행할 수 있도록 반복문을 작성합니다.

```
long[] waitTimes = new long[11];

int time = 0;
while (!programs.isEmpty() || !pq.isEmpty()) {

}
```

이 반복문 안에서는 시간이 흐르면서 프로그램을 호출하여 대기 상태로 전환하고, 대기 중인 프로그램 중 가장 우선순위가 높은 프로그램을 선택해서 실행합니다.

가장 먼저 현재 시간보다 일찍 호출된 프로그램들을 대기 상태로 전환시킵니다.

```
while (!programs.isEmpty() && time >= programs.peek().calledAt) {
    pq.add(programs.poll());
}
```

이제 대기 중인 프로그램들은 모드 pq에 들어 있습니다. pq가 비어 있다면 이는 대기 중인 프로그램이 없다는 의미이므로 현재 실행할 수 있는 프로그램이 없는 것입니다. 이 경우 다음과 같이 가장 일찍 시작할 수 있는 프로그램의 호출 시간까지 대기합니다.

```
if (pq.isEmpty()) {
    time = programs.peek().calledAt;
    continue;
}
```

pq에 프로그램이 들어 있다면 실행할 수 있는 프로그램이 있는 것입니다. 다음과 같이 대기 중인 프로그램 중 가장 우선순위가 높은 프로그램을 구할 수 있습니다.

```
Program p = pq.poll();
```

이 프로그램은 p.calledAt에 호출되어 time 시간에 실행되었습니다. 따라서 그 사이의 시간만큼 대기했으므로 다음과 같이 대기 시간을 누적합니다.

```
waitTimes[p.priority] += time - p.calledAt;
```

호출 즉시 실행되었다면 사이 시간이 0이므로 대기 시간이 누적되지 않습니다.

프로그램을 실행했으므로 해당 프로그램의 실행 시간만큼 시간이 흐릅니다.

```
time += p.executionTime;
```

모든 프로그램을 실행하고 나면 반복문을 탈출합니다. 이때 총 소요 시간이 time에 들어 있으므로 이를 배열 waitTimes에 기록하고 반환하면 됩니다.

```
waitTimes[0] = time;

return waitTimes;
```

이렇게 큐와 우선순위 큐 자료 구조를 적절히 사용해서 문제를 해결했습니다.

전체 코드   14장/운영체제.java

```java
import java.util.*;
import java.util.stream.Collectors;

public class Solution {
    private static class Program {
        public final int priority;
        public final int calledAt;
        public final int executionTime;

        public Program(int priority, int calledAt, int executionTime) {
            this.priority = priority;
            this.calledAt = calledAt;
            this.executionTime = executionTime;
        }
    }

    public long[] solution(int[][] program) {
        Queue<Program> programs = Arrays.stream(program)
                .map(p -> new Program(p[0], p[1], p[2]))
                .sorted(Comparator.comparingInt(p -> p.calledAt))
```

```
                    .collect(Collectors.toCollection(LinkedList::new));

        PriorityQueue<Program> pq = new PriorityQueue<>((a, b) -> {
            if (a.priority != b.priority) {
                return a.priority - b.priority;
            }
            return a.calledAt - b.calledAt;
        });

        long[] waitTimes = new long[11];

        int time = 0;
        while (!programs.isEmpty() || !pq.isEmpty()) {
            while (!programs.isEmpty() && time >= programs.peek().calledAt) {
                pq.add(programs.poll());
            }

            if (pq.isEmpty()) {
                time = programs.peek().calledAt;
                continue;
            }

            Program p = pq.poll();
            waitTimes[p.priority] += time - p.calledAt;
            time += p.executionTime;
        }
        waitTimes[0] = time;

        return waitTimes;
    }
}
```

14.2 / PCCP 모의고사 2회

SECTION

문제 76 실습용 로봇 - Level 1

URL https://school.programmers.co.kr/learn/courses/15009/lessons/121687

컴퓨터공학과에서는 실습용 로봇을 이용해서 로봇 프로그래밍을 학습합니다. 실습용 로봇은 입력된 명령에 따라 x 좌표와 y 좌표로 표현되는 2차원 좌표 평면 위를 이동합니다. 하나의 명령은 하나의 문자로 주어지며 각 명령어에 따라 로봇이 수행하는 일은 다음과 같이 네 종류입니다.

- 'R': 로봇이 오른쪽으로 90도 회전합니다.
- 'L': 로봇이 왼쪽으로 90도 회전합니다.
- 'G': 로봇이 한 칸 전진합니다.
- 'B': 로봇이 한 칸 후진합니다.

명령어는 각각의 명령들이 모인 하나의 문자열로 주어지며, 차례대로 수행됩니다.

로봇은 처음에 (0, 0) 위치에 +y 축을 향하여 놓여 있습니다.

다음 그림은 번호 순서대로 명령어 "GRGLGRG"의 과정을 보여줍니다.

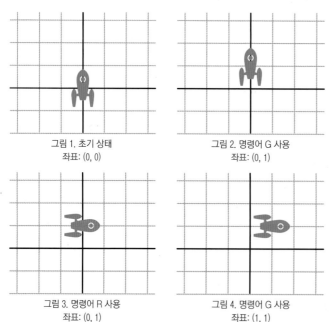

그림 1. 초기 상태
좌표: (0, 0)

그림 2. 명령어 G 사용
좌표: (0, 1)

그림 3. 명령어 R 사용
좌표: (0, 1)

그림 4. 명령어 G 사용
좌표: (1, 1)

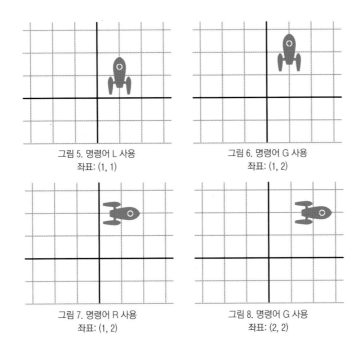

그림 5. 명령어 L 사용 좌표: (1, 1)	그림 6. 명령어 G 사용 좌표: (1, 2)
그림 7. 명령어 R 사용 좌표: (1, 2)	그림 8. 명령어 G 사용 좌표: (2, 2)

로봇에 입력된 명령어를 순서대로 담고 있는 문자열 command가 주어집니다. 로봇이 주어진 명령어들을 순서대로 모두 수행한 뒤 도착한 최종 위치의 좌푯값 x, y를 순서대로 배열에 담아서 return하도록 solution 함수를 완성해주세요.

제한 사항

- 1 ≤ commad의 길이 ≤ 1,000,000
- command는 'R', 'L', 'G', 'B'으로 구성된 문자열입니다.
- command에 들어있는 문자 하나하나가 각 명령을 나타내며, 문자열에 먼저 등장하는 명령을 먼저 수행해야 합니다.

입출력 예

command	result
"GRGLGRG"	[2, 2]
"GRGRGRB"	[2, 0]

입출력 예 설명

입출력 예 #1

- 문제 예시와 같습니다.

입출력 예 #2

- 로봇이 이동한 좌표는 (0, 0) → (0, 1) → (1, 1) → (1, 0) → (2, 0)입니다.

로봇의 현재 위치와 방향을 나타내는 변수를 두고, 입력되는 명령어에 따라 위치와 방향을 업데이트합니다. 네 방향으로 이동할 수 있기 때문에 배열 dx, dy를 이용합니다. 이때 오른쪽으로 도는 것은 인덱스를 증가시키는 방향으로, 왼쪽으로 도는 것은 인덱스를 감소시키는 방향으로 정의하면 간단히 회전을 구현할 수 있습니다.

```
private static final int[] dx = {0, 1, 0, -1};
private static final int[] dy = {1, 0, -1, 0};
```

이제 이동과 회전을 입력에 맞게 구현합니다. 오른쪽으로 도는 것은 인덱스가 증가하는 방향이므로 현재 방향에 +1을 합니다. 왼쪽으로 도는 것은 인덱스가 감소하는 방향이므로 현재 방향에 −1을 합니다. 여기에 방향 배열의 범위 밖으로 벗어나는 것을 방지하려면 4로 나머지 연산을 해주어야 합니다.

왼쪽으로 돌아 −1을 하는 경우에는 음수가 되는 것을 방지하고자 4를 더한 후 나머지 연산을 해야 합니다. 따라서 결과적으로는 +3을 한 후 나머지 연산을 하게 됩니다.

전체 코드   14장/실습용로봇.java

```java
public class Solution {
    private static final int[] dx = {0, 1, 0, -1};
    private static final int[] dy = {1, 0, -1, 0};

    public int[] solution(String command) {
        int x = 0;
        int y = 0;
        int d = 0;

        for (char c : command.toCharArray()) {
            switch (c) {
                case 'R' -> d = (d + 1) % 4;
                case 'L' -> d = (d + 3) % 4;
                case 'G' -> {
                    x += dx[d];
                    y += dy[d];
                }
                case 'B' -> {
                    x -= dx[d];
                    y -= dy[d];
```

```
                }
            }
        }

        return new int[] {x, y};
    }
}
```

신입사원 교육 - Level 2

URL https://school.programmers.co.kr/learn/courses/15009/lessons/121688

산업 스파이 민수는 A 회사에 위장 취업했습니다. 이를 모르는 민수의 상사는 신입 사원 교육 중 일부를 민수에게 맡겼습니다. 민수가 맡은 임무는 신입 사원 중 2명을 선발하고 선발된 2명이 같이 공부하게 하는 것입니다. 모든 신입 사원의 능력치는 정수로 표현되어 있는데, 2명의 신입 사원이 같이 공부하면 서로의 능력을 흡수하여 두 신입 사원의 능력치는 공부 전 두 사람의 능력치의 합이 됩니다. 즉, 능력치가 3과 7인 두 사원이 같이 공부하면 두 사원의 능력치가 모두 10이 됩니다. 선발한 2인의 교육이 끝나면 민수는 다시 2인을 선발하여 교육을 진행할 수 있습니다. 이때 한 번 민수에게 선발된 사원이 다시 선발될 수도 있습니다. 민수가 교육한 신입 사원들을 제외한 다른 신입 사원들의 능력치는 변하지 않습니다.

민수는 산업 스파이이기 때문에 교육 후 모든 신입 사원의 능력치의 합을 최소화하고 싶습니다. 예를 들어 신입 사원들의 능력치가 순서대로 10, 3, 7, 2이며, 민수가 2번 교육을 해야 한다면, 첫 번째 교육은 두 번째 사원과 네 번째 사원을 선발하면 두 사원의 능력치가 5가 되어 신입 사원들의 능력치가 10, 5, 7, 5가 됩니다. 두 번째 교육도 두 번째 사원과 네 번째 사원을 선발하면 신입 사원들의 능력치는 순서대로 10, 10, 7, 10이 됩니다. 이 경우가 교육 후 모든 신입 사원들의 능력치의 합이 37로 최소가 되는 경우입니다.

신입 사원들의 능력치를 나타내는 정수 배열 ability와 민수가 교육을 진행해야 하는 횟수를 나타내는 정수 number가 주어졌을 때, 교육 후 모든 신입 사원들의 능력치의 합의 최솟값을 return하는 solution 함수를 완성하세요.

제한 사항

- 2 ≤ ability의 길이 ≤ 1,000,000
- 1 ≤ ability의 원소 ≤ 100
- 1 ≤ number ≤ 10,000
- return 값이 10억 이하가 되도록 ability와 number가 주어집니다.

입출력 예

ability	number	result
[10, 3, 7, 2]	2	37
[1, 2, 3, 4]	3	26

입출력 예 설명

입출력 예 #1

- 문제 예시와 같습니다.

입출력 예 #2

- 첫 번째 사원과 두 번째 사원을 선발하여 공부를 시킨 후, 세 번째 사원과 네 번째 사원을 선발하여 공부를 시킵니다. 그 후 첫 번째 사원과 두 번째 사원을 한 번 더 선발해 공부를 시키면, 신입 사원들의 능력치는 순서대로 6, 6, 7, 7이 되고, 이때가 능력치의 합이 최소인 26이 됩니다.

문제 풀이

신입사원 세 명의 능력치가 각각 a, b, c라고 합시다. 이때 a < b < c의 관계가 성립한다고 가정하겠습니다. 초기에 전체 능력치의 합은 a + b + c입니다. 두 명의 신입사원 a, b를 선택하여 교육을 진행하면 각 신입사원의 능력치는 a + b, a + b, c가 되며, 전체 능력치의 합은 2a + 2b + c가 됩니다.

반면 신입사원 b, c를 선택하여 교육을 진행하면 각 신입사원의 능력치는 a, b + c, b + c가 되어 전체 능력치의 합은 a + 2b + 2c가 됩니다. a < c이므로 신입사원 a, b, 즉 능력치가 가장 낮은 두 명을 선택하는 것이 유리함을 알 수 있습니다.

이에 따라 이 문제는 모든 신입사원의 능력치 중 가장 낮은 두 능력치를 뽑아 서로 더하는 것을 number번 반복하면 됩니다. 이에 가장 적합한 자료 구조는 우선순위 큐로 다음과 같이 작성할 수 있습니다.

전체 코드   14장/신입사원교육.java

```java
import java.util.Arrays;
import java.util.PriorityQueue;
import java.util.stream.Collectors;

public class Solution {
    public int solution(int[] ability, int number) {
        PriorityQueue<Integer> pq = Arrays.stream(ability)
                .boxed()
                .collect(Collectors.toCollection(PriorityQueue::new));

        for (int i = 0; i < number; i++) {
            int a = pq.poll();
            int b = pq.poll();
            pq.add(a + b);
            pq.add(a + b);
```

```
        }

        return pq.stream().reduce(0, Integer::sum);
    }
}
```

카페 확장 - Level 2

URL https://school.programmers.co.kr/learn/courses/15009/lessons/121689

주원이는 카페를 운영하고 있습니다. 주원이의 카페는 맛집으로 소문나서 항상 줄이 끊이지 않습니다. 하지만 카페가 협소하여 커피를 기다리는 손님들은 종종 불만을 토로하고 있습니다. 주원이는 카페를 확장하기로 하고, 얼마나 많은 손님들이 동시에 카페에 머무는지 확인해보려 합니다.

주원이네 카페에는 영업을 시작하자마자 0초에 손님 한 명이 가게에 도착하고, 정확히 k초마다 새로운 손님한 명이 카페에 와서 줄을 섭니다. 손님들은 키오스크를 통해 주문하고, 주원이는 주문받은 순서대로 음료를만듭니다. 주원이는 음료를 한 번에 하나씩 만들며, 지금 만들고 있는 음료를 다 만들면 다음 음료를 만들기시작합니다. 손님은 자신이 주문한 음료를 받자마자 카페를 나갑니다. 주원이네 카페에는 여러 종류의 음료를판매하고 있는데 각 음료들은 0번부터 차례대로 번호가 지정되어 있습니다. 또한 주원이가 같은 종류의 음료를 만드는 데 걸리는 시간은 항상 동일합니다.

주원이는 오늘 주문받은 음료 목록을 이용하여, 카페에서 손님들이 동시에 최대 몇 명이 머물렀는지 알고 싶습니다. 손님들이 카페에 도착하여 주문하기까지 걸린 시간과 음료를 받은 후 카페를 나가는 시간은 음료 제조 시간에 비해 대단히 짧기 때문에 무시합니다. 한 손님이 카페에서 나감과 동시에 다른 손님이 카페에 들어올 경우, 나가는 손님이 먼저 퇴장한 다음 들어오는 손님이 입장합니다.

예를 들어 주원이네 카페에서 세 종류의 음료를 판매하고 제조 시간은 0번 음료가 5초, 1번 음료가 12초, 2번음료는 30초 소요된다고 가정합니다. 영업을 시작한 뒤 4명의 손님이 각각 0초, 10초, 20초, 30초에 카페에 도착하여 순서대로 1번, 2번, 0번, 1번 음료를 주문한 경우, 영업 시작 후 30초부터 42초 사이에 3명의 손님이 기다리게 되고, 이때가 동시에 기다리고 있는 손님이 가장 많은 시간입니다.

주원이네 카페에서 판매하는 각 음료들의 제조 시간을 담은 정수 배열 menu와 오늘 손님들이 주문한 음료가 순서대로 적힌 배열 order, 새로운 한 명의 손님이 방문하는 데 걸리는 시간인 k가 매개변수로 주어집니다. 오늘 카페에 동시에 존재한 손님 수의 최댓값을 return하도록 solution 함수를 작성해주세요.

제한 사항

- 1 ≤ menu의 길이 ≤ 100
  - menu[i]는 i번 음료의 제조 시간을 의미합니다.
  - 1 ≤ menu의 원소 ≤ 100
- 1 ≤ order의 길이 ≤ 10,000
  - order[i]는 i번째 손님이 주문한 음료의 번호입니다.
  - 0 ≤ order의 원소 < menu의 길이
- 1 ≤ k ≤ 100

입출력 예

menu	order	k	result
[5, 12, 30]	[1, 2, 0, 1]	10	3
[5, 12, 30]	[2, 1, 0, 0, 0, 1, 0]	10	4
[5]	[0, 0, 0, 0, 0]	5	1

입출력 예 설명

입출력 예 #1

• 본문에서 설명한 예시입니다.

입출력 예 #2

• 영업 시작 후 가장 먼저 도착한 손님은 0초에 주문을 받고 30초에 카페를 나갑니다. 영업 시작 후 10초에 도착한 손님은 42초에 음료를 받고 카페를 나가게 됩니다. 그사이 20초, 30초, 40초에 손님들이 각각 들어와, 40초~42초 사이에 총 4명의 손님들이 동시에 카페에서 기다리고, 이 수가 동시에 기다리는 손님 수의 최댓값입니다.

입출력 예 #3

• 0초, 5초, 10초, 15초, 20초에 손님이 들어오고, 5초, 10초, 15초, 20초, 25초에 손님이 나갑니다. 입장과 퇴장 시간이 겹치는 경우, 나가는 손님이 먼저 퇴장한 다음에 들어오는 손님이 입장하므로, 카페에서 동시에 기다리는 손님 수의 최댓값은 1입니다.

문제 풀이

이 문제에서는 하나의 주문이 진행되는 동안 이후 주문들은 대기 상태가 됩니다. 주문이 완료되면 그다음 주문이 진행됩니다. 이를 조금 더 자세히 이해하기 위해 다음과 같이 주문 a, b, c, d, e가 있다고 합시다.

▼ **그림 14-6** 5개의 주문 예시

a b c d e

가장 먼저 주문 a가 진행됩니다. 이때 주문 b, c가 대기 상태가 된다면 다음과 같이 표기됩니다.

▼ **그림 14-7** 주문 a가 진행되고 주문 b, c는 대기

a b c d e

주문 a가 완료된 후 주문 b가 진행되고, 주문 c, d는 대기합니다.

▼ **그림 14-8** 주문 b가 진행되고 주문 c, d는 대기

a b c d e

또 주문 b가 완료되고 주문 d, e는 대기합니다.

▼ **그림 14-9** 주문 c가 진행되고 주문 d, e는 대기

a b c d e

이를 잘 살펴보면, 주문이 완료되고 다음 주문이 진행됨에 따라 이후 주문들도 순서대로 대기합니다. 따라서 주문을 진행하며 주문이 완료되는 시간을 계산하고, 대기하는 주문들을 순차적으로 계산하면 문제를 해결할 수 있습니다.

우선 주문을 나타내는 Order 클래스를 작성합니다.

```
private static class Order {
    public final int time;
    public final int duration;

    public Order(int time, int duration) {
        this.time = time;
        this.duration = duration;
    }
}
```

이를 이용하여 solution() 메서드에서는 다음과 같이 매개변수로 입력되는 주문 내역을 Order의 배열로 변환합니다.

```
Order[] orders = new Order[order.length];
for (int i = 0; i < order.length; i++) {
    orders[i] = new Order(k * i, menu[order[i]]);
}
```

이제 반복문을 돌며 주문을 진행합니다. 시간을 나타낼 time 변수와 아직 대기하지 않는 첫 번째 주문의 인덱스를 나타내는 end를 선언하고, 다음과 같이 주문을 순회합니다.

```
int time = 0;
int end = 0;
for (int start = 0; start < orders.length; start++) {
    Order o = orders[start];

}
```

주문 o와 이로 인해 대기하는 주문은 범위 [start, end)가 되도록 반복문을 작성합니다.

먼저 이전 주문이 모두 종료되었으면 time 변수가 나타내는 현재 시간이 주문 o를 받을 시간보다 작을 수 있습니다. 이때는 주문 o가 별도로 대기하지 않은 상황이므로 다음과 같이 현재 시간을 주문 시간으로 업데이트합니다.

```
if (time < o.time) {
    time = o.time;
}
```

주문은 duration만큼 진행됩니다. 따라서 다음과 같이 현재 시간을 주문 o의 duration만큼 진행시킵니다.

```
time += o.duration;
```

진행된 time보다 먼저 들어온 주문들은 모두 대기합니다. 다음과 같이 대기하는 주문들을 업데이트합니다.

```
while (end < orders.length && orders[end].time < time) {
    end++;
}
```

카페에 있는 손님들이 한 주문 o와 이로 인해 대기하는 주문 개수는 같으며, 이는 범위 [start, end) 길이입니다. 따라서 다음과 같이 손님 수를 구하고, 이 중 최댓값을 구해서 반환합니다.

```
        int max = 0;

    int time = 0;
    int end = 0;
    for (int start = 0; start < orders.length; start++) {
        Order o = orders[start];
        if (time < o.time) {
            time = o.time;
        }

        time += o.duration;
        while (end < orders.length && orders[end].time < time) {
            end++;
        }
        int count = end - start;
        if (count > max) {
            max = count;
        }
    }
    return max;
```

이렇게 대기하는 주문들의 특징을 파악하여 문제를 해결했습니다.

전체 코드   14장/카페확장.java

```
public class Solution {
    private static class Order {
        public final int time;
        public final int duration;

        public Order(int time, int duration) {
            this.time = time;
            this.duration = duration;
        }
    }

    public int solution(int[] menu, int[] order, int k) {
        Order[] orders = new Order[order.length];
        for (int i = 0; i < order.length; i++) {
            orders[i] = new Order(k * i, menu[order[i]]);
        }

        int max = 0;
```

```
        int time = 0;
        int end = 0;
        for (int start = 0; start < orders.length; start++) {
            Order o = orders[start];
            if (time < o.time) {
                time = o.time;
            }

            time += o.duration;
            while (end < orders.length && orders[end].time < time) {
                end++;
            }
            int count = end - start;
            if (count > max) {
                max = count;
            }
        }
        return max;
    }
}
```

보물 지도 - Level 3

URL https://school.programmers.co.kr/learn/courses/15009/lessons/121690

진수는 보물이 묻힌 장소와 함정이 표시된 보물 지도를 이용해 보물을 찾으려 합니다. 보물 지도는 가로 길이가 n, 세로 길이가 m인 직사각형 모양입니다.

맨 왼쪽 아래 칸의 좌표를 (1, 1)로, 맨 오른쪽 위 칸의 좌표를 (n, m)으로 나타냈을 때, 보물은 (n, m) 좌표에 묻혀 있습니다. 또한, 일부 칸에는 함정이 있으며, 해당 칸으로는 지나갈 수 없습니다.

진수는 처음에 (1, 1) 좌표에서 출발해 보물이 있는 칸으로 이동하려 합니다. 이동할 때는 [상, 하, 좌, 우]로 인접한 네 칸 중 한 칸으로 걸어서 이동합니다. 한 칸을 걸어서 이동하는 데 걸리는 시간은 1입니다.

진수는 보물이 위치한 칸으로 수월하게 이동하기 위해 신비로운 신발을 하나 준비했습니다. 이 신발을 신고 뛰면 한 번에 두 칸을 이동할 수 있으며, 함정이 있는 칸도 넘을 수 있습니다. 하지만, 이 신발은 한 번밖에 사용할 수 없습니다. 신비로운 신발을 사용하여 뛰어서 두 칸을 이동하는 시간도 1입니다.

이때 진수가 출발점에서 보물이 위치한 칸으로 이동하는 데 필요한 최소 시간을 구해야 합니다.

예를 들어, 진수의 보물 지도가 아래 그림과 같을 때, 진수가 걸어서 오른쪽으로 3칸, 걸어서 위쪽으로 3칸 이동하면 6의 시간에 보물이 위치한 칸으로 이동할 수 있습니다. 만약, 오른쪽으로 걸어서 1칸, 위쪽으로 걸어서 1칸, 신비로운 신발을 사용하여 위로 뛰어 2칸, 오른쪽으로 걸어서 2칸 이동한다면 총 5의 시간에 보물이 위치한 칸으로 이동할 수 있으며, 이보다 빠른 시간 내에 보물이 있는 위치에 도착할 수 없습니다.

진수의 보물 지도가 표현하는 지역의 가로 길이를 나타내는 정수 n, 세로 길이를 나타내는 정수 m, 함정의 위치를 나타내는 2차원 정수 배열 hole이 주어졌을 때, 진수가 보물이 있는 칸으로 이동하는 데 필요한 최소 시간을 return하는 solution 함수를 완성해주세요. **단, 보물이 있는 칸으로 이동할 수 없다면, -1을 return해야 합니다.**

제한 사항

- 1 ≤ n, m ≤ 1,000
  - 단, n * m이 3 이상인 경우만 입력으로 주어집니다.
- 1 ≤ hole의 길이 ≤ n * m - 2
  - hole[i]는 [a, b]의 형태이며, (a, b) 칸에 함정이 존재한다는 의미이며, 1 ≤ a ≤ n, 1 ≤ b ≤ m을 만족합니다.
  - 같은 함정에 대한 정보가 중복해서 들어 있지 않습니다.
- (1, 1) 칸과 (n, m) 칸은 항상 함정이 없습니다.

입출력 예

n	m	hole	result
4	4	[[2, 3], [3, 3]]	5
5	4	[[1, 4], [2, 1], [2, 2], [2, 3], [2, 4], [3, 3], [4, 1], [4, 3], [5, 3]]	-1

입출력 예 설명

입출력 예 #1

- 본문의 예시와 같습니다.

입출력 예 #2

- 보물 지도를 그림으로 나타내면 아래와 같으며, 보물이 위치한 칸으로 이동할 수 없습니다. 따라서 -1을 return해야 합니다.

[문제 풀이]

이 문제에서는 보물에 도달하는 **최소 시간**을 구해야 합니다. 이처럼 최소 시간을 구할 때는 너비 우선 탐색(BFS)을 적용할 수 있습니다. 이 문제에서는 상하좌우 네 방향으로 이동하는 것 외에 1회에 한해서 점프할 수도 있는데, 이는 BFS의 탐색 상태에 점프할 수 있는지 여부를 포함하는 것으로 처리할 수 있습니다.

따라서 BFS 상태는 위치 x, y와 점프할 수 있는지 여부를 나타내는 canJump로 구성됩니다. canJump는 boolean으로 충분히 표현 가능한 값이지만, 이후 방문 처리 배열을 조금 더 간편하게 참조하기 위해 int형으로 선언합니다. 점프할 수 있는 상태라면 1, 점프할 수 없는 상태라면 0을 담도록 합시다.

이렇게 정의된 상태 변수에 BFS를 진행할 이동 횟수 step을 포함하여 탐색 상태 State는 다음과 같이 작성할 수 있습니다.

```java
private static class State {
    public final int x;
    public final int y;
    public final int canJump;
    public final int step;

    public State(int x, int y, int canJump, int step) {
        this.x = x;
        this.y = y;
        this.canJump = canJump;
        this.step = step;
    }
}
```

solution() 메서드에서는 함정을 쉽게 파악하고자 다음과 같이 boolean 2차원 배열 map을 구성합니다. map은 보물 지도를 나타내며 함정이 없어 이동할 수 있는 위치에는 true, 함정이 있어 이동할 수 없는 위치에는 false를 저장합니다.

```java
boolean[][] map = new boolean[m][n];
for (boolean[] row : map) {
    Arrays.fill(row, true);
}
for (int[] h : hole) {
    int x = h[0] - 1;
    int y = h[1] - 1;
    map[y][x] = false;
}
```

BFS를 진행할 방문 검사 배열을 선언합니다. 방문 검사 배열은 상태 변수 개수에 따라 차원이 정해집니다. 이 문제에서 상태 변수는 x, y, canJump 3개이므로 다음과 같이 작성할 수 있습니다.

```
boolean[][][] isVisited = new boolean[m][n][2];
```

이제 BFS에서 사용되는 큐를 선언하고 초기 상태를 넣어 준 후 방문 처리를 합니다.

```
Queue<State> q = new LinkedList<>();
q.add(new State(0, 0, 1, 0));
isVisited[0][0][1] = true;
```

탐색을 진행할 준비가 끝났습니다. 탐색 공간을 순회하며 BFS를 진행합니다. 진행 중 함정 위치에 도달하면 해당 위치까지 이동 횟수를 반환합니다.

```
while (!q.isEmpty()) {
    State s = q.poll();

    if (s.x == n - 1 && s.y == m - 1) {
        return s.step;
    }

}
```

우선 점프는 생각하지 말고 상하좌우 한 칸씩만 이동하는 것을 구현해봅시다. 이를 위해 배열 dx, dy를 미리 정의해 둡니다.

```
private static final int[] dx = {0, 0, -1, 1};
private static final int[] dy = {-1, 1, 0, 0};
```

상하좌우로 이동하려면 BFS의 범위 검사, 유효성 검사, 방문 검사가 필요합니다. 이에 따라 다음 상태로 전이하는 것은 다음과 같이 작성할 수 있습니다.

```
for (int d = 0; d < 4; d++) {
    int nx = s.x + dx[d];
    int ny = s.y + dy[d];

    if (ny < 0 || ny >= m || nx < 0 || nx >= n) {
        continue;
    }
    if (!map[ny][nx]) {
```

```
        continue;
    }
    if (isVisited[ny][nx][s.canJump]) {
        continue;
    }
    isVisited[ny][nx][s.canJump] = true;
    q.add(new State(nx, ny, s.canJump, s.step + 1));

}
```

여기에 점프를 추가해봅시다. 기존 유효성 검사에서는 (nx, ny) 위치에 함정이 있으면 바로 다음 방향으로 넘어갔습니다. 하지만 점프가 가능하다면 함정이 있어도 건너뛸 수 있습니다. 따라서 다음과 같이 (nx, ny) 위치에 함정이 있다면 한 칸만 이동할 수 없도록 코드를 수정합니다.

```
for (int d = 0; d < 4; d++) {
    int nx = s.x + dx[d];
    int ny = s.y + dy[d];

    if (ny < 0 || ny >= m || nx < 0 || nx >= n) {
        continue;
    }
    if (map[ny][nx]) {
        if (isVisited[ny][nx][s.canJump]) {
            continue;
        }
        isVisited[ny][nx][s.canJump] = true;
        q.add(new State(nx, ny, s.canJump, s.step + 1));
    }

}
```

현재 상태 s가 점프할 수 없는 상태라면 점프하는 상태에 대한 검사는 진행하지 않아도 됩니다. 따라서 다음과 같이 점프할 수 있는 상태인지 검사합니다.

```
if (s.canJump != 1) {
    continue;
}
```

점프할 수 있는 상태라면 점프한 위치는 다음과 같이 얻을 수 있습니다.

```
int nnx = nx + dx[d];
int nny = ny + dy[d];
```

이 위치로 전이할 수 있는지 판단하려면 한 칸 이동하는 것과 마찬가지로 범위 검사, 유효성 검사, 방문 검사를 해야 합니다. 이를 시행하고 상태를 전이시키는 것은 다음과 같이 작성할 수 있습니다.

```
if (nny < 0 || nny >= m || nnx < 0 || nnx >= n) {
    continue;
}
if (!map[nny][nnx]) {
    continue;
}
if (isVisited[nny][nnx][0]) {
    continue;
}
isVisited[ny][nx][0] = true;
q.add(new State(nnx, nny, 0, s.step + 1));
```

이때 점프하므로 다음 상태는 canJump가 0인 상태로 전이해야 합니다.

모든 탐색 공간을 순회했는데도 보물 상자에 도달하지 못한다면 보물 상자에 도달하는 경로는 없는 것입니다. 이 경우 문제 조건에 따라 -1을 반환합니다.

```
return -1;
```

이렇게 최소 이동 횟수를 구하는 문제를 BFS를 이용하여 해결했습니다. 점프와 같은 특수한 조건이 있어도 이를 탐색 상태를 이용하여 잘 나타내고 전이를 정의한다면 문제없이 해결할 수 있을 것입니다.

```java
import java.util.Arrays;
import java.util.LinkedList;
import java.util.Queue;

public class Solution {
    private static class State {
        public final int x;
        public final int y;
        public final int canJump;
        public final int step;

        public State(int x, int y, int canJump, int step) {
            this.x = x;
            this.y = y;
            this.canJump = canJump;
            this.step = step;
        }
    }

    private static final int[] dx = {0, 0, -1, 1};
    private static final int[] dy = {-1, 1, 0, 0};

    public int solution(int n, int m, int[][] hole) {
        boolean[][] map = new boolean[m][n];
        for (boolean[] row : map) {
            Arrays.fill(row, true);
        }
        for (int[] h : hole) {
            int x = h[0] - 1;
            int y = h[1] - 1;
            map[y][x] = false;
        }

        boolean[][][] isVisited = new boolean[m][n][2];

        Queue<State> q = new LinkedList<>();
        q.add(new State(0, 0, 1, 0));
        isVisited[0][0][1] = true;

        while (!q.isEmpty()) {
            State s = q.poll();

            if (s.x == n - 1 && s.y == m - 1) {
```

```
                return s.step;
            }

        for (int d = 0; d < 4; d++) {
            int nx = s.x + dx[d];
            int ny = s.y + dy[d];

            if (ny < 0 || ny >= m || nx < 0 || nx >= n) {
                continue;
            }
            if (map[ny][nx]) {
                if (isVisited[ny][nx][s.canJump]) {
                    continue;
                }
                isVisited[ny][nx][s.canJump] = true;
                q.add(new State(nx, ny, s.canJump, s.step + 1));
            }

            if (s.canJump != 1) {
                continue;
            }

            int nnx = nx + dx[d];
            int nny = ny + dy[d];

            if (nny < 0 || nny >= m || nnx < 0 || nnx >= n) {
                continue;
            }
            if (!map[nny][nnx]) {
                continue;
            }
            if (isVisited[nny][nnx][0]) {
                continue;
            }
            isVisited[ny][nx][0] = true;
            q.add(new State(nnx, nny, 0, s.step + 1));
        }
    }

    return -1;
    }
}
```

이렇게 PCCP 모의고사 1회와 2회 문제들을 풀어 보았습니다. 실제 코딩 테스트 문제들을 풀어 보는 것은 큰 도움이 되므로 여러 코딩 테스트 문제를 찾아 연습해보길 추천합니다.

이렇게 책의 마지막 장인 PCCP 문제 풀이까지 완료했습니다. 여러 장에 걸쳐 많은 알고리즘과 자료 구조를 공부하느라 고생하셨습니다. 실제 코딩 테스트에서는 시간 제한이 있는 만큼 자신 있는 언어와 클래스를 활용하여 문제를 해결해야 합니다. 많은 연습 문제를 풀어 보면서 알고리즘과 자료 구조를 다루는 데 익숙해진다면 충분히 통과할 수 있을 것입니다.

A

add( ) 169, 389
adjacency list 404
adjacency matrix 402
ArrayList 206
Arrays.binarySearch( ) 283
Arrays.copyOf( ) 메서드 292
Arrays.sort( ) 235

B

BFS 190, 514, 654
Big-O 044
binary tree 423
Breadth First Search 190, 514

C

char[][] 091
charAt( ) 255
Collections.binarySearch( ) 283
Collections.sort( ) 235
Comparator〈T〉 247
contains(CharSequence s) 136

D

depth 422
Depth First Search 189, 499
DFS 189, 499
directed graph 402

disjoint set 458
double 056
dx 079
dy 079
dynamic programming 338

E

edge 400
endsWith(String suffix) 136
equals( ) 320
equals(String other) 119

F

filter( ) 195
final 065, 196
flatMap( ) 269

G

get( ) 265
Greedy Algorithm 530

H

hashCode( ) 317
hash collision 312
hash function 312
HashMap 310

HashSet **310**
heap **439**
heap sort **439**
height **422**

I

in( ) **567**
indexOf( ) **184**
indexOf(String str) **136**
in—order traversal **428**
int **056**
Integer.parseInt(String s) **127**
Integer.parseInt(String s, int radix) **127**
Integer.toString(int v) **127**
Integer.toString(int v, int radix) **127**
isPrime( ) **214**
isValid( ) **306**

J

joining( ) **258**

K

KMP **144**
kruskal algorithm **464**

L

Last In First Out **372**
leaf node **422**
length( ) **119**
length 필드 **093**
LIFO **372**
List⟨int[ ]⟩ **178**
List⟨Integer⟩ **213**
$\log_2 N$ **276**
long **555**
Long.parseLong(String s) **127**
Long.parseLong(String s, int radix) **127**
Long.toString(long v) **127**
Long.toString(long v, int radix) **127**

M

map( ) **195, 269**
Map **550**
mapToInt( ) **241**
max( ) **361**
memoization **340**
minimum spanning tree **464**

N

node **400**

O

O(2^N) **045**
O(logN) **045**
O(N!) **045**
O(N) **045**
O(N logN) **045**
out( ) **567**

P

PCCE **618**
PCCP **618**
peek( ) **375**
poll( ) **389, 439**
post–order traversal **428**
pre–order traversal **425**
priority queue **439**
Programmers Certified Coding Essential **618**
Programmers Certified Coding Professional **618**
put( ) **334**

Q

queue **388**

R

range( ) **195**
remove( ) **335**
replaceAll( ) **145**

replace

replace(char oldChar, char newChar) **136**
replace(CharSequence target, CharSequence replacement) **136**
root node **422**

S

Set **040, 550**
Set〈Integer〉 **213**
sorted( ) **252, 269**
split( ) **206, 620**
StackOverflowError **157**
startsWith( ) **142**
startsWith(String prefix) **136**
static final **082**
Stream **041, 226, 329**
stream.sorted( ) **235**
String **056, 119, 334**
String[][] **091**
StringBuilder **105**
StringBuilder.append(char c) **106**
StringBuilder.length( ) **106**
StringBuilder.reverse( ) **106**
StringBuilder.toString( ) **106**
String.charAt( ) **102**
String.toCharArray( ) **102**
substring(int beginIndex, int endIndex) **119**
subtree **422**

T

time complexity **044**

TimeOut 044
TO 044
toArray( ) 195, 568
toLowerCase( ) 119, 135, 152
toMap( ) 328
toUpperCase( ) 119, 135
tree 421
trie 475
two pointer 453

U

undirected graph 401
union find 458

V

vertex 400

ㄱ

가장 빠른 경로 514
가장 짧은 구간 454
간선 400, 414
거리두기 094
경로 401
계층 구조 421
공간 복잡도 501
공백 문자 115
교점 064
구현 486

규칙 488, 538
그래프 400
그리디 알고리즘 530
기울기 322
기준 576
깊이 422
깊이 우선 탐색 189, 499

ㄴ

난이도 025
내림차순 252
내장 라이브러리 103
너비 우선 탐색 190, 514
노드 400
높이 422
누적 배열 599
누적 시간 562

ㄷ

단방향 변환 315
단속 카메라 545
단순화 597
동적 프로그래밍 338
등굣길 355
디버깅 031, 487

ㄹ

루트 노드 422

리스트 185
리팩터링 365
리프 노드 422

ㅁ

매개변수 228
맨해튼 거리 089
메모이제이션 340
메모이제이션 배열 357
모듈화 486
무한 루프 074
무향 그래프 401
문자열 102, 133, 255
문자열로 변환 069
문자열 반환 118
문자열 패턴 144
문자의 배열 102
문제 개수 025
문제 해결 과정 027

ㅂ

바꾸기 135
반복 092
반복문 099
반환 069
반환값 184
방문 처리 191
방향 079
방향 그래프 402
방향 변수 082

배열의 크기 068
백스페이스 152
범위 278, 282
범위 표기법 282
변화량 079
부분 문제 158, 344
분할 정복 277
불량 사용자 아이디 226
비교 551
빅오 표기법 044

ㅅ

상수 082
상태 158, 188
상태 전이 188
상하좌우 093
서로소 집합 458
서브 트리 422
선형 탐색 045
설계 031
세분화 415
소괄호 376
소문자로 변환 138
수식 205
순열 045
순차 누적 345
순회 137, 322
스택 205, 372, 385, 502
시간 계산 561
시간 복잡도 044, 139
시간 제한 288, 385
시간 초과 044

시작점 454
시험 시간 025
실수 030

ㅇ

아스키 코드 103
압축 121
압축 결과 166
압축 문자열 124
어림짐작 049
역방향 410
연산 097
영단어 143
오버로딩 092
완전 탐색 188, 270, 576
우선순위 204
우선순위 큐 439, 638
원소 접근 059
유니온 파인드 458
이동 경로 정렬 545
이중 반복문 052
이진 탐색 045, 274, 299, 304
이진 탐색 메서드 283
이진 트리 423, 435
인덱스 378
인접 리스트 404
인접 행렬 402

ㅈ

작은 문제 534

잘 짠 코드 028
재귀 156, 270, 625
재귀 정의 158, 164
재귀 호출 221
재귀 호출의 깊이 157
전략 608
전위 순회 425
점화식 159, 579, 625
점화식 구현 161
정규표현식 144, 620
정답 검사 300, 581
정렬 045, 232, 234
정렬 기준 232, 258
정렬 방식 281
정렬 효율 233
정수 좌표 066
정수형 int 103
정점 400
조합 045
종료 조건 158
좌표 값 064
중간 값 비교 279
중복 191
중복 코드 제거 365
중위 순회 428
진법 126
진법 변환 555

ㅊ

찾기 135
채용 프로세스 025
첫 번째 전이 184

초기 상태 519
초기화 341
최단 경로 500
최댓값 067
최소 시간 654
최소 신장 트리 464
최솟값 067
최악의 경우 시간 복잡도 234
최적해 534
최적화 222, 462

ㅋ

카카오 548
코딩전문역량인증시험 618
코딩 테스트 024
코딩필수역량인증시험 618
큐 388, 515
크루스칼 알고리즘 464

ㅌ

탐색 514, 519
탐색 공간 499
탐색 횟수 276
탐색 효율 277
탐욕 알고리즘 530
투 포인터 453
트라이 475
트리 421, 585

ㅎ

하노이의 탑 172
해시 310
해시 충돌 312, 317
해시 테이블 315
해시 함수 312
행렬의 곱셈 098
효율적인 문제 풀이 048
후보 노드 588
후위 순회 428
후위 표기법 205
후입선출 372
힙 439
힙 정렬 439

기호

[ ] 패턴 152

번호

1차원 배열 056
2차원 599
2차원 배열 056